인문한국불교총서 8

테마Thema 한국불교 8

* 이 저서는 2011년 정부(교육과학기술부)의 재원으로 한국연구재단의 지원을 받아 수행된 연구임(NRF-2011-361-A00008)

인문한국불교총서 ❽

테마 Thema
한국불교 8

동국대학교 불교문화연구원
HK연구단 엮음

동국대학교출판부

머리말

불교는 인도에서 성립된 후 중앙아시아와 중국을 거쳐 약 1700년 전에 한반도에 들어왔다. 인도불교는 수행의 과정을 거쳐 세상의 이치(dharma)에 대한 깨달음을 추구하였고 생사윤회의 길에서 벗어나고자 하였다. 인도불교의 이러한 지향점은 이질적 세계인 중국에 수용된 뒤에 토착화를 통해 새로운 변용의 과정을 거쳐야 했다. 붓다와 시간적·공간적으로 멀리 떨어진 중국인들이 스스로 붓다가 되기 위해서는, 누구나 붓다가 될 수 있는 성품을 본래 가지고 태어났다는 강한 확신이 필요했다. 그 결과 중국불교에서는 깨달음이 '본래 깨달아 있음(本覺)'으로, 붓다가 '붓다의 성품(佛性)'으로 변형되어 이해되었다. 또한 세상의 이치인 다르마도 '조건들의 일어남(緣起)'에서 '본성의 일어남(性起)'으로 다르게 인식하였다. 이러한 양상은 중국적 사유 방식인 본성론적 사고에서 비롯되었다. 중국불교에서는 이를 바탕으로 교학에서는 천태종과 화엄종, 실천에서는 정토종과 선종이 독자적 성격을 띠며 발전하였다.

이처럼 본성론에 의거해 성립된 중국불교의 교리와 사상은 같은 한자문화권인 한국과 일본에도 영향을 미쳤다. 다만 한국의 경우에는 그 수용 방식에서 조금 다른 양상을 보였는데, 여러 학파 및 교파의 이론과 각각의 대립적 주장들을 융합하고 조화시키려는 통섭적 경향이 두드러졌다. 한국불교의 사상적 독창성을 상징하는 원효는 여러 학설 사이의 화쟁을 주장하였고, 한국 선불교의 대표자인 지눌은 간화선과 화엄으로 요약되는 선과 교의 일치를 추구하였다. 조선 후기 불교 전통에서 나타난 선, 화엄, 염불의 결합 시도 또한 한국불교 특유의 융섭적 특성을 보여주는 사례이다. 본성론에 기초하여 다양한 학파와 종파가 성립된 것은 중국에서였지만, 종합과 통섭의 사고는 한국에서 보다 분명히 나타난 한국불교의 특성이라고 말할 수 있다.

동국대학교 인문한국(HK)연구단은 한국불교가 갖는 로컬의 특성을 글로벌한 시각에서 조명하고 글로컬리티의 확장성을 구현하기 위한 연구를 수행하고 있다. 본 연구단의 아젠다는 '글로컬리티의 한국성: 불교학의 문화 확장 담론'으로서, 2011년 9월부터 2021년 8월까지 총 10년간 HK사업을 수행 중이며, 현재 3단계 3년차 사업이 진행되고 있다. 1단계 3년간은 한국불교의 '원형의 고유성'을 탐색하여 연간 9개씩 총 27개의 주제를 다루었고 그 결과물로 『테마 한국불교』 1~3을 출간하였다.

2단계에서는 한국불교의 '소통의 횡단성'에 초점을 맞추어, 〈문헌과 사상〉에서 '텍스트'와 '콘텍스트', 〈종교와 문화〉에서 '권력과 종교', '문화와 의례'로 유형화하여 특성화 연구를 하였다. 텍스트로는 원효의 『기신론소』와 『금강삼매경론』, 의상의 『법계도기』, 경흥의 『삼미륵경소』와 둔륜의 『유가론기』, 일연의 『삼국유사』를 선정하여 한국적 사유의 독창적·보편적 특징을 도출하였다. 콘텍스트에서는 사본과 금석문, 과문과 교판, 교관과 선교 겸수를 테마로 하여 횡단 문화의 교차적 시각에서 한국불교의 융합적 성격을 추출하였다. 권력과 종교는 승역·승군, 호국·호법, 정교, 정토, 지옥, 윤회의 주제를 다루고 문화와 의례에서는 불교 설화, 어록, 언해불서, 불탑, 갈마, 청규를 주제어로 불교의 한국적 변용과 전개 과정을 살펴보았다.

본서 『테마 한국불교』 8은 로컬과 글로벌이 융합된 한국불교의 글로컬한 특성을 '변용의 확장성'이라는 관점에서 접근하는 3단계 아젠다 연구의 두 번째 결실이다. 본 『테마 한국불교』 8에서는 〈인물과 문헌〉 영역에서 사상가 대현과 승랑, 『법화경』과 대장경의 텍스트, 〈종교와 문화〉 영역에서는 종교와 미래 유형으로 수행과 템플스테이, 문화와 의례에서 불교건축과 의례집, 이렇게 8개의 테마를 선정하여 '확장성의 생성'이라는 관점에서 다루었다. 이는 『테마 한국불교』 7에서 원효와 원측, 『범망경』과 고승전, 영험과 디지털인문학, 불교가사와 재회를 통해 확장성을 탐색한 성과를 이은 것이다.

『테마 한국불교』 시리즈는 다양한 영역과 주제를 포괄하여 한국불교의 전체상을 입체적으로 그려 보는 동국대 HK연구단의 공동 기획 연구서이다. 이번 3단계에서는 글로컬리티의 시각에서 한국불교의 장기 지속 및 시대적 변화상은 물론, 인도 이후 동아시아 세계 속에서의 횡단 문화적 지형과 그로부터 도출된 한국적 특성을 동시에 조명해 보고 있다. 10년간의 HK 아젠다 연구의 성과물이 모두 10권의 책으로 모아지고 나면, 한국불교의 다채로운 양상과 융합적 특성을 한눈에 조망하면서 의미 있는 비교사적 담론을 제기할 수 있을 것이다.

2020년 8월
동국대학교 불교문화연구원장·HK연구단장
김종욱

차례

머리말_ 김종욱·5
총　설_ 김용태·15

제1부 인물과 문헌

사상가

대현大賢　　　　　　　　　　　　　　　　_ 이수미 ● 41

Ⅰ. 대현의 행적과 저술 … 42
　　전기와 행적 42/ 대현의 명칭 문제 44/ 대현의 저술과 '고적기' 46

Ⅱ. 유식논사 대현의 사상적 위치 … 49
　　유식법상종과 대현 49/ 원측 학맥 계승 문제 51/ 『성유식론학기』의 중요성 53/ 『대승기신론내의략탐기』의 유식 사상 57

Ⅲ. 대현의 계학 사상과 동아시아 유포 … 59
　　『범망경고적기』의 내용과 특징 59/ 『보살계본종요』의 구성과 사상 63/ 대현 계학의 중국 전래 65/ 일본에서의 대현 계학 수용 66

Ⅳ. 대현 연구의 현황 및 과제 … 68

동아시아 유식 구도와 대현 68/ 신라 유식의 사상적 계통과 대현 69/ 대현 연구의 새로운 시각 71

■ 성性과 상相의 이분법을 넘어서 • 73

승랑僧朗　　　　　　　　　　　　　　　　_ 조윤경 ● 75

Ⅰ. 고구려 승랑의 생애 … 76

승랑의 사상사적 위치 76/ 승랑의 탄생과 구학 77/ 남조의 대승불교 79

Ⅱ. 승랑의 경전 해석 … 83

대승경전에 대한 통합적 이해 83/ 중도中道와 가명假名 86/ 횡수橫竪와 소밀疏密 88/ 쌍척雙隻과 단복單複 94

Ⅲ. 이제二諦, 가르침의 문 … 97

약교이제설約敎二諦說의 오해 98/ 교화와 소통의 매개 105/ 어제於諦와 교제敎諦 107/ 깨달음으로 이르는 길 109

Ⅳ. 승랑과 동아시아불교 … 111

중국불교에 미친 영향 111/ 한반도에 미친 영향 113

■ 승랑, 동아시아불교의 흐름을 바꾸다 • 117

텍스트

법화경法華經　　　　　　　　　　　　　　　_ 김천학 ● 123

 I. 『법화경』의 탄생과 사상 … 124
  인도에서의 『법화경』 탄생 124/ 경전 유포와 한역 126/ 경전의 주요 사상 128/ 『법화경론法華經論』 131

 II. 『법화경』 해석의 다양성과 일승중심주의 … 133
  도생과 법운 133/ 수·당대의 다양한 해석 136/ 일본의 『법화경』 중심주의 143

 III. 삼국과 고려의 『법화경』 일승 사상 … 147
  고구려·백제의 법화 사상 전파 147/ 신라의 법화일승 사상 149/ 『천태사교의天台四敎儀』 152/ 의천과 요세 154

 IV. 조선시대의 『법화경』 대중화와 신앙 … 157
  김시습의 『연경별찬蓮經別讚』 148/ 언해본 『법화경』의 의의 159/ 『법화경』 간행과 신앙의 대중화 161

 ■ 한국의 『법화경』 일승 사상과 대중 신앙의 소통 • 164

대장경　　　　　　　　　　　　　　_ 바바 히사유키(馬場久幸) ● 169

 I. 대장경이란 무엇인가 … 170
  대장경의 정의 170/ 경록의 편찬과 입장목록 171/ 대장경 전사 176

Ⅱ. 중국: 한역 대장경의 탄생과 전개 … 179

　　송대 대장경 간행 179/ 원대 대장경 간행 185/ 명대 이후 대장경 간행 187

Ⅲ. 한국: 전통과 근대를 잇는 고려대장경 … 190

　　초조대장경 조성 190/ 재조대장경 조성 193/ 고려·조선 시대 대장경 인출 198

Ⅳ. 일본: 대장경의 집성과 세계화 … 204

　　대장경의 전래 204/ 일본에서 고려대장경의 위치 205/ 근대 이후 대장경의 간행과 디지털화 207

■ 동아시아 대장경의 구심체로서의 고려대장경 • 212

제2부 종교와 문화

종교와 미래

수행　　　　　　　　　　　　　　　　　　　　　_ 김호귀 ● 217

Ⅰ. 인도불교의 수행 … 218

　　수행의 의미 218/ 요가와 고행 220/ 붓다의 수행 223

Ⅱ. 동아시아불교의 제수행 … 227

　　수행법의 다양화 227/ 새로운 수행문화의 창출 230/ 일본불교의 수행 233

Ⅲ. 신라 및 고려의 수행 … 237

불교 수입기의 수행법 237/ 선법의 수입과 선수행의 다양화 239/ 수행결사와 그 성격 242

Ⅳ. 조선시대 삼문수행 … 245

간화선의 경절문 245/ 염불과 염불결사 248/ 원돈의 간경 및 기타 수행 250

■ 신앙과 해탈의 통로 – 수행 •252

템플스테이   _ 이자랑 • 259

Ⅰ. 템플스테이의 실행 배경 … 260

월드컵과 템플스테이 260/ 한국불교문화사업단의 설립 262/ 사찰문화의 개방 265

Ⅱ. 템플스테이의 연원 … 267

포살과 팔관재 267/ 결사와 수련회 271/ 유람과 숙박의 장소 274

Ⅲ. 국외의 유사 프로그램 … 278

일본의 슈쿠보(宿坊) 278/ 미국의 선수행 센터 280/ 프랑스의 플럼 빌리지 283

Ⅳ. 한국의 템플스테이 … 285

산사에서의 마음 쉼 285/ 프로그램의 유형과 내용 287/ 템플스테이의 미래 290

■ 템플스테이, 마음이 쉬어 가는 공간 •294

문화와 의례

불교건축　　　　　　　　　　　　　　　　　　_ 도윤수 ● 301

　Ⅰ. 불교건축의 기원과 성격 … 302
　　불교건축의 정의 302/ 불교건축의 기원 304/ 석가모니 사후 불교건축의 변화 305

　Ⅱ. 불교건축의 동아시아 전래와 선종사찰의 등장 … 313
　　불교의 동아시아 전래와 고대 중국의 불교건축 313/ 고대 한국의 불교건축 318/ 고대 일본의 불교건축 329/ 선종사찰의 등장과 확산 330

　Ⅲ. 한국 불교건축의 전개 … 335
　　고려시대 불교건축의 복합 기능과 다원 구성 335/ 다불전과 승탑원의 형성 340/ 고려 말 회암사의 중창과 선종사찰 343

　Ⅳ. 한국 불교건축의 '전통' 성립 … 346
　　조선 전기 불교계의 상황과 불교건축 346/ 조선 후기 사찰의 재건과 중창 352

　■ 한국 불교건축의 전통성과 현대 불교건축의 과제 ● 359

의례집　　　　　　　　　　　　　　　　　　_ 김지연 ● 363

　Ⅰ. 의례집의 기원 … 364
　　의례의 정비 364/ 율장과 청규 365

Ⅱ. 동아시아 의례집의 성립과 전개 … 369

　중국의 '재齋'와 의례집 369/ 신라 의례와 일본의 강식講式 373

Ⅲ. 신라~조선 전기 의례집의 수용 … 377

　예경과 참회 의례집 377/ 밀교 의례집 385

Ⅳ. 조선 후기~근대 의례집의 변형 … 388

　민간 의례집의 성행 388/ 다양화와 집성 394/ 종합 의례집의 탄생 403

■ 의례집, 의례의 역사를 담다 • 407

찾아보기 _ 412
저자 소개 _ 427

총 설

한국불교 확장성의 생성: 글로컬리티의 토대

김용태(HK교수)

1. 한국불교의 '확장성'으로 나아가다

　동국대학교 인문한국(HK)연구단의 아젠다는 '글로컬리티의 한국성: 불교학의 문화 확장 담론'이다. 이는 글로벌과 로컬을 조합한 글로컬리티 glocality의 개념을 통해 세계적 보편성과 지역적 특수성을 아우르며, 한국학으로서 한국불교의 특징을 도출하려는 구상에서 기획되었다. 이를 위해 1단계 '원형의 고유성'(로컬), 2단계 '소통의 횡단성'(글로벌), 3단계 '변용의 확장성'(글로컬)을 단계별 목표로 설정하여, 중심과 주변의 이원적 도그마를 극복하는 '융합적 지역성'의 관점에서 불교를 매개로 한 '한국성'을 추출하고자 한다.

　아젠다 연구의 목표는, 첫째로 한국 역사의 시공간을 종단하고 아시아 차원에서 횡단하여 대내외적 문화 확장의 정체성을 모색하는 것이다. 둘째로 특수와 주변(로컬), 보편과 중심(글로벌)의 길항 관계를 통해 양자의 갈등과 변용, 교차와 융합을 통한 탈영역적 트랜스 지역성(글로컬)을 찾는 것이다. 이는 글로컬리티의 한국성이 내포하는 다면적 중층 구조를 해부하여 불교를 매개로 한국성이 내포하는 본질적 에토스가 무엇인지를 밝히려는 시도이다. 이를 기반으로 한국형 문명 패러다임의 창출 가능성을 타진해 볼 수 있을 것이다.

3단계 '변용의 확장성'은 〈인물과 문헌〉, 〈종교와 문화〉의 두 영역으로 구성된다. 이를 다시 사상가와 텍스트, 종교와 미래 및 문화와 의례의 유형으로 나누어, 불교가 걸어온 아시아 시·공간의 궤적 속에서 한국불교의 글로컬리티를 추구하고 있다. 특히 불교를 축으로 하는 한국 역사 문화 전통의 특징인 한국성을 보편사적으로 이해하는 데 초점을 맞추었다. 나아가 한국형 문명 패러다임의 도출을 위해 현대와 미래 사회에서 불교가 어떤 역할을 하고 있고 또 어떤 전망을 갖는지를 고찰한다. 3단계 4년간의 영역별 유형과 32개의 테마는 다음과 같다.

3단계 〈변용의 확장성〉

연차	인물과 문헌		종교와 문화	
	사상가	텍스트	종교와 미래	문화와 의례
1	원효 원측	범망경 고승전	영험 디지털인문학	불교가사 재회
2	대현 승랑	법화경 대장경	수행 템플스테이	불교건축 의례집
3	균여 지눌	석마하연론 주석서	교단 불교명상	불교미술 상장례
4	의천 휴정	지장경 불교잡지	여성 생태환경	불교음식 사찰문화

〈인물과 문헌〉은 사상가와 텍스트 유형으로 나뉜다. 사상가는 한국불교사를 빛낸 대표적 학승과 선승을 엄선하였는데, 1단계 때 신라불교의 틀을 정립한 자장, 해동화엄의 창시자 의상, 중국 선종의 주류인 임제종

의 법통을 전래한 태고 보우와 나옹 혜근을 다루었기에, 3단계 연구가 수행되면 한국의 이름난 고승들을 대개 포괄하게 된다. 원효와 원측, 대현과 승랑, 균여와 지눌, 의천과 휴정은 기신론, 유식, 계율, 중관, 화엄, 천태, 선 등 주요 교학과 선종의 이론 및 수행 체계를 정립하고 실천한 이들이다. 텍스트에는 3단계에서 전략 특성화 주제로 연구 중인 동아시아 찬술 불전 『범망경』, 『지장경』, 『석마하연론』이 포함되며, 고승전, 대장경, 주석서, 근대 불교잡지도 다루게 된다. 이 영역에서는 동아시아의 관련 인물이나 연계 텍스트와의 비교 연구를 수행하여 한국불교 사유의 확장성을 추출해 내고 있다.

〈종교와 문화〉에서는 종교와 미래, 문화와 의례로 구분하여 전통문화의 현대적 해석과 미래 가치의 탐색을 시도하고 있다. 종교와 미래에서는 영험, 수행, 교단, 여성의 테마와 함께 최근 크게 각광받고 있는 디지털인문학, 템플스테이, 불교명상, 생태환경 문제를 다룰 것이다. 문화와 의례에서는 불교가사, 불교건축, 불교미술, 불교음식의 역사성과 현재적 의의를 살펴보고, 재회, 의례집, 상장례, 사찰문화가 갖는 종교·문화적 의미를 추구한다. 이는 불교가 현대 사회에서 어떠한 기능을 하고 있는지를 진단하고, 새로운 문명 패러다임 창출에 기여할 수 있을지를 탐색해 보는 기회가 될 것이다.

2. '고유성'과 '횡단성'을 넘어 : 로컬리티와 글로벌리티의 교차

1단계 '원형의 고유성'에서는 한국적 고유성의 도출을 연구 목표로 하여 로컬리티의 특수성을 기반으로 한 글로컬리티의 적용 가능성을 탐색해 보았다. 〈사유와 가치〉, 〈종교와 국가〉, 〈문화와 교류〉의 세 영역으로 나누어 영역별로 세 개씩 특화된 주제어를 설정하였다. 〈사유와 가치〉는 사상, 윤리, 내세, 〈종교와 국가〉는 권력, 전쟁, 재화, 〈문화와 교류〉는 사람, 문자, 의례를 주제어로 하였다. 1단계 3년간 수행한 총 27개의 지정 테마는 다음과 같다.

1단계 〈원형의 고유성〉

연차	사유와 가치			종교와 국가			문화와 교류		
	사상	윤리	내세	권력	전쟁	재화	사람	문자	의례
	전수	공동체	계세	왕권	기원	생산	수용	표기	재회
1	유식	충의	하늘	제정일치	원력	사전	자장	변체한문	팔관회 연등회
2	화엄	신의	조상	왕즉불	위령	사노	의상	향찰	수륙재
3	선	세간	무격	불국토	계율	사장	태고 나옹	구결 현토	향도 결사

1단계 아젠다 연구의 수행 결과 한국불교는 인도는 물론 같은 동아시아의 중국, 일본과도 다른 독특한 문화적 원형을 형성하였고 그러한 특성이 장기 지속, 내재적으로 전개·발전되었다는 점에서 고유성을 찾을 수 있었다. 그 특징은 불교 수용 이전부터 있었던 토착적 사유 및 관습과의 접점과 융합, 정치권력과의 강한 연대와 상생, 외래문화의 적극적 수용과 자국화로 요약할 수 있다. 또 독선과 배제, 갈등과 대립, 타율적 이식과 정체 등과 대비되는 개념으로 포용과 융화, 절충과 조화, 주체적 수용과 발전이라는 키워드를 가지고 접근이 가능하다. 한국불교의 고유성은 수용과 접변, 토착적 기반에 뿌리를 둔 연속의 측면과 외래문화의 내재적 확산을 매개로 성립되고 전개되었다. 그 과정에서 타자와 주체, 특수

와 보편 사이의 대립과 마찰이 발생하기도 했지만 연속적이고 계기적인 질적 도약을 거치면서 또 다른 차원의 한국적 고유성을 빚어내게 되었다. 또한 축적된 문화적 토양의 기반 위에 각 시대의 도전과 과제가 덧붙여지며 중층의 새로운 스펙트럼이 생겨났다. 이러한 전개 과정을 거치면서 결국 특수와 보편이 교차 융합된 제3의 한국적 로컬리티를 형성하였다.

이어 2단계 '소통의 횡단성'에서는 동아시아 차원의 횡단성 추출을 연구 목표로 하여 글로벌리티의 보편성을 모색하고, 그로부터 글로컬리티의 적용 가능성을 탐색해 보았다. 이를 위해 영역을 〈문헌과 사상〉, 〈종교와 문화〉로 구성하여 체계적인 연구를 수행하였다. 〈문헌과 사상〉에서는 텍스트와 콘텍스트의 연계를 통해 문헌과 사상의 수용 및 변용 과정을 설명하고, 인도 및 동아시아 세계와의 횡단 문화적 접변을 통한 글로벌리티의 투영 양상을 살펴보았다. 〈종교와 문화〉에서는 권력과 종교, 문화와 의례에 나타난 변화 양태와 역사적 전개 과정을 구체적 사례를 통해 비교사적 관점에서 조명하였다. 내세관과 가치의 전환 문제, 의례와 문학의 발현 양상을 아시아 차원의 문화 교류 및 상호 영향의 틀 속에서 검토하고, 그 결과로 나타난 글로벌 지역성을 집중적으로 고찰하였다. 2단계의 영역과 유형, 24개의 세부 주제는 다음과 같다.

2단계 〈소통의 횡단성〉

연차	문헌과 사상				종교와 문화			
	텍스트		콘텍스트		권력과 종교		문화와 의례	
1	기신론소	삼미륵경소	사본	교관	승역·승군	정토	불교설화	불탑
2	법계도기	금강삼매경론	금석문	교관	호국·호법	지옥	어록	갈마
3	유가론기	삼국유사	과문	선교	정교	윤회	언해불서	청규

〈문헌과 사상〉의 텍스트에서는 신라 원효의 『기신론소』와 『금강삼매경론』, 의상의 『법계도기』, 경흥의 『삼미륵경소』와 둔륜의 『유가론기』, 고려시대 일연의 『삼국유사』처럼 사상은 물론 불교사와 관련된 대표 문헌을 선정하여 한국적 사유의 본질을 탐색하고, 중국·일본과의 비교 연구를 수행하였다. 콘텍스트에서는 한국불교사 전체를 관통하는 주요 기록유산인 사본, 금석문, 과문에 주목하여 그 자료적 가치를 동아시아적 관점에서 비추어 보았다. 또한 교학 및 경전의 단계를 분류하는 교판, 교학과 관행의 일치, 선과 교의 겸수를 대립이나 갈등이 아닌 동아시아 횡단문화의 교차적 관점에서 융합과 공존의 구조로 설명하였다.

〈종교와 문화〉의 권력과 종교에서는 승역·승군, 호국·호법, 정치·종교 문제를 구체적으로 검토하고, 불교와 국가의 관계나 전쟁과 폭력에 대한 대응 및 인식을 중점적으로 다루었다. 또한 불교가 동아시아 세계에 미친 가장 큰 영향 중 하나인 내세관과 관련하여 정토, 지옥, 윤회를 통해 한국인의 가치관 및 정체성 형성 문제를 파악해 보았다. 문화와 의례에서는 불교설화, 어록, 언해불서를 주제로 하여 문자 및 언어 생활, 문학으로 확산된 불교적 세계를 발굴해 냈다. 이어 불탑, 갈마, 청규를 테마로 하여 인도에서 중국을 거쳐 한국에 이르기까지 불교 신앙과 계율이 어떻게 전개되고 변화되었는지를 살펴보았다.

3. '인물과 문헌'에서의 글로컬리티의 생성

본 『테마 한국불교』 8에 수록된 〈인물과 문헌〉 영역의 4개 테마를 사상가(대현, 승랑)와 텍스트(법화경, 대장경)로 나누어 '확장성의 생성'이라는 시각에서 글로컬리티의 토대가 만들어지는 과정을 살펴보았다.

1) 사상가

대현

신라의 유식 사상가 대현의 행적과 저술을 소개하고, 동아시아 유식 사상사에서 그가 차지하는 위치를 조명해 보았다. 태현이라는 명칭으로 더 익숙한 대현은 뒤에 '고적기'가 붙은 저술과 『성유식론학기』, 『대승기신론내의략탐기』 등을 지었다. 대승 계율학을 다룬 그의 『범망경고적기』와 『보살계본종요』는 중국과 일본에 큰 영향을 미쳤다. 대현은 신라를 넘어 동아시아 일류의 유식학자였기에 그에 대한 연구도 활발한 편이다. 이 책에서는 '성性과 상相의 이분법을 넘어서'를 주제로 대현 사상의 진면목을 살펴보고 사상사적 발자취를 추적해 보았다.

기존 연구에서는 대현의 사상이 성종性宗이나 상종相宗에 속하는지, 아니면 양자를 모두 겸비하였는지가 문제가 되었다. 성종과 상종의 이분법적 구분은, 누구나 불성을 가진다는 일체개성一切皆成의 여래장 사상을 수용한 기존 유식학파와, 현장의 신역을 바탕으로 중생의 깨달음의 능력에 차별성을 인정하는 오성각별五性各別을 주장한 유식법상종의 사상적 이중 구도와 관련이 있다. 그러나 이 대립적 이분법은 어느 한쪽으로 양자택일을 해야 하며, 성종과 상종의 경향을 모두 지니는 대현의 사상을 설명하기에는 무리가 있다.

또 대현이 신라 출신 원측과 그 문도 도증의 서명학파 계보를 이었는지도 문제가 되었다. 대현을 원측·도증과 함께 서명학파로 규정하면, 규기의 자은학파와 서명학파 간의 사상적 대결, 나아가 신유식과 구유식의 대립이라는 이분법적 구도를 다시 끄집어내야 한다. 원측은 신유식 논사이면서도 구유식 논사인 진제의 여래장 계통 사상을 받아들인 데 비해, 규기는 신유식의 입장을 철저히 고수하였다. 이분법의 구도는 정통(신유식)과 비정통(구유식)의 대립으로 전선이 확대된다. 실제로 서명학파는 정통인 자은학파에 비해 방계나 '이계異系'라는 왜곡된 평가를 받아 왔다. 대현을 원측의 서명학파로 보는 것을 재고해야 하는 또 다른 이유는, 원측과 규기의 사상적 입장이 크게 다르지 않으며 구유식과 신유식의 이분법에 근거한 서명학파와 자은학파의 대립 구도 자체가 의문시되기 때문이다.

대현의 성상겸비 사상은 성종과 상종 중 양자택일을 해야 하는 상황에서 적절한 평가를 받지 못하였다. 이러한 한계를 벗어나기 위해서는 기존에 법상종과 동일시된 신유식을 보다 넓은 범주에서 해석할 필요가 있다. 규기가 현장 사상의 핵심을 홀로 전수하여 신유식 전통에서 정통성을 가진다는 통설에 의문을 제기하거나, 원측의 서명학파를 이단으로 취급한 규기 문도의 비방은 근거 없는 허구였고 오히려 원측이 현장의 신유식을 계승하는 정통 사상가라는 연구도 나왔다. 또 현장과 규기의 사상적 입장에 차이가 있었지만 자은학파가 우위를 점한 뒤에 현장이 규기와 연계되어 이해되었다는 주장도 있다. 따라서 대현의 성상겸비적 입장은 법상종의 비정통이 아니라 규기의 법상종과는 다른 신유식 안의 또 하나의 흐름으로 볼 수 있다.

대현의 성상겸비적 입장은 동아시아 불교에 성종과 상종을 넘어선 학문 조류가 존재했음을 보여 준다. 다만 대현의 사상 체계 내에서 성·상의 대립적 이론들이 어떻게 회통하고 화합되었는가의 문제는 남는다. 대현은 원효, 원측 등과 함께 한국불교의 회통적 사상 경향을 보여 주는 논사 중 하나이다. 그런데 이들 회통적 논사들 간의 사상적 차별성은 상대적으로 간과되어 왔다. 대현의 성상겸비 사상이 원효나 원측의 사상, 나아가 화합적 경향을 가진 중국 논사들과 어떤 차별성을 가지는지 규명되어야 그 가치가 더욱 분명히 드러날 것이다.

승랑

승랑은 고구려 출신 승려로서 중국 삼론종의 이론적 선구자로 알려져 있다. 그는 5세기에 요동성에서 태어났고 중국의 북조 지역에서 여러 불교 교학을 배웠다. 자신의 학문적 토대를 세우고 나서 그는 강남 지역으로 가서 가르침을 폈는데, 양 무제를 만나 정치적 이상 실현을 위한 이데올로기를 제공했다. 당시 승랑의 삼론학은 '소승'을 배격하고 대승 사상을 부각시키는 데 결정적 역할을 하였고, 이때 남조에서 '대승' 개념이 정착하여 중국불교를 관통하는 정체성으로 자리를 잡았다.

승랑과 그를 계승한 삼론종은 소승과 대승 사이에는 위계성이 있지만 대승경전들은 서로 차등이 없다고 보았다. 승랑은 경전의 다양성이 우열 관계로 이어지지는 않으며 모든 대승경전은 불설이고 궁극적 진리라고 주장했다. 그는 대승경전에 절대적 지위를 부여함으로써 독창적 학설을 내놓을 수 있었는데, 다른 이들처럼 자신의 교리 체계 안에서 정합적 경전 이해를 추구하지 않았고 여러 대승경전들을 꿰뚫는 이론 체계 정립을 도모하였다.

승랑은 대승경전의 통합적 해석을 위해 중가의, 즉 중도中道와 가명假名에 대한 학설을 세웠다. 중가의는 이치와 가르침 사이의 상관성과 직결되며 이에 따르면 중도와 가명이 아무런 걸림 없이 통한다. 그는 이분법적 분별에 걸리지 않는 '이원적 범주'로 중가의를 구체화시켰고, 뒤에 길장이나 혜균 같은 삼론사들도 이를 활용하여 섬세하고 정교한 논리를 펼쳤다. 승랑을 계승한 이원적 범주들 가운데 대표적인 것은 횡수橫竪·소밀疏密·쌍척雙隻·단복單複이다. 횡수의 횡론은 수평적 관계를 논하는 것, 수론은 수직적이고 초월적 차원으로 이끌어 주는 논변이다. 소밀의 소는 다른 두 법의 관계성, 밀은 하나의 법에 범위를 한정한 것이다. 쌍척의 쌍은 짝, 척은 그중 하나를 가리키며, 단복의 단은 단층, 복은 중층적 의미를 나타낸다.

승랑 교학의 핵심은 "이제二諦는 가르침이다."라는 이제의 교문이다. 기존에는 삼론종의 이제교문을 '약교約敎이제설'로 정의하였지만, 이는 삼론 문헌에 근거한 것이 아니었고 또 이제를 언교로 한정하였다. 가르침과 이치, 경계를 대립시켜 이제를 이치나 경계를 배제한 순수한 언어 교설로 해석하는 것은 승랑의 학설과는 배치된다. 승랑의 교학에서는 이치와 가르침, 경계와 지혜는 서로 유기적이고 밀접한 관련성을 지닌다. 그는 교화자와 교화 대상의 소통에 주목하여, '어제於諦'와 '교제敎諦'라는 개념으로 이제론의 독창적 프레임을 수립하였다. 어제는 교화를 받는 대상인 중생의 눈에 보이는 진리이고, 교제는 교화자가 펼친 가르침으로서의 진리이다. 승랑에게 방편교화는 반드시 실상의 이치로 향하는 필연성을 지니며, 이제의 가르침은 깨달음과 교화의 과정에서 불가결한 매개가 된다.

승랑은 독창적인 이제론을 세우고 중국에 대승의 이념을 정착시켰다. 또 후대 삼론종 교학의 체계를 정립하고 천태학과 화엄학 등이 나올 수 있는 이론적 기틀을 마련하였다. 대승경전을 해석하기 위한 그의 이원적 범주들은 훗날 백제 혜균에게도 이어져 독특한 사유체계를 형성하였고, 다시 신라 원효의 화쟁·회통 논리에 토대를 제공하였다. 승랑은 동아시아불교의 흐름을 바꾼 인물로서 그의 사상적 독창성은 중관 사상을 다시 전면에 내세워 동아시아적 불교 이해의 초석을 놓는 결과로 이어졌다.

2) 텍스트

법화경

『법화경』은 가장 널리 읽힌 대승경전의 하나로서 조선시대에 제일 많이 간행되었다. 여기서는 인도에서의 『법화경』 유통과 한역, 주요 사상을 소개하고 동아시아의 여러 주석서를 통해 다양한 『법화경』 해석과 일승 중심주의를 살펴보았다. 한국에서도 일찍이 『법화경』의 일승 사상이 전해졌고 고려 출신 제관은 최고의 천태 입문서인 『천태사교의』를 저술하였다. 고려의 의천과 요세의 천태 이해, 조선시대의 『법화경』 대중화와 신앙에 대해서도 서술하였다.

일승 사상을 담은 『법화경』은 인도에서부터 이익과 공덕을 위한 독송, 서사가 권장되면서 대중화의 길을 걸었다. 『법화경』은 인도에서 이미 50종의 주석서가 나왔고 한역 외에도 위구르어, 서하어, 몽골어, 만주어, 한국어, 베트남어 등으로 번역되었다. 『법화경』의 주요 사상은 방편을 열어 일불승을 나타내는 개권현실開權現實, 부처는 영원히 성불해 있다는 구원실성久遠實成이다. 또한 『법화경』은 삼매와 독송 등 실천적 측면에서도 중시되었다.

『법화경』의 한역 후 구마라집의 제자 도생과 양나라의 삼대법사인 법운을 필두로 수·당대까지 많은 주석서가 나왔다. 그러면서 많은 새로운 해석이 이루어졌는데, 처음에는 『열반경』보다 낮은 단계로 비정되다가 천태 지의에 이르러 최고 경전으로 자리매김한다. 또 일승과 삼승의 관계도 양자를 다 중시하는 것에서 점차 일승중심주의로 전환되었다. 『법화경』의 특색을 규정하는 개념도 만선동귀萬善同歸, 회삼귀일會三歸一, 개권현실 등 다양하게 제기되었다.

『법화경』이 삼국에 전해진 후 고구려의 파야, 백제의 발정·현광 등이 『법화경』 수행자로 이름을 알렸으며, 고구려의 혜자, 백제 혜총의 일승사상은 일본에 전해졌다. 신라에서도 낭지·연광 등이 배출되었고, 원효는 『법화종요』에서 평등한 여래장성을 발현시키기 위한 방편을 중시하였다. 또 세친의 『법화경론』에 대한 주석서인 의적의 『법화경론술기』가 전하는데, 방편을 중심으로 한 일승을 강조하였다. 제관의 『천태사교의』는 중국, 한국, 일본에 유통되었고 많은 주석서가 나왔다. 고려에서는 의천이 천태종을 개창한 이래 그 흐름이 이어져 요세의 백련결사에서 꽃을 피웠고 법화참법, 독송 등을 통해 『법화경』 대중화의 길을 열었다. 요원의 『법화경영험전』도 『법화경』 사상이 대중에게 다가서는 데 크게 기여하였다.

조선시대에는 김시습이 『연경별찬』을 지어 선적 해석과 함께 근기설을 수용하여 『법화경』을 쉽게 이해하게 하였다. 『법화경』 대중화의 기폭제가 된 것은 언해본 『법화경』의 간행이었다. 또 국행으로 설행된 수륙재 의례에서도 『법화경』이 사용되었는데, 그럼으로써 조선시대에 가장 많이 간행된 경전이 되었다. 이처럼 『법화경』은 일승의 최상승 경전으로서 신앙과 의례를 통해 대중과 소통하면서 높은 위상을 이어 갈 수 있었다.

대장경

대장경은 경장과 율장, 논장의 삼장을 모은 것으로, 중국 송대 이후 동아시아 각국에서 많은 목판 대장경이 만들어졌다. 먼저 '대장경이란 무엇인가'라는 제목으로 대장경의 정의와 경록 편찬 및 입장목록, 대장경 이전의 전사를 살펴보았다. 이어 중국에서의 한역 대장경 전개 과정을 송대, 원대, 명대로 나누어 검토하였다. 한국은 '전통과 근대를 잇는 고려대장경'을 주제로 초조대장경과 재조대장경을 소개하고 고려·조선 시대 대장경 인출 사실을 정리하였다. 일본은 대장경의 전래, 일본에서 고려대장경의 위치, 근대 이후 대장경 간행과 디지털화로 구분하여, '대장경의 집성과 세계화'에 대해 살펴보았다.

불전의 한역이 시작된 이래 수많은 경전이 한역되고 필사와 인쇄를 통해 유통되었다. 대장경은 북송대에 완성된 개보장이 최초로서, 이후 왕조가 바뀔 때마다 국가적 문화 사업으로 대장경이 조성되었고, 거란과 고려에서도 이른 시기에 대장경 판각이 이루어졌다. 송과 원의 대장경은 판식을 기준으로 세 유형으로 나뉜다. 첫째, 중국 사천의 촉 지방에서 개판된 개보장과 이를 저본으로 한 초조장·재조장·조성장 등이다. 둘째, 당의 장안이나 낙양에서 필사된 중원 사경을 연원으로 했을 거란장(요장)이다. 셋째, 중국 강남 지방에서 나온 숭녕장·비로장·사계장 등이다. 이를 다른 방식으로 분류하면, 거란장이 중국의 중원 지방에서 나온 중앙 대장경이며, 다른 것들은 모두 지방 대장경이라고 할 수 있다. 그러나 거란장은 동아시아에서 거의 유포되지 않은 반면, 중국 한족 왕조가 만든 개보장 계통의 대장경과 강남 대장경은 비교적 많이 유통되었다.

일본의 경우 한반도와 중국에서 대장경을 수입해 들여왔으며, 자체적으로 대장경을 만든 것은 개보장 완성으로부터 650여 년이 지난 후였다. 하지만 근대에 들어 몇 종의 새로운 대장경이 잇달아 일본에서 조성되었고 대정신수대장경은 지금까지도 세계적인 공통 텍스트로서 활용되고 있다. 그런데 중국에서 일본까지 이어지는 동아시아 대장경의 역사적 변천 속에서 가장 큰 역할을 했던 것이 바로 고려대장경(재조장)이다.

송의 개보장 계열에 속한 재조장이 전통(중국)과 근대(일본)를 잇는 대장경이 된 이유는 두 가지이다. 첫째, 재조장은 개보장·거란장·초조장의 세 대장경을 교감하여 만들어졌기에 매우 우수한 평가를 받는다. 보녕장도 숭녕장, 비로장, 사계장 등과 교감하여 만들어졌지만 큰 평가를 받지는 못했다. 그 이유는 보녕장과는 달리 재조장에는 세 대장경을 교감한 내용을 담은 『교정별록』이 수록되어 있기 때문이다. 둘째, 재조장은 경판이 현재 남아 있다는 점이다. 현존 대장경은 중국의 용장, 일본의 황벽장, 그리고 재조장인데, 그중 가장 오래된 것이 바로 해인사의 재조장이다. 결국 고려대장경(재조장)은 남아 있는 대장경 중에서 가장 오래되었고, 또 완전한 경판과 인경본이 남아 있다는 점에서 최고의 대장경이라 할 수 있다.

4. '종교와 문화'에서의 글로컬리티의 생성

본 『테마 한국불교』 8에 수록된 〈종교와 문화〉 영역의 4개 테마를 종교와 미래(수행, 템플스테이), 문화와 의례(불교건축, 의례집)로 나누어 '확장성의 생성'이라는 시각에서 글로컬리티의 토대 형성 문제를 검토해 보았다.

1) 종교와 미래

수행

불교는 2500년간 사상과 수행, 신앙과 문화 등 다양한 영역에서 아시아를 비롯한 인류의 역사에 큰 영향을 미쳐 왔다. 여기서는 신앙과 해탈의 통로인 수행을 테마로 삼아 먼저 인도에서 수행의 의미, 요가와 고행, 붓다의 수행을 살펴보았다. 이어 동아시아불교의 여러 수행법, 중국의 새로운 수행문화, 일본불교의 수행에 대해 소개하였다. 또 한국에 불교가 전해진 후 수행법의 도입, 선수행의 전개, 수행결사의 양상을 검토하였고, 조선시대는 경절문·원돈문·염불문의 삼문수행을 중심으로 정리하였다.

불교의 수행은 깨침, 해탈, 성불 등을 달성하기 위해 몸을 단련하고 마음을 안정시켜 궁극의 지혜를 체득하는 것을 말한다. 불교에서는 일상생활에서 늘 실천할 수 있는 수행이 중시되었지만, 이는 세속적 기예를 몸에 익히려는 행위와는 구별된다. 불교수행은 멀리 요가에 그 연원을 두며, 붓다의 수행법이 정립된 후에는 선정을 중심으로 다양하게 발전·전개되었다. 붓다가 실천한 수행법은 좌선 중심의 선정주의가 핵심을 이루었는데, 이후 사선과 팔정 등으로 정립되었다. 수행은 인도불교의 전개 과정에서 사상과 문화의 요소로 정착되었고 새 불교운동의 토대가 되었다. 또 삼학과 팔정도를 근간으로 하는 불교의 수행 방식은 경전과 율장의 규범, 논장의 지혜에 두루 반영되었다.

중국에 불교가 전래된 이후에는 인도 전승의 수행법이 단순화되고 명료화되는 대신 새로 생겨난 종파에 따라 독특한 수행법이 발전하였다. 선종의 경우는 달마 이래로 관법을 중심으로 하였고, 송대 이후에는 조사선으로서 간화선 및 묵조선 수행법이 생겨났다. 정토교에서는 염불수행을 통해 아미타불의 원력에 의한 왕생극락을 기원하였다. 명대 이후에는 선과 정토가 결합된 수행 방식이 일반화되었고, 주력과 예참, 간경과 불사佛事 등이 모두 수행 방안으로 여겨졌다.

한국에서는 삼국시대부터 미륵과 아미타 신앙 등에 의거한 염불수행이 존재하였다. 통일신라 말 이후 고려시대에는 여러 선종 수행법이 들어왔고 결국 고려 말부터는 간화선 수행이 대세가 되었다. 조선 후기에는 간화선을 닦는 경절문, 교학을 연마하는 원돈문, 정토염불을 특징으로 하는 염불문의 삼문수행이 전통으로 굳어졌다. 일본에서는 천태밀교의 수행법이 나오고 칭명염불이 유행하였는데, 수량염불법이 계승되고 밀교의 다라니 수행도 겸수되었다. 이후 선종의 수입과 함께 조동종의 좌선법이 중시되었다. 헤이안시대부터는 성지순례 수행이 시작되어 하나의 문화전통이 되었다.

수행은 신앙 대상과 교감하려는 순수한 염원으로서 발심發心이 그 바탕을 이룬다. 발심의 계기는 매우 다양하지만, 발심 자체는 안심입명으로서 자기의 해탈, 구원으로 향하며 발심이 없는 수행은 큰 의미가 없다. 발심은 필연적으로 그에 상응하는 행위를 수반하는데 그것이 바로 수행이다. 수행은 보살행으로 나아가기 때문에 개인의 영역을 초월한 사회적 운동으로 승화되기도 한다. 대승불교에서는 이 보살도의 실현으로서 육바라밀을 지향하며, 수행이 궁극적으로 깨침이고 해탈이며 구원일 수 있는 근거가 바로 여기에 있다. 발심과 수행과 깨침의 회향은 결국 일상생활에서 보살행으로 구현된다. 여기에는 자력과 타력의 구분이 따로 없고 이타利他가 수반된 자력, 자리自利가 전제된 타력인 것이다.

템플스테이

한국의 전통사찰에서 운영 중인 템플스테이는 사찰음식, 명상과 휴식, 전통문화 체험 등 다양한 매력적 요소를 가지고 있어 많은 이들이 이용하고 있다. 우선 템플스테이가 만들어진 배경으로 2002년 월드컵과 한국불교문화사업단 설립, 사찰문화의 개방 문제를 언급하였다. 다음으로 불교 전통에서 템플스테이의 연원을 찾아보았는데, 포살과 팔관재, 결사와 수련회 등이 관련이 있으며 유람과 숙박의 장소로 사찰이 활용된 사례도 적지 않았다. 외국에서 템플스테이와 유사한 프로그램으로는 일본의 슈쿠보(宿坊), 미국의 선수행 센터, 프랑스의 플럼 빌리지를 소개하였다. 또한 운영 중인 프로그램을 살펴보고 템플스테이의 미래에 대해 전망하면서, 템플스테이의 특징을 '산사에서의 마음 쉼'으로 정의해 보았다.

 템플스테이는 2002년 한·일 월드컵을 계기로 생겨났다. 당시 외국인을 위한 숙박시설 확보를 위해 사찰을 활용하자는 아이디어가 문광부에서 나왔다. 조계종에서도 불교문화의 대중화와 국제화를 위한 좋은 기회라고 여겼고 정부 지원하에 전국의 33개 사찰이 처음 지정되었다. 비록 참여 외국인은 1000명이 채 안 되었지만 참가자들의 반응은 좋았고 템플스테이는 한국을 알리는 홍보대사 역할을 하며 세계의 유수 언론으로부터 큰 주목을 받았다. 이후 2004년 7월 불교사업단이 설립되면서 규모가 확대되고 사업이 본 궤도에 올랐다. 불교사업단은 다양한 프로그램을 내놓았는데 사찰음식과 심신 치유 프로그램 연계가 대표적이다. 현재 템플스테이를 운영하는 사찰은 140개 정도이고 지금까지 20만 명 이상이 직접 체험한 것으로 추산된다. 이는 사찰의 생태문화적 환경이 웰빙을 추구하는 현대인의 욕구에 들어맞았기 때문이다.

 템플스테이라는 용어는 2001년에 한국에서 처음 등장한 조어이다. 일반인이 사찰의 일상생활을 경험하며 심신을 안정시킬 기회를 갖는 사례나 연원을 불교사에서 찾아보면, 재가불자의 포살이나 결사, 수련회 등을 들 수 있다. 또 일반인이 유람하다가 사찰에 들르거나 숙박하는 경우도 사찰문화의 경험이라는 점에서 크게 다르지 않을 것이다. 한편 외국에 템플스테이와 같은 프로그램은 없지만, 명상이나 심신 수련을 목적으로 사찰이나 수행 센터에서 머무는 경우를 비교 대상으로 삼을 수 있다. 일본에는 전통사찰에서 좌선이나 사경, 채식 요리 등을 체험하는 슈쿠보라는 프로그램이 있는데 다만 국가나 종단의 지원 없이 사찰 자체에서 숙박업 형태로 운영된다. 미국을 비롯한 서구 사회에는 좌선, 명상 등을 하는 불교 수행 센터가 적지 않은데, 틱낫한이 평화와 행복을 찾는 생활불교를 추구하며 1982년 프랑스 보르드에 설립한 국제 수행 센터 플럼빌리지의 걷기 명상 등 여러 프로그램을 소개하였다.

 템플스테이는 한국불교의 역사와 문화가 살아 숨 쉬는 산사의 전통문화 체험 프로그램이다. 이는 숙박과 전통문화 체험, 심신 힐링 등을 통해 삶의 휴식과 지혜를 얻는 것을 목표로 한다. 현재 템플스테이 운영 사찰의 프로그램은 크게 당일형, 체험형, 휴식형으로 나눌 수 있다. 그 안에는 참선, 인경·사경·독송, 예불과 108배, 발우공양, 걷기 명상 등의 수행 문화, 그리고 연등이나 염주 만들기, 다도와 차담, 사찰음식 체험, 타종 의식 같은 불교문화 체험 등이 포함되어 있다. 템플스테이는 웰빙을 위한 관광 상품이며 친환경적 에코 투어리즘이기도 하다. 타인과 자연과의 평안한 공존, 더불어 사는 삶 속의 행복과 평온은 '연기', '무아', '무상' 등 불교의 핵심 가르침을 다른 말로 표현한 것이다. 불교의 지혜는 현대인의 삶에 위안과 희망을 줄 수 있는데, 마음이 쉬어 가는 공간으로서 템플스테이는 그 방향성을 잘 보여 준다.

2) 문화와 의례

불교건축

 불교 하면 떠오르는 이미지 중에는 사찰의 건축도 큰 비중을 차지한다. 여기서는 불교건축의 정의와 기원, 인도 불교건축의 변화와 성격에 대해 고찰하고, 불교의 동아시아 전래 이후 고대 중국의 불교건축과 그것을 토대로 변용된 한국과 일본의 불교건축, 그리고 선종사찰의 등장 문제를 살펴보았다. 이어 한국 불교건축의 전개 과정을 고려시대 불교건축의 복합 기능과 다원 구성, 다불전과 승탑원을 중심으로 소개하고, 고려 말 회암사의 중창과 선종사찰의 특색에 대해 서술하였다. 끝으로 한국 불교건축의 '전통' 성립을 주제로 하여 조선 전기 불교건축과 조선 후기 사찰의 재건 및 중창 문제를 다루었다.

한국의 불교건축은 인도와 서역의 불교건축이 중국에 들어와 토착화되고 정비되고 나서 전래되었기 때문에 고대인 삼국시대에는 중국 불교건축과 깊은 연관성을 가질 수밖에 없었다. 하지만 통일신라 이후에는 불교교리 이해가 심화되고 대중화가 진전됨에 따라 고도의 기술력을 바탕으로 한 독자적 불교건축을 만들어 냈다. 고려에서는 불교가 사회 전반에 걸쳐 큰 영향력을 행사함에 따라 다양한 형태의 사원이 공존하게 되었고, 조사 신앙의 발달로 승탑원이 생겨나는 등 독특한 건축문화가 발생하였다.

고려 말 나옹 혜근에 의해 소개된 중국 원대의 선종사찰 제도는 조선시대에 하나의 규범처럼 받아들여져서, 법당·선당·승당을 기본 요소로 하는 중심 사역 구성으로 나타났다. 조선시대에는 점차 유교사회로 이행되면서 불교의 지분이 줄어들었지만, 승단의 결집과 자구 노력으로 새로운 건축문화가 창출되었다. '법당-선·승, 양당(요사)-정문(누각)'으로 구성되는 중정형 배치와 '일주문-금강문(회전문, 불이문)-천왕문'으로 이어지는 삼문 배치, 대규모 실내 집회를 위한 대방문화 등과 같이 현재 사찰건축의 필수 요소로 꼽히는 형태가 이 시기에 이루어졌다.

현대에 불교건축은 또 다른 전환기를 맞이하였다. 서구 건축기술이 주류가 된 시대에 불교건축은 오래 이어 왔고 또 현재에도 사용되고 있다는 점에서 사실상 유일한 한국의 전통건축으로 평가받고 있다. 최근 유네스코 세계유산에 등재된 '산사-한국의 산지 승원'도 불교건축 전통의 역사성에 대한 높은 평가의 결과이다. 그러나 한편 옛 건축물과 근래 새로 지은 건축물 사이의 부조화가 문제가 되는 등 현대 불교건축은 전통성과 편의성·기능성 사이에서 균형 잡힌 새로운 방안을 모색해야 할 과도기에 놓여 있다.

이 책에서는 2000년 이상 불교를 지탱하는 하드웨어로 기능해 온 불교건축의 발생과 전래, 변화 과정을 개괄적으로 살펴보았다. 주요한 골자만 언급하다 보니 불전의 장엄이 가지는 상징성이나 한국 건축사에 있어서 불교건축의 의미, 승려 장인의 활동, 조선 후기 승단의 문중문화 등 중요하지만 다루지 못한 내용도 있다. 다만 한국 불교건축사의 도도한 흐름을 나름의 맥락을 짚어서 정리하였으며, 전통과 현대의 이질감을 극복하고 새로운 불교건축문화를 만들어 나가야 한다는 필요성을 제기하였다.

의례집

의례집은 불교의례의 절차와 형식, 주요 내용을 모은 텍스트로서 불교 신앙과 문화의 중요한 코드를 담고 있다. 먼저 의례집의 기원을 의례의 정비, 율장과 청규로 나누어 살펴보고, 동아시아 의례집의 성립과 전개를 중국의 '재齋'와 의례집, 신라의 의례와 일본의 강식講式을 통해 파악해 보았다. 또한 통일신라에서 조선 전기까지를 '의례집의 수용'으로 명명하고 예경과 참회 의례집, 밀교 의례집에 대해 정리하였고, 조선 후기에서 근대까지 의례집의 '변형'을 민간 의례집의 성행, 다양화와 집성, 종합 의례집의 탄생으로 구분하여 개관하였다.

의례집은 의례에 대한 지침서로서, 의례집에 명기된 순서대로 실제로 의례가 진행되고 각각의 절차에 따라 암송이나 연주 등의 행위가 이루어진다. 재앙 퇴치, 망자의 영혼 위로, 삶의 풍요 기원 등 다양한 목적에 따라 여러 형태의 의례가 설행되며, 이를 기록한 의례집은 해당 의례의 구성과 내용을 후대로 전해 주는 역할을 한다. 의례를 '엄격한 절차에 따라 반복적으로 행해지는 상징적 혹은 준상징적 행위'라 한다면, 최초로 실행된 불교의례는 갈마라고 할 수 있다. 갈마는 승가에서 의사 결정을 위해 열리는 회의의 법식을 의미하지만, 넓게는 각종 의식을 가리킨다. 갈마의 형식과 절차는 율장에서 자세히 규정하고 있으므로 최초의 불교 의례집을 율장으로 볼 수도 있다.

불교가 중국에 전해진 후 승단은 인도와는 다른 지역성과 환경 속에서 큰 변화를 겪게 된다. 중국불교, 특히 선종에서는 '청규'라는 규범을 제정하여 사원 생활의 규칙과 의례법 등을 수록하였다. 『승니궤범』, 『교계신학비구행호율의』, 『왕생예찬게』 등도 크게 보면 청규의 범위 안에 든다. 중국의 의례에서는 재회가 매우 중요한데, 그 안에는 계율 수지와 부정을 피하고 복을 비는 불공 의식은 물론 공양하는 반승과 죽은 자에 대한 시식까지도 포함된다. 재의 대표적 사례는 물이나 땅에 있는 고혼과 아귀를 구제하기 위해 음식을 공양하는 수륙재가 있는데, 『천지명양수륙의문』·『자기산보문』·『법계성범수륙승회수재의궤』와 같은 다양한 수륙재 의례집이 간행, 유통되었다.

한국에서도 불교의례가 일찍부터 설행되었지만 문헌이 거의 남아 있지 않다. 다만 엔닌의 『입당구법순례행기』에 당시 중국 적산법화원에서 행해지던 신라의 의례가 기록되어 있다. 엔닌은 여기서 강의·예불·참회 등이 신라어로 진행된다고 하고 있어, 의례도 신라식으로 행해졌음을 알 수 있다. 또 신라와 당, 일본의 의례(강식)를 비교하여 공통점과 차이점을 간추려 놓았다. 통일신라부터 조선 전기까지는 예참 의례집과 밀교 의례집 일부가 전한다. 전자는 의상의 『투사례』, 원효의 『대승육정참회』, 조구의 『자비도량참법집해』 등이고, 후자는 신라 불가사의의 『대일경』 주석서 『대비로자나성불신변가지경』, 고려시대의 다라니 모음인 『범서총지집』이 있다.

조선 후기에는 의례집 수요가 크게 늘면서 폭발적으로 제작이 증가하였다. 조선 전기까지는 대부분 왕실을 중심으로 의례집이 간행되었지만, 후기에는 사찰이나 개인이 간행 주체가 되었고 망자 천도와 재난 극복을 위한 의례가 많이 행해졌다. 수륙재 의례집에도 서명에 '찬요', '촬요', '잡문' 등이 들어가서 수륙재가 다양한 형태로 행해졌음을 볼 수 있다. 조선 후기에는 의례의 일부분이 독립하여 단독 의례로 설행되거나, 승려들의 일상 의례 및 상례와 관련된 의례집이 나와 주목된다. 전자는 청허 휴정의 『설선의』와 『운수단가사』를 예로 들 수 있고, 후자는 17세기 중반에 세속의 상례에 적용하는 오복제를 수용해 만든 『석문상의초』, 『석문가례초』, 『승가예의문』이 있다. 의례의 다양화는 점차 혼란을 불러왔고 따라서 집성과 통일의 필요성이 생겨났는데, 19세기의 『작법귀감』과 그것을 이은 『석문의범』이 대표적이다. 의례집은 단순히 의례의 절차와 내용만 모아 놓은 책이 아니며, 그 안에 불교의 사상과 역사, 문화가 모두 녹아들어 간 복합적 상징으로서 큰 의미를 가진다.

지금까지 '한국불교 확장성의 생성: 글로컬리티의 토대'라는 아젠다 연구 목표를 설정한 3단계 2년차 8개 테마 내용을 요약해 보았다. 〈인물과 문헌〉 영역에서는 한국불교의 대표적 사상가인 대현과 승랑, 텍스트로는 『법화경』과 대장경을 살펴보았고, 〈종교와 문화〉에서는 종교와 미래 유형으로 수행과 템플스테이, 문화와 의례는 불교건축과 의례집을 다루었다. 다음에 나올 『테마 한국불교』9는 3단계 3년차의 8개 주제를 모은 것으로, '변용의 확장성'이라는 3단계 아젠다 연구의 세 번째 성과물이 될 것이다. '확장성의 전개'를 연구 목표로 하는 9년차에는 〈인물과 문헌〉에서 고려 화엄과 선의 대표자인 균여와 지눌을 사상가로, 『석마하연론』과 주석서를 텍스트 테마로 선정하였고, 〈종교와 문화〉는 종교와 미래에서 교단과 불교명상, 문화와 의례에서 불교미술과 상장례를 주제로 택하여 연구 성과를 낼 것이다.

  본 HK연구단의 3단계 아젠다 목표는 '변용의 확장성'이다. 불교는 1700년 전에 한국에 전래된 이후 토착적 전통과의 마찰과 대립, 포용과 융합을 거쳐 변화를 거듭해 왔고 이는 장기 지속의 내재적 고유성 창출로 나타났다. 시간적으로는 불교의 탄생 이후 현대까지, 공간적으로는 인도에서 동아시아로 연결되는 불교문화권의 거대한 횡적 네트워크 속에서 교류와 소통의 역사성과 세계사적 보편화 과정을 장기간 체험하였다. 이는 로컬리티(특수성)가 글로벌리티(보편성)와 만나 한국이라는 시공간의 제한을 넘어서는 문명 접변의 코드를 생성해 냈음을 의미한다. 이러한 기반 위에서 3단계에서는 글로컬리티(확장성)의 창출 문제를 집중적으로 다루고, 이를 통해 한국형 문명 패러다임이 무엇인지를 타진해 보려 한다.

제1부

인물과 문헌

사상가

대현

승랑

텍스트

법화경

대장경

사상가

대현 大賢

이
수
미

I. 대현의 행적과 저술

　전기와 행적/ 대현의 명칭 문제/ 대현의 저술과 '고적기'

II. 유식논사 대현의 사상적 위치

　유식법상종과 대현/ 원측 학맥 계승 문제/ 『성유식론학기』

　의 중요성/ 『대승기신론내의략탐기』의 유식 사상

III. 대현의 계학 사상과 동아시아 유포

　『범망경고적기』의 내용과 특징/ 『보살계본종요』의 구성과

　사상/ 대현 계학의 중국 전래/ 일본에서의 대현 계학 수용

IV. 대현 연구의 현황 및 과제

　동아시아 유식 구도와 대현/ 신라 유식의 사상적 계통과

　대현/ 대현 연구의 새로운 시각

　■ 성性과 상相의 이분법을 넘어서

I. 대현의 행적과 저술

전기와 행적

대현大賢(혹은 태현太賢)은 8세기 중엽 신라 경덕왕(재위 742~765) 때의 유식 학승으로서 신라 유식학뿐만 아니라 동아시아 유식 전통 전반에 지대한 기여를 한 인물이다. 하지만 대현의 생애를 직접 기술하는 독립된 전기는 현재 전하지 않고 있으며, 가장 자세한 자료가 『삼국유사三國遺事』 권4 「현유가해화엄조賢瑜珈海華嚴條」에 보이는 기록이다.[1] 이에 따르면 대현은 유가종의 개산조(瑜伽祖)로서 경주 남산南山의 용장사茸長寺에 거주하였다. 용장사에는 돌로 만든 미륵의 장륙불丈六佛이 있었는데, 대현이 그 주위를 돌면 불상도 그를 따라서 얼굴을 돌렸다고 한다. 또한 지혜와 언변이 정민精敏하고 판단이 분명하였고, 특히 상종相宗의 깊은 뜻을 이해하였다고 한다. 따라서 동국東國의 후학들이 모두 그의 가르침을 따랐고 중국 학자들도 자주 대현의 글을 의지하였다고 한다. 또한 753년(경덕왕 12) 여름에 가뭄이 심해지자 왕이 대현을 내전으로 청하여 『금광명경金光明經』을 강설하여 단비를 빌게 하였다. 어느 날 재식齋食 때 발우鉢盂를 펴고 얼마 동안 기다렸으나 정수淨水가 늦어 그 이유를 물었더니 공양을 준비하는 사람이 궁의 우물이 말라 멀리서 물을 길어 오느라 늦었다고 하였다. 대현이 이 말을 듣고 오후에 경을 강설할 때

---

1 『大正藏』49, 1009c~1010a

향로를 받들고 가만히 있자 곧 우물물이 7장丈 가량이나 솟아올랐다. 궁중의 사람들이 모두 놀랐고 그 우물을 금광정金光井이라 불렀다고 한다. 또한 대현은 신라의 고칭古稱 중 하나인 청구靑丘라는 명칭을 본떠 스스로를 청구사문靑邱沙門으로 칭했다고 한다.

이 외에 대현의 저술인 『보살계본종요菩薩戒本宗要』의 서두에 실려 전해 오는 당唐(618~907)의 대천복사大薦福寺 도봉道峯(생몰년 미상)이 지은 「대현법사의기서大賢法師義記序」와 후대의 일본 승려들이 지은 대현 저술에 대한 주석서에 대현에 대한 약간의 기록들이 남아 있다. 조센(定泉, 1273~1312)의 『범망경고적기보망초梵網經古迹記補忘抄』 권1에는 '태현太賢'은 조사祖師의 휘諱로서 사람들이 스님을 경외하기에 실명 대신 휘자를 쓴 것이라고 하고, 대현이 명예를 탐하지 않고 덕행을 숨겼으므로 승전僧傳 등에 보이지 않는다고 하였다.[2] 쇼온(照遠, 14세기경)의 『범망경고적기술적초梵網經古迹記述迹抄』 권1에는 대현이 거문고 타기를 즐겼고 항상 자취를 숨기는 생활을 하였으며, 이러하므로 그가 밖으로는 덕행을 숨기고 안으로는 밝은 지혜를 지녔음을 알 수 있다고 하였다.[3] 쇼산(淸算, 1288~1362)이 지은 『범망경상권고적기강의梵網經上卷古迹記綱義』(1356~1361)에도 '태현은 신라국 사람이며, 오직 자국에서만 불법을 펼친 까닭에 고승전 가운데 이 스님이 나와 있지 않다'고 기록하고 있는 화엄승 교넨(凝然, 1240~1321)의 기記를 소개하고 있다.[4]

---

2 『日本大藏經』 19, 544a

3 『日本大藏經』 20, 233a

4 『日本大藏經』 20, 3c. 여기서 교넨의 '記'란 교넨이 저술한 『太賢法師行狀錄』을 가리키는 듯하다. 겐준(謙順, 1740~1812)의 목록집 『增補諸宗章疏錄』에는 교넨이 『太賢法師行狀錄』을 저술하였음이 기록되어 있다.(『大日本佛教全書』 1, 東京: 発売講談社, 1970~1973, p.75)

대현의 명칭 문제

대현은 '태현太賢'이라고도 기록되어 있어 전통적으로 두 가지 휘명이 혼용되어 오고 있다. 한국과 중국의 문헌에는 대현으로, 일본 문헌에는 거의 태현으로 기록되어 전해진다. 가령『삼국유사』권4(1281),『불국사고금역대기佛國寺古今歷代記』(1767), 이능화李能和(1869~1943)의『조선불교통사朝鮮佛敎通史』(1917), 권상로權相老(1879~1965)의『조선불교약사朝鮮佛敎略史』(1917), 누카리야 가이텐(忽滑谷快天, 1867~1934)의『조선선교사朝鮮禪敎史』(1930) 등 한국에서 저술되어 전해지는 자료에는 모두 대현으로 기재되어 있다. 하지만 대현의 현존 저술은 모두 일본에 전해져『대정신수대장경大正新脩大藏經』(이하『대정장』으로 약칭)이나『속장경續藏經』에 수록되어 있는데, 이 가운데『보살계본종요』와 그 서두에 부기된 대천복사 도봉의『대현법사의기서』에 대현으로 지칭된 경우가 있는 것(『대정장』45, 915ab)을 제외하고,[5] 『범망경고적기梵網經古迹記』,『약사본원경고적기藥師本願經古迹記』,『대승기신론내의약탐기大乘起信論內義略探記』,『성유식론학기成唯識論學記』 등에는 모두 '태현'으로 나타나고 있다. 이에 따라 일본 판본을 저본으로 하는『한국불교전서韓國佛敎全書』에서 대현의 저술들은『보살계본종요』를 제외하고 모두 '태현'으로 기재되어 있다. 이 가운데『보살계본종요』에만 '대현'으로 기재된 이유는 아마도 중국에서 전해진 도봉의『대현법사의기서』에서 대현이라고 명시하고 있기 때문에 이와 동일하게 대현을 사용한 것이 아닌가 한다.

---

5 하지만 大須文庫 소장 필사본(1324)이나 身延山大學 圖書館 소장 목활자본(1603)의 경우에는 모두 太賢으로 기재되어 있다.(최종남,「太賢의「菩薩戒本宗要」유통본 서지조사 및 대조·연구」,『서지학연구』74, 한국서지학회, 2018, pp.59~64)

한편 고려 의천義天(1055~1101)의 『신편제종교장총록新編諸宗教藏總錄』
에도 '태현'으로 기재되어 있는데, 이 역시 한국에 남아 있던 판본을 바
탕으로 한 것이 아니다. 현재 통용되는 『신편제종교장총록』은 일본 고잔
지(高山寺)에 보존된 1176년과 1644년의 사본과 1963년 활자본들을 편
집하여 『대정장』과 『대일본불교전서大日本佛敎全書』에 수록된 것을 저본
으로 한 것이다. 그 외에 신라승 견등見登(약 800년경)의 저술로 알려져 있
었던 『대승기신론동이략집大乘起信論同異略集』에서도 대현의 『대승기신
론내의략탐기』를 인용하며 '태현'이라고 언급하고 있는데, 근래에 이 저
술이 일본 승려 지쿄(智憬, 750년경)의 저술임이 밝혀진 바 있다.[6] 그 밖
에 대현의 『범망경고적기』에 대한 일본 승려들의 말소末疏에는 한결같이
'태현'으로 언급되고 있다. 요약하자면 한국과 중국의 문헌 자료에서는
거의 '대현'을 사용하고 있고, 일본에서 제작된 자료의 경우 대부분 '태
현'을 사용하고 있음을 알 수 있다.

일본 문헌 자료에서 '대현'이 아니라 '태현'이 통용되고 있는 것은, 한
자 '大'가 '다이' 혹은 '타이'로 발음되어 왔고, '太'는 '타이'로 발음되어 왔
다는 사실과 관련되어 있다.[7] ('賢'은 '겐' 또는 '켄'으로 발음된다.) '大'와 '太'가
동일하게 '타이'라고 발음될 수 있다는 사실은 '大賢'을 '타이켄/타이겐'
으로 발음하는 경우 이를 '太賢(타이켄/타이겐)'으로 잘못 표기할 수도 있
다는 것을 의미한다. 이와 관련하여 주목되는 사실은, 일본에서는 고유
명사에 '다이'가 아니라 '타이'의 발음을 더 선호한다는 점이다. 즉, 한자

---

6 최연식, 「『大乘起信論同異略集』の著者について」, 『駒澤短期大學佛教論集』 7, 駒澤短期大學佛教科, 2001
7 이하의 논의는 이수미, 「『大乘起信論內義略探記』로 본 大賢(ca. 8세기)의 唯識사상」, 『불교학연구』 40, 불교학연구회, 2014, pp.194~196 참조.

'太'는 산 이름(가령, '太華'), 강 이름('太河'), 호수 이름('太液'), 도시 이름('太原'), 혹은 사람 이름('太賢', ?~1867, 밀교승) 등 주로 고유명사에 사용되고 있고, '大'는 주로 '크다'라는 의미를 가지고 보통명사에 쓰인다. 이러한 이유 때문에 실제로 일본어의 고유명사 가운데에는 '大'가 '太'로 오기되고 있는 사례를 발견할 수 있다. 밀교의 신적 존재인 대원수명왕大元帥明王(Āṭavaka)은 일본에서 '다이겐수이묘오(大元帥明王)' 외에 '타이겐묘오(太元明王)'로도 불리고, 천태 지의天台智顗(538~597)가 머물렀던 대현산大賢山은 자주 '태현산太賢山'으로 표기되고 있는 것을 볼 수 있다. 이러한 용례들에 비추어 볼 때, 고유명사에 '大'보다 '太'를 선호하는 일본인들이 '大賢'의 '大'를 '다이'보다 '타이'로 더 많이 발음하게 되고, 이러한 발음으로 인해 표기에 있어서도 역으로 '太'가 이름의 일부로 유추되어 결국 '태현'이라는 이름이 일본에 정착된 듯하다. 즉, 일본에서 '태현'이 통용된 것은 본래의 휘명인 '대현'이 언어적 와전에 의해 정착된 사례인 것으로 보인다.

대현의 저술과 '고적기'

대현은 원효元曉(617~686)와 경흥慶興(7세기경)에 이어 신라 3대 저술가 중 한 사람으로 알려져 있듯이 많은 저술을 남겼다. 대현의 저술은 대략 50부 안팎으로 추정되는데, 현존하는 저서는 『성유식론成唯識論』에 대한 대현의 학습 기록인 『성유식론학기』, 『대승기신론大乘起信論』(이하 『기신론』으로 약칭) 주석서인 『대승기신론내의략탐기』, 『범망경梵網經』 주석서인 『범망경고적기』와 『보살계본종요』, 그리고 『약사본원경藥師本願經』 주석서인 『약사본원경고적기』의 5부이다. 대현의 저술은 경經, 율律, 논

論에 걸쳐 유식·화엄·열반·법화·반야·정토·계율·인명·중관·『대승기신론』 등 다양한 계통을 섭렵하고 있다.[8] 이런 점에서 대현의 학문적 성향은 포괄적이며 종합적인 성격을 지닌다고 할 수 있다. 대현의 저술을 제시해 보면 다음과 같다.

경經에 관한 것은 『화엄경고적기華嚴經古迹記』(10권), 『열반경고적기涅槃經古迹記』(8권), 『법화경고적기法華經古迹記』(4권), 『금광명경고적기金光明經古迹記』(혹은 『금광명경술기金光明經述記』)(4권), 『금광명경료간金光明經料簡』(1권), 『인왕반야경고적기仁王般若經古迹記』(1권), 『반야리취분경주般若理趣分經注』(2권), 『반야심경고적기般若心經古迹記』(혹은 『반야심경주般若心經注』)(2권), 『금강반야경고적기金剛般若經古迹記』(1권), 『관무량수경고적기觀無量壽經古迹記』(1권), 『무량수경고적기無量壽經古迹記』(1권), 『칭찬정토경고적기稱讚淨土經古迹記』(혹은 『정토총료간淨土總料簡』)(1권), 『아미타경고적기阿彌陀經古迹記』(1권), 『미륵상생경고적기彌勒上生經古迹記』(1권), 『미륵하생경고적기彌勒下生經古迹記』(1권), 『미륵성불경고적기彌勒成佛經古迹記』(1권), 『약사본원경고적기』(2권) 등이 있다.

율律에 관한 것으로는 『범망경고적기』(3권), 『범망경보살계본종요梵網經菩薩戒本宗要』(1권), 『유가계본종요瑜伽戒本宗要』(1권)의 3종이 있다.

논論에 관한 것으로는 『성유식론학기』(혹은 『성유식론고적기成唯識論古迹記』, 『보살장아비달마고적기菩薩藏阿毘達磨古迹記』)(10권), 『성유식론결택成唯識論決擇』(1권), 『광석본모송廣釋本母頌』(혹은 『대승심로장大乘心路章』, 『대승일

---

8 대현 저술 목록에 대해서는 민영규, 「新羅章疏錄長編」, 『白性郁博士頌壽記念佛教學論文集』, 서울: 동국대학교출판부, 1959, pp.375~378; 동국대학교 불교문화연구소 편, 『韓國佛教撰述文獻總錄』, 서울: 동국대학교출판부, 1976, pp.72~82; 채인환, 「新羅 大賢法師研究(I): 行蹟과 著作」, 『불교학보』 20, 동국대학교불교문화연구원, 1983, pp.97~99 등 참조. 이 글에서는 채인환(1983)을 기본적으로 참조하였다.

미장大乘一味章』(3권), 『법원의림석명장法苑義林釋名章』(1권), 『불지론고적기佛地論古迹記』(1권), 『유식이십론고적기唯識二十論古迹記』(1권), 『오온론고적기五蘊論古迹記』(1권), 『성업론고적기成業論古迹記』(1권), 『유가론고적기瑜伽論古迹記』(혹은 『유가론찬요瑜伽論撰要』)(3권), 『현양론고적기顯揚論古迹記』(2권), 『백법론고적기百法論古迹記』(1권), 『섭대승론세친석론고적기攝大乘論世親釋論古迹記』(1권), 『섭대승론무성석론고적기攝大乘論無性釋論古迹記』(1권), 『대법론고적기對法論古迹記』(혹은 『잡집론고적기雜集論古迹記』)(4권), 『중변론고적기中邊論古迹記』(혹은 『변중변론고적기辨中邊論古迹記』)(1권), 『관소연연론고적기觀所緣緣論古迹記』(1권), 『인명입정리론기因明入正理論記』(1권), 『인명입정리론고적기因明入正理論古迹記』(1권), 『인명입정리론학기因明入正理論學記』(1권), 『인명정리문론고적기因明正理文論古迹記』(1권), 『광백론고적기廣百論古迹記』(1권), 『장진론고적기掌珍論古迹記』(1권), 『기신론내의략탐기』(혹은 『기신론고적기起信論古迹記』)(1권) 등이다.

대현 저술의 제명에서 나타나는 한 가지 특징은 많은 저술이 '고적기古迹記'로 지칭되고 있다는 점이다. 일본 논사 쇼온의 『범망경고적기술적초』에 의하면 대현이 자신의 저술을 '고적기'로 이름 붙인 것은 그의 저술들이 대현 자신의 뜻에 따라 임의로 지어진 것이 아니라 "각 제가諸家들의 해석의 종적蹤迹을 의지하여 그 요점을 취해서 기록하였기 때문"이라고 한다.[9] 다시 말해, 이 저술들은 대현 자신의 독단적 해석이 아니라 선인들의 견해에 의지하여 서술된 것이라 소위 '술이부작述而不作' 정신에 입각했기 때문에 '고적기'라고 한다는 것이다. 실제로 현존하는 대현의 저술을 살펴보면, 선행 논사들의 견해가 광범위하게 인용되고 있

---

[9] 『日本大藏經』 20, 230c

음을 볼 수 있다. 이런 점에서 대현의 저술들은, 문헌 유실로 인해 현재는 알 수 없는 당시 불교논사들의 사상적 논점을 연구하는 데 있어서 중요한 자료가 되고 있다.

II. 유식논사 대현의 사상적 위치

유식법상종과 대현

『삼국유사』에는 대현이 유가종의 개산조(瑜伽祖)로 기록되어 있고 대현의 저술들 가운데 유식 계통의 저작이 다수를 차지한다는 점을 바탕으로, 대현은 일반적으로 유식논사로 알려져 있다. 하지만 그럼에도 불구하고 대현의 학문적 성향에 대해서는 논란이 많다. 왜냐하면 한편으로 대현은 유식학자로서 소위 상종相宗의 입장을 나타내고 있지만, 다른 한편으로는 유식학과는 상반된 입장이라고 일반적으로 여겨지는 성종性宗의 사상 경향 또한 지니고 있기 때문이다. 상종과 성종, 혹은 법상종法相宗과 법성종法性宗이란 각각 법의 외부로 드러나는 현상적 측면(相)에 대한 가르침과 법의 본체론적 성품(性)에 대한 가르침을 가리키는 것으로서 동아시아 불교전통에 있어서 널리 받아들여지는 구분법이다. 일반적으로 볼 때, 법상종은 유식논사 현장玄奘(602~664)이 전래한 신역新譯 유식경전을 바탕으로 성립한 유식학파를, 법성종은 주로 삼론종三論宗·화엄종華嚴宗·천태종天台宗·『대승기신론』 등의 가르침을 가리키는 것으로 여겨진다. 법상종이 깨달음의 능력에 있어서 중생들 간의 차별성을 주장하여 오성각별설五性各別說과 같은 이론을 주장하는 반면, 법성종은 공空 또는 불성佛性의 개념을 바탕으로 깨달음에 있어서 모든 중생의 평등성을 주장한다는 점에서 두 사상 계통은 큰 차이점을 가진다. 대현은 상종과 성종 계통의 저서를 모두 저술하였고, 아래에 논의되듯이 그의 현존 저술에도 상종과 성종의 성향이 모두 나타나고 있다. 두 상반되는 사상을 모두 수용하고 있는 대현의 학문적 입장으로 인해 고래로 그가 상종에 속하는지 아니면 성종에 속하는지의 문제가 지속적으로 논의되고 있다. 이 논의는 다음과 같이 세 가지 견해로 나누어 볼 수 있다.[10]

첫 번째로, 대현을 시종일관 유식논사, 즉 상종의 논사로 보는 입장이 있다. 예를 들어, 고려 유식 승려 소현韶顯(1038~1096)은 신라 유식을 "원효 법사가 앞에서 이끌고 대현 법사가 뒤에서 계승하였다."[11]라고 하여 원효와 함께 대현을 유식논사로 보고 있다. 이와 같은 맥락에서, 대현의 저술 가운데 『대승기신론내의략탐기』는 비록 성종계 문헌이라고 볼 수 있는 『기신론』에 대한 주석이지만 여기에는 성종적인 입장보다는 오히려 유식가적 견해가 나타나 있다고 본다.[12]

두 번째는, 대현이 성종에서 상종, 구체적으로는 화엄종에서 법상종으로 전향했다는 주장이 있다.[13] 쇼온은 『범망경하권고적기술적초』에서 대현이 원래는 화엄승이었으나 나중에 법상종으로 전환하였다고 한다.[14] 또한 율사 소가쿠(宗覺, 1639~1720)도 『태현법사의기太賢法師義記

---

10 방인, 「太賢의 唯識哲學硏究」, 서울대학교 박사학위논문, 1995, pp.27~35 참조.
11 "曉法師導之於前 賢大師踵之於後."(『金山寺慧德王師眞應塔碑』)
12 고익진, 『韓國古代佛敎思想史』, 서울: 동국대학교출판부, 1989, pp.350~351. 후에 박태원은 고익진의 견해를 반박하고 있다.(박태원, 「見登의 起信論觀」, 『가산학보』 1, 가산불교문화연구원, 1991, pp.251~254)
13 한편 일본 전적인 『華嚴宗所立五敎十宗大意略抄』에서는 대현을 화엄승으로 분류하고 있기도 하다.(『大正藏』 72, 200b16)
14 『日本大藏經』 20, 4~5

序』에서 대현이 처음에는 화엄의 융화融和의 이치를 탐색하였으나 나중에는 법상의 깊은 뜻을 탐구했다고 한다.[15]

세 번째 견해는 대현이 원효와 마찬가지로 성상원융性相圓融적 견해를 가졌다는 것이다. 예를 들어, 일본 논사 쇼산은 그의 『범망경고적기강의』에서 대현이 "오로지 상종의 뜻만 전공한 것이 아니라, 이理와 사事를 융섭하여 그 이론을 완전히 통하도록 하는 데 뜻을 두었으니 그 해석의 취지가 원효의 뜻과도 비슷하였다."라고 하였고,[16] 대현이 다양한 분야에 걸쳐 저술했다는 사실이 그의 성상겸비性相兼備의 뜻에 어긋나지 않는다고 한다.[17]

이와 같이 대현이 현장 이후 유식전통에 속한다고 할지라도, 현장 이후 성립한 법상종의 사상 성향을 지니는 것만이 아니라 화엄적 사상 성향을 동시에 지님으로 인해, 그가 성종논사인지, 상종논사인지, 혹은 성종과 상종을 겸비한 논사인지와 같은 문제들이 지금까지 논의되어 왔다.

원측 학맥 계승 문제

대현은 일반적으로 신라 출신으로서 중국에서 활동한 유식논사인 원측圓測(613~696)의 학맥을 계승하였다고 여겨져 왔다. 쇼온의 『범망경고적기술적초』에는 현장의 3천 문도 중 70인이 유능한 제자들인데 그중에서 제일인 원측의 제자인 도증道證(8세기 초)의 제자가 바로 '태현'이라고

---

15 『日本大藏經』 21, 2c
16 『日本大藏經』 20, 2c
17 『日本大藏經』 20, 5c

하는 유인有人의 설을 소개하고 있다.[18] 이러한 전승에 바탕을 두고 성상을 모두 수용하는 대현의 학풍 또한 원측의 사상적 성향과 유사하다고 평가받아 왔다. 즉, 자은 기慈恩基(632~682)와 함께 현장의 대표적 두 제자 중 한 사람으로 알려진 원측은 오성각별설을 주장하는 자은 기의 입장과는 달리 일체중생의 성불 가능성을 인정하는 입장을 취했다는 점에서 '자은학파'와 사상적 성향이 다른 '서명학파'를 이루었다고 일반적으로 여겨져 왔다. 법상종 논사이면서도 일승一乘적 성향을 지니는 원측의 '회통적' 입장이 성종과 상종을 융회하는 대현의 사상으로 계승되었다는 것이다.[19] 또한, 도증이 대현의 스승이라는 이러한 가설하에, 『성유식론학기』 및 『범망경고적기』에서 대현이 인용하고 있는 '노화상老和上'이 도증일 가능성이 제기되었다.

하지만 원측, 도증, 대현의 학맥을 상정하는 이러한 주장들은 여러 측면에서 반박되고 있다. 먼저 도증이 대현의 스승이라는 설에 대해서는, 대현이 자신의 저술에서 노화상을 인용할 경우에는 자신의 설을 뒷받침하기 위한 전거로 사용하는 한편, 도증설을 인용할 때에는 비판을 가하고 있는 곳이 많다는 점에서 대현의 스승인 노화상이 도증과는 다른 인물임이 추정되었다.[20] 또한 연대상으로 볼 때에도 두 인물의 시대 간극이 크다는 점이 지적되었다. 즉, 도증은 이미 학문적 대성을 이룬 상

---

18 『日本大藏經』 20, 233a. 후대의 宗覺(1639~1720)도 『太賢法師義記序』에서 圓測의 學徒로서 道證法師가 있는데 太賢이 道證의 高弟라고 기록하고 있다.(『日本大藏經』 21, 2c)
19 원측, 도증과 함께 대현을 '서명학파'로 분류하고 이를 '자은학파'와 대비시키는 견해는 한국불교의 특성을 '회통' 혹은 '화합'으로 규정해 온 근대 한국불교계의 '통불교' 담론과도 연관성을 지닌다. '통불교' 담론은 1980년대 이후 학계에서 그 정당성이 비판되어 오고 있다.
20 羽渓了諦, 「唯識宗の異派(承前)」, 『宗教研究』 1~4, 日本宗教学会, 1917

태로 692년에 신라에 돌아왔고,[21] 대현이 경덕왕의 부름을 받고 궁궐에서 『금광명경』을 강설한 것은 753년이므로, 두 학자의 생존 기간이 겹치는 것이 불가능하지는 않지만 활동의 전성기로 볼 때 도증과 대현 사이에 '노화상'을 상정함이 더 자연스럽다는 것이다.[22] 같은 맥락에서, 쇼온이 전하는 유인설의 원측, 도증, 대현의 계보가 후대에 임의로 만들어진 것일 가능성 또한 지적되었다.[23] 또한, 『성유식론학기』에서 대현의 원측, 도증, 자은 기에 대한 태도도 이러한 가설과 일치하지 않는데, 왜냐하면 대현은 원측과 도증의 견해를 항상 옹호하는 것도 아니고 자은 기의 견해를 항상 비판하고 있지도 않기 때문이다. 사실상 『성유식론학기』에서 대현이 가장 많이 인용하는 것은 자은 기이고(565회), 원측이 그다음이고(439회), 그리고 그의 스승으로 추정되고 있는 도증은 세 번째로(146회) 많이 인용하고 있다.[24] 이런 점들을 바탕으로 하여 현재 대현이 원측의 제자인 도증을 잇는다는 가설은 비판되고 있으며, 이와 함께 대현이 서명학파에 속하는가 하는 문제 또한 재고되고 있다.

『성유식론학기』의 중요성

『성유식론학기』(혹은 『성유식론고적기』)는 인도 논사 세친世親(Vasubandhu,

---

21 『三國史記』에는 692년(효소왕 1)에 고승 道證이 당나라에서 귀국하여 天文圖를 바쳤다고 하는 기록이 있다.(『三國史記』권8, 新羅本紀 8, 孝昭王)
22 吉津宜英, 「太賢の『成唯識論学記』をめぐって」, 『印度學佛教學研究』41, 日本印度学仏教学会, 1992, p.120; 방인, 앞의 논문, 1995, pp.24~26
23 橘川智昭, 「일본의 신라유식 연구동향」, 한국유학생 인도학불교연구회 편, 『일본의 한국불교 연구 동향』, 서울: 장경각, 2001, p.145, n.89
24 吉津宜英, 앞의 논문, 1992, pp.118~119

4세기경)의 『유식삼십송唯識三十頌(Triṃśikā vijñapti-kārikā)』에 대한 인도 십대 논사들의 주석을 호법護法(Dharmapāla, 6세기경)의 주석을 중심으로 현장이 번역한 『성유식론』에 대한 대현의 주석이다. 이 저술은 현존하는 한국 유일의 『성유식론』 주석서라는 점에서 중요한 의의를 가지며,[25] 대현의 대표적 유식 저술의 하나라는 점에서 대현의 유식 사상에 대해 알 수 있는 기본적인 자료일 뿐 아니라, '고적기'로서 선학들의 견해가 다수 인용되고 있기 때문에 당시의 동아시아 불교논사들의 사상에 대한 정보를 얻을 수 있는 중요한 문헌이다.[26] 특히 현재 학계에서는 아직 고대 동아시아 유식 교학의 체계와 이와 관련된 사상적 쟁점들에 대한 연구가 충분히 진행되어 있지 않기 때문에 『성유식론학기』의 가치는 더욱 주목받고 있다.

『성유식론학기』는 세 부분(門)으로 구성되어 있다.[27] 첫째 문은 종宗과 체體를 나타낸 문(현종출체문顯宗出體門)이다. 여기서는 '종'을 크게 청변종淸辨宗과 호법종護法宗으로 구분하여 이 두 종이 언어적 차원에서는 대립하지만 궁극적 의도의 차원에서는 대립하지 않음을 논의하고, 이어서 『성유식론』이 호법이 주장한 유식중도唯識中道의 경境·행行·과果를

---

25 원효와 원측에게도 각각 『成唯識論宗要』(1권)와 『成唯識論疏』(10권)가 있었다고 하나 전해지지 않는다.
26 대현이 인용하고 있는 논사들은 窺基(565회), 圓測(439회), 道證(146회), 慧觀(44회), 玄奘(43회), 玄範(30회), 義寂(17회), 和上/老和上(6회), 元曉(2회), 順璟(1회), 慧沼(1회), 景(1회), 郭(1회)이다.(吉津宜英, 앞의 논문, 1992, pp.118~119) 이들 가운데 圓測·道證·義寂·順璟·慧觀·元曉는 신라 논사들이며, 玄範·景·郭도 신라 출신임이 추정되고 있다.
27 이하 『성유식론』의 구성에 대한 설명은 백진순, 「『성유식론』 해제」, 동국대학교 불교학술원 불교기록문화유산아카이브사업단 편, 『韓國佛敎全書便覽』, 2015, pp.94~95 참조.

종으로 삼는다는 것을 밝힌다. '체'를 논한 곳에서는 자은 기의 4문과 원측의 5문, 대당삼장大唐三藏, 즉 현장의 8문을 통해 가르침의 본질, 즉 교체敎體에 대한 법상종의 세 가지 해석을 소개한다. 둘째 문은 논의 제명에 대해 분별한 문(제명분별문題名分別門)으로서, '유식의 이치를 성립시키는 논'이라는 의미에서 '성유식론'이라 명명했음을 밝힌다. 셋째 문은 본문의 뜻을 해석한 문(해석문의문解釋文義門)으로서, 유식전통에 있어서의 삼분과경三分科經의 틀에 따라 이 논을 교기인연분敎起因緣分 · 성교정설분聖敎正說分 · 결명회시분結名迴施分으로 나누어 설명한다. 교기인연분이란 논을 짓게 된 취지를 밝힌 서두의 귀경송歸敬頌과 장행長行을 가리키고, 마지막 결명회시분이란 논의 끝부분에서 '성유식론'이라 명명한 이유를 결론 짓고 나서 이 논의 공덕을 회시하겠다고 서원하는 대목을 가리킨다. 중간의 '성교정설분'이 바로 이 논의 본문에 대한 본격적 해석이다. 성교정설분에서는 유식唯識의 전통적 해석법을 따라 배워야 할 경계인 경境(1~25송), 경계에 의거한 수행인 행行(26~29송), 경과 행에 의해 얻어지는 결과(해탈과 보리)인 과果(30송)로 구분하여 본문을 해석한다.

앞서 언급했듯이, 대현은 『성유식론학기』에서 자은 기와 원측, 도증을 가장 많이 인용하고 있다. 또한 이들 중 특정인의 견해를 전적으로 수용하는 것이 아니라 이들 각각의 견해를 때로는 수용하기도 하고 때로는 비판하기도 한다. 이것은 대현이 소위 자은학파와 서명학파의 학설 가운데 어느 한쪽만을 옹호하는 것이 아니라 양쪽 모두를 균형적 관점에서 비판적으로 수용하고 있음을 의미한다. 이러한 대현의 입장은 앞서 대현이 성종과 상종의 사상적 성향을 모두 지니고 있다는 것과 같은 맥락에서 이해되어야 할 것이다.

한편, 『성유식론학기』 이외에 대현은 『성유식론』의 요점을 100송으로 정리한 『본모송本母頌』을 지었고, 이 『본모송』에 다시 설명을 부기하여 『광석본모송』(혹은 『대승심로장』, 『대승일미장』)을 저술하였는데, 이 두 저술이 일찍이 당과 일본에 전해져 주석서가 찬술되었음이 전해진다.[28] 즉, 『동역전등목록東域傳燈目錄』에는 당의 희원希遠(생몰년 미상)과 이견利見(생몰년 미상)의 두 승려가 지은 『대승심로장기大乘心路章記』(2권)가 기록되어 있고,[29] 이 문헌의 일문이 일본 법상 승려 젠주(善珠, 724~797)의 『유식분량결唯識分量決』에 전해지고 있다.[30] 따라서 『광석본모송』이 대현의 생존 시기에 이미 당과 일본에 전해졌음을 추정할 수 있다.[31] 또한 일본에서도 리몬(理門, 생몰년 미상)이라는 승려가 『본모송』의 주석인 『본모송기本母頌記』를 저술했음이 알려져 있다.[32] 이들 주석들은 모두 현존하지 않지만, 이것은 『성유식론』에 관한 대현의 유식 저서가 대현 생존 당시에 이미 당에 전해져 강의되었으며 그 강의 기록이 곧 다시 일본에 전래되어 유통되었음을 의미한다.

---

28 김천학, 「한국찬술불교문헌의 확장성에 대한 일고찰」, 『서지학연구』 70, 한국서지학회, 2017, pp.207, 212~213. 이하 일본에 전해진 대현 유식 저술의 주석에 대한 설명은 이 논문에 의거함.
29 "『同章記』(『太唐國西京慈悲寺釋希遠華嚴寺僧利見聽記』)二卷"이라고 기록되어 있다.(『大正藏』 55, 1163a; 김천학, 앞의 논문, 2017, p.213 참조.)
30 『大正藏』 71, 447c
31 이후 헤이안시대(794~1185)의 藏俊(1104~1180)의 저술로 추정되는 『成唯識論本文妙』에도 이 일문이 그대로 전해진다.(『大正藏』 65, 529c~530a)
32 金天鶴, 「金沢文庫所蔵、円弘の『妙法蓮華経論子注』について」, 『印度學佛敎學研究』 60-2, 日本印度学仏教学会, 2012, pp.154~161

『대승기신론내의략탐기』의 유식 사상

『대승기신론내의략탐기』(혹은 『대승기신론고적기』)는 『기신론』에 대한 대현의 주석서이다. 성종과 상종의 구분에 의한다면, 『기신론』은 성종에 속하는 논서로서, 유식논사인 대현이 『기신론』 주석서를 저술한 것은 그가 상종논사이면서도 성종적 성향을 지니고 있음을 나타낸다.[33]

『대승기신론내의략탐기』는 그 제명에서도 알 수 있듯이, 『기신론』 전체에 대한 주석서가 아니라, 귀경삼보歸敬三寶·화합식和合識·사상四相·본각本覺·무명無明(缺)·오의五意·육염六染·불신佛身이라는 여덟 가지의 항목을 중심으로 『기신론』의 뜻을 간략히 탐색하는 저술이다. 또한 다른 '고적기'에서와 마찬가지로 『대승기신론고적기』라는 별칭을 가지고 있으며, 따라서 이 저술에서도 선대 논사들의 견해를 인용하고 있는데, 특히 대현 자신의 해설이나 설명보다는 거의 대부분이 원효와 법장法藏(643~712) 두 논사의 『기신론』 주석서나 여타 저술들[34]을 선택적으로 편집 혹은 병기하고 있다.[35] 하지만 '오의五意'를 설하는 부분에는 원효 또

---

[33] 사실 대현 이외에도 신라 유식논사들은 중국 법상종의 논사들과는 달리 『起信論』 주석서를 남겼다. 경흥은 『大乘起信論問答』(1권), 勝莊(fl. 710)은 『起信論問答』(1권)을 남겼고, 義寂(7~8세기 초)도 『起信論』 주석서로 추정되는 『馬鳴生論疏』(1권)를 저술하였음이 전해진다. 동아시아불교 전통에서의 『起信論』 사상의 수용과 해석에 대해서는 이수미, 「동아시아에서의 『大乘起信論』 해석의 전개」, 『철학사상』 60, 서울대학교 철학사상연구소, 2016 참조.

[34] 주로 원효의 『起信論疏』, 『大乘起信論別記』, 『二障義』 등과 법장의 『大乘起信論義記』, 『華嚴一乘敎義分齊章』 등이 인용되어 있다.

[35] 이러한 집필 태도로 인해 『대승기신론내의략탐기』에는 대현 자신의 견해는 전혀 나타나 있지 않고 이 저술에서 대현은 단지 원효의 견해를 따르는 것이라고 해석되기도 하고(박태원, 앞의 논문, 1991, pp.251~254), 원효와 법장의 『起信論』 해석에 대해 대현이 중립적인 입장을 취하고 있다고 해석되기도 한다.(박태원, 「新羅佛敎의

는 법장의 주석에는 나타나지 않는 대현의 상이한 해석이 기술되어 있다. 즉, 대현은 중생의 근본식인 알라야식(ālayavijñāna)을 세분하여 설명하면서 원효와 법장의 주석에서 언급하고 있는 업식業識·전식轉識·현식現識의 개념 이외에, 불성 개념과 유사한 함의를 가지는 진식眞識의 개념을 추가로 언급하고 있다.[36] 이것은 대현이 중생의 근본식이라는 개념을 해석하면서 여기에 불성의 요소가 내포되어 있음을 『기신론』에 의거하여 읽어 내고 있다는 것을 보여 준다.[37]

또 한 가지 주목되는 점은 대현은 『기신론』 주석에서 법장의 오교판五敎判을 의용하고 있다는 점이다. 즉, 대현은 법장과 마찬가지로 소승小乘·시교始敎·종교終敎·돈교頓敎·원교圓敎라는 다섯 교판의 체계를 설하고, 『기신론』은 이 가운데 대승 종교로 서술하고 있다.[38] 하지만 대현은 오교판을 수용하고 있다고 하더라도 법장과 같이 이 교판을 위계적으로 해석하지는 않는다. 다시 말해 법장은 이 다섯 단계의 가르침이 우열을 가진 것으로 보고 이 중 화엄을 가장 상위의 원교에 배당하고 있지만, 대현은 이 교판을 단지 경론의 가르침을 구분하는 것으로 해석하고 있다. 예를 들어 대현은 『화엄경』을 한편으로는 원교로 분류하여 설명하

『大乘起信論』硏究」, 『신라문화제학술발표회논문집』 44, 동국대학교 신라문화연구소, 1992, pp.56~57) 한편 요시즈 요시히데는 중세 한국과 일본에 원효와 법장의 융합 형태의 사상이 존재했다고 하고 대현의 사상을 이 조류에 포함시킨다.(吉津宜英, 『華嚴一乘思想の硏究』, 東京: 大東出版社, 1991, pp.531~553)
36 『韓國佛敎全書』3, 753c6~12
37 『기신론내의략탐기』에서의 알라야식의 眞識에 관한 상세한 논의는 이수미, 앞의 논문, 2014, pp.204~215 참조.
38 대현의 오교판에 대한 설명은 여덟 번째 항목인 佛身을 설하는 부분에 나타난다. 여기서 대현은 오교판의 각 단계의 가르침에서 설해지는 불신의 특색을 구별하여 논하고 있다.(『韓國佛敎全書』3, 758b9~762b12)

고 있지만[39] 다른 곳에서는 돈교로 분류하기도 한다.[40] 이런 점에서, 대현은 형식에 있어서는 오교판을 따르고 있다고 하더라도 내용에 있어서는 한 경전이 오교판 중 어느 단계로도 분류될 수 있는 가능성을 열어둠으로써 오히려 원효가 취하는 공존의 관점과 상통하는 입장을 지니고 있다고 볼 수 있다.[41]

이와 같이 대현은 유식논사이면서도 성종 문헌인 『기신론』의 주석을 저술하여 기존의 성종과 상종의 이분법적 구도에서 벗어나는 성향을 보인다. 또한 기존의 『기신론』 주석들을 계승하고 있으면서도 세부 해석에 있어서는 대현 자신의 특징적 관점이 나타남을 볼 수 있다.

III. 대현의 계학 사상과 동아시아 유포

『범망경고적기』의 내용과 특징

『범망경고적기』는 대승보살계가 설해져 있는 『범망경』에 대한 대현의 주석서이다. 동아시아에는 유가계瑜伽戒와 범망계梵網戒의 두 대승보살계가 유행하였는데, 유가계는 5세기에 번역된 『보살지지경菩薩地持經』과

---

39 "若依圓敎, 周遍法界, 十佛之身, 一一相如, 亦遍法界…如[華嚴經]舍那品云, 佛通諸法界, 普現一切衆生前, 應受記機悉充滿, 佛故處此菩提樹, 一切佛刹微塵等, 爾所佛坐一毛孔, 皆有無量菩薩衆, 各爲佛說普賢行."(『韓國佛敎全書』 3, 759a18~b2)
40 "若依頓敎, 於佛身起言說皆妄念, 絶言念故, 又觸境卽佛, 不論時處, 如華嚴云, 十方諸佛世界, 一切衆生, 普見天人尊淸淨妙法身."(『韓國佛敎全書』 3, 759a14~17)
41 『대승기신론내의략탐기』의 오교판설에 대한 논의는 이수미, 앞의 논문, 2014, pp.196~204 참조.

『보살선계경菩薩善戒經』 및 이후 현장에 의해 번역된 『유가사지론瑜伽師地論』에 수록되어 있는 대승계이고, 범망계는 유가계인 『보살지지경』과 『보살선계경』의 영향하에 『열반경』, 『화엄경』 등의 대승계가 추가로 수용되어 중국에서 이루어진 대승계이다. 유가계가 소승계(성문계)를 일부 포섭하고 있는 대승보살계임에 비해, 범망계는 유가계의 영향을 받아 성립되었지만 오직 대승계로만 이루어져 있다는 점에서 두 계는 차이점을 가진다. 현장이 『보살지지경』 혹은 『보살선계경』에 해당하는 부분을 포함하는 『유가사지론』을 648년에 번역한 이후 유가계가 다시 주목받게 됨에 따라, 범망계와 유가계가 사상적으로 어떠한 관계가 있는가의 문제가 새로이 부상하였다.[42] 범망계는 소위 삼승三乘 계통 유가계의 영향을 받은 한편 『열반경』·『화엄경』과 같은 일승 계통 경전의 사상 또한 수용하고 있기 때문에[43] 전자를 강조하는가 아니면 후자를 강조하는가에 따라서 삼승의 유가계로 환원할 수도 있고, 혹은 유가계와 분리시켜 해석할 수도 있기 때문이다.[44] 『범망경고적기』에 나타나는 대현의 조술 태도는, 아래에 논의되듯이, 이 두 가지 측면을 모두 다루고 있다.

---

42 천태 지의가 소를 지은 이래, 수·당대와 신라시대에 元曉, 義寂, 勝莊, 法藏, 智周(668~723) 등 다수의 논사들이 『범망경』 주석서를 저술하였다.

43 『범망경』에는 불성 개념이 계율과 연관되어 설해진다. 계율을 '佛性種子'라고도 하고 '佛性戒'라는 신조어를 사용하기도 한다.("金剛寶戒是一切佛本源, 一切菩薩本源, 佛性種子. 一切眾生皆有佛性, 一切意識色心是情是心, 皆入佛性戒中, 當當常有因故, 有當當常住法身.", 『大正藏』 24, 1003c22~25) 즉, 계율수지 당위성의 근거로 불성 개념을 제시하고 있는 것이다.

44 실제로 당시에는 『범망경』과 함께 이와 같은 계통으로 여겨지는 『菩薩瓔珞本業經』이 일승에 속하는지 혹은 삼승에 속하는지가 문제로 논의되고 있었던 것으로 보인다. 즉, 천태 지의는 『범망경』을 삼교 중 돈교이며 一乘妙旨를 밝힌 것으로 『화엄경』과는 隨機異說일 뿐이라고 하는 한편, 지엄은 이 두 경이 여러 면에서 『화엄경』과 비슷하지만 삼승에 들어간다고 보고 있다.(고익진, 앞의 책, 1989, p.241 참조.)

『범망경고적기』는 모두 일곱 부분으로 나뉘어 있다.[45] 즉, 첫째, 시처 時處에서는 『범망경』이 설해진 때와 장소를 논하였고, 둘째, 기근機根에서는 경의 설법 대상을 설하면서 보살종성菩薩種性으로서 발심發心한 자가 설법의 대상임을 밝혔고, 셋째, 장섭藏攝에서는 『범망경』이 보살장菩薩藏 가운데 율장律藏에 포함되는 것임을 밝혔고, 넷째, 번역飜譯에서는 『범망경』의 전역傳譯과 관련된 사적事蹟을 설했고, 다섯째, 『범망경』의 핵심을 설한 종취宗趣에서는 심행心行을 종宗, 깨달음을 얻어 중생을 이롭게 하는 것(證覺利生)을 취趣로 삼는 것임을 밝혔고, 여섯째, 『범망경』의 제목에 대한 제명題名 부분에서는 '범망경노사나불설심지법문품梵網經盧舍那佛說心地法門品'이라는 제목을 설명했고, 일곱째 본문本文에서는 『범망경』 상·하권의 본문을 순서대로 상세하게 해석하고 있다.

앞선 『범망경』 주석가들이 보살계본菩薩戒本이 실려 있는 『범망경』 하권의 전부 혹은 일부만을 주석해 온 것에 비해 대현의 『범망경고적기』는 상·하권 전체의 주석이라는 점에서 특징적이다. 『범망경』의 상권에는 보살의 수행계위인 40위位가 주로 설해져 있으며, 하권에서는 보살이 수지해야 할 계인 10중重 48경계輕戒 및 수계작법 등이 설해져 있다. 지의, 원효, 승장勝莊(fl. 710), 의적義寂(7~8세기 초), 법장 등 당시의 『범망경』 주석가들은 보살계가 설해진 하권을 중심으로 주석하였음이 알려져 있다.[46] 이에 비해 대현은 상·하권을 모두 주석한 최초의 주석가로서 주목받고 있다.

---

45 이 부분의 설명은 한명숙, 「범망경고적기 해제」, 한명숙 옮김, 『범망경고적기』, 한글본 한국불교전서(신라 15), 서울: 동국대학교출판부, 2017, pp.12~14 참조.
46 하권만을 주석한 경우, 두 가지 유형으로 나뉜다. 즉, 하권 전체를 주석한 경우와 盧舍那佛의 게송이 시작되는 부분(『大正藏』 24, 1003c29)부터 주석한 경우이다.

유가계와 범망계의 사상적 연관 관계가 어떠한 것인가 하는 문제에서 살펴볼 때, 대현은 『범망경고적기』에서 한편으로는 삼승 계통의 『유가사지론』을 가장 많이 인용하고 있으면서도(73회), 다른 한편으로는 『열반경』(16회)과 『화엄경』(10회) 등 소위 일승 계통의 경전들도 다수 인용하고 있을 뿐 아니라,[47] 『범망경』과 『화엄경』을 일체시하고 있기도 하다.[48] 또한, 보살계의 3문인 수득문受得門·호지문護持門·범실문犯失門을 설명함에 있어서 보살계와 함께 성문계(소승계)를 병렬적으로 나란히 제시하기도 하지만,[49] 일체중생이 모두 불성을 가진다는 『범망경』의 경문[50]에 대해서는 적극적으로 일승적 해석을 제시한다. 즉, 대현은 "불성종자佛性種子란 계戒의 실성實性"이고, "무릇 이 같은 정情과 심心이 있기 때문에 모두 불성에 들어가 마땅히 부처가 될 수 있"으며, "일체의 중생이 (모두) 수지하는 계이고, (중생과 부처에게 있어서 동일하게) 본원本原이 되는 것이며, 자성이 청정한 것이라는 말은 계의 실성實性을 들어서 일체중생이 불성을 가지고 있으며 그러므로 성불할 수 있음을 나타낸 것이다."라고 한다.[51] 이와 같이 유가계 및 성문계를 의지하고 인용하

---

47 채인환, 「新羅 大賢法師硏究(II): 大乘戒學」, 『불교학보』 21, 동국대학교 불교문화연구원, 1984, pp.72~74

48 대현은 『범망경』 상권의 三賢30位 및 보살10地의 수행계위와 하권의 10住 등을 『화엄경』의 계위에 배대하고 있기도 하고, 다른 한편 『범망경』도 『화엄경』과 마찬가지로 부처의 성도 후 이칠일에 설해졌다고도 한다. 이런 점에서 대현이 이 두 경을 일체시하였음을 알 수 있다.(한명숙, 앞의 글, 2017, p.15 참조.)

49 『韓國佛敎全書』 3, 443c~445a

50 『大正藏』 24, 1003c22~25

51 "佛性種子者. 戒實性也. 意謂末那. 識卽六識. 心謂第八. 色卽五根. 凡有如是情及心者. 皆入佛性. 當得作佛. …言一切衆生戒, 本原, 自性淸淨者. 擧戒實性, 表諸衆生, 皆有佛性, 故得成佛也."(『韓國佛敎全書』 3, 443c) 한편, 대현은 제16경계인 貪財惜法戒를 주석하면서 "만약 중생에게 결정코 불성이 있다거나 결정코 불

있으면서도 다른 한편으로는 일승적 성향을 나타내는 『범망경고적기』는 일반적으로 성종과 상종 사상을 겸비하고 있다고 평가받고 있다.

'고적기'라는 제명을 가진 대현의 다른 저술과 마찬가지로, 『범망경고적기』도 이전 학자들의 사상을 상당 부분 인용하고 있다. 성종 계통인 화엄종의 논사인 법장(11회)이 가장 많이 인용되는 점이 주목된다.[52] 대현이 직접 이름을 거론하면서 인용한 학자는 법장(11회), 의적(5회), 북병주北并州의 진장사眞藏師(2회), 원효(1회)의 순이고, 그 이외에 이름을 거명하지 않고 자은의 『대승법원의림장大乘法苑義林章』, 법장의 『범망경보살계본소梵網經菩薩戒本疏』, 의적의 『보살계본소菩薩戒本疏』, 승장의 『범망경술기梵網經述記』 등을 인용하고 있는데, 이 부분에서도 역시 법장을 가장 많이 인용하고 의적을 그다음 순으로 인용한다.[53] 앞서 언급했듯이, 한편으로 경론 가운데에서는 『유가사지론』을 가장 많이 인용하면서도, 불교논사로서는 유식논사인 의적이나 승장보다 화엄논사인 법장을 더 많이 인용하고 있다는 사실은 『범망경』의 해석에 있어서도 성종과 상종의 구분을 넘어선 대현의 사상적 성향을 나타내고 있다고 하겠다.

『보살계본종요』의 구성과 사상

『범망경고적기』보다 앞서 저술된 『보살계본종요』는 『범망경』 하권에

성이 없다고 설하면 모두 불, 법, 승보를 비방하는 것이 된다."라는 『열반경』의 구절(『大正藏』12, 827c23)을 인용하기도 한다.(『韓國佛敎全書』3, 464a)
52 하지만 같은 성종 계열의 논사인 천태 지의는 거론하지 않는다. 또한 법장은 대현과는 달리 자신의 『범망경보살계본소』에서 유가계를 거의 인용하지 않는다. 그 외에 대현은 유식논사인 지주도 인용하지 않는다.
53 한명숙, 앞의 글, 2017, pp.6~12 참조.

설해진 보살계본의 요체와 대강을 밝힌 것이다. 일반적으로『범망경고적기』를 저술하기 위한 전 단계에서 대현이 보살계에 대한 대요를 밝힌 것으로 여겨진다.

『보살계본종요』는 크게 세 부분으로 이루어져 있다. 첫째, '범망경노사나불설보살심지품'이라는 경명에 의거하여 경의 근본 취지를 밝히는 신경의문申經意門, 둘째, 보살계를 수지하는 사람(能成)과 수지되어야 할 보살계(所成)를 설명하는 능소성문能所成門, 셋째, 계의 수지에 있어서의 실제적인 차별상을 설명하는 수행차별문修行差別門이다.

이 중 능소성문에서는, 『범망경고적기』의 수득문·호지문·범실문의 설명과 마찬가지로, 받음(受)·어김(犯)·버림(捨)의 세 측면에 있어서 성문계와 보살계의 차별을 나란히 설하고 있다.[54] 또한 전문의 절반 이상을 차지하고 있는 수행차별문에서는 보살계의 실천법으로서 네 가지의 항목을 제시한다. 첫째, 선사善士를 친근히 해야 하고, 둘째, 정법正法을 들어야 하며, 셋째, 제행무상諸行無常·제법무아諸法無我 등의 이치를 따라 생각하고, 넷째, 수행해야 함이 그것이다.[55] 이 중 마지막 항목인 수행에는 다시 네 가지 실천법이 제시되는데,[56] 이 가운데 계의 경중輕重을 알아야 함에 대해서, 대현은 10중계 가운데 뒤의 4중계, 즉『유가론』에 설해져 있는 4종 타승처법他勝處法이 근본이 되는 중계라고 한다.[57]

---

[54] 『韓國佛敎全書』3, 479c~480c
[55] 『韓國佛敎全書』3, 480c~481a
[56] 네 가지 실천법은 첫째, 바른 생각을 가져야 하고(護正念門), 둘째, 바라밀다를 닦아야 하며(波羅密多攝門), 셋째, 계의 경중을 알아야 하고(輕重性門), 넷째, 지키는 것과 어기는 것에 대해 알아야 한다(持犯相門)는 것이다.(『韓國佛敎全書』3, 481a~483a)
[57] 『韓國佛敎全書』3, 482a

유가계의 계를 근본 중계로 삼는 대현의 해석은 바로 범망계의 해석에 있어서 유가계를 바탕으로 하고 있음을 보여 준다.[58] 이처럼 성문계와 보살계를 병렬적으로 설명한다거나, 범망계를 해석함에 있어 유가계를 중시하고 있는 대현의 주석 태도는 범망계에 내포된 일승적 요소에 치우치지 않고 성문계와 유가계를 함께 중시하고 있음을 나타내고 있다.[59]

대현 계학의 중국 전래

대현의 저술들은 그의 생존을 전후로 중국과 일본에 전해져 유통되었다. 중국에서는 대현의 유식 계통 저술인 『광석본모송』이 전해져 당의 희원과 이견 두 승려가 주석으로 『대승심로장기』(2권)를 저술한 것 이외에,[60] 계율 계통의 저술인 『보살계본종요』의 서두에 당 대천복사 승려 도봉이 저술한 「대현법사의기서」가 첨가되어 전해져 오고 있다.[61]

「대현법사의기서」에는 석존이 가르침을 편 후 천 년 뒤에 공空과 유有에 각각 집착하는 두 종지가 일어났으나, 대현의 학식과 덕망으로 인해 다시금 불법 중흥의 기조가 마련되었음이 찬탄되고 있다. 또한, 대현이 20세를 넘어 깨달음의 나무를 신라에 심었고 30세가 되어서는 자비의 배를 온 세상에 띄웠다고 기술하고 있으므로, 대현이 이미 30대의 나이에 신라를 넘어서서 이름을 떨치고 있었음을 알 수 있다. 또한 이 서문에는 『보살계본종요』 외에도 대현의 저술로 『유가사지론찬요』(3권), 『유

---

58 최원식, 『新羅菩薩戒思想史硏究』, 서울: 민족사, 1999, pp.201~202
59 대현에게는 『瑜伽戒本宗要』 또한 있었다고 하나 전해지지 않는다.
60 주 29 참조.
61 『보살계본종요』 유통본의 서지학적 정보는 최종남, 앞의 논문, 2018 참조.

식결택唯識決擇』(혹은『성유식론결택』)(1권),『본모송』'일백 줄' 등을 언급하고 있으므로『보살계본종요』와 함께 대현의 유식 관련 저술 또한 당시 중국에 전해졌음을 추정할 수 있다.

또한 일본 논사 쇼산의『범망경상권고적기강의』에도『보살계본종요』를 비롯한 대현의 저술들이 당에 전해졌음이 기록되어 있다. 즉 이 문헌에 따르면, 교넨의 기記를 인용하면서 신라인인 태현이 오직 자국에서만 불법을 펼친 까닭에 고승전에는 나와 있지 않다고 한다. 또한 태현의 문장이 당唐에도 전해지고 있어 승전에 실려야 마땅하다고 하고, 그 까닭에 당의 대천복사 도봉 법사가 태현 논사가 지은 모든 글(諸文)의 서두에 서문을 두었고, 그래서『보살계본종요』의 서두에도 서가 있는 것이라고 한다.[62] 이 기록으로 볼 때 도봉이『보살계본종요』뿐 아니라 대현의 다른 저술들에도 서문을 두었음을 추정해 볼 수 있다.

일본에서의 대현 계학 수용

대현의 저술 가운데 계율 관계 주석인『범망경고적기』와『보살계본종요』는 특히 일본에서 중시되어 수많은 말소가 찬술되었다. 일본 최초의『범망경』주석서로 알려져 있는 법상논사 젠주의『범망경략초梵網經略抄』(4권)는 해설의 대부분이 대현의『범망경고적기』에 의지하여 기술되고 있다. 따라서『범망경고적기』는 이미 나라시대(710~794)부터 일본에서 주목을 받기 시작하였음을 알 수 있다. 이후 가마쿠라시대(1185~1333)에 일어난 계율부흥운동의 영향으로 인해 범망계에 대한 관심이 높아졌

---

62 『日本大藏經』20, 3c, 각주 4 참조.

고, 이에 따라 대현의 『범망경고적기』는 더욱 주목받게 되었다. 예를 들어 계율부흥운동의 중심 인물 가운데 조케이(貞慶, 1155~1213)는 자신의 계율 사상을 『범망경고적기』에 의존하여 피력하였으며 도쇼다이지(唐招提寺)에서 최초로 『범망경고적기』를 강의하였다. 또한, 계율부흥운동의 주체였던 남도의 율사들 대부분이 『범망경고적기』를 활용했다고 한다.[63] 이에 따라 에이존(叡尊, 1201~1290), 교넨, 조센, 쇼산, 쇼온 등 저명한 일본 승려들의 『범망경고적기』에 대한 주석을 포함하여 약 60여 부에 달하는 『범망경고적기』의 말소들이 일본 승려들에 의해 저술되었다.[64]

『보살계본종요』가 일본에 전래된 시점은 분명하지 않지만, 젠주의 『범망경약초』에 대현의 『범망경고적기』가 인용되므로 『보살계본종요』 또한 이 무렵에 이미 전해졌을 것으로 추정된다. 현재 30여 종의 말소가 목록 등에 전해지고 있으며 이런 점에서 『범망경고적기』와 함께 『보살계본종요』 또한 상당히 중시되었음을 알 수 있다. 특히, 가마쿠라시대의 계율부흥운동에서 『범망경고적기』가 주목됨에 따라 『범망경고적기』를 이해하기 위한 강요서로서 『보살계본종요』가 재발견되었다고 한다.[65]

헤이안시대(794~1185) 이래 일본에서는 불법 전래에 있어서 인도, 중국, 일본의 '삼국'을 중시하는 불교 사관史觀이 성립되었음이 알려져 있다. 이런 점에서 볼 때, 중국인인 지의나 법장 등의 주석보다도 신라인인 대현의 『범망경고적기』와 『보살계본종요』가 더욱 중시되었던 것은 매우 이례적인 일로 보인다.

---

63 大谷由香, 「太賢『梵網經古迹記』の日本における活用について」, 『龍谷大學論集』 492, 龍谷學會, 2018, pp.15~22; 김천학, 「『보살계본종요초』의 문헌적 의의와 신라 太賢에 대한 인식」, 『신라문화』 55, 동국대학교 신라문화연구소, 2020, p.108 참조.
64 채인환, 앞의 논문, 1984, pp.80~82
65 大谷由香, 앞의 논문, 2018, p.6

IV. 대현 연구의 현황 및 과제

동아시아 유식 구도와 대현

대현의 사상은 지금까지 성종과 상종이라는 이분법적 틀을 바탕으로 성종에 속하는가, 상종에 속하는가, 아니면 두 사상적 입장을 모두 수용하는가라는 방식으로 접근되어 왔다. 성종과 상종의 이분법적 구도는 오성각별설을 주장하는 유식법상종 사상과 일체개성설을 주장하는 여래장 사상의 이분법이라는 전통적인 구도와 연결되어 있다. 즉, 현장의 신역을 바탕으로 하여 오성각별설을 주장한 유식법상종의 사상은 그 이전의 구역에 의거하여 여래장 사상과 연계성을 가진 섭론종과 같은 유식학파의 입장과 흔히 대조된다. 또한, 전자는 중생의 깨달음의 능력에 차별성을 인정하고 이를 바탕으로 가르침에도 삼승의 차별이 있음을 주장한다고 받아들여져 왔고, 이에 반해 후자는, 중생은 보편적으로 불성을 가진다는 점에서 평등하며 따라서 이들을 위한 가르침도 하나라는 일승의 가르침을 옹호한다고 여겨진다.

그러나 이러한 동아시아 불교전통의 이분법적 구도는 대현의 사상적 입장을 설명하는 데 근본적인 문제점을 지닌다. 왜냐하면 성종과 상종, 법상유식종과 여래장 사상, 삼승과 일승이라는 이분법적 논의는 이 두 전통 간의 사상적 대립이라는 함의를 내포하기 때문이다. 다시 말해, 두 입장을 사상적으로 대립한다고 볼 때에는 한쪽을 긍정할 때 다른 쪽은 반드시 부정해야 하는 양자택일의 입장에 처하게 되고, 그렇다면 성종과 상종의 성향을 모두 지니는 대현의 사상을 설명할 수가 없기 때문이다. 같은 맥락에서, 이러한 대립적 이분법의 구도를 인정할 때에는 대현의 사상이 성종과 상종의 양면성을 가진다고 하는 규정 또한 엄밀히 볼 때 모순적이다. 성종과 상종이 대립적 사상 체계인 이상 이 두 성향을 동시에 받아들이는 것은 논리적으로 성립하지 않기 때문이다.[66] 동아시아 유식불교 전통의 대립적 이분법 구도와 대현의 성상겸비 사상구도 간의 모순 관계를 고려할 때, 대현의 사상을 설명하기 위해서는 새로운 설명 방식이 모색되어야 하는 상황이다.

신라 유식의 사상적 계통과 대현

앞서 논의했듯이, 대현이 서명학파인 원측의 문도인 도증의 제자라는 견해는 여러 방면에서 반박되어 왔다. 여기서, '원측·도증과 함께 대현을 서명학파로 보아야 하는가'라는 문제는 도증과 대현이 사제 관계인가 아닌가 하는 계보적 논증에 단지 한정되는 것이 아니라, 보다 근본적으로 '서명학파'라는 사상적 분류에 내재된 문제점과 연결된다. 즉, 대현을 원측·도증과 함께 서명학파로 규정할 때 자은학파와 서명학파 간의 사상적 대립을 전제로 하고 있는 데에서 생겨나는 문제점이다. 자은학파와 서명학파의 대립적 구도는 근본적으로 구유식과 신유식의 대립이라는 이분법적 구도를 바탕으로 하고 있다. 다시 말해 원측의 유식 사상이 자은의 사상과 상이하다고 여겨지는 것은 바로 원측이 신유

---

66 성상겸비 혹은 성상화합적인 대현의 사상은 한때 '통불교' 담론 속에서 원효 혹은 원측 등과 함께 한국불교의 '회통성'을 잘 나타내는 일례로 거론되었다. 하지만 이러한 담론 속에서도 성과 상의 대립적 구도 속에서 화합 혹은 '회통'이 어떻게 가능한 것인가 하는 문제에 대한 해답은 제시되지 못하였다. 그 이유 가운데 하나는 아마도 대립적 이분법의 구도와 '회통'이 근본적으로 모순 관계에 있기 때문으로 보인다.

식 논사이면서도 다른 한편으로는 구유식 논사인 진제眞諦(Paramārtha, 499~569)의 여래장 계통 사상을 받아들였다고 여겨지기 때문이다. 자은이 신유식 계통의 법상종만을 고수하는 한편 원측은 구유식 계통 사상의 영향을 받았다고 하는 것이다. 이러한 대립적 이분법적 구도는 단지 이론적 차원에 그치는 것이 아니라 정통과 비정통이라는 가치 체계에서의 대립으로 확대된다. 전통적으로 법상종은 현장이 인도에서 전한 유식 전적을 바탕으로 성립한 소위 '정통' 유식학파로 여겨져 왔다. 역으로, 이러한 대립적 이분법의 구도를 바탕으로 할 때 '정통' 유식 사상과는 상치되는 것으로 여겨지는 여래장 사상의 성향을 지닌 구유식은 필연적으로 '비정통'으로 간주된다. 실제로 역사상 서명학파가 '정계正系'의 자은학파와 대립되어 '이계異系' 혹은 '이파異派'라는 왜곡된 평가를 받아 온 것은 잘 알려져 있다. 이런 점에서, 대현이 원측·도증과 함께 서명학파에 속한다고 할 때, 자은학파와 서명학파의 이분법적 구도에 내재한 이러한 이론적 한계성을 고려하지 않을 수 없다.

게다가 대현을 원측과 함께 서명학파로 분류하는 것을 재고해야 할 또 다른 이유가 있다. 원측의 사상적 입장이 법상종 자은의 입장과 대립하는 것이 아니라 오히려 같은 입장을 취하고 있다는 일련의 연구가 제시되어 왔기 때문이다.[67] 다시 말해, 구유식과 신유식, 혹은 유식법상종과 여래장 사상이라는 이분법에 근거하였던 서명학파와 자은학파 간의

---

[67] 가장 대표적인 학자로 기츠카와 토모아키가 있다. 원측의 유식학적 입장은 기존의 주장과는 달리 섭론종 논사 眞諦의 이론이 아니라 현장의 유식 이론에 기반을 두고 있다고 주장하고, 원측 또한 자은과 마찬가지로 오성각별설을 주장하였다고 한다.(橘川智昭, 「円測による五性各別の肯定について: 円測思想に対する皆成的解釈の再検討」, 『仏教学』 40, 仏教思想学会, 1999; 「眞諦訳·玄奘訳『摂大乗論』と円測」, 『印度學佛教學研究』 43-1, 日本印度学仏教学会, 1994 등 다수)

대립에 의문이 제기된 것이다. 원측의 사상적 입장이 재고되어야 하는 이 시점에서, 원측의 제자인 도증을 잇는다는 가설을 바탕으로 대현을 서명학파로 분류하는 것을 보류해 두어야 함은 분명하다.

대현 연구의 새로운 시각

대현의 성상겸비 사상은 성종과 상종의 대립적 이분법이 지니는 양자택일적 한계성 내에서 지금까지 적절한 평가를 받지 못하였다. 이것은 대현의 사상적 입장을 제대로 이해하기 위해서는 이러한 이분법적 구도를 벗어나야 함을 의미한다. 이런 점에서 한 가지 주목되는 점은 법상종과 일반적으로 동일시되고 있는 '신유식'이 사실은 보다 넓은 범주에서 해석될 수 있다는 주장이다.[68]

비록 구유식과 신유식 논사들 간의 이론적 논쟁을 배경으로 하여 법상종은 구유식과 대립되는 것으로 여겨지는 신유식 전통 내의 대표적 학파로 인식되어 왔지만, 신유식 전통 내 자은 기 유식학의 '정통성'에 대해 의문을 제기하는 연구가 있다. 즉, 자은 기와 현장의 관계가 역사적 기록에 나타나 있는 것과는 달리 그다지 특별한 것이 아니었음이 지적되기도 하고, 이와 관련하여 『성유식론』 번역 과정을 통해 현장이 유식의 핵심을 오직 자은 기에게만 전수하였다는 추정에 대해서도 의혹이 제기된다.[69] 게다가 원측의 서명학파를 법상종의 방계 또는 이단으로 취

---

68 이하 논의는 Sumi Lee, "Redefining the 'Dharma Characteristics School' and East Asian Yogācāra Buddhism," *The Eastern Buddhist* 46, no.2, The Eastern Buddhist Society, 2015 참조.
69 林香奈, 「慈恩大師基の伝記の再検討」, 『印度學佛教學研究』 59-1, 日本印度学仏教学会, 2010

급하였던 자은 문도들의 비방이 근거 없는 허구임이 드러남과 동시에, 오히려 원측을 현장의 신유식 가르침을 계승하는 사상가로서 자은의 학문적 선배로 보아야 한다는 인식도 나타났다.[70] 한편, 현장과 자은 기의 사상적 입장 간에 차이점이 있음을 밝히는 일련의 연구들도 있다. 현장 자신은 중관논사 청변清辨(淸辯; Bhāviveka, 500~570경)의 『대승장진론大乘掌珍論』을 번역했지만 자은 기가 그의 논서에서 청변을 강하게 비판하고 있음은 잘 알려진 사실이다.[71] 또한, 현장은 청변에 대한 어떠한 명백한 비판도 지니고 있지 않음이 논증되기도 하였다.[72] 게다가 현장이 자은 기의 법상종과 연결되어 논의된 것은 자은 기의 학파가 우위를 점유하고 난 이후이고 그 이전에는 현장이 자은의 학파와 연계되지 않았음이 지적되기도 한다.[73]

현장이 전한 신유식이 법상종이라는 단일한 학파 범주와 동일시될 수 없음을 암시하는 이러한 일련의 증거들을 바탕으로, 법상종은 신유식의 '정통' 학파라기보다는 단지 하나의 학문적 조류일 뿐이고, 법상종 외에도 다른 신유식 학파 혹은 조류가 존재했을 가능성이 제기된다. 이를 바탕으로 할 때 대현의 성상겸비의 학문적 입장은 '비정통' 계열의 법상종이 아니라 자은 기의 법상종과 다른 성향을 지니는 또 하나의 신유식 조류로 해석될 수 있다.

---

70 吉村誠,「唯識学派の五姓各別説について」,『駒沢大学仏教学部研究紀要』62, 駒沢大学, 2004, p.236
71 예를 들어 光川豊芸,「『大乘掌珍論』管見: 中観・瑜伽交渉における一視点として」,『印度学仏教学研究』13-2, 日本印度学仏教学会, 1965, p.615
72 師茂樹,「淸辨比量の東アジアにおける受容」,『불교학연구』8, 불교학연구회, 2004, pp.300~311
73 結城令聞,「玄奘とその学派の成立」,『東洋文化研究所紀要』11, 東京大学東洋文化研究所, 1956, p.372

성性과 상相의 이분법을 넘어서

　대현은 대립되는 사상 체계로 여겨지는 성종과 상종을 모두 받아들이는 입장을 지닌 유식논사였다. 지금까지 동아시아불교는 성종과 상종, 혹은 여래장과 유식법상종이라는 전통적 이분법적 구도하에 논의되었지만, 대현의 '성상겸비'적 학문 태도는 동아시아불교에 성종과 상종을 넘어선 또 하나의 학문 조류가 존재했음을 시사한다. 하지만 아직도 더 면밀히 고찰되어야 할 점이 있다. 대현의 사상 체계 내에서 어떻게 이와 같은 성·상의 대립적 이론들이 '회통' 혹은 '화합'되고 있는가 하는 문제이다. 지금까지 대현은 원효 혹은 원측 등과 함께 한국불교의 '화합'적 사상 성향을 지진 논사들 중 한 사람으로 논의되어 왔다. 다시 말해, 한국불교의 '회통성' 담론 내에서 '화합'이 이들 논사들의 공통된 사상 성향으로 강조된 나머지 이들의 사상적 차별성이 상대적으로 간과되어 온 것이다. 대현의 성상겸비의 사상적 가치는, 대현의 사상이 원효 혹은 원측의 사상, 나아가 화합적 성향을 지닌다고 평가되는 중국 논사들의 사상들과 어떠한 차별성을 가지는지 규명될 때 더욱 분명히 드러날 것이다. 대현

| 참고문헌 |

최원식, 『新羅菩薩戒思想史研究』, 서울: 민족사, 1999.

김천학, 「한국찬술불교문헌의 확장성에 대한 일고찰」, 『서지학연구』 70, 한국서지학회, 2017.
_____, 「『보살계본종요초』의 문헌적 의의와 신라 太賢에 대한 인식」, 『신라문화』 55, 동국대학교 신라문화연구소, 2020.
방　인, 「太賢의 唯識哲學研究」, 서울대학교 박사학위논문, 1995.
이수미, 「『大乘起信論內義略探記』로 본 大賢(ca. 8세기)의 唯識사상」, 『불교학연구』 40, 불교학연구회, 2014.
채인환, 「新羅 大賢法師研究(I): 行蹟과 著作」, 『불교학보』 20, 동국대학교불교문화연구원, 1983.
_____, 「新羅 大賢法師研究(II): 大乘戒學」, 『불교학보』 21, 동국대학교불교문화연구원, 1984.

Sumi Lee, "Redefining the 'Dharma Characteristics School' and East Asian Yogācāra Buddhism," *The Eastern Buddhist* 46, no.2, The Eastern Buddhist Society, 2015.
吉津宜英, 「太賢の『成唯識論学記』をめぐって」, 『印度學佛教學研究』 41, 日本印度学仏教学会, 1992.

사상가

승랑 僧朗

조윤경

I. 고구려 승랑의 생애

승랑의 사상사적 위치/ 승랑의 탄생과 구학/ 남조의 대승불교

II. 승랑의 경전 해석

대승경전에 대한 통합적 이해/ 중도中道와 가명假名/ 횡수橫豎와 소밀疏密/ 쌍척雙隻과 단복單複

III. 이제二諦, 가르침의 문

약교이제설約敎二諦說의 오해/ 교화와 소통의 매개/ 어제於諦와 교제敎諦/ 깨달음으로 이르는 길

IV. 승랑과 동아시아불교

중국불교에 미친 영향/ 한반도에 미친 영향

■ 승랑, 동아시아불교의 흐름을 바꾸다

I. 고구려 승랑의 생애

승랑의 사상사적 위치

한국의 대표적인 사상가 가운데 시기적으로 가장 이른 사람은 고구려 승랑僧朗일 것이다. 그는 젊은 시절 고구려를 떠나 중국 각지의 불교를 흡수하고 자신만의 독창적인 체계를 세워 훗날 삼론종三論宗이라는 새로운 학파의 창시자가 된다. 그의 일련의 발자취는 한 개인의 행적을 넘어, 중국불교사상사의 거대한 흐름의 방향을 돌리는 사건이라고 평가할 수 있다. 중국불교사상사에서 승랑의 사상은 당시 열반학과 성실학의 유행으로 쇠퇴했던 중관 사상을 다시 전면에 내세운 삼론종을 창시한 데 그치는 것이 아니라, 그를 기점으로 하여 중국불교가 비로소 자신의 언어와 논리를 통해 불교의 가르침을 재해석할 수 있는 자신감을 갖게 되었다는 점에서도 그 가치가 재평가되어야 한다.

불법을 배우고 교화를 펼친 그의 주요 행적이 대부분 중국을 무대로 하였기에, 승랑을 중국불교사에 편입시켜 이해하는 것은 지극히 당연하다.

그렇다면 우리에게 다음과 같은 문제가 남는다. 승랑을 동시에 한국불교사에 편입시켜야 하는 까닭은 무엇인가?

그것은 고구려 출신이라는 그의 태생에만 한정되는 것이 아니라, 당시 중국불교 논사들과는 구별되는 그의 사상적 독창성에 기인한다. 승랑은 당시 중국의 불교 교학을 두루 섭렵하고, 그것을 주체적으로 소화하여 자신만의 사상 체계로 재탄생시켰다. 그리고 그가 독창적인 교리 체계를 세울 수 있었던 배경에는 고구려의 언어와 문화라는 특수한 정체성이 자리 잡고 있었다. 그러므로 우리는 승랑의 사상을 중국불교인 동시에 한국불교라고 정의할 수 있다.

뿐만 아니라, 승랑의 경우를 포함하여 당시 고대 동아시아불교는 국가와 민족을 넘어 여러 다양한 사상 지류들이 서로 어우러진 문화의 용광로였다. 그러므로 우리는 보다 넓은 시야에서 한국불교사에 접근해야 할 필요가 있고, 이 첫 단추는 승랑에서 비롯된다.

승랑의 탄생과 구학

승랑은 장수왕長壽王 집권 시기(413~491) 요동성에서 탄생했는데, 그의 탄생이나 고구려에서의 행적을 알려 주는 자료는 거의 없다. 다만 제고제(蕭道成, 427~482)와 승랑의 문답이 『삼론조사전집三論祖師傳集』에 기록되어 있다.

> 천자가 물었다: "저 고구려에 스님처럼 총명한 이가 몇 명인가?"
> 스님이 대답했다: "칙명을 받들어 헤아려 보니 한 명인데, 도랑(승랑)이 제일 총명합니다. 승랑은 첫 수계授戒를 마치고, 다른 사찰로 가서 계본을 빌렸는데, 길에서 열어 보고 암송하여 본사에 오는 길에 암송을 모두 끝내서, (계본을) 다시 돌려보내니, 사람들이 의아해했습니다. 사람들이 암송을 시켜 보니 물 흐르듯 한 구절도 막힘이 없었으므로, 도랑(승랑)이 제일 총명한 스님이라고 판단했습니다. 하루에 한 권을 암송하는 것은 식은 죽 먹기입니다."[1]

---

1 『三論祖師傳集』, 卷下(『大日本佛教全書』 111)

이 문답에서 승랑이 중국으로 떠나기 전에 고구려에서 이미 수계를 마쳤으며, 매우 총명했다는 사실을 알 수 있다. 그리고 위의 일화에서 보이는 것과 같이 승랑에 관해 전하는 기록 가운데 계율에 관련된 언급이 적지 않다는 사실도 주목할 만하다. 따라서 그가 고구려에 있을 적부터 계율에 관심을 두었을 것이라는 추측을 할 수 있다.

예를 들면, 「서하사비명棲霞寺碑銘」에서는 승랑이 '청정한 법도(淸規)가 매우 출중했으며', '계의 근본(尸羅之本)을 일찍부터 정립하였다'고 전하고 있다. 또한 『고승전高僧傳』에는 그가 '경률을 모두 강설할 수 있었다'는 기록이 있어, 승랑은 대승경전뿐만 아니라, 율장에도 능통했을 것으로 생각된다.

그가 훗날 고구려를 떠나 중국으로 유학을 간 동기나 구체적인 유학 행로 등에 관해서는 아쉽게도 역사적인 기록이 거의 남아 있지 않아 확정하는 데 어려움이 있다. 『삼론조사전집』에서는 "제나라 때 고구려 스님인 석도랑(승랑) 스님이 황룡의 여러 나라를 돌아다니며 (구마라집鳩摩羅什의) 팔수八宿의 스승으로부터 배운 제자에게 학문을 듣고, 무의무득無依無得의 대승법문을 얻었다."라고 기록하고 있는데, 승랑이 북지에서 유학하면서 당시 쇠퇴했던 관중關中(장안)의 중관학을 접할 수 있었음을 알 수 있다.

한편, 여러 연구자들이 승랑이 구마라집의 제자 가운데 누구의 법맥을 계승하였는지에 관해 탐구하였는데, 승조僧肇(384~414)·도생道生(?~434)·승예僧叡·승숭僧嵩 등 각기 다른 법맥에 대한 학설이 제기되었으나, 아직까지 하나의 정설은 없다. 김성철은 『승랑: 그 생애와 사상의 분석적 탐구』에서 승랑의 스승에 관한 여러 가지 가설을 제기하였는데, 그 가운데 '둔황의 담경曇慶'을 가장 유력한 후보로 꼽았으며, 이와 동시에 승랑이 어느 특정 스승을 계승한 것이 아니라 북지의 여러 곳을 돌아다니며 여러 스승들에게 배웠고 둔황의 담경은 그 가운데 한 인물일 것이라고 주장하였다.[2]

승랑의 법맥에 관해 아직 뚜렷이 밝혀지지 않은 것이 전적으로 우연은 아닐지도 모른다. 왜냐하면 승랑의 삼론학이 오로지 특정 스승의 학설을 그대로 전수받아 계승한 것이라면, 후대 삼론 문헌에서 그의 법맥에 대해 명시적으로 언급하지 않을 수 없기 때문이다. 따라서 후대 삼론종 논사들이 자신들의 학문적 전통이 승랑에서 유래했다는 사실만 밝힌 채, 승랑의 법맥이 누구로부터 연유했는지 다시 언급이 없는 것은 승랑이 한편으로는 관중의 중관학 전통을 흡수했지만, 다른 한편으로는 북지의 다른 교설도 충분히 흡수하였고, 이를 토대로 새로운 일가를 이루었다는 방증이다.

따라서 승랑을 계승한 삼론종과 관중 중관학의 사상적 연관성을 지나치게 확대해석하여, 삼론종이 구마라집을 직접 계승했다거나 삼론종의 초조를 구마라집으로 간주하는 것 또한 역사적 사실은 아니다. 앞으로 후속 연구에 의해서 승랑의 법맥에 관한 구체적인 면모가 드러나기를 바란다.

남조의 대승불교

승랑은 북지를 두루 돌아다니며 다양한 불교의 가르침을 배웠는데, 이는 불교학에 대한 그의 열정과 학문에 대한 개방성을 잘 보여 준다. 북지

---

2 김성철, 『승랑: 그 생애와 사상의 분석적 탐구』, 파주: 지식산업사, 2011, pp.71~93

에서 자신의 독창적인 학문을 완성한 이후, 그는 강남으로 내려와서 자신의 학문을 펼친다. 처음에는 초당사草堂寺에 머무르면서 주옹周顒에게 학문을 전수해 주었고, 주옹은 이를 계기로『삼종론三宗論』을 출간한다.

  산중사 승전 스님의 스승은 본래 요동 사람으로, 북지에서『삼론』을 배웠고, 간접적으로 구마라집 스님의 학문을 익혔다. 남쪽 오나라로 오셔서 종산鐘山 초당사草堂寺에 머무르시면서 은사隱士 주옹을 만나고, 주옹은 이로 인해 학문을 전수받았다. 주옹은 만년에『삼종론』을 지어 이제는 중도가 체體라고 설명하였다. 만년에 지림智琳(409~487) 스님이라는 분이 있어, 주옹에게『삼종론』을 출간하기를 간청하였다. 주옹은 "제자가 이 논을 출간한다면 아마 여러 사람들을 괴롭힐 것 같습니다."라고 하였다. 지림은 "빈도貧道가 옛날 어릴 적에 이 뜻을 들은 적이 있습니다만, 현묘한 말이 중도에 끊어진 지 사십여 년[3]이 흘렀습니다. 단월檀越께서 이 논을 출간하신다면, 국성國城이나 처자妻子, 또는 머리나 눈을 보시하는 것을 능가할 것입니다."라고 하였다. 이에 (주옹이) 이 『삼종론』을 출간하게 되었다.[4]

구체적으로,『고승전』에 기록된 그의 서신에서 지림은 스무 살에 관중의 중관학을 접했는데, 후에 강동으로 와서 그 뜻을 펼치려고 하였으나 그곳 사람들이 아무도 이해하지 못해 자신도 병이 났다고 전한다.[5] 따라서 이 대목은 승랑과 관중의 중관학파 사이의 학문적 유사성을 간

---

3 『高僧傳』에는 67년이라 기록되어 있다.
4 吉藏,『二諦義』卷3(『大正藏』45, 108b3~10)
5 慧皎,『高僧傳』卷8(『大正藏』50, 376b)

접적으로 보여 주는 일화이기도 하다.

승랑의 행적 중 무엇보다 주목할 만한 것은 양 무제(蕭衍, 464~549)와의 교류이다. 그는 산속에서 고요히 은거하면서도, 정치권력과 은밀한 공조를 형성하였다. 승랑의 대승 사상은 양 무제의 정치적 이상을 실현시키기 위한 이데올로기를 제공했고, 양 무제의 후원은 그의 사상이 남조에서 기반을 내릴 수 있었던 현실적 조건이었을 것이다.

당시 남조의 독자적인 교단 세력은 양 무제의 정교결합政敎結合에 걸림돌이 되었다. 남조에서는 성실학이 성행하였는데, 승랑과 그를 계승한 삼론종에서는 『성실론成實論』을 소승의 논서라고 배척하고 소승과 대척되는 '대승'이라는 이념을 새롭게 부각시켰다. 양 무제도 본래 『성실론』을 배웠으나, 승랑의 사상적 영향을 받아 대승의 반야학을 중시하게 된다.[6] 「서하사비명」에 다음과 같은 기록이 있다.

> 먼저 이곳에 계셨던 명승고덕인 승랑 스님은 고향인 요수遼水를 떠나서 경화京華의 학문을 배웠다. (그의) 청정한 법도(淸規)는 매우 출중했으며, 위대한 학문은 정수에 조예가 깊었다. 반야의 성품을 일찍이 이루었고, 계(尸羅)를 일찍부터 정립하였으며, 방등의 지귀指歸를 분명하게 하였고, 중도의 근본 취지를 널리 전파하였다. 북산의 북쪽이나 남산의 남쪽에서 활동하였을 뿐, 건강建康에서 활동하지 않은 지가 약 36년(三紀)이나 되었다. 양 무제는 사등심(四等)을 실천할 수 있었으며 삼공三空을 잘 이해하였으니, 승랑 스님에게 징서徵書를 여러 차례 보냈지만, (승랑은) 확고하게 나오지 않았다. 천감 11년(512)에 양 무제는 중사中寺 석

---

[6] 吉藏, 『二諦義』 卷3(『大正藏』 45, 108b)

승회釋僧懷와 영근사靈根寺 석혜령釋慧令 등 열 명의 승려를 파견하여 섭산으로 찾아뵙고 삼론의 대의를 여쭈어서 전수받게 하였다. 가의賈誼는 "성인의 도를 배우면 태양처럼 밝다."라고 하였다. 순자(孫卿)는 "높은 산에 올라야 하늘이 높음을 안다."라고 하였다. 지금 깊은 뜻을 탐구해 보면, 그것들은 이것을 말하는 것이다.[7]

양 무제는 본래부터 대승불교에 관심이 높았는데, 특히 반야 사상과 계율에 대한 학문적 관심으로 승랑에게 여러 차례에 걸쳐 징서를 보냈다. 하지만 승랑이 이에 응하지 않자 512년에 열 명의 승려를 그가 은둔하는 섭산으로 파견하여 승랑의 학문을 전수받게 했다. 이 사건에 대해, 『이제의二諦義』에서는 다음과 같이 전한다.

> 다음으로, 양 무제는 불법을 크게 존경하고 믿었다. 본래는 『성실론』을 배웠으나, 승랑 스님께서 산에 계시다는 소식을 듣고, 이에 승정 지적智寂 등 열 사람을 파견하여 산으로 가서 수학하게 하였다. 비록 언어는 얻었지만, 그 의도는 정교하게 궁구하지 못하였다. 그러므로 양 무제의 후기 의학은 여러 스님들과 달라서, '제지의制旨義'라고 불렸다.[8]

위의 두 인용문은 양 무제가 승랑에게 열 명의 승려를 보내 간접적으로 삼론 사상을 접했다는 사실을 언급하고 있다. 또한 양 무제의 차별화된 후기 의학에 '제지의'라는 명칭이 붙었다는 내용이 있는데, '제지의'는 그가 삼론종의 교의를 자기 나름의 방식으로 해석하여 탄생한 것이다.

---

7 江總持,「棲霞寺碑銘」,『金陵梵刹志』上卷, 南京: 南京出版社, 2011, p.191
8 吉藏,『二諦義』卷3(『大正藏』45, 108b)

이렇듯 양 무제는 기존 교단 세력과 동떨어져 섭산에서 수행하고 있었던 승랑이라는 인물 및 그가 북조에서 여러 사상 조류를 흡수하여 탄생시킨 삼론 사상과의 만남을 통해 정교결합이라는 자신의 목표를 달성하기 위한 이론적 기반을 건립하는 데 힘썼다.

한편, 양 무제의「주해대품서注解大品序」는 그의 대승 사상이 승랑과 밀접한 관계가 있었음을 뒷받침하는 대표적 문헌이다. 이 서문의 곳곳에 삼론종의 사상적 흔적들이 보이는데, 특히 양 무제는 삼론종의 평등한 경전관을 받아들여 기존 교단의 사상 체계에 의문을 제기한다. 뿐만 아니라, 이러한 경전관을 바탕으로 무제는『열반경』과『반야경』을 아우르는 보살 사상을 건립한다.

남조의 정치적 국면에서 승랑의 삼론학은 '소승'을 배척하고 대승 사상을 흥기시키는 데 절대적 역할을 하였고, 이 시기 정착한 '대승'이라는 이념은 후대 중국불교를 관통하는 정체성이 되었다.

II. 승랑의 경전 해석

대승경전에 대한 통합적 이해

승랑 이전에 남조에서는 유규劉虬(436~495)나 혜관慧觀 등에 의해 경전을 분류하는 판교가 이루어졌는데, 남조의 논사들은 다양한 불설이 출현한 시간적 순서를 네 시기(四時) 혹은 다섯 시기(五時) 등으로 분류하여 서로 다른 내용의 경전들을 부처의 생애에 맞추어 정합적으로 이해하려는 경향이 있었다. 자연스럽게 판교는 점차 각 논사들의 사상적 입장을 반영하게 되었으며, 『열반경』이나 『법화경』과 같은 특정 경전이 다른 경전보다 높은 가르침이라는 위계적인 해석으로 정착하게 된다.

당시 오시五時 판교를 주장하였던 인물 가운데 대표적인 인물로 지장智藏(458~522)이 있다. 그는 『열반경』이야말로 제5시의 가장 수승한 가르침인 '상주구경교常住究竟敎'이며 '일체삼보교一體三寶敎'이므로 다른 경전보다 우위에 있다고 보았다. 한편, 『법화경』은 오시 판교의 체계에서 제4시의 설법으로, 삼승을 회합하여 일승으로 회귀하므로(會三以歸一) 삼승에 공통된 가르침으로 간주되었던 『반야경』보다는 높은 가르침으로 자리매김했다.

그렇지만 승랑과 그를 계승한 삼론종은 소승의 가르침과 대승의 가르침 사이의 위계성은 인정하되, 다양한 대승경전 사이에 우열은 있을 수 없다고 보았다. 삼론종은 각 경전마다 주력하는 바가 다르고 따라서 각 경전의 특징이 다르다는 점을 인정한다. 그렇지만 삼론종에서 이야기하는 경전의 다양성은 경전의 우열 관계로 이어지지 않는다. 왜냐하면 대승경전이 모두 불설이고 궁극적 진리이므로 모두 평등하고 우열을 논하는 것은 옳지 않다는 것이 승랑의 입장이었기 때문이다.

간혹 남북조 판교의 전통에 비추어 삼론종이 『반야경』을 여타 경전보다 우위에 놓았을 것으로 추정하거나, 삼론종의 명칭에 착안하여 삼론종이 『중론』·『백론』·『십이문론』에 나타난 공 사상 일변도였을 것이라는 오해도 발생한다. 하지만 이러한 추정은 어디까지나 선입관에 근거한 것일 뿐, 실제 삼론종이 대승경전과 논서를 바라보는 시각과는 거리가 있다. 삼론종에서 『열반경』이나 『법화경』이 『반야경』보다 우위를 차지하는 당시 논사들의 판교를 비판한 것은 결코 『반야경』을 다른 경전보다 더 뛰어난 경전으로 높이려는 의도가 아니라, 기존 판교가 부처가 설법한 경전에 차제를 매기면서 『반야경』을 '제2시의 설'로 폄하한 것에 반대하고 그 가치를 회복하려는 움직임일 뿐이다.

삼론종이 『삼론』의 공 사상을 전파한 것은 사실이지만, 『반야경』을 가장 수승한 경전으로 높이지 않았을 뿐만 아니라 공이 불성이나 일승 등 다른 대승교리와 상충된다고 생각하지도 않았다.[9] 승랑은 대승경전이 부처의 가르침으로서, 무수한 중생의 근기에 맞추어 설법한 것이므로 그 설법의 종류 또한 무량하며, 다섯 시기(五時)와 같은 특정 시기에 국한되지 않는다고 주장한다. 따라서 그는 남북조 타 학파의 논사들이 자신의 이해 체계에 경전을 대입시켜 부처의 가르침에 순서를 매기려는 태도에 반대하고, 불보살이 설법한 대승경전은 일반적 인식을 초월한 신성한 것이라고 역설한다. 때로는 서로 다른 대승경전의 구절이 설령 모순되는 듯 보일지라도 그것을 자신의 잣대로 판별하려는 오류를 배제해야 한다고 생각한 것이다.

승랑은 대승경전에 절대적인 지위를 부여하였고, 이로 인해 독창적인 학설을 구축할 수 있었다. 그는 다른 논사들처럼 자신의 교리 체계 내에서 정합적인 경전 이해를 추구하지 않고, 여러 다른 성격의 대승경전을 모두 관통하는 이론 체계를 탐구하였다. 나아가 다양한 경전을 평등하게 대하는 입장을 통해 삼론종은 여러 다른 교리를 통섭하는 독창성을 갖추게 되었다.

말하자면, 승랑을 계승한 삼론사들이 개별 경전이나 사상에 얽매이지 않고 이들을 두루 통섭하여 독창적 사상을 만들어 낸 것은 대승경전과 논서에 대한 확고한 믿음에서 비롯되었다. 불보살이 설법한 대승경

---

9 吉藏, 『十二門論疏』 卷1(『大正藏』 42, 177b)

전은 모두 중생을 해탈로 인도하는 가장 뛰어난 설법이라고 보는 승랑은, 중생의 잣대로 불보살의 교설을 재단하는 당시 여러 판교를 비판하는 입장에서 대승경전을 바라본다. 그에게 대승경전의 각기 다른 내용은 궁극적 진리의 다양한 방편이므로 표면적으로 모순되는 내용도 결국 궁극적으로 모두 통하는 것이며, 다양한 중생을 위해 시설한 여러 다양한 형태의 가르침은 모두 서로 우열을 논할 수 없는 평등한 것이다.

중도中道와 가명假名

승랑은 대승경전에 통합적으로 접근하기 위한 해석학적 체계를 세우는데, 이 가운데 그가 고안해 낸 대표적인 사상으로 중가의中假義, 즉 중도와 가명에 대한 학설이 있다. 중가의는 삼론종의 기본 교설로서 중도와 가명의 밀접한 상관성을 나타내는데, 이 중가의는 다시 이치와 가르침 사이의 상관성과 직결된다. '중도'는 다른 말로 '실상(實)'이며, '가명'은 '무자성無自性'의 다른 말이다.[10]

이 중도와 가명은 승랑 이전에도 다른 논사들에 의해 다루어진 바 있는 개념이다. 격의불교부터 이어져 온 중국인들의 공에 대한 논의는 구마라집 문하의 승조가 공을 '유도 아니고 무도 아닌' 비유비무非有非無로 규정하면서 일단락되었으나, 시간이 흐르자 가명에 대한 논의가 다시 대두되었다. 그것을 잘 보여 주는 대표적인 예가 주옹의 『삼종론』이다. 주옹의 『삼종론』의 세 가지 학설 가운데 하나인 '불공가명不空假名'은, 가명이 비록 고정된 실체는 없지만 그 형태가 아예 없다고 할 수

---
10 慧均, 최연식 校注, 『校勘 大乘四論玄義記』, 서울: 불광출판사, 2009, p.91

는 없으므로 가명이 공하지 않다(不空)는 주장이다. 반면, '공가명空假名'은 일체제법이 여러 조건들로 이루어져 있는데, 가명의 조건을 구하려고 분석해도 아무것도 구해지지 않으므로 가명이 공하다는 입장이다. 이렇듯 『삼종론』이 담고 있는 담론을 통해서 우리는 공에 대한 사상계의 합의가 결국 다시 '가명을 어떻게 정의할 것인가'라는 문제로 이동하였고, 이를 통해 가명에 대한 탐구가 당시 불교계의 화두가 되었음을 알 수 있다.

한편, 이 공과 가명에 대한 탐구는 자연스럽게 중도가 무엇인지에 대한 논의로 이어졌다. 그 과정에서 남조의 논사들은 삼종중도三種中道, 즉 세제중도世諦中道·진제중도眞諦中道·이제합명중도二諦合明中道에 대한 논의를 이어 나갔다. 승랑 이후 삼론종에서 다루어졌던 삼종중도 또한 이러한 학술적 배경 속에서 탄생한 담론이다.

대승경전에 등장하는 다양한 언어들은 깨달은 자의 지혜에서 비롯된 방편적 교설이다. 이때 '방편적'이라는 말은 임시적인 도구이자 수단으로서의 언표를 의미하는 '임시방편'이 아니라, 불보살의 지혜를 통해 중생을 중도의 실상으로 인도하는 반야의 교묘한 작용을 뜻한다. 이러한 불보살의 지혜가 외적으로 표현된 방편은 불이중도不二中道에서 비롯된 것이고 동시에 모두 불이중도로 귀결된다. 따라서 대승경전의 다양한 언어들은 그 자체로 불보살의 가명이자 중도라고 할 수 있다. 승랑에게 중도와 가명은 한쪽이 성립하지 않으면 다른 한쪽도 이루어질 수 없는 불가분의 것이다. 승랑을 계승한 삼론종에서는 줄곧 중도와 가명이 둘이 아님을 강조하며, 승랑의 증손제자인 길장吉藏(549~623)은 『중론』에 나오는 삼시게三是偈의 '가명이 곧 중도'를 종종 언급한다.

이와 같이 서로 불가분의 관계인 중도와 가명을 때로는 '중가中假'라고 부르기도 하고, 때로는 '가중假中'이라고 부르기도 한다. 『대승사론현의기大乘四論玄義記』에 따르면, '중가'와 '가중'은 본질적으로 다르지 않으나 그 쓰임에 차이가 있다. '중가'에서 어디까지나 '중'이 근본이고 '가'는 지말이라는 점을 고려할 때, 논의의 편의상 본말의 순서대로 '중가'라고 하는 것이 자연스럽다. 그러나 병病을 논파하는 경우에는 '가중'이라고 표현하는데, '중'을 들고 중도의 이치가 있다고 집착하는 사람들의 견해를 논파하기 위해서 '가명이 중도'라고 말하는 것이다.[11]

삼론종은 중도와 가명에 관한 여러 복합적인 개념과 논변들을 발전시킨다. 삼론종의 이론 체계가 구축되는 과정에서 다양한 변용이 일어나기도 했지만, 승랑이 고안한 중가의의 핵심은 '중도가 곧 가명이고, 가명이 곧 중도'인 양자 불가분의 관계에 있고, 이를 통해 다양한 대승경전의 가르침에서 불이중도가 어떻게 구현되는지를 밝히는 데 있다.

요약하면, 승랑의 중가의에서 중도와 가명은 서로 아무런 걸림이 없이 통하므로, 중도에서 가명으로 나아가기도 하고 가명에서 중도로 나아가기도 하며, 의리적 측면을 부각시킬 수도 있고 중생 교화의 측면을 부각시킬 수도 있다.

횡수橫竪와 소밀疏密

승랑의 중가의는 대승경전에서 '이원적 범주'로 구체화된다. 승랑은 깨달은 자의 방편으로서 이분법적 분별에 걸리지 않는 평등한 이원성을 담아내기 위해 이원적 범주를 사용한다. '이원적 범주론'이라는 개념은

---

11 慧均, 최연식 校注, 앞의 책, p.90

김성철에 의해 처음 정립된 것으로, 그는 승랑 사상의 한 축으로 이 '이원적 범주론'을 꼽았다.[12] 이 범주들은 이분법적 시각에서 탈피하면서도 이원적 세계의 다양하고 평등한 모습을 담아내기 위해 고안된 사유틀이었다. 삼론종은 천인天人·내외內外·본말本末·체용體用 등 당시 중국철학의 전통적 범주가 아닌 새로운 범주들을 채택하였는데, 특히 그중에서 소밀이나 쌍척과 같은 범주들은 상당히 생소한 개념들이라고 할 수 있다.

이러한 이원적 범주들은 불보살이 중생에게 설법하는 방편의 다양한 형식을 반영한 것이므로, 삼론종은 대승경전의 진정한 함의를 이해하기 위해서 이 범주들을 알아야 한다고 주장한다. 승랑의 '이원적 범주'들은 후대 길장이나 혜균慧均과 같은 삼론사들에게 계승되고 발전되었는데, 오늘날 삼론 문헌에서 보이는 섬세하고 정교한 논변은 이 이원적 범주들을 통해 사유를 구체적으로 형상화했기에 가능한 것이다. 따라서 이 이원적 범주들을 구명하는 것은 삼론종의 교학 체계를 정확하게 알 수 있게 해 줄 뿐만 아니라 그 논리 구조를 엄밀하게 이해하는 데에도 필수적이라 할 수 있다. 삼론종 교학에는 다양한 '이원적 범주'들이 있는데, 그 가운데 승랑으로부터 직접 계승된 것이라 확인된 대표적인 이원적 범주는 횡수·소밀·쌍척·단복이다. 혜균은 『대승사론현의기』에서 승랑이 다음과 같이 말했다고 전한다.

> 장안의 도융道融(355~434) 스님이 『유마경』을 주석하면서 "구마라집 스님께서 '만약 횡수·소밀·쌍척·단복의 뜻을 알지 못하면, 결코 대승

---

[12] 김성철, 앞의 책, pp.247~256

경전의 의미를 이해할 수 없다'고 하셨다."라고 말씀하셨다.[13]

이 기록에 의거하면, 중국불교에서 소밀·횡수·단복·쌍척 네 범주를 처음으로 도입한 사람은 구마라집으로 추정된다. 승랑은 삼론종의 이원적 범주들이 자신이 독자적으로 고안한 것이 아니라, 구마라집과 그의 제자들로부터 유래된 오래된 해석학적 전통임을 밝히고 있다. 그러나 중국불교사상사에서 '이원적 범주'를 보편적 사유로 발전시키고, 관중의 중관학파와 삼론종의 전통을 '이원적 범주'로 연결했던 핵심 인물은 승랑임에 틀림없다.

구마라집이 이 범주들을 설정한 목적은 두 가지이다. 하나는 법의 모습이 전변하여 무궁무진하게 전개되는 모습을 밝히기 위해서이고, 다른 하나는 각기 다른 중생을 치료하여 깨닫게 하기 위한 여러 가지 교화 형식을 온전히 담아내기 위해서이다.[14]

승랑은 이 범주들이야말로 대승경전의 언어를 정확히 해석할 수 있도록 하는 해석학적 틀이라고 생각했다. 예를 들면, 승랑의 제자인 승전僧詮(?~558)은 『열반경』의 "아귀는 아귀가 아니고 아귀가 아닌 것도 아니다(鬼非鬼非非鬼)."나 『대품반야경』의 "수행에도 집착하지 않고, 수행이 아님에도 집착하지 않고, 수행과 수행이 아님에도 집착하지 않고, 수행이 아님과 수행이 아님이 아님에도 집착하지 않고, 집착하지 않음에도 집착하지 않는다.(行亦不受, 非行亦不受, 行不行亦不受, 非行非非行亦不受, 不受亦不受.)" 등의 경문이 모두 소밀·횡수·단복·쌍척을 나타낸다고 명시했다.[15]

---

13 慧均, 최연식 校注, 앞의 책, p.106
14 慧均, 최연식 校注, 위의 책, p.106
15 慧均, 최연식 校注, 위의 책, p.106

즉, 삼론종에서는 승랑의 '이원적 범주' 전통을 계승하고, 이 범주들에 대한 이해 없이는 대승경전의 의미를 이해할 수 없다고 인식했다.

뿐만 아니라, 승랑의 이원적 범주들은 깨달음에서 법의 무애한 모습을 표현하고 동시에 다양한 현실 상황에 맞게 중생을 교화하기 위해서 고안된 방법이다. 뒤에서는 후대의 문헌을 통해 각 이원적 범주들의 본래 의미와 용법을 살펴보겠다.

1. 횡수 – 수평적 전개와 수직적 상승

횡수는 소밀보다 광범위하게 쓰이는 범주로서, 삼론종 이외의 사상가들에게도 널리 쓰이기 때문에 비교적 친숙한 용어다. 주지하다시피, 횡은 가로를 말하고 수는 세로를 지칭하므로 서로 수평적인 관계를 논의하는 것을 횡론이라고 하고, 수직적이고 초월적인 차원으로 이끌어주는 논변을 수론이라고 한다. 길장은 『이제의』에서 횡수에 관해 다음과 같이 기술한다.

> '세움'을 말하는 뜻은 인연의 무애한 이제인데, 『중론』에서 "인연으로 생기한 법을 나는 공이라고 말하는데, 곧 가명이고, 곧 중도이다."라고 한 것과 같으니, 횡수가 모두 무애하다. '가명이 곧 중도'라는 것은 수직적인(竪) 무애이니, 둘(二)은 둘이 아님(不二)을 장애하지 않고 둘이 아님은 둘을 장애하지 않으며, 둘은 둘이 아닌 작용이고 둘이 아님은 둘의 작용이다. '인연으로 생기한 법을 나는 공이라고 말한다'는 것은 수평적인 (橫) 무애이니, 유는 공을 장애하지 않고 공은 유를 장애하지 않으며, 유는 공의 작용이고 공은 유의 작용이다.[16]

---

16 吉藏, 『二諦義』 上卷(『大正藏』 45, 85b6~12)

위에서 길장은 『중론』의 삼시게가 횡수의 무애함을 나타낸 것이라고 말한다. 즉, '인연으로 생기한 법을 나는 공이라고 말한다'는 구절은 유와 공이 서로 무애함을 말한 것이므로 횡론이며, '가명이 곧 중도'라는 구절은 둘(二)과 둘이 아님(不二)이 서로 무애함을 지칭하므로 수론이라는 것이다.

이렇듯 서로 등가적으로 나열할 수 있는 관계를 수평적으로 전개하는 것이 횡론이고, 현상을 부정하여 그것을 초월하는 것과 같이 위계를 달리하는 논의가 수론이다. 어떠한 구절이 횡론인지 아니면 수론인지를 파악하는 것은 그 구절이 출현한 맥락과 관계 있는 것으로, 특정 표현의 횡수가 고정되어 있는 것은 아니다. 승랑은 대승경전의 언어 표현에 치중하지 않고, 그것이 담고 있는 내용과 맥락에 따라 횡수를 정확히 짚어내야 경전을 제대로 이해하였다고 보는 것이다. 뿐만 아니라, 수평적 논의와 수직적 논의는 모두 중도에 들어가고, 이치를 나타내기에 그 성격은 다르지만 모두 궁극적인 가르침이고, 어떤 구절이 횡론인지 아니면 수론인지에 따라 가르침의 우열이 결정되는 것은 아니다.

2. 소밀 – 성김과 세밀함

승랑의 대표적인 이원적 범주로 소밀이 있다. '소밀'의 구체적인 의미를 상세하게 설명하는 문헌으로는 후대 혜균의 『대승사론현의기』가 있다. 혜균은 '공空이기 때문에 유有이고, 유이기 때문에 공이 있다'는 말은 소疏이고 '공은 공이 아니다(空不空)', '유는 유가 아니다(有不有)'는 밀密이라고 밝힌다.[17] 그는 이어서 다음과 같은 문답을 제시한다.

---

17 慧均, 최연식 校注, 앞의 책, p.107

문: 왜 '공유空有'는 소이고, '유가 아닌 유(不有有)'와 '공이 아닌 공(不空空)'은 밀인가?

답: 공유 두 법은 서로 연유하니, 공이기 때문에 유라고 말하고, 유이기 때문에 공이라고 말하는데, 이것은 소이다. '유가 아닌 유'와 '무가 아닌 무'는 오직 한 법에서 다시 일으킨 것이므로 밀이라고 한다.[18]

위의 문답에서 소밀을 구분하는 핵심 기준은 두 법이 연유하는지 혹은 한 법에서만 비롯되는지이다. 그렇다면 소는 두 가지 다른 법의 관계성을 나타내기에 '성기다(疏)'의 뜻으로 쓰였고, 밀은 한 법에 범위를 한정하여 다시 일으킨 것이기에 '세밀하다(密)'고 해석할 수 있다. 앞에서 '공유'의 구절은 공과 유 두 법이 서로 연유하는 것이고 두 법 사이에는 일정한 간격이 있을 수밖에 없으므로 '성기다'고 표현할 수 있다. 반면, '유가 아닌 유'나 '무가 아닌 무'는 유나 무 중 한 법에만 국한하여 그것의 긍정과 부정의 관계를 논하기에 세밀하다고 할 수 있다.

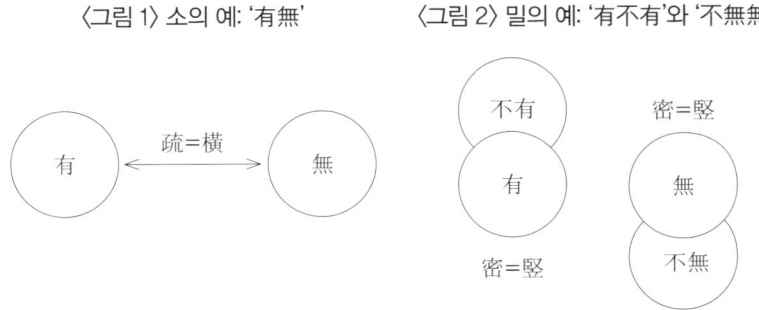

〈그림 1〉 소의 예: '有無'　　〈그림 2〉 밀의 예: '有不有'와 '不無無'

---

18 慧均, 최연식 校注, 앞의 책, p.107

소밀을 비롯한 삼론종의 이원적 범주들은 기본적으로 어느 한쪽이 우월하거나 열등한 위계적인 개념이 아니라, 양쪽 모두 중도에 들어가는 방편의 형식이며 동시에 대승경론의 언어 형식이다. 예를 들어, 혜균은 소밀의 구체적인 예를 『열반경』에서 찾았는데, "유무有無, 비유비무非有非無"의 구절은 소이고, "귀비귀鬼非鬼, 비귀비비귀非鬼非非鬼"의 구절은 밀이다.[19]

승랑은 대승경론의 언어를 불보살의 방편교화로 숭상하고, 따라서 대승경전에 출현하는 소밀은 모두 중도에 들어가는 유효한 형식이라고 보았다.

쌍척雙隻과 단복單複

승랑의 대표적인 이원적 범주 가운데 쌍척과 단복이 있다. 길장의 『삼론현의三論玄義』에서는 '단복'에 관해 "유는 단가單假이고, 비유는 단중單中이고, 무의 뜻 역시 그러하다. 유무는 복가複假이고 비유비무는 복중複中이다."[20]라고 해석한다.

이에 의하면, 유나 무 가운데 하나만 대상으로 전개한 논변은 단이고, 유와 무 모두에 대해 전개한 논변은 복이 된다. 하지만 이 해석만으로 '단복'과 '쌍척'을 살펴보면, 유나 무 가운데 하나만 말하면 단이고 척이며, 유무 모두를 말하면 복이고 쌍이 되기 때문에 두 범주 간의 의미 구별이 어려워진다.

위와 같이 두 범주가 경우에 따라서 통용되어 쓰이기도 하지만, 승랑

---

19 慧均, 최연식 校注, 앞의 책, p.108
20 『三論玄義』(『大正藏』 45, 14c8~10)

이 말한 단복과 쌍척은 근본적으로 다른 의미 영역을 지칭하기 위해 고안된 범주다. 구체적으로, 쌍척은 짝을 이루는 하나의 개념쌍 안에서 지칭 대상의 범위를 구분하기 위해 사용되고, 단복은 서로 다른 위계적 층위를 다루기 위해 사용된다.

1. 쌍척 – 짝 개념과 홀 개념

일반적으로, 쌍척에서 쌍雙은 두 짝을 나타내고 척隻은 그중 하나를 나타낸다. 즉, 두 개의 대립 개념이 하나의 짝을 형성할 때, 양쪽 모두를 포괄하여 쌍이라고 일컫고, 어느 한쪽만 지칭하여 척이라고 부른다. 그렇다면 승랑의 쌍은 짝 개념이고 척은 홀 개념이라고 볼 수 있다. 이 쌍척은 앞에서 말했듯 단복과는 구별되는 개념으로, 짝을 이루는 하나의 개념쌍 안에서 지칭 대상의 범위를 구분하는 것이 주된 목적이다.

쌍척의 구체적인 용례를 살펴보자. 혜균은 '유무'처럼 두 법을 서로 마주하여 밝히면 '짝 개념(雙)'이고, '유불유'처럼 한 법에서만 전개하면 '홀 개념(隻)'이라고 정의한다.[21] 한 가지 주의할 점은, 위에서 언급한 다른 범주들의 경우와 같이 쌍척도 상황에 따라 가변적으로 융통성 있게 적용될 수 있으므로 고정불변의 형식이 아니라는 점이다.

쌍척도 대승경론의 언어 형식을 정밀하게 포착하기 위한 틀을 제공한다. 예를 들면, '유무', '거래去來' 등과 같은 표현은 짝 개념이고, '불유유', '불래래不來來'나 '문불문聞不聞', '지부지至不至' 등과 같은 구절은 홀 개념이다.[22] 그리고 『열반경』에서 "마치 원앙 등의 새가 슬피 우는 것처럼 상과 무상 등은 짝을 이루어 서로 떨어지지 않는다.(如鴛鴦等鳥啼, 常

---

21 慧均, 최연식 校注, 앞의 책, p.111
22 慧均, 최연식 校注, 위의 책, p.111

無常等, 雙不相離.)"라는 구절은 쌍에 해당하고, "기린이 홀로 감(麒麟獨一之行)."은 척에 해당한다.[23]

쌍척도 다른 범주들과 마찬가지로 승랑의 대표적인 방법론으로서, 두 가지 개념이 하나의 짝을 형성하거나 법의 모습이 대칭을 이루고 있음을 이미 전제하고 있는 범주다. 따라서 짝 개념이 홀 개념을 내포하고 있을 뿐만 아니라 홀 개념도 이미 짝 개념을 전제하고 있음에 유의할 필요가 있다.

2. 단복 – 단층적 의미와 중층적 의미

단복 개념은 문자적으로 단수와 복수를 뜻하고, 그러므로 일자와 다자(一多) 개념은 분명 쌍척과 통하는 부분이 있으며 경우에 따라 상호 치환도 가능하다. 하지만 두 범주의 고유 의미는 엄연히 구별되는 것으로, 단복 범주는 의미의 층위가 홑겹인지 혹은 여러 겹인지가 기준이 된다. 즉, 단은 단층적 의미를 나타내고 복은 중층적 의미를 나타낸다.

예를 들면, '비유비무'와 같은 구절은 대립되는 유와 무를 동시에 부정하여 단층적 층위에서 의미를 형성하고 있기 때문에, 단층적(單) 논의라고 볼 수 있다. 이와 달리, '유불유, 비유비불유'라는 구절은 '유불유'라는 층위와 이를 다시 부정한 '비유비불유'라는 심층적 층위가 서로 겹쳐져 있다. 즉, 유에서 유가 아님(不有)을 전개하고 다시 불유가 아님(非不有)을 중복해서 전개하였으므로 중층적(複) 논의라고 할 수 있다.

---

23 慧均, 최연식 校注, 앞의 책, p.112

〈그림 3〉 복의 예: '有不有, 非有非不有'

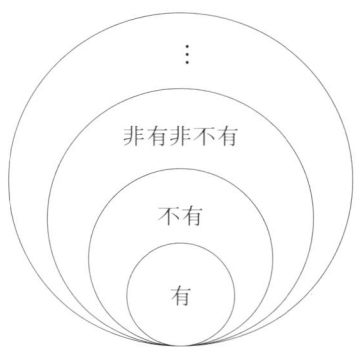

후대의 이론에 비추어 보면, 단복은 승랑 혹은 그 이전부터 대상을 점진적인 방식으로 교화하는 데 있어 이론적 토대를 제공하였을 것이라 생각된다. 예를 들어, 삼론종의 이제론 가운데 가장 대표적이라고 할 수 있는 '삼중이제三重二諦'나 '사중이제四重二諦'의 핵심은 점진적으로 집착을 떠나도록 인도하는 것인데, 그 중층적 구조는 단복을 중심으로 이론적 뼈대를 구축한 것이다.

III. 이제二諦, 가르침의 문

삼론종의 사상 가운데 승랑의 사상이 어디까지이고 후대에 변용되거나 첨가된 부분이 어디까지인지 명확한 경계를 긋는 것은 쉽지 않은 작업이다. 그럼에도 불구하고 몇 가지 핵심적인 삼론 사상은 승랑에게서 유래했다고 확정할 수 있는데, "이제는 가르침이다."라는 이제교문二諦教門은 승랑의 대표적인 교학이다.

다음으로, 이제는 가르침이라는 뜻(二諦是教義)을 설명한다. 섭령흥황攝嶺興皇에서부터 (삼론종은) 모두 이제가 가르침이라고 밝혔다. 그래서 산중山中 (승전) 스님의 필사본 『이제소二諦疏』에서는 "이제는 중도를 나타내는 오묘한 가르침이고, 문자와 언어가 다 소멸한 궁극의 설법이다. 중도는 유무가 아니지만 유무에 기탁하여 중도를 드러낸다. 이치는 하나도 둘도 아니지만, 하나와 둘에 의해서 이치를 밝힌다."라고 하였다. 따라서 이제는 가르침이라는 것을 알아야 한다.[24]

위의 인용문은 길장의 『이제의』에서 전하는 승전의 필사본 『이제소』의 내용이다. 여기에서도 나타나듯, 섭령흥황의 삼론종 전통에서는 이제를 정의할 때, 가장 먼저 이제와 중도, 즉 가르침과 이치의 상관성에 초점을 맞추었다. 이제의 가르침이 없으면 중도는 자신을 드러낼 방도가 없으므로 이제는 이치를 깨닫기 위한 원인이 된다. '이제시교二諦是教'에는 여러 함의들이 존재하지만 그 핵심은 모두 중도를 나타내는 데 있다.

약교이제설約教二諦說의 오해

기존에는 일본 학계를 중심으로 삼론종의 이제교문을 '약교이제설'로 정의하고, 이러한 전제를 기반으로 삼론종의 여러 교설을 해석하는 경향이 일반적이었다. 하지만 '약교이제約教二諦'라는 용어는 삼론 문헌에 근거하여 창안한 것이 아닐뿐더러, 보다 큰 문제는 이때 지칭되는 '약교

---

24 吉藏, 『二諦義』上卷(『大正藏』45, 86a29~86b05)

이제설'이 이제를 언교言敎로 한정하고 있으며, '약리이제설約理二諦說'이나 '약경이제설約境二諦說'과 대립적인 이제설로 설정되고 있다는 점이다. 이렇게 가르침과 이치, 경계를 대립시켜서 삼론종의 이제를 이치나 경계를 배제한 순수한 언어교설로 해석하는 것은 승랑의 학설과 정면으로 배치된다. 또한, 경계나 이치와 대립되는 순수 언어교설로서 이제 개념은 '가르침이 변해서 경계라고 이름한다(敎轉名境)', '이제는 경계다(二諦爲境)' 등의 삼론종 교학 체계와 모순된다.

기존의 '약교이제설'은 삼론종의 이제교문을 잘못 해석하였을 뿐만 아니라, 이를 바탕으로 삼론종 이제설의 연원을 승랑이 아닌 광주 대량大亮에서 찾는 결과를 초래하였다. 이 부분을 살펴보기에 앞서 우선 『대승사론현의기』 「이제의」의 관련 내용을 인용해 보자.

> 이제대의를 해석하는 데 논사들의 말이 같지 않지만, 간략하게 다섯 학파 유소득 성실론 소승사가 있다: 첫째, 광택사 법운 스님은 "이제라는 것은 성스러운 가르침의 심오한 의리(幽宗)이고, 영묘한 지혜가 모이는 곳이다."라고 하였다. 둘째, 장엄사 승민 스님은 "이제라는 것은 미혹됨을 막는 수승한 경계이고, 이치에 들어가는 중요한 나루이다.(却惑之勝境, 入道之要津.)"라고 하였다. 셋째, 개선사 지장 스님은 "이제라는 것은 법성의 지귀이고, 하나의 진리로서 불이의 지극한 이치이다."라고 하였다. 넷째, 송국 북다보사北多寶寺 광주 대량 스님은 "이제라는 것은 언교의 통전通詮이고, 상대相待의 가칭이지만 궁극적 의리의 실제 명칭은 아니다."라고 하였다. 다섯째, 섭령攝嶺 서하사西霞寺 무소득無所得 삼론대의대사三論大意大師 승전 스님은 "이제는 이치를 나타내는 지극한 설법이고, 문자와 언어의 오묘한 가르침이다. 체는 유무有無가 아니지만,

유무는 체를 어그러뜨리지 않는다. 이치는 하나도 둘도 아니지만, 하나와 둘은 이치에 위배되지 않는다."라고 하였다. 삼론종에서는 (승전) 대사에 의거하여 "진속이제라고 하는 것은 유무이고, 유무는 함께 동일한 도를 드러낸다."라고 하였다.[25]

『대승현론』의 "이제는 언교의 통전이고, 상대相待의 가칭"이라는 구절은 『대승사론현의기』의 인용문에서 광주 대량, 즉 승량僧亮(400?~468?)이 "이제라는 것은 언교의 통전이고, 상대의 가칭이지만 궁극적 의리의 실제 명칭은 아니다."라고 한 말의 앞부분과 일치한다. 사토 테츠에이(佐藤哲英)는 이 구절을 근거로 삼론종의 '약교이제설'이 광주 대량의 이제관에 연원을 두고 있으며 승랑이 대량의 '약교이제설'을 계승하였다고 주장하였다.[26] 결론부터 말하자면, 그것은 『대승현론』의 편찬자가 『대승사론현의기』를 참고한 연유로 발생한 것이다.

이 학설은 김성철에 의해 그 오류가 분명하게 드러났음에도 불구하고,[27] 일본 등지에서 아직 그 영향력이 지속되고 있다. 이 주장의 이면에는 일본 학계에서 대량의 '약교이제설'과 삼론종의 이제교문을 같은 것으로 간주하는 이제 해석이 전제되어 있다. 그렇다면 사토 테츠에이의 주장대로 대량은 '약교이제설'의 창시자이며 삼론종의 이제는 그의 이제관에 연원을 두고 있는 것인가?

광주 대량은 영미사靈味寺 보량寶亮(444~509)과 구별하기 위해 대량

---

25 慧均, 『大乘四論玄義記』卷5(『卍續藏』46, 573c2~11)
26 佐藤哲英, 「三論學派おける約敎二諦說の系譜―三論宗の相承論に關する疑問―」, 『龍谷大學論集』380, 1966, pp.13~14
27 김성철, 「新三論 約敎二諦說의 연원에 대한 재검토」, 『한국불교학』45, 한국불교학회, 2006

(보량은 '소량小亮'으로)이라는 이름으로 불리기도 했는데, 그는 『고승전』에 기재된 북다보사 도량道亮이자 『대반열반경집해大般涅槃經集解』에 실린 승량이다. 승량이 대량 및 도량과 동일 인물이라는 점은 근래에 와서 재조명된 사실이나, 아마도 그의 법명은 승량일 것으로 추정된다. 그는 당시 저명한 열반사이자 성실론사였다. 그의 단독 저술은 현존하지 않지만, 『대반열반경집해』에서 그의 『열반경』에 대한 주해를 싣고 있으므로 이를 통해 그의 전체적인 사상적 면모를 알 수 있다.

김성철은 대량의 언교 이제가 삼론종의 이제에 부합하지 않을 뿐만 아니라 삼론종 이제 사상의 주요 비판 대상이라는 점을 밝혔다.[28] 사실, 『대승현론』의 편집자조차도 승량과 삼론종의 이제를 같은 부류로 혼동하지는 않았다. 왜냐하면 『대승현론』에서 승량의 이제설을 제시한 다음에 바로 "삼론종에서는 이들 논사들과 같지 않다."라고 하였는데, '이들 논사들'은 승량과 양나라 삼대법사를 통칭한 것으로 편집자는 이들과 삼론종의 이제 해석이 달랐다고 명확히 제시하였기 때문이다.[29]

또한, 『대승현론』에서 승량의 이제 정의와 일치했던 구절도, 그 뒤의 구절을 살펴보면 이제를 대하는 태도가 승량의 이제 정의와는 완전히 상충된다.[30] 즉, 『대승현론』의 이제는 '허적의 오묘한 실상이고, 중도를 궁구하는 지극한 명칭'으로서 이제의 가르침이 이치를 가리키는 적극적인 작용을 강조하였지만, 승량이 말한 이제는 궁극적 의리(열반종)의 진실한 명칭은 아니므로 이제의 한계를 피력하는 데 주안점을 두었다.[31]

---

28 김성철, 앞의 논문, pp.50~66; 김성철, 앞의 책, pp.293~313
29 김성철, 위의 논문, pp.50~52
30 김성철, 위의 책, pp.302~303
31 김성철, 위의 책, p.303

승랑에게 이제는 '상대의 가칭'일 뿐이어서, 간접적으로 차전遮詮을 통해 실상을 추구하는 것을 촉진시킬 수는 있겠지만, 이 허망한 명칭은 어디까지나 진실한 명칭이 아니라는 점에서 마지막에는 부정되어야 할 대상이다. 따라서 『대승현론』 서두에 승랑이 말한 '이제는 언교의 통전이고, 상대의 가칭'이 나오는 것은 사토 테츠에이의 주장처럼 삼론종 이제의 연원을 밝히는 단서가 되기보다, 『대승현론』 편찬자의 교학적 이해도나 편찬 방식을 의심하게 하는 또 하나의 근거로 보아야 한다.

승랑은 손가락과 달의 비유를 통해 그의 언교 이제와 중도의 관계를 나타내었는데, 이 비유에 담긴 이제 사상과 승랑의 그것은 분명 차이가 있다.

> 광주 대량(승랑)의 이제의 해석도 이제는 교문敎門이라고 변별하였다. 그는 손가락을 들어올리는 것에 비유하였는데, 달을 모르는 사람을 위해서 손가락을 들어올려 달을 보도록 한다. 그는 다음과 같이 말했다. "달을 모르기 때문에 손가락을 찾아서 달을 본다. 비록 손가락을 찾아서 지시하는 대상을 알지만, 지시하는 대상은 결국 손가락이 아니다. 지시하는 대상은 결국 손가락이 아니니, 손가락과 달은 일찍이 같은 적이 없다. 손가락을 찾아서 지시하는 대상을 알게 되었으니, 지시하는 대상은 손가락에 의해서 통한다. 지시하는 대상은 손가락에 의해서 통하였으니, 통하는 것은 신심神心의 계합에 의해서이다. 손가락과 달은 일찍이 같은 적이 없으니, 지시하는 대상은 항상 손가락 밖에 있다."[32]

---

32 吉藏, 『二諦義』 上卷(『大正藏』 45, 90a24~90b1)

손가락과 달은 불교에서 가장 유명한 비유 가운데 하나이다. 그것은 구마라집이 번역한 『대지도론』, 구나발타라求那跋陀羅(394~468)가 번역한 4권 『능가아발다라보경楞伽阿跋多羅寶經』과 보리류지菩提流支가 번역한 10권 『입능가경入楞伽經』에서 유래하는데, 남북조 논사들은 이 비유를 사용하여 가르침과 중도의 관계를 나타냈다.

길장은 승랑의 이제 해석이 삼론종의 이제 해석에 부합한다고 했다. 그들은 모두 이제는 달을 지시하는 손가락이지 달이 아니고, 둘이 아닌(不二) 이치야말로 손가락이 지시하는 달이라고 본다. 한 가지 주의할 점은, 길장이 『이제의』에서 승랑이 손가락과 달의 비유로 이제를 해석한 것을 비록 긍정적으로 평가하고 있지만, 그렇다고 해서 승랑의 이제관이 삼론종 이제교문의 중심 의미를 온전히 대변할 수는 없다는 것이다. 승랑이 서로 자성을 논파한다고 하는 허망한 언교 이제는 어디까지나 중생의 집착을 점진적으로 버리는 시각에서 유무 이제를 바라본 것이지 삼론종의 '이치와 가르침(理教)', '중도와 가명(中假)', '본체와 작용(體用)' 내지는 횡수무애관橫豎無礙觀의 교학적 측면은 대변하지 못한다. 왜냐하면 승랑의 언교 이제는 자성의 유와 무를 논파하는데 그 작용이 한정될 뿐, 그것을 넘어 깨달음에 직접 관여할 수 없기 때문이다. 따라서 그는 편벽된 미혹을 제거하면 자연히 중도에 계합할 수 있고 자성을 철저히 논파한 이후에 다시 어떠한 교설도 필요하지 않다고 보았다.

물론 승랑도 언어의 지시적 기능 그 자체를 부인하지는 않았다. 그는 분명 "손가락을 찾아서 지시하는 대상을 알게 되었으니, 지시하는 대상은 손가락에 의해서 통한다."라고 말해, 이제의 궁극적인 목적은 여전히 불이중도를 지시하는 것임을 인정한다. 그는 또한 "허망하지만 이익이 있다면, 그것을 반드시 말해야만 한다."[33]라고 하여, 중생이 허망한 현실 밖의 이치를 깨닫게 하는 언교의 도구적 효용을 긍정하였다. 하지만 승량의 전체 사상에서 이제는 단지 여러 언교 가운데 하나의 표상에 지나지 않으며, 오직 공허한 언어적 기제로서 도구적 효용만을 지닐 뿐, 궁극적인 실상과는 무관하다. 다시 말해, 승량의 언교 이제는 불이중도에서 벗어나 있으며, 이치와 언교 사이의 양극화를 초래하였기 때문에("손가락과 달은 일찍이 같은 적이 없으니, 지시하는 대상은 항상 손가락 밖에 있다."), 승량의 이제교문과는 구별된다.

승량의 손가락과 달의 비유에서 손가락과 손가락이 지시하는 달 사이의 거리는 요원하고, 미약한 손가락이 타인에게 달을 보여 줄 수 있는지는 불확실하다. 그는 '신심神心의 계합에 의해서' 손가락과 달이 통할 수 있다고 하였는데, 이처럼 그는 정신적 초월을 통해 손가락과 달 사이의 근본적인 틈을 해소하고, 이제의 한계를 초월하여 이치를 회득會得할 수 있다고 보았다. 그가 "보살은 지혜의 힘으로 번뇌를 끊는다."[34]라고 하였던 것과 같이, 그에게 있어서 지혜야말로 미혹을 끊는 주체가 된다. 이처럼 그가 지혜의 초월성을 강조함에 따라, 상대적으로 언교는 궁극적 목적과는 동떨어진 순수한 도구적 의미로 전락하게 되므로, 손가락은 달을 지시하는 작용도 있으면서 동시에 달을 가로막는 부작용도 지닌다. 이것은 마지막 깨달음의 순간에 반드시 언교를 끊어 내야만 한다는 논리적 귀결로 이어지게 된다.

기존에 사토 테츠에이 등이 승량의 이제교문이 대량(승량)의 '약교이제설'에서 연원한다고 보았던 관점은 양자에 대한 심층적 이해가

---

[33] 『大般涅槃經集解』卷39(『大正藏』37, 505a7~28)
[34] 『大般涅槃經集解』卷19(『大正藏』37, 454c24~25)

부족했던 탓이며, 승랑의 이제교문의 기초를 오도하기 때문에 반드시 재고되어야만 한다. 승랑은 양나라 삼대법사뿐만 아니라 승량까지 포함한 성실론사들의 이원대립적 사상 배경 속에서, 그들의 단상斷常 이제나 단견斷見 이제를 지양하고 깨달은 자의 방편으로서 이제교문을 새롭게 정의하여, 가르침으로부터 이치로 통하는 문을 열고자 하였다.

물론 '약리이제설', '약경이제설'과 '약교이제설'과 같은 개념이 이제사상을 분류하는 데 일정한 잣대를 부여하는 기능이 있음은 부정할 수 없다. 문제는 그들의 '약리이제설', '약경이제설'과 '약교이제설'이 주로 이치와 가르침, 경계와 가르침 사이의 상호 대립적인 성격을 부각시키기 위해 쓰이고 있는데, 이 점이야말로 승랑의 이제교문의 핵심에서 벗어난 부분이라고 할 수 있다.

교화와 소통의 매개

승랑의 교학에서 이치와 가르침과 경계와 지혜는 서로 유기적이고 밀접한 관련성을 지니는데, 그 가운데 경계와 지혜가 깨달은 자의 내적 세계에 집중하고 있다면, 가르침은 외부 세계에 그 초점이 있다. 따라서 승랑에게 이제로 대표되는 대승경전과 논서에 나타난 가르침은 이미 깨달음을 이룬 교화자가 아직 깨닫지 못한 교화 대상에게 종교적 경험을 전달하고 소통하는 매개다.

삼론종에서는 이제가 어린아이가 달을 알지 못하는 것을 위해서 손가락을 드는 것과 같다고 설명한다. 이것은 어린아이를 위한 것이지 다 큰 어른을 위한 것이 아니다. 다 큰 어른은 달을 아는데 어찌 구태여 그를 위하겠는가! 달을 모르는 어린아이를 위해서 손가락을 들어 달을 인식하도록 한다. 범부 중생도 그러하니 이치를 알지 못하기 때문에 이제의 가르침이 필요하다.[35]

불보살은 이제교문을 통해 이치를 모르는 범부 중생을 인도하여 그들로 하여금 불이중도를 깨닫도록 한다. 위에서 인용한 길장의 비유 속에는 두 인물이 출현하는데, 달을 아는 어른과 알지 못하는 어린아이이다. 승랑과 그의 계승자들은 이제교문이 부처와 중생, 즉 교화자와 교화 대상 사이를 소통하는 매개임을 잊지 않는다.

그런데 이제를 포함하여 부처의 교화는 일반 언어 체계로는 환원할 수 없는 특수성이 있다. 첫째, 부처의 모든 설법은 진실하여 중생은 부처를 전적으로 믿고 의지할 수 있는데, 부처는 "여실한 깨달음을 얻어 여실하게 설법하기"[36] 때문이다. 둘째, 부처는 실상을 완전히 깨달은 자이므로, 지혜의 무애한 작용을 갖추었다. 깨달은 자는 실상을 관조하는 지혜만이 아니라 방편지혜도 획득하였으므로 자연히 중생을 교화하는 정확하고 효과적인 방법을 안다. 또한, 부처의 교화 목적은 중생을 이롭게 하는 것이므로 항상 중생의 현실과 유리되지 않는데, 이것은 바로 어른이 어린아이를 위해서 손가락을 들어 달을 가리킬 때, 아이의 시각에서 출발해야 하는 것에 비견할 수 있다.

부처는 이미 실상을 깨달았으므로 다시 이제의 가르침을 통해서 불이不二의 이치를 볼 필요가 없다. 그러나 중생은 자신의 집착과 미혹으

---

35 吉藏, 『二諦義』 上卷(『大正藏』 45, 90b7~10)
36 吉藏, 『二諦義』 上卷(『大正藏』 45, 86c16~17)

로 인해 유무를 초월한 실상을 바로 깨달을 수 없기 때문에 방편의 유무이제와 같은 우회적인 방식을 통하지 않으면 실질적으로 이치를 깨닫기가 어렵다. 이제의 가르침에서 주안점은 어린아이가 달을 아는 것에 있는 것이므로 손가락이라는 특정한 형식에 얽매일 필요도 없고, 상황에 따라 자유자재로 형상을 가립할 수 있다.

따라서 이제의 가르침은 교화를 받는 중생의 여러 상황들, 즉 중생의 집착·근기·처한 환경 등을 고려하여 알맞은 형태로 나타난다.

어제於諦와 교제敎諦

승랑은 교화자와 교화 대상의 소통에 주목하여, '어제'와 '교제'라는 두 가지 개념으로 이제론의 새로운 프레임을 구축하였다. 어제와 교제는 승랑 이전에 존재한 적 없는 삼론종의 고유한 사상 체계다. 어제는 교화를 받는 대상인 중생의 눈에 보이는 진리이고, 교제는 교화자가 펼친 가르침으로서의 진리이다. 이 어제와 교제 개념은 타 학파의 이제 개념과 구별되는 승랑 사상의 핵심을 담고 있다.

어제가 어린아이의 현 상태라면, 교제는 어른이 어린아이에게 달을 지시하는 방법이다. 어른은 이미 달을 알지만 어린아이를 위해 방편을 여러 가지로 나타내어 달을 보여 준다. 어린아이가 단번에 달을 찾아내지 못하더라도 아이를 점진적으로 이끌어서 마지막으로 중생을 최고의 경계에 도달하게 하는 다른 방법을 고안해 낼 수 있다. 따라서 어른의 시각에서 보자면, 여러 가지 다양한 형식의 교문이 모두 이치로 통하는 것이며 실상을 벗어난 교화는 존재하지 않는다. 이와 달리, 어린아이가 현상 세계의 미혹된 인식에 머무르면 달을 보지 못하듯, 승랑에게 어제

에 머무르는 것은 부정적인 것이다.[37]

그러나 큰 틀에서 보면, 이제교문은 교제만이 아니라 어제까지 포함한 것이다. 왜냐하면 어제를 기반으로 하지 않는 교제는 공허한 것이기 때문이다. 불보살의 가르침은 어른과 어린아이가 부단히 대화와 소통을 통해 달을 찾아 나가는 것처럼, 중생의 현실태에 기반을 두고 응병여약應病與藥을 통해 중생을 깨닫게 하는 생동력 있는 체계이다.

승랑은 교화 대상 및 대상을 둘러싼 환경을 포괄하는 허사인 '어於'와 진리를 나타내는 실사인 '제諦'를 합하여 어제라는 개념을 탄생시킨다. 이와 같은 조어 형식은 한문에서 거의 발견되지 않는 희소한 것으로, '어제'라는 개념도 삼론종 밖에서는 좀처럼 보이지 않는다. 그가 '어제'라는 독창적인 개념을 고안할 수 있었던 것은 고구려 출신으로 중국에서 활동하면서 특정 언어나 문화에 얽매이지 않는 사유를 펼쳤기 때문일 것이다.

삼론종에서 중생 교화는 어제, 즉 중생의 현실에서부터 출발하지만, 어제에 대한 승랑의 전통적인 입장은 기본적으로 부정적이었다. 어제는 중생의 인식을 대변하기 때문에, 어제는 떠나보내야 할 미혹된 인식이며, 깨달음과 관계된 것은 오직 불보살의 교제뿐이라고 생각했다. 어제는 중생의 미혹된 인식으로 조건지어진 임시적 진리이고 고정된 경계가 아니다. 하지만 중생은 이것이 진실이라고 착각한다. 삼론종에서 이 두 측면을 담기 위해, '於'+'諦'라는 허사와 실사의 조합으로 표현한 것인지도 모른다.

교제는 어제와 달리 불보살의 설법으로, 중생을 항상 깨달음으로 인

---

[37] 吉藏, 『二諦義』 上卷(『大正藏』 45, 78c19)

도하는 진실한 진리(誠諦)이다. 불보살이 중생을 교화하기 위해 설법한 유나 무의 가르침은 중생의 어제와 달리 유나 무 그 자체에 머무르지 않고, 유도 아니고 무도 아닌(非有非無) 이치를 나타낸다. 이와 같이 교제는 중생을 현재 미혹된 인식에서 벗어나 이치를 깨달을 수 있도록 하는 초월성을 담지하고 있으므로, 항상 중생을 이롭게 하는 진실한 가르침이다. 따라서 승랑은 중생이 자신의 인식의 산물인 어제를 버리고 불보살의 교제에 감화될 때 비로소 깨달음을 얻을 수 있다고 생각한다.

이와 같이 승랑의 이제교문은 어제와 교제 두 범주의 교직을 통해서 교화자와 교화 대상 중 어느 한쪽에 치우치지 않고 양자를 소통시킬 수 있었다. 삼론종에서 어제와 교제는 서로 맞물려서 이제 체계를 완성함과 동시에 서로 간의 긴장감을 통해 생명력을 유지하고 있다.

깨달음으로 이르는 길

승랑은 이제가 교화자와 교화 대상이 소통하는 매개라고 보았다. 그런데 단순히 '매개'만으로는 중생의 깨달음이라는 근본적 문제를 설명할 수 없다.

승랑에게 방편교화는 반드시 실상의 이치로 향하는 필연성을 지닌다. 그는 이제의 가르침과 이치가 본래 불가분의 관계라고 여기므로, 이치를 나타낼 수 없는 가르침은 가르침이라고 할 수 없으며 성립 자체가 불가능하다. 교문은 깨달음의 나침반이고 그 자체로 이치는 아니지만 깨달음의 불가결한 조건이다. 이것이야말로 승랑의 근본 교학인 이교理教와 중가中假와 체용體用의 의미로서, 이제에 의해서 불이를 깨달을 때 이제는 이치의 가르침·중도의 가명·본체의 작용이고, 불이는 가르침의 이치·가명의 중도·작용의 본체이다.

　가르침과 이치는 결코 대립적이고 배타적인 관계가 아니라 양자 가운데 어느 한쪽이 없으면 다른 한쪽도 성립할 수 없는 불가분의 관계이다. 당시 타 학파의 언교가 거의 대부분 언어 형식에 초점을 맞추었던 것과 달리, 승랑의 이제교문은 가르침이 가리키는 실질적 의미까지를 포함한다. 즉, 승랑의 이제는 반드시 도道를 나타내므로, 이제의 함의는 언교라는 형식을 초월하여 지시하는 의미까지 담지하고 있는 것이다. 그가 말한 '중도가 이제의 체'의 진정한 의미는 중도야말로 이제가 의미하는 궁극이라는 것이다. 따라서 이제는 불이의 중도로 향하는 통로이다. 승전은 승랑의 이제교문을 "진속의 문을 열어 이제의 가르침을 설법하였으므로 이제는 교문이고, 교문은 불이의 이치로 통하게 하기 위한 것"[38]이라고 풀이하였다. 교문의 '문'은 이미 다른 차원으로의 이동을 함축하고 있는데, 교문은 '이치로 들어가는 문'으로서[39] 교화 대상의 초월적 지향성까지도 아울러 무소득의 정신을 구현한다.

　이러한 이제의 가르침의 공용은 이치를 깨달은 후에도 중단되지 않고, 항상 중도와 중생 세계를 연결시킨다. 이치는 유득이나 무득의 차별이 없지만 그 교화 대상인 중생의 세계는 유득과 무득의 구별이 있으므로, 깨달은 자가 중생을 위해 이제를 설법하는 것은 깨달음의 필연적 결과라고 할 수 있다.

　정리하면, 삼론종의 이제교문은 필연적으로 단견이나 상견의 양변으로 귀결되는 표상 언어가 아니며, 그 의미가 지시하는 이치와 밀접한 상관성을 지니는 동시에 실제 중생이 해탈할 수 있는 공용을 일으킨다. 또

---

[38] 吉藏,『二諦義』下卷(『大正藏』45, 108b26~28)
[39] 吉藏,『中觀論疏』卷8(末)(『大正藏』42, 127b2~6)

한, 이제는 지혜 및 경계와도 긴밀한 상관성을 지녀, 깨달은 이후에도 폐기되지 않고 이지二智를 발생시키고 이경二境으로 변한다.[40] 이제의 가르침은 어떠한 언어 형식에도 얽매이지 않고 인연에 따라 자유자재로 그 형태가 변화하므로, 이제는 깨달음과 교화의 과정에서 불가결한 매개라고 할 수 있다.

IV. 승랑과 동아시아불교

중국불교에 미친 영향

승랑이 중국불교에 미친 영향은 매우 다양한데, 그 가운데 대표적인 몇 가지를 살펴보자.

첫째, 승랑은 독창적인 이제론을 건립하여 여러 이제 학설이 난무하던 시대를 종결했다는 점에서 높이 평가할 만하다. 특히, '어제'와 '교제' 두 가지 개념으로 이제론의 새로운 프레임을 구축하였다. 어제와 교제는 승랑 이전에 존재한 적 없는 삼론종의 고유한 사상 체계로서, 당시 여러 이제론을 종합한 결과이다. 성실론사의 '선천적 경계'로서의 이제는 중생의 현 상태를 해석하는 데 주력한다는 점에서는 어제와 유사하다고 말할 수 있고, 승랑의 언교 이제는 교화자가 설법한 언교라는 점에서는 교제에 더 가깝다고 할 수 있다. 승랑은 이 두 가지 대립되는 이제론을 지양하고, 어제와 교제 두 범주의 교직을 통해서 교화자와 교화 대

---

40 吉藏, 『二諦義』上卷(『大正藏』45, 86a20~21)

상 중 어느 한쪽에 치우치지 않고 양자 사이를 관통시킨다.

둘째, 승랑은 자신의 정체성을 대승불교로 규정하고, 남조 사회에 '대승'이라는 이념을 정착시켰다. 그는 성실론사들을 '유소득有所得' 논사라고 비판하였으며, 『성실론』은 소승의 논서라고 규정함으로써, '『성실론』=소승'의 공식을 정립시켰다. 중국불교사에서 이 공식은 아직까지도 공고하게 남아 있다. 당시 성실론사들은 진眞과 속俗, 허虛와 실實의 이제가 서로 격절되고 고정된 이치라고 파악하여 이제리二諦理를 주장했다고 전한다. 승랑은 그들의 이분법적 사유를 비판하고 무소득無所得, 무종적無蹤跡, 무궁전無窮轉, 무애無碍의 사상을 전파했다.

셋째, 승랑은 후대 삼론종 교학의 근본 체계를 마련하였다. 삼론학 가운데 핵심적인 교리는 승랑으로부터 계승되어 발전한 것이다. 예를 들어, 이교의·중가의·이제시교·어제와 교제·이원적 범주 등이 모두 승랑에 의해 삼론학으로 편입된 것인데, 제자인 승전과 손제자인 법랑法朗(507~581), 증손제자인 길장 등에 의해 계승되었다. 예를 들면, 길장은 『이제의』에서 이제상즉二諦相卽을 나타내는 경문의 표현 형식으로 쌍용雙用과 척용隻用을 꼽았는데, 이는 승랑의 이원적 범주가 응용된 경우다.

물론 후대에 변용·발전된 교리도 분명 있는데, 그러한 경우에도 승랑의 근본 취지는 계승하고 있다. 예를 들어, 길장은 승랑이 부정적으로 해석했던 어제가 단순히 부정적인 측면만 있는 것이 아니라 긍정해야 할 부분도 있다고 보았다. 길장은 어제를 설법의 근거가 되는 소의어제所依於諦와 설법 이후의 미교어제迷敎於諦로 구분하고, 미교어제는 중생이 불보살의 설법을 듣고도 이치를 알지 못하고 가르침에 다시 집착하여 미혹되어 버린 것이므로 잘못된 '진리'일 뿐이지만, 설법이 의거하는 중생의 인식으로서의 소의어제는 '의거하는 대상(所依)'이 누구인가에 따라서 평가가 달라진다고 한다. 그렇지만 결국 현 상태인 어제에 머무르지 않고 불보살의 설법인 교제를 지향하는 전체 사상 구도에는 변함이 없다.

마지막으로, 승랑의 삼론학은 중국의 공 사상을 새롭게 해석하여 후대 천태학과 화엄학 등 중국 종파들이 탄생할 수 있는 기틀을 마련했다는 점에서도 의의가 있다.

한반도에 미친 영향

승랑을 계승한 삼론종은 비단 중국불교에만 국한된 전통이 아니며, 고구려·백제·신라 삼국의 불교 사상과 매우 밀접한 관계를 형성하였다. 특히, 강남에서 활동한 삼론사 중에는 실 법사實法師, 인 법사印法師와 같은 고구려 출신 승려나 백제 출신 승려가 대거 포진해 있었던 것으로 보인다. 그리고 혜지慧持(575~642)는 젊은 시절 실 법사로부터 삼론을 배웠고, 영예靈睿(565~647)도 수나라 개황 초 고구려 인 법사의 제자가 되어 대승을 공부하였다는 등의 기록이 전해진다. 따라서 한반도의 승려들이 삼론 사상을 배우는 수동적인 수용자에 그치는 것이 아니라 삼론 전통을 주체적으로 창조하는 능동적 생산자였음을 짐작할 수 있다.

특히 2006년 최연식에 의해 혜균의 『대승사론현의기』가 백제에서 찬술되었다는 사실이 밝혀짐으로써 『대승사론현의기』가 국내 최고最古 문헌으로 자리매김하였다.[41] 이와 같은 역사적 사실들은 당시 삼론종이 중국을 넘어서 삼국까지 널리 진출해 있었음을 보여 준다. 이 문헌은 한반도를 넘어 일본으로 전래되어 삼론학의 기준점이 되었으며, 당시 동아

---

41 최연식, 「백제 찬술문헌으로서의 『大乘四論玄義記』」, 『韓國史硏究』 136, 한국사학회, 2007

시아불교 사상에 미친 영향력도 막대했다. 따라서 승랑이 창시한 삼론종이 한반도에 미친 영향이 집약되어 나타난 것이 바로 혜균의 『대승사론현의기』라고 할 수 있다.

혜균은 승랑의 이원적 범주를 계승하여, 자신만의 독창적인 사유체계를 성립시킨다. 그는 『대승사론현의기』 제1권 「초장중가의初章中假義」에서 승랑으로부터 전해진 삼론종의 주요 이원적 범주들의 근본 의미와 특징에 대해 상세히 논의하고 있다. 이곳에서 그는 각각의 이원적 범주들을 개별적으로 소개하고 있을 뿐 아니라, 각각의 개별 범주들을 다시 분리하여 '소疏-수竪-단單-쌍雙-통通'과 '밀密-횡橫-복複-척隻-별別'의 이중 프레임을 제시하고 있다. 이와 같이 혜균은 승랑의 이원적 범주를 철저히 계승하는 동시에, 이원적 범주의 두 항을 분리하여 각기 다른 진영으로 귀속시키는 독창성을 발휘한다.

한편, 그는 대표적인 이원적 범주인 횡수 범주에 새로운 의미를 부여하기도 한다. 승랑을 계승한 삼론종의 전통적 이원적 범주에서 서로 등가적으로 나열할 수 있는 관계는 수평적으로 전개하는 횡론이며, 현상을 부정하여 그것을 초월하는 것과 같이 위계를 달리하는 논의는 수론이다. 그런데 혜균은 이러한 전통적 해석에서 한 걸음 더 나아가, 횡수에서 횡은 '병렬적으로 전개하는(傍開)' 구절의 모습을 나타내고, 수는 '융합하여 전변하는(合轉)' 구절의 모습을 나타낸다고 하여, 수론을 '변증법적 융합'으로 재해석한다.

혜균은 두 범주 간의 상관성이 고정되어 있기보다 문맥에 따라 유동적으로 변화할 수 있는 것으로 파악하고, 횡수와 소밀, 두 범주의 대응 관계를 교차시킨다. 소밀과 횡수라는 두 시선의 교차를 통해, 혜균은 현실에서 대립적으로 나타난 자타自他가 변증법적으로 융합해야만 비로소 궁극적인 초월, 즉 해탈이 가능하다는 메시지를 던진다. 이러한 사상 구도에서 타자와의 만남을 배제한 자기초월은 끊임없이 한계에 봉착하고 극복하는 것을 반복하며, 타자와 나란히 평행선을 그을 수밖에 없다. 그러나 양자가 언제든 이 평행선을 뚫고 나와 융합하면 수직적 초월이 가능하다.

나아가, 혜균은 소-횡, 밀-수를 전복시켜 새롭게 만든 소-수, 밀-횡의 연대를 단복, 쌍척, 통별通別 범주로 확장시킨다. 이를 통해 '소疏-수堅-단單-쌍雙-통通'과 '밀密-횡橫-복複-척隻-별別'이라는 개별적 이원적 범주들을 모두 아울러 이들을 큰 틀에서 다시 두 가지로 분류하는 '이원적 사유체계'가 성립된다. 이 가운데 그의 독창성을 보다 잘 구현하고 있는 것은 '소-수-단-쌍-통'의 연대이다. 이 연대가 시사하는 바는 서로 대척점에 있는 두 법의 만남과 융합은 더 이상 상위의 논변을 설정할 수 없는 궁극적인 초월이며, 이 궁극적 경지에서 두 법은 평등하게 짝을 이룬 모습으로 현현되며, 따라서 유무·장단과 같은 상대 개념은 동시에 어느 곳에서도 자유자재한 보편성을 획득한다는 점이다. 이때 '보편(通)'은 자기 내內의 초월만으로는 성취될 수 있는 바가 아니며, 자타의 상호 소통과 인정을 통해 비로소 획득되는 것이다.

이러한 혜균의 변증법적 논리 구조는 신라 원효元曉(617~686)의 무이중도無二中道와 상통한다. 혜균은 '보편'을 획득하기 위한 조건으로 이제의 만남을 꼽았다. 이제가 소통하여 융합하면 궁극적인 절대경지를 이루게 되는데, 이 과정은 여러 단계로 나눌 수 없는 자기 충족적인 것이다. 그러한 의미에서 이제와 중도는 불가분의 상즉 관계에 놓여 있다. 그리고 원효의 무이중도는 이제가 양변을 완전히 부정하여 완전한 평등과 무차별을 실현한 절대경지다. 그러나 그것은 이제를 떠나 제3의

어딘가로 가는 것이 아니며, 어디까지나 '이제의 무차별성'을 말하는 것이다.

    요약하면, 혜균은 승랑의 이원적 범주를 계승·발전시켜, '소-수-단-쌍-통'과 '밀-횡-복-척-별'이라는 자신의 고유한 변증법적 사유체계를 제시해 타자와의 합일이 진정한 보편성을 획득하는 필요충분조건임을 피력했다. 대승경전을 해석하는 방법이었던 승랑의 이원적 범주들은 훗날 백제 혜균의 독창적 사유체계를 탄생시켰고, 이는 다시 신라 원효의 화쟁·회통의 논리적 토대를 제공하여, 한반도에서 새로운 전통을 창조하였다.

승랑, 동아시아불교의 흐름을 바꾸다

한국의 대표적인 사상가 가운데 시기적으로 가장 이른 사람은 고구려 승랑일 것이다. 그는 젊은 시절 고구려를 떠나 중국 각지의 불교를 흡수하고 자신만의 독창적인 체계를 세워 훗날 삼론종이라는 새로운 학파의 창시자가 된다. 그의 일련의 발자취는 한 개인의 행적을 넘어, 중국불교사상사의 거대한 흐름의 방향을 돌리는 사건이라고 평가할 수 있다. 중국불교사상사에서 승랑의 사상은 중관 사상을 다시 전면에 내세운 삼론종을 창시한 것에 그치는 것이 아니라, 그를 기점으로 하여 중국불교가 비로소 자신의 언어와 논리를 통해 불교의 가르침을 재해석할 수 있는 자신감을 갖게 되었다는 점에서도 그 가치가 재평가되어야 한다.

승랑은 장수왕 집권 시기 요동성에서 탄생했는데, 그가 훗날 고구려를 떠나 중국으로 유학을 간 동기나 구체적인 유학 행로 등에 관해서는 아쉽게도 역사적인 기록이 거의 남아 있지 않아 확정하기 어렵다. 승랑은 북지를 두루 돌아다니며 다양한 불교의 가르침을 배웠는데, 이는 불교학에 대한 그의 열정과 학문에 대한 개방성을 잘 보여 준다. 북지에서 자신의 독창적인 학문을 완성한 이후, 그는 강남으로 내려와서 자신의 학문을 펼친다. 승랑의 행적 중 무엇보다 주목할 만한 것은 양 무제와의 교류이다. 승랑의 대승 사상은 양 무제의 정치적 이상을 실현시키기 위한 이데올로기를 제공했다. 남조의 정치적 국면에서 승랑의 삼론학은 '소승'을 배척하고 대승 사상을 흥기시키는 데 절대적 역할을 하였고, 이때 정착한 '대승'이라는 이념은 후대 중국불교를 관통하는 정체성이 되었다.

　승랑과 그를 계승한 삼론종은 소승의 가르침과 대승의 가르침 사이의 위계성은 인정하되, 다양한 대승경전 사이에 우열은 있을 수 없다고 보았다. 삼론종은 각 경전마다 주력하는 바가 다르고 따라서 각 경전의 성격이 다르다는 점을 인정한다. 그렇지만 삼론종에서 이야기하는 경전의 다양성은 경전의 우열 관계로 이어지지 않는다. 왜냐하면 대승경전이 모두 불설이고 궁극적 진리이므로 모두 평등하고 우열을 논하는 것은 옳지 않다는 것이 승랑의 입장이기 때문이다. 그는 대승경전에 절대적인 지위를 부여하였고, 이로 인해 독창적인 학설을 구축할 수 있었다. 그는 다른 논사들처럼 자신의 교리 체계 내에서 정합적인 경전 이해를 추구하지 않고, 여러 다른 성격의 대승경전을 모두 관통하는 이론 체계를 탐구하였다.

　승랑은 대승경전에 통합적으로 접근하기 위한 해석학적 체계를 세우는데, 이 가운데 그가 고안해 낸 대표적인 사상으로 중가의, 즉 중도와 가명에 대한 학설이 있다. 중가의는 삼론종의 기본 교설로서 중도와 가명의 밀접한 상관성을 나타내는데, 이 중가의는 다시 이치와 가르침 사이의 상관성과 직결된다. 중가의에서 중도와 가명은 서로 아무런 걸림이 없이 통하므로, 중도에서 가명으로 나아가기도 하고 가명에서 중도로 나아가기도 하며, 의리적 측면을 부각시킬 수도 있고 중생 교화의 측면을 부각시킬 수도 있다.

　승랑의 중가의는 대승경전에서 '이원적 범주'로 구체화된다. 승랑은 깨달은 자의 방편으로서 이분법적 분별에 걸리지 않는 평등한 이원성을 담아내기 위해 이원적 범주를 사용한다. 이러한 이원적 범주들은 불보살이 중생에게 설법하는 방편의 다양한 형식을 반영한 것이므로, 삼론종에서는 대승경전의 진정한 함의를 이해하기 위해서 이 범주들을 반드시 알아야 한다고 주장한다. 승랑의 '이원적 범주'들은 후대 길장이나 혜균과 같은 삼론사들에게 계승되고 발전되었는데, 오늘날 삼론 문헌에서 보이는 섬세하고 정교한 논변은 이 이원적 범주들을 통해 사유를 구체적으로 형상화했기에 가능한 것이다. 따라서 이 이원적 범주들을 구명하는 것은 삼론종의 교학 체계를 정확하게 알 수 있게 해 줄 뿐만 아니라 그 논리 구조를 엄밀하게 이해하는 데에도 필수적이라 할 수 있다.

다양한 '이원적 범주'들 가운데 승랑으로부터 직접 계승된 대표적인 이원적 범주는 횡수·소밀·쌍척·단복이다. 횡수에서 횡은 가로를 말하고 수는 세로를 지칭하므로 서로 수평적인 관계를 논의하는 것을 횡론이라고 하고, 수직적이고 초월적인 차원으로 이끌어 주는 논변을 수론이라고 한다. 소밀에서 소는 두 가지 다른 법의 관계성을 나타내기에 '성기다'의 뜻으로 쓰였고, 밀은 한 법에 범위를 한정하여 다시 일으킨 것이기에 '세밀하다'고 해석할 수 있다. 쌍척에서 쌍은 두 짝을 가리키고 척은 그중 하나를 가리키므로, 쌍은 짝 개념이고 척은 홀 개념이다. 단복에서 단은 단층적 의미를 나타내고 복은 중층적 의미를 나타낸다.

"이제는 가르침이다."라는 이제교문은 승랑의 핵심적인 교학이다. 그런데 기존에는 일본 학계를 중심으로 삼론종의 이제교문을 '약교이제설'로 정의하고, 이러한 전제를 기반으로 삼론종의 여러 교설을 해석하는 경향이 일반적이었다. 하지만 '약교이제'라는 용어는 삼론 문헌에 근거하여 창안한 것이 아닐뿐더러, 보다 큰 문제는 이때 지칭되는 '약교이제설'이 이제를 언교로 한정하고 있으며, '약리이제설'이나 '약경이제설'과 대립적인 이제설로 설정되고 있다는 점이다. 이렇게 가르침과 이치, 경계를 대립시켜서 삼론종의 이제를 이치나 경계를 배제한 순수한 언어교설로 해석하는 것은 승랑의 학설과 정면으로 배치된다.

물론 '약리이제설', '약경이제설'과 '약교이제설' 같은 개념이 이제 사상을 분류하는 데 일정한 잣대를 부여하는 기능이 있음은 부정할 수 없다. 문제는 그들의 '약리이제설', '약경이제설'과 '약교이제설'이 주로 이치와 가르침, 경계와 가르침 사이의 상호 대립적인 성격을 부각시키기 위해 쓰이고 있는데, 이 점이야말로 승랑의 이제교문의 핵심에서 벗어난 부분이라고 할 수 있다.

승랑의 교학에서 이치와 가르침과 경계와 지혜는 서로 유기적이고 밀접한 관련성을 지니는데, 경계와 지혜가 깨달은 자의 내적 세계에 집중하고 있다면, 가르침은 외부 세계에 그 초점이 있다. 승랑에게 이제로 대표되는 대승경전과 논서에 나타난 가르침은 이미 깨달음을 이룬 교화자가 아직 깨닫지 못한 교화 대상에게 종교적 경험을 전달하고 소통하는 매개다. 따라서 이제의 가르침은 교화를 받는 중생의 여러 상황들, 즉 중생의 집착·근기·처한 환경 등을 고려하여 알맞은 형태로 나타난다.

승랑은 교화자와 교화 대상의 소통에 주목하여, '어제'와 '교제'라는 두 가지 개념으로 이제론의 새로운 프레임을 구축하였다. 어제와 교제는 승랑 이전에 존재한 적 없는 삼론종의 고유한 사상 체계다. 어제는 교화를 받는 대상인 중생의 눈에 보이는 진리이고, 교제는 교화자가 펼친 가르침으로서의 진리이다. 이와 같이 승랑의 이제교문은 어제와 교제 두 범주의 교직을 통해서 교화자와 교화 대상 중 어느 한쪽에 치우치지 않고 양자를 소통시킬 수 있었다. 삼론종에서 어제와 교제는 서로 맞물려서 이제 체계를 완성하면서 동시에 서로 간의 긴장감을 통해 생명력을 유지하고 있다.

승랑에게 방편교화는 반드시 실상의 이치로 향하는 필연성을 지닌다. 그는 이제의 가르침과 이치가 본래 불가분의 관계라고 여기므로, 이치를 나타낼 수 없는 가르침은 가르침이라고 할 수 없으며 성립 자체가 불가능하다. 따라서 삼론종의 이제교문은 필연적으로 단견이나 상견의 양변으로 귀결되는 표상 언어가 아니며, 그 의미가 지시하는 이치와 밀접한 상관성을 지니는 동시에 실제 중생이 해탈할 수 있는 공용을 일으킨다. 또한, 이제는 지혜 및 경계와도 긴밀한 상관성을 지녀, 깨달은 이후에도 폐기되지 않고 이지二智를 발생시키고 이경二境으로 변한다. 이제의 가르침은 어떠한 언어 형식에도 얽매이지 않고 인연에 따라 자유자재로 그 형태가 변화하므로, 이제는 깨달음과 교화의 과정에서 불가결한 매개라고 할 수 있다.

　중국불교사에서 승랑은 독창적인 이제론을 건립하여 여러 이제 학설이 난무하던 시대를 종결하고, 남조 사회에 '대승'이라는 이념을 정착시켰으며, 후대 삼론종 교학의 근본 체계 및 후대 천태학과 화엄학 등 중국 종파들이 탄생할 수 있는 기틀을 마련했다는 점에서 의의가 있다. 또한 대승경전을 해석하는 방법이었던 승랑의 이원적 범주들은 훗날 백제 혜균의 독창적 사유체계를 탄생시켰고, 이는 다시 신라 원효의 화쟁·회통의 논리적 토대를 제공하여, 한반도에서 새로운 전통을 창조하였다. 승랑

| 참고문헌 |

『大般涅槃經集解』(『大正藏』37).
吉藏, 『十二門論疏』(『大正藏』42).
吉藏, 『三論玄義』(『大正藏』45).
吉藏, 『二諦義』(『大正藏』45).
慧皎, 『高僧傳』(『大正藏』50).
慧均, 『大乘四論玄義記』(『卍續藏』46).
慧均, 최연식 校注, 『校勘 大乘四論玄義記』, 서울: 불광출판사, 2009.
江總持, 「棲霞寺碑銘」, 『金陵梵刹志』上卷, 南京: 南京出版社, 2011.

김성철, 『승랑: 그 생애와 사상의 분석적 탐구』, 파주: 지식산업사, 2011.

김성철, 「新三論 約敎二諦說의 연원에 대한 재검토」, 『한국불교학』 45, 한국불교학회, 2006.

조윤경, 「삼론종의 이원적 범주 연구-『大乘四論玄義記』제1권 「初章中假義」의 소밀疏密, 횡수橫竪, 단복單複, 쌍척雙隻, 통별通別에 대한 논의를 중심으로-」, 『불교학연구』 47, 불교학연구회, 2016.

최연식, 「백제 찬술문헌으로서의 『大乘四論玄義記』」, 『韓國史研究』 136, 한국사연구회, 2007.

佐藤哲英, 「三論學派おける約敎二諦說の系譜―三論宗の相承論に關する疑問―」, 『龍谷大學論集』 380, 1966.

텍스트

법화경 法華經

· 김천학

I. 『법화경』의 탄생과 사상

　　인도에서의 『법화경』 탄생/ 경전 유포와 한역/ 경전의 주요 사상/ 『법화경론法華經論』

II. 『법화경』 해석의 다양성과 일승중심주의

　　도생과 법운/ 수·당대의 다양한 해석/ 일본의 『법화경』 중심주의

III. 삼국과 고려의 『법화경』 일승 사상

　　고구려·백제의 법화 사상 전파/ 신라의 법화일승 사상/ 『천태사교의天台四敎儀』/ 의천과 요세

IV. 조선시대의 『법화경』 대중화와 신앙

　　김시습의 『연경별찬蓮經別讚』/ 언해본 『법화경』의 의의/ 『법화경』 간행과 신앙의 대중화

■ 한국의 『법화경』 일승 사상과 대중 신앙의 소통

I. 『법화경』의 탄생과 사상

인도에서의『법화경』탄생

　『법화경』은 범어로 'Saddharma Puṇḍarīka Sūtra(올바른 가르침인 청정한 하얀 연꽃의 경전)'를 한역한 것의 총칭이다. 우리나라에서 주로 이용하는 구마라집鳩摩羅什 역에서는『묘법연화경妙法蓮華經』으로 되어 있고, 총칭으로 사용하는『법화경』은 약칭이다.『법화경』은 초기 대승경전으로 알려져 있으며『아미타경阿彌陀經』,『반야경般若經』(소품계) 다음으로 성립되었고, 성립 시기는 기원전 50년~150년으로 추정된다.『법화경』은 인도 카스트제도가 미치지 않는 특수한 환경에서 성립했다는 학설이 제기되었다. 그 이유는「신해품信解品」의 '장자궁자長者窮子의 비유'에서 보듯이 부호의 아들이 화장실 청소를 하고, 후에 후계자가 되는 설화는 인도의 카스트제도에서는 지금도 생각할 수 없기 때문이다.[1] 그레고리 쇼펜 Gregory Schopen이 제시한 새로운 대승불교 기원설에 따른다면 벵갈의 변경 지역 대승불전 성립에 의해서 대승불교가 성립한다.
　그러나 반드시 그렇지만은 않다. 그레고리 쇼펜의 설 가운데 벵갈 변경 지역에서 대승불교가 성립했다는 학설은 반드시 유효하지만은 않기 때문이다. 즉 길기트 사본군이 발견되고 거기에서 출토된 경론 가운데『법화경』과 근본설일체유부根本說一切有部의 율律이 함께 존재한다는 사

1　渡辺照宏,『日本の仏教』, 東京: 岩波新書, 1985 第35刷(초판 1958), p.184

실이 알려지고, 이로써 대승경전은 북인도 최대의 부파인 근본설일체유부에 귀속하는 경장에 전승되었다는 것이 밝혀졌기 때문이다.[2] 이러한 사실로 본다면 통상의 카스트제도가 존재하는 인도 문화권 내에서 '장자궁자의 비유'가 만들어졌을 가능성도 충분하다. 따라서 성립 지역 논쟁은 다시 원점으로 돌아갔다고 봐야 할 것이다.

다음은 『법화경』의 성립 과정에 대해서 고찰한다. 1852년에 『법화경』을 프랑스어로 번역하여 서구에 최초로 소개한 유진 뷔르노프Eugène Burnouf가 『법화경』의 성립에 관해서 경전의 게송과 산문이 각각 개별적으로 성립하였다고 발표한 후 『법화경』 성립에 관한 논쟁이 촉발되었다. 1884년에 영국의 케른Kern은 게송부가 먼저 성립되고 나서 산문부가 성립되었다고 하며, 나아가 「촉루품囑累品」 이후의 6품이 후대에 추가되었다고 주장하였다. 이러한 설은 1930년대부터 일본 학계에 크게 영향을 미치게 된다.[3] 그 결과 일본에서는 세 단계로 나누는 것을 표준 설로 소개하기도 한다. 즉 제1부분은 「방편품方便品」을 중심으로 하는 부분, 제2부분은 「법사품法師品」에서 「촉루품」까지를, 제3부분은 「촉루품」보다 뒤에 있는 6품이 순서대로 성립했다고 하며, 각 부분에 대해서 개략적인 설명을 붙이고 있다.[4] 그러나 단계적인 성립설만 주장된 것은 아니다. 일본에서는 이미 1962년에 층위를 인정하지 않는 주장이 제기되었으며, 이윽고 1987년에 스구로 신조(勝呂信靜)는 단계적 성립 주장은 추측일

---

2 시모다 마사히로 외 저, 김천학·김경남 역, 『지혜·세계·언어 대승불전 I』, 서울: 씨아이알, 2017, pp.37~38
3 하영수, 『『법화경』의 삼보 구조에 대한 해석학적 연구』, 서울: 씨아이알, 2019, pp.11~13
4 스에키 후미히코 저, 이시준 역, 『일본불교사-사상사로서의 접근』, 서울: 뿌리와이파리, 2005, pp.66~67

뿐 확정적인 근거가 없다고 지적하면서 『법화경』의 동시성립설을 제기하기에 이르렀다.[5] 동시성립설이란 경이 일정 기간에 일련의 편집 작업을 거쳐 성립하였다는 학설이다. 즉 「제바달다품提婆達多品」을 제외한 27품이 대략 한 세대 이내에 성립했다는 주장이다.[6] 이 두 부류의 주장 가운데 어느 쪽이 옳은지 확정할 수는 없다. 다만, 경전 성립사적 연구는 근대 이후의 산물이지만, 고대 우리의 선현들은 동시성립설의 입장에서 『법화경』을 읽었던 것이 확실하다.

경전 유포와 한역

현재 인도 지역에 전해지는 『법화경』 사본은 6~8세기의 카시미르 지역에서 출토된 카시미르(길기트)계 산스크리트어 사본, 카슈가르에서 출토된 9~10세기의 중앙아시아계 산스크리트어 사본, 12세기의 네팔에 전승된 네팔계 산스크리트어 사본으로 분류된다.[7] 각 사본군에 대해서 간략히 설명을 덧붙이면 다음과 같다.

길기트계 사본은 카시미르 지방의 길기트(현재 파키스탄이 지배하고 있는 지역)에서 발견된 다량의 사본으로 『법화경』 사본도 포함되어 있다. 자작나무 껍질에 굽타 문자가 쓰여 있는 귀중한 사본이다. 2012년에 『인도국립공문서관 소장 길기트 법화경사본-사진판』이 간행되었다. 다음으로 카슈가르, 즉 '서역'으로 불리는 실크로드 주변 오아시스 국가의 유적에서 발견된 사본군이 있다. 가장 큰 사본군은 러시아 카슈가르 총영사

---

5 渡邊寶陽 監修, 『法華經の事典』, 東京: 東京堂出版, 2013, pp.50~51
6 하영수, 앞의 책, 2019, p.18
7 시모다 마사히로 외 저, 김천학·김경남 역, 앞의 책, 2017, p.11

였던 페트로프스키Petrovsky가 1893년에 입수한 것이다. '페트로프스키본' 또는 '카슈가르본'으로 불린다.『러시아과학아카데미 동양고문서연구소 소장 범문법화경사본(SI P/5외)-사진판』이 2013년 간행되었다. 네팔계 사본은 네팔 카트만두 분지나 티베트를 중심으로 한 지역에서 발견된 사본류이다. 패엽본과 종이본을 합하면 30종류 이상이 되는데 대부분 완본이다. 패엽본 가운데『네팔국립공문서관 소장 범문법화경사본(No.4~21)-사진판』과『케임브리지대학도서관 소장 범문법화경사본(Add. 1682 및 Add. 1683)-사진판』은 비교적 옛 독법을 전승하고 있어 가치가 높다. 그 외에 출토된 지역, 수집자, 소장 기관의 소재지와 연관시켜 이름 붙인 수많은 사본 및 단간이 있다. 본래 한곳에 있던 사본이 이런 저런 사정에 의해 여러 나라에 소장되어 있는 것이다. 또 미정리된 채로 있는 것도 있다.[8]

『법화경』은 왜 이렇게 많은 지역에 유포되었을까. 그것을 유추할 수 있는 자료가 길기트에서 출토된『법화경』의 지어識語[9]이다.『법화경』의 독송을 중심으로 하는 의례가 있었고, 많은 재가신자들이 관여하고 있었는데,『법화경』을 신봉한 사람들은 길기트 지역의 주민뿐만 아니라 중앙아시아에서 이주한 이란계 사람들일 가능성이 높다. 그리고 이러한 의례에 법사(dharmabhāṇaka)라고 불리는 출가자가 관여한다. 법사들은 직접 경전을 서사하거나 재가신자에게 이익과 공덕을 위해 당시 존재하던『법화경』사본을 서사시키는데,『법화경』이 길기트를 넘어 다양한 민족의 사람들에게 널리 신봉되었다는 것을 보여 준다고

---

8 東洋哲學硏究所 http://www.totetu.org/lotus-sutra/1/e_01_3.html 참조.(2020년 3월 4일 접속)
9 경전의 본문 끝에 서사자 등이 써넣은 문장을 지칭함.

한다.¹⁰

『법화경』은 중국에 들어와 3세기 축법호竺法護 역(10권 27품, 286년 번역, 『정법화경正法華經』), 5세기 구마라집 역(7권 27품, 뒤에 8권 28품이 됨. 406년 번역, 『묘법연화경妙法蓮華經』), 7세기 사나굴다闍那崛多 등 역(7권 27품, 『첨품묘법연화경添品妙法蓮華經』)이 존재한다. 이 가운데 구마라집 역본이 가장 많이 이용된다. 『법화경』은 한역본과 산스크리트어본 이외에도 위구르어본, 서하어본, 몽골어본, 만주어본, 베트남어본이 있으며, 조선시대에 구마라집의 한역본을 중심으로 번역한 언해본이 있다.¹¹

경전의 주요 사상

현재 우리가 주로 접하는 구마라집의 『법화경』은 8권 28품이다. 이 28품을 관통하는 사상은 무엇일까. 그것을 알 수 있는 가장 좋은 방법은 동아시아 주석가들의 해석을 정리하는 것이다. 다만, 본 절에서는 『법화경』의 주요 사상으로 아주 간략하게 세 가지만 제시할 것이며 『법화경』의 유명한 일곱 가지 비유를 통해 경전의 주요 사상을 보충 설명하고자 한다.

『법화경』의 중심 사상은 크게 개권현실開權顯實, 구원실성久遠實成으로 요약할 수 있다.¹² 우선 '개권현실'의 권權은 방편이다. 방편은 우파야 upāya의 번역으로, 교묘한 수단이라는 뜻이다. 즉 교묘한 수단으로 청중

---

10 시모다 마사히로 외 저, 김천학·김경남 역, 앞의 책, 2017, pp.38~39
11 김현해, 『법화경요품강의 - 법화 사상의 재해석』, 서울: 민족사, 1996, p.19
12 김현해, 위의 책, pp.27~29에서는 보살행을 추가하나, 보살행은 경전의 일반적인 특징이라 제외했다.

들의 이해 능력에 맞추어 최종적으로 그들을 모두 부처가 될 수 있게 한다는 교설이다. 회삼귀일會三歸一, 또는 개삼현일開三顯一이라고도 표현한다. 회삼귀일, 개삼현일의 삼三은 소승의 성문, 연각 그리고 대승의 보살이며 일一은 일불승一佛乘이다. 따라서 소승과 대승이 모두 성불할 수 있는 길을 열어 주는 경전이다. 이러한 내용이 「방편품」, 「비유품譬喩品」, 「신해품信解品」에 설해진다. '구원실성'은 진실한 부처는 한없는 옛날에 성불하여 한없는 미래까지 영원히 가르침을 설한다는 사실을 밝힌 것으로, 「여래수량품如來壽量品」에 설해지는 부처이다. 이 두 가지가 『법화경』 전체를 관통하는 주요 사상이라고 해도 과언이 아닐 것이다. 여기에 부수적으로 따라오는 주제들이 진실과 방편, 일승과 삼승, 삼거三車와 사거四車, 이승작불二乘作佛 등이다.

한편, 『법화경』은 비유가 많은 경전으로도 유명하며, 흔히 칠유七喩, 혹은 칠비七譬로 명명된다. 첫째, 「비유품」에 나오는 삼거화택三車火宅의 비유이다. 집에 불이 난 줄도 모르고 노는 아이들을 아이들이 좋아하는 세 가지 장난감으로 유인하였으며, 나온 아이들에게 훌륭한 대백우거大白牛車를 준다는 내용이다. 둘째, 「신해품」에 나오는 장자궁자長者窮子의 비유이다. 어느 부잣집 아들이 어렸을 때 집을 나갔다가 아버지 집인 줄도 모르고 곤궁한 채로 돌아온 후에, 아버지인 장자가 아들에게 재산 관리를 맡기게 되고 그가 진짜 아들임을 밝히는 과정을 이야기한 것이다. 셋째, 「약초유품藥草喩品」에 나오는 삼초이목三草二木의 비유이다. 대지에서 자라는 초목은 각각 다르지만, 큰 비(부처의 대자비, 즉 평등)가 내리면 모든 초목이 각각의 분수에 따라 습기를 머금는다는 이야기이다. 넷째, 「화성유품化城喩品」에 나오는 화성보처化城寶處의 비유이다. 보물이 있는 곳을 향해 멀리 여행을 하는 많은 사람들이 있었다. 그러나 길이 험하여 지치게 되자, 한 지도자가 방편의 힘으로 성城을 만들어 보임으로써 피로를 풀게 한다. 그 후에 모두에게 그것이 가짜 성임을 알리고 다시 보물이 있는 곳으로 향하게 하여 드디어 진짜 보물을 찾는다는 이야기이다. 다섯째, 「오백제자수기품五百弟子授記品」에 나오는 의리계주衣裏繫珠의 비유이다. 어떤 가난한 남자가 부잣집 친구 집에서 술에 취해 잤다. 친구는 먼 길을 급히 가야 해서 잠자고 있는 친구의 옷 속에 값진 보물을 꿰매 넣고 나갔다. 남자는 술에서 깬 후 여전히 빈궁한 생활을 하다 다시 친구를 만나서는 보물 이야기를 듣고 비로소 보물을 얻을 수 있었다는 이야기이다. 여섯째, 「안락행품安樂行品」에 나오는 계중명주髻中明珠의 비유이다. 전륜성왕이 병사들에게 상을 줄 때 성, 의복, 보물을 다 주지만 상투 속의 보물만큼은 모든 사람들이 놀랄까 봐 쉽게 주지 않다가 큰 공을 세운 병사에게 그것을 준다는 이야기이다. 일곱째, 「여래수량품」에 나오는 양의병자良醫病子의 비유이다. 어느 마을에 양의가 있었고 그에게는 100명의 아이들이 있었다. 어느 날 양의가 없는 때에 아이들이 독약을 마시고 괴로워하고 있었다. 이윽고 돌아온 양의는 약을 조제해서 아이들에게 주지만, 일부 아이들만 부친의 처방대로 약을 먹고 나았다. 그러나 나머지는 약을 먹으려 하지 않았다. 이에 양의는 멀리 타국으로 떠난 후 사람을 통해 자신이 죽었다고 알렸다. 부친의 죽음을 전해 들은 아이들은 독기도 잊고 슬퍼하면서 부친이 남긴 약을 먹고 나았다는 이야기이다. 이와 같은 비유는 부처와 범부, 성문 및 보살의 관계 및 교설 내지 열반의 의미를 비유로써 이야기해 주고 있다.

『법화경론法華經論』

　인도에서 『법화경』에 대한 주석서는 50여 종이나 될 정도로 많았다고 하지만, 현재 우리가 접할 수 있는 것은 세친의 『법화경론』뿐이다. 『법화경론』의 정식 명칭은 『묘법연화경우파제사妙法蓮華經憂波提舍』이다. 우파제사는 'upadeśa'의 음역어이고, 간결한 참고서라는 의미이다. 이 논서는 유가사의 입장에서 쓰인 것이다. 『법화경론』은 두 번 한역되는데, 늑나마제勒那摩提와 보리류지菩提留支가 각각 508년에 번역하였다. 원본인 산스크리트어는 남아 있지 않다.

　『법화경론』은 『법화경』 「서품」 제1, 「방편품」 제2, 「비유품」 제3까지의 주석이다. 내용을 검토해 보면, 「서품」 제1, 「방편품」 제2에서는 거의 모든 중요한 문구가 주석된다. 「비유품」 제3에 대해서는 두 개의 게송만이 상세히 주석되며, 그 후에 「비유품」 주석 중에 번뇌가 있는 증상만增上慢(高慢, 깨달음을 얻지 못했으면서 얻었다고 말함.)의 사람들을 고치기 위해서 위에서 설명한 일곱 가지 비유가 주석된다. 일곱 가지 비유를 설하는 점에서는 즉 각 품에 관한 주석이라고 볼 수 있다.

　그다음 번뇌가 없는 사람들의 오염됨과 교만함을 고치기 위한 삼평등三平等을 간단하게 주석한다.[13] 『법화경론』에 따르면 삼평등은 첫째,

---

13　大竹晉, 『釋經論部18 法華經論 無量壽經論 他』, 東京: 大藏出版社, 2011, pp.119~120. 오타케는 삼종평등을 「見寶塔品」에 한정한다. 그런데 『法華經論』 「譬喩品」에서 삼종평등이 주석되는 이유는 무엇일까? 窺基가 『法華經玄贊』 卷5 「譬喩品」 주석에서 삼평등을 설한 품으로 譬喩品, 授記品, 五百弟子授記, 授學無學人記, 法師品, 持品, 提婆達多品, 常不輕品, 見寶塔品 등 9품을 들고 있다. 그 가운데 여덟 번째 품까지가 승평등이고, 뒤의 견보탑품에서 생사열반평등과 신평등을 설한다고 했다.(『大正藏』 34, 734b20~25) 이와 같은 규기의 해석을 수용한다면 「譬喩品」에서 삼평등이 주석되는 이유를 수긍할 수 있을 것이다.

승평등乘平等, 둘째, 생사열반평등生死涅槃平等, 셋째, 신평등身平等을 말한다. 승평등은 모든 성문이나 보살에게 가르치는 것이 실제로는 일불승밖에 없다는 의미에서 평등하다는 의미이다. 생사열반평등은 석가여래와 다보여래의 모습을 통해 생사와 열반이 차별이 없음을 시현한 것이다. 신평등은 다보여래가 열반에 들었지만, 몸을 시현한다는 사실로부터 자신·타신·법신에 차별이 없음을 나타낸 것이다. 이와 같이 보자면 삼평등은 「비유품」 외에 견보탑품이 주로 관련됨을 알 수 있다.[14]

그 외에도 「신해품」을 주석하는 가운데 다른 품의 내용을 끌어 오는 형식으로 '십무상十無上' 등을 주석한다. 『법화경론』은 길장吉藏에 의해 처음 주석되면서 이후의 동아시아 법화 사상에 영향을 미치며, 신라의 의적義寂, 신라인으로 추정되는 원홍圓弘, 그리고 일본의 엔친(圓珍)에 의해 주석된다. 『법화경』이 번역된 후 경전을 해석할 때 일승과 삼승, 방편과 진실의 문제가 주요한 키워드의 하나로 등장한다. 이하 일승과 삼승의 문제에 집중해서 『법화경』 연구의 흐름에 대해서 고찰한다.

---

14 『妙法蓮華經憂波提舍』 卷2 「譬喻品 3」(『大正藏』 26, 8c15~20)에서는 삼종평등에 대해서 성문에게 보살 수기를 함으로써 오직 일대승이며 이승이 없음을 승평등이라고 하고, 나머지 두 평등에 대해서는 견보탑품을 예로 들어 설명하고 있다. 따라서 삼평등이 비유품 외 여러 품과 관련됨을 알 수 있다.

II.『법화경』 해석의 다양성과 일승중심주의

도생과 법운

『법화경』이 번역되고 구마라집의 제자인 도생道生(?~434)이 처음으로 그것을 주석한다. 도생은 돈오성불론, 천제성불론을 주장하여 당시 중국불교계에서 추방당할 정도로 혁신적인 사상가였다. 도생의『법화경소法華經疏』는 유일하게 일본에 남아 있었고, 그것이『만속장경卍續藏經』에 수록됨으로써 현재 연구가 가능해졌다. 본서는『법화경』27품에 대한 주석서로서, 이에 대한 현대어 역으로는 김영호의 영역이 초역이며, 일본의 훈독주석과 한국어 번역이 참고가 된다.[15]

도생의『법화경소』에서『법화경』의 교판적 위치를 알 수 있는 것이 사종법륜설이다. 즉 선정善淨법륜·방편方便법륜·진실眞實법륜·무여無餘법륜이며, 이것은 교판의 초기 형태에 해당한다.[16] 이 가운데『법화경』은 세 번째 진실법륜에 해당할 것이다.[17] 그것은 사종법륜이 깨달았을 때부터 열반에 이르기까지의 과정을 설명한 것이기 때문이다.

---

15 Kim youngho, *Taosheng's Commentary on the Lotus Sutra*, NY, State University of New York Press, 1990; 中國佛教思想研究會,「道生撰妙法蓮華經對」,『三康文化研究所報』, 9호와 12호, 1976년과 1979년. 한국어 번역으로 강규여,『묘법연화경소(축도생)』, 광주: 전남대학교출판부, 2017이 있다.

16 中國佛教思想研究會, 앞의 논문, 1976, pp.159~160; 하유진,「도생의 법화경관」, 금강대학교 불교문화연구소 편,『동아시아 법화경 세계의 구축Ⅱ』, 서울: 도서출판 여래, 2014, pp.42~45

17 橫超慧日,「中國における法華經註釋書の研究」, 坂本幸男 編,『法華經の中國的展開』, 京都: 平樂寺書店, 1972, pp.150~153. 참고로 원문은『法華經疏』卷1(『卍續藏』27, 1b19~24)을 참조 바람.

도생의 『법화경소』에서 중요한 주제 가운데 하나가 일승과 삼승의 관계이다.[18] 도생은 경의 제목에서 묘妙에 대해서 설명할 때 "예전에 방편으로 설해진 삼승은 진실이 아니며, 지금은 삼승이 없다."라고 한다. 앞의 사종법륜 가운데 『법화경』을 설명하는 진실법륜에서는 "삼승이라는 허위를 깨뜨려서 일승이라는 진실을 성취한다."[19]라고 한다. 이를 통해 보면 진실은 일승이고, 삼승은 과거의 허위인 것이다. 진실은 허위가 없어서 묘이다. 도생은 줄곧 삼승은 과거의 것이며, 일승이야말로 묘함으로 정의한다.[20] 그러나, 제2승·제3승의 인과법과 그 주체자인 사람이 없으면 일승의 법과 사람도 관계가 성립하지 않는다고 주장하는 점도 도생의 일승삼승관에서 주목해야 한다.[21] 삼승과 일승의 관계를 단순히 과거의 허위와 지금의 진실로만 이해하는 데 그치는 것이 아니라, 한편으로는 괴로움을 없애는 실효성이 있다는 점에서 방편이라는 삼승의 즐거움(樂)을 인정한다.[22] 따라서 삼승과 일승의 관계에서 일방적으로 삼승이 부정되기만 하는 것은 아니라는 점에 그 특징이 있다.

『법화경』 27품을 주석한 또 한 사람으로 법운法雲(467~529)이 있다. 흔히 그가 주석한 사원의 명칭을 따서 광택사光宅寺 법운으로 불리며 양나라 삼대법사 가운데 한 명으로 유명하다. 법운은 일곱 살 때 『법화경』 강

---

18 Kim youngho, Ibid., pp.121~122
19 하유진, 앞의 논문, 2014, pp.46~48
20 하유진, 위의 논문, 2014, pp.52~54
21 菅野博史, 『中國法華思想の硏究』, 東京: 春秋社, 1994, pp.38~39
22 『法華經疏』卷1(『卍續藏』27, 6c14~16)에서는 삼승의 즐거움을 주는 것에 대해서 다음과 같이 말한다. "이전에는 두려워하는 일들을 설했는데, 그 마음에 염려하는 마음을 내게 하기 위해서이다. 그 마음에 염려가 생긴 후에 홀연히 삼거의 좋음을 듣고, 마음에 반드시 즐거움이 생기게 된다. 하지만 이것은 진실한 교설이 아니므로 방편이라고 한다."

의를 듣고 수강 후에는 돌을 모아 청중으로 삼고 들은 내용을 설명했는데 빠진 것이 없었으며, 30세 때에는 『법화경』·『유마경』을 강의했는데, 그 방법이 신묘하여 그를 작환 법사作幻法師라고 불렀다고 한다.[23] 그의 저술 가운데 『법화의기法華義記』 8권이 남아 있다. 본서는 지의와 길장의 비판 뒤에 그다지 읽히지 않았고 중국에서는 일찍이 산일되었으나 일본의 성덕태자聖德太子 저술로 전해지는 『법화의소法華義疏』의 가장 중요한 참고서로써 활용된다. 현재 『대정신수대장경大正新修大藏經』의 저본으로 활용된 텍스트는 봉담鳳潭이 1696년에 간행한 것이다.[24]

법운은 교판상에서 도생과 마찬가지로 법화 다음에 열반을 두며, 오히려 도생의 교판적 구상보다 일보 전진했다고 평가되기도 한다.[25] 법운은 『법화경』의 특색을 만선萬善으로 함께 돌아가는 도리로 이해하였다. 혜광慧光 계통 지론사의 오종 교판,[26] 유규劉虯 등 열반사의 오시 교판에서 이미 『법화경』을 만선동귀교萬善同歸敎로 규정하였는데,[27] 법운은 이러한 규정을 계승하였던 것이다. 한편, 양 무제는 만선을 승乘의 체로서 인식함으로써 돌아가는 수단으로 삼는다.[28] 법운은 이와 같은 해석을 계승하여 일체의 선(만선)을 인체因體로 삼는다. 만선이야말로 수행의 근본이 되는 것이다. 또 한 가지 법운은 『법화경』이 회삼귀일會三歸一을 설하는 점에서 다른 경전들과 차별된다고 본다. 『법화경』의 특색을 나타내

---

23 田村芳朗, 「法雲の『法華義記』の硏究」, 坂本幸男 編, 앞의 책, 1972, p.175
24 中村元 外 編, 『岩波 佛敎辭典 第2版』 '법화의기' 항목, 東京: 岩波書店, 2002, pp.927~928
25 이 점이 智顗와 吉藏에게 비판되었다. 中村元 外 編, 위의 책, 2002, p.928; 田村芳朗, 위의 논문, 1972, pp.178~179
26 『法華玄義』 卷10(『大正藏』 33, 801b)
27 『法華玄義』 卷10(『大正藏』 33, 803b; 805c); 田村芳朗, 위의 논문, 1972, p.183
28 田村芳朗, 위의 논문, 1972, p.184

는 만선동귀와 회삼귀일은, 만선에 삼승의 본성이 없음을 알며 만선으로 인하여 불과(일승)를 얻는 관계에 있다.[29] 따라서 만선은 삼승과 일승의 존재성을 밝혀 주는 등불 역할을 한다.[30] 불도를 이루는 것을 귀일歸一로 표현한 것이다. 회삼귀일은 이미 혜관慧觀 등의 교판에 나오지만,[31] 만선동귀와의 관계를 설정한다는 점에서 법운의 독자성이 나타난다.

수·당대의 다양한 해석

1. 길장吉藏

수나라에 들어오면 길장(549~623)이 가장 많은 『법화경』 주석서를 남겼으며, 후에 관정灌頂을 통해서 천태 지의天台智顗의 『법화현의法華玄義』와 『법화문구法華文句』에 큰 영향을 미친다. 길장의 『법화경』 주석서로는 『법화현론法華玄論』 10권, 『법화의소法華義疏』 12권, 『법화유의法華遊意』 2권, 『법화통략法華統略』 6권이 있고, 세친世親의 저술인 『법화경론法華經論』에 대한 주석서인 『법화론소法華論疏』 3권이 있다. 길장은 삼론학자로서 잘 알려져 있다. 『속고승전』에 따르면 길장은 『중론』·『십이문

---

29 『法華經義記』 卷3 「方便品 2」(『大正藏』 33, 607c20~22)에서는 "'법이 항상하고 자성이 없음(無性)을 안다'는 것은 만선의 법에 삼승성이 없음을 아는 것이다. '부처의 종자가 연기로부터 비롯한다'는 것은 만약 불과佛果를 만선과 상대하여 보자면, 이 부처의 과보는 만선으로부터 얻는 것이다."라고 한다.
30 『法華經義記』 卷1 「序品 1」(『大正藏』 33, 572c23~24)에서는 "오늘날 원인을 밝히자면, 만선을 총괄하여 함께 돌아가는 길로 삼는다."라고 하며, 『法華經義記』 卷6 「信解品 4」(『大正藏』 33, 640a6~7)에서는 『법화경』에서 만선이 함께 돌아가는 길을 밝히는 것은 "삼승인이 모두 보살이 되어 불도를 이루도록 하기 위함이다."라고 하였다.
31 『法華玄義』 卷9(『大正藏』 33, 794c17~18)에서 "慧觀은 회삼귀일이 불토에 처음 탄 것이며, 지혜의 깨달음이 가득한 것은 불도가 왕성한 것이다."라고 하였다.

론』・『백론』을 100여 회 강의한 반면, 『법화경』을 300회 강의했다고 한다. 이로써 길장이 삼론학자임에도 불구하고 삼론 관련 문헌보다 『법화경』을 더 중시했다고 볼 수 있을 것이다.

길장은 『법화경』의 교화를 '일승→삼승→일승'으로 정리하였다. 이러한 정리에 의해 석가 일대의 교화를 '근본법륜→지말법륜→섭말귀본법륜(법화경)'으로 파악하였다. 즉, 길장에게 『법화경』은 일승이며 근본법륜인 것이며, 그의 교판적 구상에서 『법화경』이 중요한 위치를 차지하고 있음도 알 수 있다.32 『화엄경』과 『법화경』의 근본적 평등성을 입증하는 교판 사상이 길장이 규정한 근본법륜이다.33 한편, 길장은 『법화경』이 회삼귀일을 밝히고 있다는 것을 누누이 주장한다. 여기서의 일一은 일불승一佛乘을 의미한다.

길장에 이르러 삼거三車, 사거四車의 논의가 문제시된다. 도생과 법운이 파삼명일破三明一, 회삼귀일을 주장할 때만 해도 삼거와 사거의 문제는 거론되지 않았고, 해석상 애매하게 지나갔다. 하지만, 길장은 이 문제를 본격적으로 다룬다. 삼거와 사거에 의해 일의 존재 의의가 달라지는 것은 자명할 것이다. 즉, 삼거의 경우, 일은 삼 속의 일이지만, 사거의 일은 삼 외의 일이 된다. 주지하다시피 길장은 사거설을 비판하고 삼거를 주장하며 일실이권一實二權의 입장에 서 있다. 하지만, 문장에 따라서는 일실삼권一實三權을 인정함으로써 길장 스스로 사거가 되어 버리는 점도 부정하기 어렵다.34 길장 이후 삼거와 사거는 계속해서 『법화

---

32 菅野博史, 「第二章 吉藏の法華思想と法華經觀」, 『中國法華思想の研究』, 1994, pp.356~364
33 菅野博史, 위의 책, 1994, p.356
34 丸山孝雄, 「第五章 吉藏の法華義疏の研究--一實二權・一實三權說をめぐって」, 坂本幸男 編, 앞의 책, 1972, pp.309~318

경』교설의 정당성을 증명하기 위한 논쟁의 대상이 된다.

2. 지의智顗

후대 천태종의 종조로 불리는 천태 대사 지의(538~596)에 의해서『법화경』해석은 새 국면을 맞이한다. 그의 제자인 관정灌頂(561~632)은 불승을 이해하는 단 한 사람이 지의라고 평가하였다. 지의의『법화경』주석서로는『법화현의』,『법화문구』가 있다. 다만, 이는 지의가 강의하고 제자 관정이 채록하였는데, 어디까지가 지의의 이야기이고 어디까지가 관정의 견해인지 불분명한 점이 있고, 특히 길장보다 10년 먼저 활동한 지의가 길장의 저술을 인용하고 있어 더욱더 천태 지의 자설이 의심되기도 한다.[35] 다만, 본고에서는 강의록이라는 점에서 지의의 사상적 근본을 흔드는 정도는 아니라고 판단하고,『법화현의』에서의『법화경』해석, 특히 일승과 삼승의 관계에 대해서 고찰하고자 한다.

천태 지의의『법화경』이해는『법화경』을 적문迹門과 본문本門으로 나누는 것으로 특징지어지며, 일념삼천一念三千, 삼제원융三諦圓融 등의 사상으로 대표된다. 간략히 설명하면,『법화경』28품을 크게 나누어 앞의 14품을 적문, 뒤의 14품을 본문이라고 한다. 적문은 석가모니가 부처의 모습을 나타내 교설하는 품들이며 서분·정종분·유통분의 삼분과로 구성된다. 본문은 석가모니가 영원한 본래 부처임을 밝히는 부분으로 역시 삼분과로 구성된다. 일념삼천은 우리의 한 찰나에 3천 개의 법이 갖추어져 있다고 관찰하는 것이며, 삼제원융은 공空·가假·중中 삼제가 완전히 융합되어 있는 일제一諦의 상태를 말한다. 이러한 천태 지의의 사

---

35 平井俊榮,「法華玄義と法華玄論」,『駒澤大學佛敎學部硏究紀要』42, 1984, pp.22~44

상은 신승神僧에게 전수받은 종교 체험에서 유래한다고 해석하기도 하는데, 그 종교 체험의 핵심이 일실제一實諦법이며 반야로써 배우고 대비大悲로써 널리 통하게 하는 것이라고 한다.[36] 일실제는 『법화경』의 일승을 가리키고 진실과도 통한다.[37] 이 일승과 삼승은 주로 적문에서 설해진다. 즉 적문의 중심 부분은 「방편품」이며, 주요 테마는 일승이다. 구체적으로는 삼승의 가르침이 방편이고 일승만이 진실이라고 설한다. 삼승의 교설은 결국 일승으로 귀결된다는 의미이다. 천태는 이러한 것을 개삼현일開三顯一(삼승을 열어 일승을 나타낸다.), 회삼귀일로 명명했다.[38] 그런데 이러한 용어는 이미 법운의 『법화의기』에서 사용된 개념으로서 천태의 독자 해석은 아니다. 적문에서 일승과 삼승의 관련에 대한 천태의 독자 사상은 '연화蓮華'를 설명하는 가운데 언급되는 ① 위실시권爲實施權, ② 개권현실開權顯實, ③ 폐권입실廢權立實의 사상이다. ① 위실시권은 진실의 가르침을 나타내기 위하여 방편(권)의 가르침을 시설한 것이다. 석가모니의 본래 의도는 일불승인 진실을 설하여 모든 중생을 평등하게 성불시키는 것이었지만, 이승二乘의 의지가 약했기 때문에 그들을 위해 방편으로 삼승인 권을 설하는 것을 의미한다. ② 개권현실은 방편의 가르침을 열어서 진실의 가르침을 나타내는 것이다. 이것은 일찍이 중생들에게 가르쳤던 삼승이 권임을 밝히고 일불승이 진실임을 보여 주는 의미를 지닌다. ③ 폐권입실은 방편의 가르침을 없애고 진실의 가르침을 세우는 것이다. 이것은 '삼승=권'을 버리고 '일불승=실'을 확립하는 것을 말한다.[39] 이

---

36 菅野博史, 『法華玄義を讀む-天台思想入門-』, 東京: 大藏出版, 2013, pp.42~43
37 菅野博史, 위의 책, 2013, p.199
38 勝呂信静, 『法華入門』, 東京: 春秋社, 1993, pp.143~151
39 勝呂信静, 위의 책, 1993, p.151; 菅野博史, 위의 책, 2013, p.57

적문의 사상은 용어 자체는 ① 위실시권을 제외하고는 이미 법운이나 길장이 구사한 용어지만, 3단계로 전개되어 마지막으로 진실의 가르침인 일불승을 성립시키는 것은 천태 지의만의 독자적 개념이다.

3. 규기窺基

법상종의 개조 자은 대사 규기(632~682)의 저작 중에『묘법법화경현찬妙法法華經玄贊』(이하『현찬』으로 약칭) 10권이 있다.『현찬』은『법화경』을 유식학에 기반하여 해석하였는데『법화경론』을 전면적으로 활용하면서도『법화경론』이상으로 유식학적으로 해석한다는 특징이 있다.[40] 한편, 오성각별설五姓各別說을 주장하는 규기는『법화경』을 통해서도 오성각별설을 증명할 수 있다고 본다. 보살과 이승, 부정성不定性과 무성유정無性有情까지『법화경』의 설법 대상이 된다는 의미이다. 우선, 규기는『법화경』의 일승은 주로 부정성 성문을 위하여 설해졌다고 본다. 나머지 종성에 대해서도『법화경론』의 사종성문설에 근거하여 설명한다.

『법화경론』의 사종성문은 ① 결정성문決定聲聞, ② 증상만성문增上慢聲聞, ③ 퇴보리심성문退菩提心聲聞, ④ 응화성문應化聲聞이다.[41] ① 결정성문은 성문의 종성이 결정되어 있는 여러 성문을 말하며, 취적성문趣寂聲聞이라고도 한다. ② 증상만성문은 석가모니의 교설이 시작하기 전에 퇴석한 성문처럼 교만심을 지닌 성문을 말한다. 자신의 경지가 아라한에 도달했다고 오해하는 성문들도 증상만이다. ③ 퇴보리성문은 주로 사리

---

40 勝呂信静, 勝呂信静選集第二『法華經の思想と形成』, 東京:山喜房佛書林, 2009, pp.195~196(초출 坂本幸男 編, 앞의 책, 1972, pp.344~345. 이하 초출 정보는 생략.)

41 『妙法蓮華經憂波提舍』卷2「譬喻品 3」(『大正藏』26, 9a15~17)

불을 일컫는데, 과거세에 보살이었지만 현세에 성문이 되어 있으며 다시 보리로 회향하는 성문을 말한다. ④응화성문은 변화성문으로, 보살이나 부처에 의해 작화된 성문을 말한다.[42] 이로써 보살과 성문이 교설의 대상이 된다는 것을 알 수 있는데, 이승의 정성과 부정성, 그리고 무성유정의 문제가 해결되면『법화경』을 통해서 오종성을 상정할 수 있는 것이다.

『법화경론』에서는 ① 결정성문, ② 증상만성문은 근기가 아직 미숙하기 때문에 부처가 수기를 하지 않는다고 하는데,『현찬』에서는 ① 결정성문은 근기가 성숙하지 않기 때문에 성불하지 못하는 부류, ② 증상만성문은 회소향대廻小向大의 부류로서 구분한다.[43] 그리고 일승밀의설의 의취로서 정성定性과 무성無性이 포함된다고 한다.[44] 이로써『법화경』의 일승은 오종성을 대상으로 교설되었다고 해석된다.[45]

법상종의 통설에서는 일승방편, 삼승진실이라고 한다. 그런데,『법화경』에는 일승진실, 삼승방편의 취지가 설해지는 문장이 산재한다. 이러한 경문의 경우『현찬』은 당연히 경전대로 해석한다. 그럼에도 불구하고 규기의 저술인『대승법원의림장大乘法苑義林章』에서는 법화일승은 방편설이라는 주장이 여러 곳에서 명확히 보인다. 그것은 규기의『법화경』일승 해석이 주로 부정성을 대상으로 한다는 해석에 실마리가 있다. 즉 규기는『법화경』의 일승진실설은 중생의 부정성을 상대로 해서 모든 사람

42　大竹晉, 앞의 책, 2011, pp.238~239
43　勝呂信靜, 앞의 책, 2009, p.196
44　『妙法蓮華經玄贊』卷4「方便品」(『大正藏』34, 716b17~21)
45　勝呂信靜, 앞의 책, 2009, p.196; 橘川智昭,「圓測の五性各別思想ーー圓測思想に対する從來解釋の再檢討と基教學との比較一」, 東洋大學大學院博士學位論文, 2001, p.186

이 성불할 수 있다고 교설하는 것이기 때문에, 이러한 일승설은 실은 진실이 아니라 방편설이라고 해석하고 삼승진실, 일승방편의 주장을 하게 되었다는 것이다.[46] 그런데, 『현찬』의 『법화경』 해석 중에는 명확히 일승을 현재의 교설로서 진실로, 이승을 예전의 교설로서 방편으로 해석하는 문구도 있다.[47] 이러한 이유로 삼승진실, 일승방편의 주장과 의미가 다르며 전통적 법상종 해석과 모순이 생길 수도 있다고 지적되기도 한다.[48]

4. 혜능惠能

『법화경』에 대한 주석서는 아니지만, 혜능(638~713)의 『육조단경六祖壇經』에 『법화경』을 둘러싼 긴 해석을 볼 수 있다. 이 책은 당시 선종의 『법화경』 해석을 볼 수 있다는 점에서 흥미롭다. 법달이라는 스님이 7년 동안 『법화경』을 늘 외워도 그 핵심을 알지 못해 혜능을 찾아 조계산에 왔다. 글을 읽지 못했던 혜능은 법달이 『법화경』을 다 읽자 『법화경』의 의미에 대해서 "7권 전체가 비유인연이며, 여래는 당시 세속인의 근기가 낮아 삼승을 널리 설했다. 다만, 경문에서 이야기하듯 오직 일불승이 있다."[49]라고 설명하며, '오직 일대사인연一大事因緣 때문이다'라는 경전의 문구로 이와 같은 사실을 알 수 있다고 한다.

혜능은 일대사인연임을 깨달았을 때 일념에 마음이 열리고 불지견佛

---

46 橘川智昭, 앞의 논문, 2001, p.201
47 『妙法蓮華經玄贊』卷8「法師品」(『大正藏』 34, 810a26~28)에서는 "방편문을 연다는 것은, 즉 멀리 있는 것을 포함하고, 부수적 원인이며, 옛날에 설한 이승의 교리 행과이다. 진실상을 나타낸다는 것은 가까움을 포함하고, 정인이며, 현재에 설하는 일승교리 행과이다."라고 한다.
48 橘川智昭, 위의 논문, 2001, pp.189~190, 203~204
49 『壇經』(『大正藏』 48, 342c11~13)

知見이 열리는 것을 개시오입開示悟入이라고 한다.⁵⁰ 혜능에게 불지견을 연다는 것은 자기의 본성을 보는 것과 다름없다.⁵¹ 혜능은 이러한 『법화경』의 교법을 자신의 선과 동등한 경지로 본 것 같다. 『육조단경』에서 교법을 4승, 즉 소승·중승·대승·최상승으로 나누는 가운데, 『법화경』의 일불승은 최상승에 해당하는 것처럼 보이기 때문이다. 자신의 본성을 본다는 어구는 『육조단경』에서는 최상승법을 이해한 선지식이어야 가능한 경지이기 때문에 『법화경』의 일불승을 법의 측면에서 이해하면 최상승법이 되는 것이다. 한편 개시오입이라는 용어는 천태 지의의 영향을 입어 사용된 것으로 생각되며, 따라서 혜능은 『법화경』을 일승경전으로 보고 있는 전통을 따르면서 한층 더 높이 평가했다고 볼 수 있을 것이다.

일본의 『법화경』 중심주의

일본에서 『법화경』 연구의 시초는 성덕태자聖德太子(쇼토쿠태자, 574~622)의 『법화의소法華義疏』일 것이다. 귀족이면서 정치가이면서 재가신자였던 성덕태자는 611년에는 『승만경의소勝鬘經義疏』, 613년에는 『유마경의소維摩經義疏』, 그리고 615년에 『법화의소』를 찬술했다고 전해진다.⁵² 고구려 혜자와 백제 혜총 등의 자문을 거쳐 『법화의소』가 성립

---

50 『壇經』(『大正藏』 48, 342c17~23)에서는 "불지견을 연다는 것에서 불은 각과 같다. 이것을 넷으로 나누면, 각지견을 열고, 각지견을 보이며, 각지견을 깨닫고, 각지견에 들어가는 것이다."라고 한다.
51 『壇經』(『大正藏』 48, 342c21~23)에서는 "각지견은 자기의 본성을 보고 바로 출세간을 얻는 것이다."라고 하였다.
52 渡邊寶陽 監修, 앞의 책, 2013, p.73

되었다고 추정되는데,[53] 『법화의소』는 법운의 『법화의기』에 의거하는 바가 많다. 본문 가운데 '본의本義', '본석本釋', '본소本疏'라고 기록한 것은 『법화의기』를 지시한다. '권실이지개삼현일權實二智開三顯一'이라는 법운의 독특한 용어를 차용해서 삼승방편과 일승진실의 사상을 표현하는 것 등은 『법화의소』가 『법화의기』에 경도된 예에 속한다. 그러나 『법화의소』는 교판적으로 『법화경』을 최고에 놓는다는 점에서 법운과 견해를 달리한다. 천태 지의의 저술이 아직 일본에 들어오지 않았던 때에 『법화경』을 교판적으로 최고로 존중하는 태도를 보인 것이다. 또한 일대승一大乘이란 용어를 구사하는 것이 주목되었는데, 후일에 최징最澄(사이초, 767~822) 등의 운동과도 연관된다.[54] 이 용어는 『법화의기』도 사용하고 있지만, 성덕태자의 『법화의소』에서는 특히 '일대승기一大乘機'라는 근기 개념을 자주 구사하는 것이 독창적이라고 생각된다. '일대승기'는 『법화경』의 일불승을 수용할 수 있는 근기를 일컫는다.[55]

일본에서 『법화경』을 적극적으로 중시한 인물이 최징이다. 최징은 나라로부터 천태 법화종의 설립을 인정받았지만, 그가 당에서 배워 온 밀교 공부가 부족하여 공해空海(구카이, 774~835)에게 나아가 배우기도 한다. 그가 귀국한 후 일본에서는 밀교의 주술적 능력을 원했기 때문이다.[56] 나아가 천태 법화종만의 독립적 계단 설립의 필요성을 조정에 호

---

53 田村晃祐, 「飛鳥時代の仏教と百済·高句麗の僧」, 『불교학리뷰』 4, 금강대학교불교문화연구소, 2008, pp.29~35; 김춘호, 「고구려 慧慈가 일본 法華學에 미친 영향」, 『한국불교사연구』 9, 한국불교사연구소, 2016, pp.4~36
54 스에키 후미히코 저, 이시준 역, 앞의 책, 2005, pp.33~35
55 『法華義疏』 卷1(『大正藏』 56, 64c29~65a2)에서는 "왕사성에 이르러 비로소 일대승을 발한 근기는 여래출세의 큰 뜻과 일치한다."라고 설명한다. 이 부분은 『法華義記』(『大正藏』 33, 572c13)로부터 취의하였다.
56 스에키 후미히코 저, 이시준 역, 위의 책, 2005, p.91

소하지만, 이를 둘러싸고 호명護命(고묘, 750~834)과 논쟁한다. 비록 그가 입적한 후에 독립 계단이 성립되지만 이것은 최징이 노력한 결실이었다. 사상적으로 일승 사상의 확립을 위해 덕일德一(도쿠이치)과 일승삼승 논쟁을 벌이기도 한다. 일승과 삼승의 논쟁은 이미 중국에서도 있었지만, 그것은 중국 법상종과 섭론종의 논쟁인 반면, 일본에서의 논쟁은 천태종의 일승주의 입장과 법상종의 삼승주의 입장의 논쟁이라는 점에서 중국 천태종에서는 없었던 문제의식이었다.[57]

최징과 덕일의 논쟁은 816년부터 821년까지 지속된다. 둘의 논쟁은 덕일이 『불성초佛性抄』를 지어 천태 교학을 비판한 것이 발단이 되었다.[58] 최징이 『조권실경照權實鏡』을 지어서 이에 대응하자, 상호 간 몇 권의 저술이 지어진다. 불행히도 덕일의 저술은 산일되어 없어졌지만, 최징의 저술에 인용된 형태로 남아 있어 그 주장을 어느 정도 알 수 있다. 이 논쟁은 천태 교학 전반에 관한 것이지만, 그중에서도 특히 『법화경』 이해를 둘러싼 문제가 중심이 되었다.[59] 이 논쟁에서 덕일은 『법화경』 일승이야말로 부정성인 사람을 격려하기 위한 방편이고 삼승의 구별이야말로 진실이라고 주장하는 반면에,[60] 최징은 일승이야말로 진실이고 삼승은 방편이라고 정반대의 주장을 한다. 최징은 『법화경』이 설해진 이후에는 모든 사람들이 부처의 깨달음의 세계에 나아갈 수 있다는 진실일승의 가르침만이 성립한다고 주장한다[61]는 점에서 『법화경』 일승중심주

---

57 스에키 후미히코, 「법화천태 사상의 일본적 전개」, 금강대불교문화연구소 편, 『동아시아 법화경세계의 구축Ⅱ』, 서울: 여래, 2014, pp.359~360
58 渡邊寶陽 監修, 앞의 책, 2013, pp.96~97
59 스에키 후미히코 저, 이시준 역, 앞의 책, 2005, p.92
60 스에키 후미히코 저, 이시준 역, 위의 책, 2005, p.94
61 塩入法道編, 『天台佛敎の敎え』, 東京: 大正大學出版會, 2012, p.161

의적인 요소를 가지고 있다.

　가마쿠라(鎌倉)시대가 되면 정토종, 조동종 등의 신종교가 탄생하는데, 그 가운데 일본의『법화경』중심주의를 대표하는 일련종日蓮宗(니치렌슈)도 성립된다. 일련종의 창시자 일련日蓮(니치렌, 1222~1282)은 현재의 지바 출신으로 가마쿠라와 히에이산(比叡山)에서 수학하였다. 그는 당시 사회의 기근과 역병 등으로 인한 사회 불안이 정법인『법화경』을 버리고 염불과 같은 삿된 법에 경도되었기 때문이라고 진단하였으며, 만약 정법을 따르지 않는다면 외국의 침략 등 재앙이 더욱 커질 것이라고 했다.[62] 때마침 몽골의 침략이 있었고, 일련은 이것이 예언의 실현이라고 받아들여『법화경』신앙에 더욱 자신감을 갖게 되었다.[63] 일련은『법화경』의 제목만 염송하고 신앙하도록 권유하는데, 유배 후에는 유배를 법난이라고 생각하면서 법난을 극복하는 법화행자로서의 입장을 더욱 공고히 한다.[64]

　일련의『법화경』사상은 법화 신앙을 축으로 전개되며, 적문과 본문 가운데 본문에 중심을 두는 데 그 특징이 있다. 따라서 적문의 일승에 의한 불교의 통일보다, 역사적 석존을 초월한 영원한 석존을 절대시하였다.[65] 이것은 일련의『법화경』우월 사상과도 맥락을 같이한다. 정토종의 염불 수행을 비판하기 위해 저술된『수호국가론守護國家論』에서는『법화경』이외의 경전끼리 비교할 경우 다른 경전이 다 없어진 후에도 정토계 경전이 남아 중생을 구제하지만, 이 정토계 경전을『법화경』과 비교

62　스에키 후미히코 저, 이시준 역, 앞의 책, 2005, p.209
63　스에키 후미히코 저, 이시준 역, 위의 책, 2005, p.209
64　모치즈키 신초,「일본에 있어서의 법화 신앙 수용과 전개」, 금강대불교문화연구소 편,『동아시아 법화경세계의 구축』, 서울: 여래, 2013, pp.278~279
65　스에키 후미히코 저, 이시준 역, 위의 책, 2005, pp.209~211

하면『법화경』이 마지막까지 남는다고 하면서, "법화·열반은 무량한 시간이 지난 후에도 끊어지지 않을 경전이다."라고 한다.[66] 1273년에 완성한『개목초開目抄』는 일련의 법문을 전수하기 위해 저술되었으며,『법화경』이야말로 말법에 사람들을 구제하는 교설임을 역설하였는데, 교설의 특색으로서는 이승작불二乘作佛과 구원실성久遠實成을 들 수 있다.[67] 이승작불은『법화경론』의 성문 수기에서도 보았듯이 성문의 성불을 인정하는 것이고, 구원실성은 석가의 영원성을 말하는 것이다. 일련은 이승작불의 사상이「방편품」을 중심으로 명확히 설해졌다고 보며, 이 외에「제바달다품」을 통해 설해진 '악인성불', '여인성불'도「방편품」에서 개현된 일불승 교설의 집약이라고 평가했다.[68] 그런데 일련은 본문의 구원실성의 교설을 밝히지 않고서는 적문의 교설도 수중의 달을 보는 것과 마찬가지라고 하여[69] 본문 중심의『법화경』중심 사상을 분명히 하고 있다.

III. 삼국과 고려의『법화경』일승 사상

고구려·백제의 법화 사상 전파

고구려의『법화경』연구에 대해서는 구체적인 자료가 부족하다. 우선, 595년에 일본으로 건너간 혜자慧慈가 일본 성덕태자의 스승이 되었고,

---

66 末木文美士,『日蓮入門―現生を撃つ思想』ちくま新書255, 東京: 筑摩書房, 2000, pp.112~113
67 渡邊寶陽 監修, 앞의 책, 2013, pp.140~141
68 末木文美士, 위의 책, 2000, pp.140~141
69 末木文美士, 위의 책, 2000, p.142

성덕태자가 『법화경소』를 지었다는 사실이다. 기록에는 혜자는 삼론종과 『성실론』에 능했다고 한다. 이것은 사실일 것이지만, 성덕태자의 스승인 이상 성덕태자의 『법화의소』에 혜자의 영향력이 작용했을 것이라는 추정은 충분히 가능하다. 이 점은 학계에서 일반적으로 인정된다. 그렇다면 그것은 『법화경』의 일승 사상일 것이다. 한편, 고구려 승려 가운데 파야波若가 있어 596년에 천태 지의의 선법을 전수받는다. 이후 16년간 산을 벗어나지 않고 자지도 않고 눕지도 않은 채 수행했으며, 613년에 52세로 입적한다.[70]

백제에는 『법화경』 신행자에 대한 기록이 더 있다. 우선, 발정發正이 있다. 발정은 양나라 천감天監 연간(502~519)에 중국에 가서 대동大同 연간에 귀국하는 길에 「관세음보살보문품觀世音菩薩普門品」의 독송 공덕이 『화엄경』 독송보다 뛰어남을 들었다는 기록이 있다.[71] 다음으로 현광玄光이 남악 혜사南岳慧思의 제자가 되어 「안락행품」에서 설하는 법화삼매를 전수받고, 귀국하여 수행과 교화에 전념했다는 기록이 있다.[72] 고구려 혜자와 함께 성덕태자의 스승이 되었다는 백제의 혜총이 있는데, 그의 『법화경』 사상 또한 성덕태자에게 영향을 미쳤다고 추정된다. 『삼국유사』에는 백제의 승려 혜현惠顯(570~627)이 수덕사에서 아침저녁으로 『법화경』을 독송했다는 기록을 남기고 있지만 그의 사상적 경향에 대해서는 남아 있는 기록이 없다. 다만 고구려나 백제는 혜자와 혜총에서 볼 수 있듯이, 사상적으로는 천태 지의보다 이전에 활동한 법운의 『법화경』

---

70 원각불교사상연구원 편, 『한국 천태종사』, 서울: 대한불교천태종출판부, 2012, 재판, pp.29~33
71 원각불교사상연구원 편, 위의 책, 2012, pp.33~34
72 원각불교사상연구원 편, 위의 책, 2012, pp.34~35

일승 사상이 전파되었다고 추정할 수 있다.

신라의 법화일승 사상

신라시대에 들어오면 백제시대와 마찬가지로 낭지朗智·연광緣光·도육道育 등 저술을 남기지 않은 법화 수행자들의 이름이 보이지만, 원효元曉·순경順憬·현일玄一·의적義寂·경흥憬興·도륜道倫·태현太賢·원홍圓弘(신라인으로 추측됨.) 등이 『법화경』 관련 저술을 짓고 있다. 이 가운데 남아 있는 것은 원효의 『법화종요法華宗要』, 의적의 『법화경론술기法華經論述記』(상권 현존, 하권 일실), 『법화경집험기法華經集驗記』, 원홍의 『법화경론자주法華經論子註』(상하권 현존, 중권 일실)이다. 여기서 주목되는 것은 신라 승려들의 저술 시기가 7세기 중후반에서 8세기 중반으로 집약되고, 유식학을 수학한 경향이 있다는 것이다.[73] 이와 같은 경향은 사상적으로는 규기가 법상종 승려이면서 『법화경현찬』을 저술한 것에 의해서 촉발되었다고 추측되지만, 신라의 『법화경』 신앙의 성행도 중요한 이유가 될 것이다.[74] 본고에서는 현재 접할 수 있는 원효와 의적의 『법화경』 관련 저술에 대해서 검토하고자 한다.

우선, 원효의 『법화종요』는 6문으로 구성되어 있지만, 그 가운데 마지막 수문 해석은 명칭만 있을 뿐 실제 내용은 없기 때문에, 1문부터 5문까지의 현담으로 구성되어 있다고 볼 수 있을 것이다. 각각 대의大意, 경종經宗, 전용詮用, 제명題名, 교섭敎攝이다. 전용詮用(작용을 설명함.)에서

---

[73] 박광연, 「統一新羅 『法華經』의 流布와 특징」, 『天台學硏究』 13, 원각불교사상연구원, 2010, pp.491~497
[74] 박광연, 위의 논문, 2010, pp.489~516

는 삼승 방편을 열어(開), 일승진실을 보이(示)는 방법을 네 가지로 설명한다. 즉 ① 용삼위일用三爲一, ② 장삼치일將三致一, ③ 회삼귀일會三歸一, ④ 파삼립일破三立一이다. 이 용어는 지의와 길장을 원용하지만, 특히 ① 용삼위일, ② 장삼치일은 원효의 독자성이 인정된다.[75] 각각의 의미를 간략히 보면, "① 용삼위일은 전날의 삼승교설이 바로 일승의 교설이 되기 때문이다. ② 장삼치일은 장차 저 삼승의 사람이 동일하게 일승의 불과에 이르기 때문이다. ③ 회삼귀일은 옛날에 설해진 삼승의 인과를 모아서 근본의 일승의 이치로 돌아가게 하기 때문이다. ④ 파삼립일은 저 삼승이 각자 향하던 집착을 깨고 함께 일승의로 돌아가는 뜻을 세우기 때문이니, 이 네 가지는 뛰어난 작용이며, 이러한 이유로 경전에서 방편문을 열어서 진실의 모습을 보인 것이다."[76]라고 해석한다. 이러한 설명은 모든 중생이 평등하게 여래장성을 지녔음을 선언하는 교설이 『법화경』의 일승이라는 원효의 선언과 일맥상통한다.[77] 즉, 『법화경』에 내재한 평등성의 선언이다. 또한 방편을 중시하는 원효의 해석은 신라의 『법화경』 일승주의가 대중성을 확보해 가는 일면을 말해 주는 것으로 해석된다.

다음으로 의적의 『법화경론술기』를 검토한다. 의적은 법상종의 학승으로서 현장玄奘 문하에서 유학하였지만 그럼에도 불구하고 중국 법상종과는 다른 사상 경향을 가진 것으로 인식되어 왔다.[78] 의적의 법화경관을 볼 수 있는 문헌인 『법화경론술기』는 『법화경』에 대한 주석서가 아

---

75 李永子, 『법화-천태사상연구』, 서울: 동국대학교출판부, 2007, 4쇄, pp.360~363
76 『法華宗要』(『大正藏』 34, 873a25~b3)
77 남동신, 「원효의 대중교화와 사상체계」, 서울대학교대학원 국사학과 박사학위논문, 1995, p.191
78 박광연, 『新羅法華思想史研究』, 서울: 혜안, 2013, p.88

니라,『법화경』에 대한 세친의 주석서인『법화경론』에 대한 의적의 주석서이다. 따라서『법화경』의 복주復註에 해당한다. 이 문헌은 우선 찬자의 문제부터 약간 언급해야 한다. 종종 의일義一의 저술로 인용되기도 하기 때문이다.

현재『법화경론술기』는 상권만 남아 있으며,『한국불교전서』에는 의적석義寂釋 의일찬義一撰으로 되어 있다. 물론 원 문헌에 그렇게 되어 있는 것은 아니다. 일본의『동역전등목록東域傳燈目錄』에 그렇게 기록되어 있기 때문에 이것을 따른 것이다. 불행하게도 한국의 목록에서는『법화경론술기』를 찾을 수 없다. 유명한 의천의 목록에도 없다. 현재 의적과 의일의 관계에 대해서는 의적의 강의를 받아 적은 부분과 의적과 제자 의일의 문답을 나누어 이해하기도 한다.[79] 여기서는 의적의 강의에 중점을 두고 의적의 사상으로 이해하고자 한다.

『법화경론술기』에서 의적은『법화경』이 모든 경 가운데 왕이며, 법문 가운데 최고라고 평하는데,『법화경』이 일승의 진실을 펼쳐 보인다고 하는 진술과 관련이 된다.[80] 즉『법화경』의 핵심 사상은 '파이명일破二明一'이다. 이승을 깨뜨리고 일승을 밝히는 것이다. 이것은 흔히 이야기하는 파삼명일·회삼귀일·개삼현일과는 다르지만, 드러내고자 하는 일승은 같다. 의적은『법화경』에는 이승의 의미는 실질적으로는 없고, 방편일 뿐이라 한다. 이러한 설명이 새로운 것은 아니지만, 의적에게 일승은 구체적으로는 10종의 무상無上이라는 점에서 독특한데, 그는 10종의 고만高慢에 대응하여 이를 고치기 위해『법화경』에서 십종의 무상을 드러내

---

[79] 박광연, 앞의 책, 2013, pp.98~101
[80] 박광연, 위의 책, 2013, p.104

었다고 한다.[81] 이것이야말로 『법화경』이 밝히려는 일불승인 것이다.

의적은 『법화경집험기』를 만들 정도로 법화경 영험담에도 심취해 있었다고 생각된다. 그런데, 의적의 서문에서도 알 수 있듯이 법화경 영험담을 모은 이유는 『법화경』이야말로 일승경전이고, 구휼의 경전이고, 중생을 열반으로 이끌 수 있는 경전이라고 생각했기 때문에 그에 대한 영험담을 모아서 『법화경』의 공덕을 강조하고, 독송하고 수지하길 바랐을 것으로 생각된다.[82] 이러한 『법화경집험기』는 의적이 내세우는 『법화경』 일불승의 신앙적 승화라고 할 수 있을 것이다.

『천태사교의天台四敎儀』

고려시대에 들어오면 신라 이후의 선종 외에 화엄종, 법상종이 중심이 되지만, 그러한 가운데서 제관諦觀이 『천태사교의』를 저술하여 후대 천태 사상 연구에 큰 영향을 미친다. 제관은 폐불로 중국에서 없어진 천태 문헌을 가지고 중국에 들어가서 나계 의적螺溪義寂(919~987) 문하에서 10년 동안 천태학을 연구하였다. 그의 저서인 『천태사교의』는 사후에 알려지고, 중국 천태종 산외파인 고산 지원孤山智圓(976~1022)이 교정·판각한다.

제관의 『천태사교의』는 『사교의』, 『법화현의』 등의 여러 저술에서 초출抄出한 것이지만 그대로 문장을 가지고 온 것이 아니라 제관이 이해한 대로 문장을 바꾸기 때문에 제관의 관점이 투영되어 있다고 할 수 있다.

---

81 박광연, 앞의 책, 2013, pp.105~106. 10종의 무상에 대해서는 pp.106~107 참조.
82 김상현, 「의적의 법화경집험기에 대해서」, 『동국사학』 제34집, 동국사학회, 2000, pp.19~32

따라서 『천태사교의』는 천태 지의의 천태 사상이 중심이지만, 그럼에도 불구하고 제관만의 법화경관을 엿볼 수 있다. 우선 교판에서 『법화경』의 지위를 알 수 있다. 이른바 오시 팔교 가운데 『법화경』은 법화·열반 시로서 제5시에 두어진다. 이 가운데 『천태사교의』 법화시에서는, 『법화경』은 먼저 돈과 점을 연 후에 경전의 대상들을 돈도 점도 아닌(非頓非漸) 세계로 이끈다고 하고, 그래서 개권현실·폐권입실·회삼귀일의 경전이라고 한다.[83] 이러한 규정은 천태 지의가 『법화현의』에서 지론종의 교판 가운데 제5시를 비돈점의 포섭(非頓漸攝)으로 규정한 것에 근거하겠지만, 이것을 법화에 해당하는 용어로 명확하게 규정한 것은 형계 담연荊溪湛然의 『법화문구기法華文句記』에서 볼 수 있다.[84] 그리고 제관은 이승과 삼승이 없으며 홀로 일승이기 때문에 묘妙라는 이름을 얻었다고 평가한다. 이것을 추麤와 묘, 그리고 오미五味를 반영해서 앞의 네 가지 맛을 열고 모으고 폐하여 일승의 묘를 성취하게 한다고 하였다. 이것은 담연이 사용하는 사추일묘四麤一妙에 해당할 것이다. 이와 같이 제관의 『천태사교의』는 천태 지의, 형계 담연 등이 사용하는 기존의 천태학 용어를 계승하거나 변형하여 『법화경』의 일승성을 나타냈다는 데 그 특징이 있다.

그런데 『천태사교의』는 송대 이후 엄청난 반향을 일으켜서 중국과 일본에서 100여 종이 넘는 주석서가 만들어진다. 앞에서 언급했듯이 『천태사교의』는 중국 천태종 산외파 지원에 의해 판각되는데, 이후 같은 산외파 종의從義(1042~1091)의 『천태사교의집해天台四敎儀集解』 3권이 만들

---

83 『天台四敎儀』(『大正藏』 46, 775b11~12).
84 『法華文句記』 卷3 「釋序品」(『大正藏』 34, 197c14~16)에서는 "법화일승은 돈점에 포함되지 않는다. 하나를 엶에 돈점이 생기며 그러므로 지금은 돈이 아니면서 돈이며, 점이 아니면서 점이라고 말한다."라고 하였다.

어진다. 그리고 『천태사교의집해』와 함께 후대에 영향을 크게 미친 것 중에 산가파인 원의 몽윤蒙潤이 저술한 『사교의집주四教儀集註』 3권이 있다. 그 외에 남송 원수元粹의 『사교의비석四教儀備釋』 2권이 만들어져 중국에 유통되었다.[85] 훗날 일본에서는 주로 『천태사교의집해』와 『사교의집주』의 복주가 상당히 많이 만들어지면서, 특히 천태종, 일련종 등 『법화경』을 근본 경전으로 하는 종파의 기초 과목으로 정착된다.

의천과 요세

고려 중기 의천義天은 고려에 천태종을 만든 장본인이다. 의천은 중국 송나라에 갔다 귀국 길에 오를 때 천태 지의 대사 탑에 참배하고 고려에 천태종을 개창하겠다고 서원을 세웠다. 의천은 귀국 후 1097년에 국청사國淸寺의 완공과 함께 천태종을 개창하기에 이른다. 그의 천태종 개창의 의의에 대해서는, 원효의 화쟁 사상이 기반이 되었다거나,[86] 화엄종과 천태종 병립을 통한 불교계 개편이 이루어졌다는[87] 등의 다양한 의견이 있다.

특히 의천이 교教와 관觀을 중시했다는 것이 일반적 평가인데,[88] 이러한 의천의 사상은 천태 지의의 사상을 바탕으로 한 것으로 『법화경』 자체에 대한 이해는 아닐 것이다. 예를 들어 『대각국사외집大覺國師外集』

---

85 이영자, 앞의 책, 2007, p.288
86 이영자, 위의 책, 2007, p.295
87 박용진, 「대각국사 의천의 천태종 개창과 계승」, 금강대불교문화연구소 편, 『동아시아 법화경세계의 구축Ⅲ』, 서울: 여래, 2015, pp.101~105
88 의천은 귀국 길에 천태 지의의 탑에서 발원할 때도 교와 관을 중시하고 있다. 이영자, 위의 책, 2007, p.293

권12를 보면, 1097년 5월에 의천이 국청사에서 천태 교리를 강의하였는데, 그때 역시 천태 지의의 문장에 따라서 이치를 궁구하여서 지와 관이 원만하게 밝아지는 것을 경험하고 있다.[89] 천태종의 소의 경전인 『법화경』은 천태종을 개장한 의천에게 소중한 경전이었음에 틀림없다. 하지만, 현재 그의 법화경관을 알 수 있는 자료가 없어서 아쉬움을 남긴다. 의천 이후 고려의 천태종은 교세를 확장하지는 못했지만,[90] 그의 노력은 헛되지 않아서 훗날 요세의 백련결사白蓮結社가 일어나는 간접적 원인을 제공하였다.

고려에 무신 정권이 들어선 후 천태종에서는 의천 계통의 천태종에서 원묘 요세圓妙了世(1163~1245)로 법맥이 바뀌면서 천태 법화 신앙의 실천이 강조된다. 요세는 1216년에 강진 만덕사萬德寺에서 백련결사를 조직한다. 백련결사는 천태교관·천태참법·정토 사상에 입각한 결사로 알려져 있는데, 당시 지눌知訥(1158~1210)의 수선결사와 쌍벽을 이루는 신불교 운동으로 평가된다. 요세는 결사 운동의 일환으로 보현도량을 설치하였고, 여기서 계환戒環의 『법화경요해法華經要解』(이하 『계환해』로 약칭)가 붙은 『법화경』을 조판하기도 하였다. 이 『법화경』에 발문을 쓴 최이崔怡는 『법화경』의 취지가 삼승을 회통하여 일승으로 돌아가게 하는 것이라고 하면서, 이 회삼귀일 사상이 후삼국 통일의 기반이 된 것으로 이해하였다.[91] 비록 최이가 쓴 발문이지만 요세에게 배운 사상일 것이다. 즉 『법화경』을 국가를 통일시키는 경전으로 이해했다는 점에서 독특한

---

89 『大覺國師外集』(『韓佛全』4, 592c), "依文而顯理究理而盡心, 止觀圓明, 語默自在 拔盡信書之守, 破惡取空之執."
90 원각사상불교연구원 편, 앞의 책, 2012, pp.154~157
91 원각사상불교연구원 편, 위의 책, 2012, pp.172~173

해석을 볼 수 있다.

요세는 매일 『법화경』 전체를 독송하였으며 '서참회徐懺悔'라고 불릴 정도로 참회행을 닦았다고 한다. 그중 법화참법에서는 반행반좌삼매半行半坐三昧를 실천하였다. 이 삼매는 서기도 하고 걷기도 하고 앉기도 하며 『법화경』을 독송하는 참법이다. 따라서 요세가 『법화경』을 매일 독송할 정도로 그것을 중시하였음을 미루어 짐작할 수 있다. 다만, 그 이상의 『법화경』에 대한 사상적 입장은 현재 알 수 없다.

한편 『법화경』의 독송과 관련해서 요원了圓의 『법화영험전法華靈驗傳』에 주목할 수 있다. 본서는 『법화경』의 각 품에 맞추어 영험담을 싣고 있다는 점에서 『법화경』의 중요성을 드러내 준다. 즉 대중에게 『법화경』을 읽거나 외워 발심을 권장하려는 뜻이 강조된 영험담이다.[92] 당 혜상慧詳의 『홍찬법화전弘贊法華傳』 10권과 송 종효宗曉의 『법화경현응록法華經現應錄』 4권, 고려 진정 국사眞淨國師의 『해동법화전홍록海東法華傳弘錄』 4권이 중요한 인용 문헌이다. 요원은 궁극적으로 중생 구제에 뜻을 둔 백련결사 정신이 정치적 이해 속에서 지향점을 잃은 시점에서 백련결사의 정통성을 지키고자 『영험전』을 편찬한 것으로 이해된다.[93] 앞에서 본 의적의 『법화경집험기』는 중국 계통의 법화 영험담을 주로 참고했지만, 요원의 『법화영험전』은 중국과 나려羅麗시대의 법화 영험담을 종합한 형태로 편집되었다는 점에서 동아시아 법화 영험담의 전통을 확고하게 했다고 평가된다.[94] 다만, 그의 『법화경』의 종지에 대한 입장은 알 수 없다.

---

92 구미진, 「『법화영험전』의 서사문학적 특성 연구」, 서울대학교 석사학위논문, 2011, p.10
93 구미진, 위의 논문, 2011, p.17
94 구미진, 위의 논문, 2011, p.36

IV. 조선시대의 『법화경』 대중화와 신앙

김시습의 『연경별찬蓮經別讚』

김시습金時習(1435~1493)은 조선 초의 저항자로서 인식된다. 호는 매월당梅月堂으로 절의를 지킨 생육신의 한 사람이며, 저항 시인이고, 철저하게 기일원론氣一元論을 주창한 성리학자로 평가되고, 도교의 계보에도 속하며, 승려가 되어 선종의 입장에서 여러 저술을 남겼다.

김시습의 불교 저술은 의상의 『법계도法界圖』를 주석한 『화엄일승법계도주華嚴一乘法界圖註』 외에도 화엄·선에 관한 것들이 있으며, 『법화경』에 관한 저술로 『연경별찬』이 전해 온다. 김시습은 『법화경』이 선종에 속하며, 선종의 풍취가 있어, 그 뜻이 말이나 글자에 있지 않다고 한다.[95] 김시습의 『화엄석제華嚴釋題』는 『화엄경』의 경제經題를 선종의 풍으로 해석한 것으로서 잘 알려져 있는데,[96] 『연경별찬』에서도 총체적으로 이를 선의 풍취로 해석하고 있다.[97]

『연경별찬』의 법화경관은 ① 삼주설법三周說法과 ② 사일四一로 일불승에 대해서 설명하는 것을 특징적으로 들 수 있다. 우선 ① 삼주설법은 천태 지의의 『법화현의』에서 이미 설해진 것으로 법설·비유설·인연설의 세 가지 법문을 각각 상근기·중근기·하근기와 관련시켜서 일불승을 교설하는 방편을 의미한다. ② 사일은 『천태사교의』에서 인용한 것으

---

[95] 원각사상연구원 편, 앞의 책, 2012, pp.263, 267
[96] 김지견, 「김시습『화엄석제』의 주석적 연구」, 『선무학술논집』 제6집, 국제선무학회, 1997, pp.11~59
[97] 원각사상연구원 편, 위의 책, 2012, pp.275~278

로 일불승의 네 가지 존재 방식, 교일敎一·행일行一·인일人一·이일理一을 의미한다. 『연경별찬』은 『법화경』의 대의를 논할 때 이 두 가지를 다 거론하고 이 두 가지를 합하여 『법화경』 일승 사상을 드러낸다는 의식이 있었다고 볼 수 있다. 그러한 점이 『연경별찬』의 독자성이고 의의일 것이다. 이하 『연경별찬』의 교설에 따라 ① 삼주설법, ② 사일에 대해서 일승과 삼승을 관련시켜 설명해 보고자 한다.

『연경별찬』에서는 『법화경』이 교설되는 인연은 대중의 의지(衆志)가 진실하게 되어 대승원교를 수용할 때가 되었기 때문이라고 한다. 그 내용은 개권현실과 회삼귀일이다. 그런데 김시습은 더 나아가서 이것은 적멸도량의 본뜻을 선양하고 영산회상의 뛰어난 모임을 연다고 하여, 『법화경』을 『화엄경』의 본뜻을 다시 펼쳐 보이는 것으로 이해함을 알 수 있다.[98] 김시습은 『법화경』에서는 이러한 뜻을 드러내기 위해서 상중하의 근기에 따라 삼주설법을 한다고 보고 있다. 그에 따르면 그 가운데 문수보살의 실상과 사리자의 방편을 통해 미묘한 법을 설하기 때문에 '묘법연화경'이라고 하는 것은 삼주설법 가운데 법설에 해당하며 상근기를 위한 교설이고[99] 화택비유·궁자비유·약초의 비유·수기품은 중근기를 위한 비유설이며, 화성유품·학무학인기품學無學人記品 등은 인연설로서 하근기를 위한 교설이라고 한다.[100] 비록 상중하로 나누지만 이것은 일불승을 열어 보이는 방법에 속할 뿐이다. 『연경별찬』에서는 이 일불승의 네 가지 유형을 게송을 통해 설명한다.

---

98 『蓮經別讚』(『韓佛全』7, 288b11~14)
99 세종대왕기념사업회 편집부, 『국역매월당집』 5, 서울: 세종대왕기념사업회, 2008, pp.53~54
100 원각사상연구원 편, 앞의 책, 2012, pp.271~273

| 둘도 없고 또한 셋도 없다고 함은 | 無二亦無三則教一也 |

교설의 일불승이다

| 바르고 곧아서 방편을 버린다고 함은 | 正直捨方便則行一也 |

행위가 오직 하나일 뿐이다

| 다만 보살승을 위한 것이라 함은 | 但爲菩薩乘則人一也 |

교설 대상이 하나일 뿐이다

| 세간의 모습이 상주한다 함은 | 世間相常住則理一也[101] |

도리가 하나일 뿐이다

이러한 설명은 『천태사교의』만의 독특한 어법을 빌린 것인데, 김시습은 『연경별찬』의 『법화경』 대의를 논하는 부분에서 일불승을 드러내는 삼주설법과 사일을 활용함으로써 대중 독자에게 『법화경』 일불승의 실상을 쉽게 이해시키려고 하였던 것으로 생각된다.

언해본 『법화경』의 의의

조선시대에는 많은 경전이 언해되는데, 그 가운데 『법화경』도 언해되어 유통되었다. 언해본 『법화경』에는 일여一如의 『법화경과주法華經科註』(이하 『일여주』로 약칭)와 『계환해』가 병기되어 있는데 이 가운데 『계환해』는 번역되어 있고, 『일여주』는 한문 그대로이다. 이러한 상황으로 봐서 『계환해』가 중시되었음을 알 수 있다. 반면 중국과 일본에서는 『일여주』가 주목된 사실에 비추어 특이한 예에 속한다는 것이 지적되어 왔다.[102] 이

---

101 『蓮經別讚』(『韓佛全』7, 288c20)
102 원각사상연구원 편, 앞의 책, 2012, pp.287~288

후『일여주』는 빠지고 조선에서『법화경』을 간행할 때는 거의『계환해』가 발간된다.

현재 가장 빠른『계환해』가 있는『법화경』간행은 1240년이며, 여기에 최이의 발문이 있는데, 이『법화경』은 고려시대 요세의 백련결사가 이루어질 때 설치된 보현도량과 관련이 있는 듯하다. 즉 보현도량에서는 앞에서도 언급했듯이『법화경』을 매일 읽고 부처의 명칭을 염송하는 것을 일과로 삼았는데, 최씨 정권은 요세의 말년에 백련결사에 대한 관심을 보였기 때문이다.[103] 그리고『계환해』가 있는『법화경』이 대중법회에서 의식으로 사용되면서 빠르게 확산되어 갔고, 이것이『법화경』언해에『계환해』가 번역되게 된 이유가 될 것이다. 다만, 당시의 학자들이 왜 가장 유명한 천태 지의의『법화경』주석서 대신에『일여주』와『계환해』를 택했는지에 대해서는 여전히 의문스럽다. 그럼에도 불구하고 언해본『법화경』의 간행은『계환해』를 통해『법화경』이 대중화되어 가는 고려시대 이후 조선시대 초기까지의 전승을 반영한다. 이와 같은 경향을 통해『법화경』이 조선시대에 가장 많이 간행되는 계기를 마련했다는 데서도『법화경』언해본의 의의를 찾을 수 있다. 아울러『석보상절釋譜詳節』의 1/3이『법화경』이라는 사실은[104] 당시의『법화경』중시 및 신앙과 관련하여 중요하다.

---

103 원각사상연구원 편, 앞의 책, 2012, pp.172~173
104 김용태,「조선시대 천태교학의 이해와 그 불교사적 의미」,『천태학연구』13, 원각불교사상연구원, 2010, p.467

『법화경』 간행과 신앙의 대중화

조선시대 초기만 해도 법회에서 『법화경』을 강독하는 풍조가 있었다고 추정된다.[105] 아마도 그러한 풍조의 연속선상에서 앞에서 언급한 김시습의 『연경별찬』도 탄생했으리라고 생각된다. 그러나 조선시대의 종파 통합에 의해 1424년(세종 6) 천태종, 혹은 『법화경』 계열의 종파가 선종으로 흡수된 뒤에는 천태종 혹은 『법화경』의 중요성도 크게 약화될 수밖에 없었다. 조선시대에 불교가 위축되었음에도 불구하고 왕실과 사대부들에게 불교는 여전히 종교적 귀의처였다. 그 가운데 『법화경』은 고려시대 『계환해』를 통해 『법화경』이 간행된 이후 의례에 사용되었던 전통을 계승함과 함께, 돌아가신 부모의 명복이나 가문의 안녕을 기원하기 위해 판각되면서,[106] 조선시대에 가장 많이 간행되는 경전의 지위에 올라 대중적 신앙 경전으로 자리해 간다.

『법화경』이 대중화되어 가는 모습은 특히 수륙재水陸齋의 설행設行에서 잘 나타난다.[107] 수륙재는 대중들에게 닥친 재앙을 없애고 치료할 목적으로, 물과 육지에 떠도는 억울한 영혼들에게 법식法食을 공양하여 천도하는 의식으로서 조선 초기부터 시작되었으며, 불교가 무속신앙을 흡수하여 기층화·토착화되어 가는 모습을 보여 준 예에 속한다.[108] 특히,

---

105 김용태, 앞의 논문, 2010, p.465
106 원각사상연구원 편, 앞의 책, 2012, pp.280~282
107 불교의식은 승려들이 중심이 되는 의식과 재가신자들이 참여하는 의식으로 분류될 수 있고, 수륙재 의식은 재가신자들이 참여하는 의식에 속한다. 이러한 점에서 불교신앙의 대중화라고 불릴 수 있을 것이고, 특히 수륙재에서 『법화경』이 차지하는 비중이 높은 듯하다. 이에 대해서는 남희숙, 『조선 후기 불서간행 연구-진언집과 불교의식집을 중심으로-』, 서울대학교 국사학과 박사학위논문, 2004, pp.56~57
108 원각사상연구원 편, 앞의 책, 2012, pp.296~297

조선시대 불교의 중흥조인 청허 휴정淸虛休靜은 수륙재의 중요성에 대해서 삼보와 사공四供[109]에 힘을 기울인다 하더라도 인과의 이치는 막을 수 없으며, 이미 죽은 자에 대하여 슬퍼하는 것은 재를 열어서 복해福海를 닦는 것보다 못하다고 하여 수륙재에 사회적으로 중요한 의미를 부여하고 있다.[110]

그런데, 부휴 선수浮休善修의 『문집』에는 수륙재를 위해서 『화엄경』을 인경印經하는 예도 보이지만,[111] 여러 기록들에 따르면, 수륙재 동안에 낮에는 『법화경』을 염송하고 밤에는 수륙재를 설한다고 하듯이 『법화경』이 수륙재 의식의 일부를 차지하는 가장 중요한 경전으로 인식된 것으로 판단된다.[112] 구체적으로는 이렇게 수륙재에 『법화경』을 염송하는 것은 고려시대부터 『법화경』에 대한 공덕 신앙이 전승되어 왔기 때문이다.[113]

그렇다면 조선시대 선사들은 『법화경』의 사상을 어떻게 인식하였을까? 우선, 청허 휴정의 스승인 벽송 지엄碧松智嚴(1464~1534)은 『법화경』을 강설하다가 「방편품」에서 탄식한 후 심지心地에 깨달아 들어갈 것을 당부하고 입적하였다고 한다.[114] 김시습이 그러했듯이 『법화경』에서 선지禪旨를 체득한 예에 속할 것이다. 이렇게 『법화경』을 선풍과 관련해서 이해하는 전승은 계속된 듯하다. 1607년에 개판된 저자 미상의 『선교총판문禪敎摠判門』에서는 『법화경』을 『화엄경』과 차이가 없으며 '진심즉성

---

109 四供은 밀교의 용어로 4보살을 가리키는 것으로 보인다.
110 남희숙, 앞의 논문, 2004, pp.97~98
111 남희숙, 위의 논문, 2004, p.99
112 남희숙, 위의 논문, 2004, pp.97~100
113 원각사상연구원 편, 앞의 책, 2012, pp.298~301
114 김용태, 앞의 논문, 2010, pp.467~468

眞心卽性'¹¹⁵의 가르침이라고 표현한다. 이 표현은 종밀의 『도서都序』에서의 표현을 변형시킨 것이지만,¹¹⁶ 이와 같은 표현을 통해 조선의 선종에서는 종밀의 『도서』에서의 언설을 기반으로 해서 『법화경』의 선지를 이해한 것으로 판단할 수 있다. 후에 연담 유일蓮潭有一이 『법화경』에서 만법의 실상과 법의 온전한 진리를 찾아내어 선의 경지를 구족했다고 평가하거나, 혼원 세환混元世煥(1853~1889)이 『법화경』을 최상승의 불이법문이라고 해석하는 것 등을 보면,¹¹⁷ 『법화경』이 선풍으로 이해되는 것은 『법화경』에서 실상법문과 최상승 불이법문을 설한다는 인식에 기반을 두었는데, 이것이야말로 법화 사상에서 설하는 일불승 사상에 다름 없을 것이다. 즉 『법화경』은 조선시대에 들어와서 선풍을 드날리는 경전으로 이해되었지만, 한편으로는 조선시대를 통해 계속해서 간행되면서 불교 신앙과 의례의 면에서 대중화를 담당한 경전이기도 하였다. 비록 조선 중기 어느 시기인가 사교과의 자리를 『기신론』에 물려주었지만 그렇다고 그 중요성이 사라진 것은 아니었다. 『법화경』은 여전히 대중들이 변함없이 많이 사경하고, 간행하고, 독송한 경전이었다.¹¹⁸

---

115 김용태, 앞의 논문, 2010, p.473
116 "如是開示靈知之心. 卽是真性與佛無異. 故顯示真心卽性教也." 『禪源諸詮集都序』卷1(『大正藏』48, 405a20~22)
117 김용태, 위의 논문, 2010, pp.476~477
118 조선시대의 『법화경』 중시 태도에 대해서는 김용태, 위의 논문, 2010, pp.459~482에 자세하다.

한국의 『법화경』 일승 사상과 대중 신앙의 소통

『법화경』은 일승 사상에 기반을 두면서 삼매 실천, 독송 실천 등 대중의 실천적 측면에서도 중시되어 왔던 경전이다. 『법화경』은 인도에서부터 재가신자의 이익과 공덕을 위해 독송, 서사하게 하면서 대중화의 길을 걸었다. 인도에서 주석서가 50종류나 있었다는 전승도 『법화경』의 대중화를 상징한다. 『법화경』이 한역된 후 조선시대의 언해본뿐 아니라 위구르어, 서하어, 몽골어, 만주어, 베트남어 등으로 번역되었다는 사실도 『법화경』의 대중성을 말해 준다. 27품 혹은 28품으로 전승된 『법화경』의 주요 사상은 방편을 열어 일불승을 나타내는 개권현실開權現實, 부처는 영원히 성불해 있다는 구원실성久遠實成 사상일 것이다. 이 가운데 개권현실의 일승 사상은 『법화경』 해석사에서 중요한 키워드가 되었다.

한역된 『법화경』에 대해서는 구마라집의 제자 도생과 양梁의 삼대법사로 손꼽히는 법운의 주석을 필두로 해서 수·당까지 꾸준히 주석된다. 이 시기에 이미 『법화경』 해석의 다양성이 발휘되었다고 생각할 수 있다. 우선 『법화경』은 도생과 법운의 단계에서는 교판적으로 『열반경』보다 낮게 위치하다가 지의에 이르러 최고의 경전으로 자리한다. 일승과 삼승의 관계에서는 일불승을 중시하면서도 삼승의 가치도 인정하는 도생의 해석이 있었지만, 이러한 해석은 일승을 강조하는 흐름에 자리를 뺏기게 된다. 『법화경』의 특색을 규정하는 개념도 다양하다. 즉 도생의 파삼성일破三成一, 법운의 만선동귀萬善同歸를 시작으로 회삼귀일·개권현실·폐권입실 등 다양한 『법화경』 규정을 볼 수 있다. 선종의 혜능은 『법화경』의 교법을 최상승과 동일시한다. 또한 일승과 삼승을 방편과 진실로 나누어 해석할 때는 일실이권, 일실삼권설로 나뉜다. 또한 삼승을 방편으로 인식하는 흐름이 주류이지만, 법상종에서는 삼승이 진실로, 일승이 방편으로 인식되기도 한다. 일본에서는 일승중심주의라고 할 만큼 아스카(飛鳥)시대 이후 『법화경』의 일승을 강조하는 흐름이 주류를 이루었다.

『법화경』은 고구려에 전래된 후 그 일승 사상이 일본에 전해졌으며, 파야는 『법화경』에 의거한 선법 수행자로서 이름을 남겼다. 백제에서는 발정, 현광, 혜현이 각각 『법화경』 수행자로서 이름을 남겼다. 그리고 혜총의 일승 사상은 고구려 혜자의 일승 사상과 함께 일본에 전해진다. 혜총의 일승 사상은 지의보다는 법운에 가까울 것이다. 즉 고구려, 백제의 수행 중심 『법화경』 사상은 법운의 일승 사상에 근거했을 개연성이 높다는 것이다.

신라에서도 낭지, 연광, 도육 등의 『법화경』 수행자들이 있다. 한편, 『법화경』에 관한 저술을 남긴 승려들도 많다. 원효는 『법화종요』에서 방편을 중시한다. 그것은 대중들에게 평등한 여래장성을 발현시키기 위함일 것이다. 신라에는 세친의 『법화경론』에 대한 복주인 의적의 『법화경론술기』가 남아 있다. 의적은 일승을 강조하여 십무상을 제시하는데, 이것은 일승방편이라는 의미로도 이해될 수 있을 것이다. 『법화경집험기』를 남길 정도로 『법화경』에 관심을 보인 의적은 『법화경』이 일승의 경전, 구휼(방편)의 경전임을 밝히면서 대중을 열반으로 이끌려고 한다는 점에서 원효와 마찬가지로 방편을 중심으로 한 일승 사상을 강조하였다고 생각된다. 의적은 여기서 더 나아가 신앙적으로 『법화경』의 일승을 추구했던 것으로 해석할 수 있다.

고려시대에 들어와 제관의 『천태사교의』는 중국에서 만들어지지만,

이후 한국·중국·일본에서 인용 및 주석서, 복주서를 통해 대중화되어 간다. 이것은 『법화경』 일승 사상의 대중화라고 할 수 있을 것이다. 의천의 천태종 개창은 요세의 백련결사에서 결실을 이룬다. 요세의 결사에서는 법화참법, 『법화경』 독송 등을 통해 『법화경』이 대중화의 길을 걷는 계기를 마련하였다. 그 결과 회삼귀일의 『법화경』 사상이 최이와 같은 일반인에게도 이해되었으리라고 생각된다. 그리고 이러한 『법화경』 대중화의 결과로 요원의 『법화경영험전』이 간행되어 더욱더 『법화경』의 사상이 대중에게 파고들어 갔을 것이다.

조선시대에 들어와 김시습이 『연경별찬』을 저술하여 선적인 해석과 함께 근기설을 수용하여 대중 독자들에게 『법화경』을 쉽게 이해시키려 하였다. 조선시대에 『법화경』이 대중화되어 가는 데 일익을 담당한 것이 언해본 『법화경』이다. 이 언해본 『법화경』에는 『일여주』와 『계환해』가 있으며, 특히 『계환해』는 요세의 백련결사 이후 『법화경』 대중화의 주역이라고 할 수 있을 정도로 대중에게 친근하였다. 언해본은 이 『계환해』를 도입함으로써 고려 후기부터 조선 초까지 『법화경』의 대중화를 전승하였다. 조선시대에 『법화경』이 가장 많이 간행된 경전의 자리를 차지하고 수륙재 의례에 사용되는 경전으로 자리한 것은 『법화경』이 줄곧 대중성을 획득하고 있었음을 말해 준다. 『법화경』 간행의 발문 및 수륙재의 집전을 담당하던 조선시대의 선승들은 이 경을 최상승의 경전으로 인식하였다. 이렇게 『법화경』은 일승 사상과 대중화로서의 신앙이 서로 소통하면서 그 위치를 지켜 왔던 것이다.

| 참고문헌 |

금강대 불교문화연구소, 『동아시아 법화경 세계의 구축』, 서울: 여래, 2013.
금강대 불교문화연구소, 『동아시아 법화경 세계의 구축 Ⅱ』, 서울: 여래, 2014.
금강대 불교문화연구소, 『동아시아 법화경 세계의 구축 Ⅲ』, 서울: 여래, 2015.
박광연, 『신라법화사상사연구』, 서울: 혜안, 2013.
원각불교사상연구원 편, 『한국천태종사』, 서울: 대한불교천태종출판부, 2010.
이영자, 『법화 · 천태사상연구』(4쇄), 서울: 동국대학교출판부, 2007.
하영수, 『법화경 삼보 구조에 대한 해석학적 연구』, 서울: 씨아이알, 2019.

김상현, 「의적의 법화경집험기에 대해서」, 『동국사학』 34, 2000.
김용태, 「조선시대 천태교학의 이해와 그 불교사적 의의」, 『천태학연구』 13, 2003.

東洋哲學研究所 웹사이트(http://www.totetu.org/lotus-sutra/1/e_01_3.html)

텍스트

대장경

· 바바 히사유키

I. 대장경이란 무엇인가

　　대장경의 정의/ 경록의 편찬과 입장목록/ 대장경 전사

II. 중국: 한역 대장경의 탄생과 전개

　　송대 대장경 간행/ 원대 대장경 간행/ 명대 이후 대장경 간행

III. 한국: 전통과 근대를 잇는 고려대장경

　　초조대장경 조성/ 재조대장경 조성/ 고려·조선 시대 대장경 인출

IV. 일본: 대장경의 집성과 세계화

　　대장경의 전래/ 일본에서 고려대장경의 위치/ 근대 이후 대장경의 간행과 디지털화

■ 동아시아 대장경의 구심체로서의 고려대장경

I. 대장경이란 무엇인가

대장경의 정의

불교 경전은 부처님이 돌아가신 후 제자들이 모여 경전편찬회의를 열고, 구전口傳으로 전해진 그의 가르침을 정리한 것이다. 이 경전편집 회의를 '결집結集'이라고 한다. 그중에서 부처님의 교법을 설한 것은 수트라Sūtra, 계율戒律을 설한 것은 비나야Vinaya, 교설敎說을 해석한 것은 아비다르마Abhidharma로 성립하였다. 이들 경·율·논을 삼장三藏이라 부른다.

그러면 대장경이란 무엇인가? 대장경은 그 경·율·논을 모아 놓은 것 또는 그 총서를 뜻한다. 그러나 경전의 단순한 수집이나 편성은 아니며, 일정한 기준으로 통제·정비된 것이다. 물론 처음부터 엄격한 기준이 있었던 것은 아니며, 점차적으로 이러한 기준이 정비되어 삼장으로 분류되었다. 다만 후술하는 바와 같이 티베트대장경은 경(깐귤; 甘珠爾)과 논(뗀귤; 丹珠爾)으로 분류되며 독립된 율은 없다. 율 속에서도 계본戒本 등은 깐귤에, 그 외의 주석 문헌은 뗀귤에 각각 수록되어 있다.

이와 같이 경전은 인도에서 중국으로 전래되어 그것이 다시 한문으로 번역된 후, 서사나 인쇄 등의 방법으로 유포되었다. 그러한 과정에서 대장경으로서 그 안에 들어가는 경전들을 검토한 목록(입장목록入藏目錄)이 편찬되었고, 그 목록에 수록된 경전들이 대장경으로 정리된 것이다. 그리고 대장경을 일컫는 명칭도 여러 가지가 있어, 동진의 도안道安

(312~385)이 저술한 『종리중경목록綜理衆經目錄』에는 '중경衆經'이라는 말을 사용하고 있으며, 수대에는 '대장경'이라는 말이 사용되고 있다. 북제 北齊시대에는 '일체경一切經'이라는 말이 사용되고 있다. 그 외에 '일체경 중一切經衆'이라는 말도 있는 등, 대장경에 대한 명칭도 시대나 지역마다 다른 것을 알 수 있다.[1]

경전 번역과 정리라는 작업을 거쳐서 대장경은 성립되었다. 그리고 대장경은 초기에는 서사되었으나, 후대에는 인쇄하게 된다. 그로 인해 중국에서 주변 국가에 전래되고, 그 영향으로 주변 국가에서도 대장경을 조성하게 된다. 특히 고려시대에 조성된 고려대장경[2]은 동아시아 대장경 변천에 있어서 큰 영향을 끼친 존재가 된다. 따라서 본고에서는 동아시아 대장경과 관련하여 그 성립과 변천 과정, 그리고 상호 간에 미친 영향 등에 대해 서술한다.

경록의 편찬과 입장목록

중국에 불교가 전래된 이후 경전 번역은 200년경부터 시작된다. 이 시대를 고역시대古譯時代라고 하며, 후한 환제桓帝(146~167)부터 동진 효무제孝武帝에 이르는 200여 년을 가리킨다. 이 시대의 번역자는 안세고 安世高(?~170), 지루가참支婁迦讖, 지겸支謙(195?~254), 축법호竺法護 등이 있고, 당시는 경전 번역의 초창기였다.

---

1 일체경, 대장경이란 중국에서 생긴 명칭이다. 오늘날 대장이라고 하면 대장삼장을 말하지만 처음에는 삼장 외의 것도 포함되었다. 大藏會 編, 『大藏經-成立と變遷-』, 京都: 百華苑, 1961, p.6
2 고려대장경은 고려 현종 대에 조성된 초조대장경과 고종 대에 조성된 재조대장경 두 가지가 있다.

동진 효무제 376년(태원 1)부터 수 공제恭帝 617년(의원 1)까지 241년간을 구역시대舊譯時代라고 한다. 경전의 번역은 당唐 이전과 이후 간에 언어나 문장에 있어 큰 차이가 있으므로 초당에서 구역과 신역으로 구분된다. 이 시대의 특징은 승가제바僧伽提婆나 불타야사佛陀耶舍 등 카슈미르에서 건너온 번역승에 의해 아함이나 율律 등 소승불교의 경·율·논 전역과 구마라집鳩摩羅什, 담무참曇無讖(385~433), 불타발다라佛陀跋多羅 등이 가져온『화엄경』·『열반경』·『대집경』·『대지도론』등 부수가 많은 대경론이 번역되었다는 것이다. 경전의 번역이 융성하게 됨에 따라 경전의 서사와 유통, 번역은 역대 황제의 보호 아래 국가 사업으로서 운영되었다. 이 시기를 대표하는 번역자로는 구마라집, 담무참, 불타발다라 외에 보제류지菩提流支, 늑나마제勒那摩提, 진제眞諦, 사나굴다闍那掘多 등이 있고『십지경론』·『섭대승론』·『구사론』등 많은 논이 번역되었다. 이와 같이 경·율·논이 역출되고 연구되면서 불교는 서서히 중국에 보급되었다.

당대 이후(618~)에 번역된 경전은 신역시대新譯時代로 분류된다. 이 시기에도 당 왕실의 비호 아래 대규모의 번역 사업이 이루어지는 등 경전 번역이 더욱 성행하였으며, 불교가 대성한 시대였다. 이 시기를 대표하는 번역자로서 현장玄奘(602~664)을 들 수 있다. 현장은 19년여에 걸쳐 서역과 인도를 두루 돌아 많은 경전을 가지고 중국에 돌아왔다. 현장의 번역은 원본에 충실한 직역이었기 때문에 의역이 많았던 전대 번역경전과는 다르다. 이 외에 대표적인 번역자로 의정義淨(635~713), 실차난타實叉難陀(652~710), 불공不空 등이 있다.

당 말기에 이르러 무종武宗의 폐불廢佛, 오대五代 후주後周 세종世宗의 폐불 등으로 불교가 일시적으로 쇠퇴하고 번역 사업은 중단되고 만다.

그러나 송대에는 문치정치와 더불어 불교의 보호 정책이 이루어져 전대와는 비교할 수 없을 정도로 성대한 번역 사업이 이루어진다. 이 시기를 대표하는 번역자로 법천法天(?~1001), 천식재天息災, 시호施護 등이 있다. 국가기관으로서 역경원, 인경원이 설치되어 경전 번역이 성행하였다.

이와 같이 안세고로부터 시작된 경전 번역은 육조 구역시대에서 당·송의 신역시대로 이어지고, 그 결과 방대한 한역 경전들이 탄생하였다.

인도와 서역 지방 출신의 번역승에 의해 많은 경전이 한역되었다. 당시의 번역은 조직적 내지는 체계적인 것이라기보다는 역자와 인연이 있는 경전이 두서없이 번역되었다. 당시 번역된 경전들은 그 후 다양하게 사경되었지만, 대장경 혹은 일체경에 수록할 목적으로 편집되지는 않았다. 그런데 이들 한역 경전을 정리하고 조직화하려는 운동이 일어난다.

우선 도안은 한대漢代 이래 번역된 경전들을 쉽게 볼 수 있는 목록을 만들고자 『종리중경목록』을 저술하고, 각 경전의 전승까지 밝히고자 하였다. 목록을 만드는 의도는 번역자, 전래된 시기, 장소가 다른 경전들을 모으고, 그들을 비교·연구하여 석가모니 가르침의 진의를 이해하기 위해서였다. 이 목록 자체는 현존하지 않지만, 이보다 140년 후인 남조 양의 승우僧祐가 저술한 『출삼장기집出三藏記集』에 『종리중경목록』의 내용이 거의 그대로 인용되어 있다. 승우가 『출삼장기집』을 저술한 목적은 삼장이 성립된 유래와 불교가 중국에 전래된 이후 삼장의 올바른 모습 등을 많은 자료를 통해 알리기 위한 것이었다. 『출삼장기집』은 「연기緣記」, 「명록名錄」, 「경서經序」, 「열전列傳」의 4부로 구성되어 있다. 그중에서도 한역된 삼장 전적들을 정리·분류한 「명록」에 주안을 두고, 번역된 경전을 시대별·번역자별로 정리하였다. 한편, 대소승의 구별이나 경·율·

논의 범주는 무시되었다.[3] 그러나 이들 목록은 당시까지 번역된 경전의 목록이며, 그보다 후세의 이른바 대장경 입장목록은 아니다. 입장목록이란 각 황제의 칙허를 얻어 번역된 경전을 대장경에 편입시킬 수 있도록 허가된 경전의 목록이다. 따라서 칙허를 얻지 못한 경전은 대장경에 편입시킬 수 없었다.

육조시대 이후 신역 경전도 많아졌다. 수나라의 법경法經 등이 저술한 『중경목록衆經目錄』 7권(594)은 그때까지의 경록과는 다른 분류 방법을 채용하였다. 대승과 소승에 따라 크게 나누고, 또 그것을 경·율·논 삼장으로 구별하여 부수와 권수를 적는 방식으로 편성되었다. 그다음에 인도와 서역의 성현賢聖과 중국 고승의 저술도 수록했다. 그러나 번역된 시기와 번역자 순서는 무시되었다.

그 후 당대에는 정태靜泰의 『대당동경대경애사 일체경론목록大唐東京大敬愛寺一切經論目錄』(664), 도선道宣의 『대당내전록大唐內典錄』 10권(664) 등이 있으나 가장 주목받은 것은 730년(개원 18)에 지승智昇(658~740)이 엮은 『개원석교록』 20권이다. 지승은 『개원석교록』 이전의 경록을 고증하고 이설을 비판하여 잘못된 부분을 정정했으며, 개별 경전에 대해서도 검토를 더하여 이미 산일된 경전들을 찾았다. 『개원석교록』의 내용을 보면 대승 삼장과 소승 삼장, 현성집전의 서토 찬술(범문 번역), 차토 찬술로 분류되어 있다. 이 분류법은 후세에 이르기까지 권위가 있는 것으로 존중되었다. 또 각각의 경권에 대해서도 충분히 조사하고 '별생경別生經(초록본)'이나 '의위경疑僞經(위작된 것)'은 입장목록에서 제거하여 대장경의 가치를 높였다. 또한 『개원석교록』에서는 대장경에 들어가는 경전

---

3 沖本克己, 「經錄と疑經」, 『新アジア佛敎史6 中國Ⅰ 南北朝 佛敎の東傳と受容』, 東京: 佼成出版社, 2010, pp.285~286

의 수량을 1,076종 5,048권으로 정하였다. 그 당시에 사경 제도도 정해졌기 때문에 경장으로 수납할 때 480질[4]이 되도록 편성되었다.

서명사西明寺의 원조圓照는 799년(정원 15)에 『정원신석교록』 30권을 저술하였다. 이것은 『개원석교록』 이후 정원 15년에 이르는 10년 동안 새로 번역된 경, 율, 논, 의궤 등 137종 343권 30질을 더한 것이다.

이와 같이 입장목록에 의해 정해진 경전이 대장경에 수록되었다. 그러나 후세가 되면 중국 찬술의 조사 저작들도 편입되고 시대가 지나면서 그 내용이 더욱더 풍부해진다. 이렇게 정리된 경전들이 대장경이라는 범주로 수록되어, 오늘날 우리가 이를 볼 수 있는 것은 다행인 일이다. 그러나 대장경에 수록되지 못한 경전 등은 일찍이 산일되어 오늘날 볼 수 없는 것도 많다. 현존하는 경록을 정리하면 〈표 1〉과 같다.

〈표 1〉 현존하는 경록[5]

경록명	권수	편자	연대
출삼장기집出三藏記集	15권	양 승우	520년
중경목록衆經目錄	7권	수 법경	594년
역대삼보기歷代三寶記	15권	수 비장방	597년
중경목록衆經目錄	5권	수 언종	602년
중경목록衆經目錄	5권	당 정태	663년~665년
대당내전록大唐內典錄	10권	당 도선	664년
속대당내전록續大唐內典錄	1권	당 도선	664년
고금역경도기古今譯經圖紀	4권	당 정우	650년~683년
대주간정중경목록大周刊定衆經目錄	15권	당 명전 등	695년
속고금역경도기續古今譯經圖紀	1권	당 지승	730년
개원석교록開元釋教錄	20권	당 지승	730년
개원석교록약출開元釋教錄略出	4권	당 지승	730년

---

4 당시 대장경은 서사되어 장정되고, 10권씩 대나무 등의 경질에 싸여 가장되었다. 『開元釋敎錄』에서 대장경은 480질로 선정되었다. 大藏會 編, 앞의 책, 1961, p.25
5 川口義照, 『中國佛敎における經錄硏究』, 京都: 法藏館, 2000, pp.35~44

경록명	권수	편자	연대
대당정원속개원석교록大唐貞元續開元釋教錄	3권	당 원조	794년
정원신정석교목록貞元新定釋教目錄	30권	당 원조	799년
속정원석교목록續貞元釋教目錄	1권	후당 항안	945년
대중상부법보록大中祥符法寶錄	21권	송 양억 등	1011년 이후
경우신수보록景祐新修寶錄	21권	송 여이간呂夷簡 등	1036년
신편제종교장총록新編諸宗教藏總錄	3권	고려 의천	1091년
대장경강목지요록大藏經綱目指要錄	13권	송 유백	1105년
대장성교법보표목大藏聖教法寶標目	10권	송 왕고	1100년~1125년
지원법보감동총록至元法寶勘同總錄	10권	원 경길상 등	1285년
대명석교휘문표목大明釋教彙門標目	4권	명 적효	미상
대명석교휘목의문大明釋教彙目義門	41권	명 적효	미상
열장지진閱藏知津	48권	청 지욱	1654년
여래대장경총목록如來大藏經總目錄	1권	청 칙판	1684년
대청중간삼장성교목록大淸重刊三藏聖教目錄	5권	청 칙판	1738년
만주각장목록滿州刻藏目錄	1권	청 칙판	1792년

대장경 전사

7세기 초기에 티베트 초대 국왕인 손첸감포 왕(581~649)은 당과 네팔에서 왕비를 맞이함과 동시에 불교를 수용하였다. 불교를 티베트에 수입하기 위해 재상을 인도에 파견하고, 범자梵字와 범문梵文을 공부시켜 티베트 문자를 제정하였다. 6대째 티송데첸 왕(재위 755~797) 시대에는 불교를 국교로 삼아 국가 사업으로서 경전이 번역되고, 824년에는 첫 번째 역경 목록인 『덴까르마목록』이 만들어졌다. 10대째 랑달마 왕(재위 841~846) 시대에 불교는 한때 쇠퇴했으나, 린첸 장포(958~1055) 등이 중심이 되어 번역 사업이 시작되고, 인도에서 학승 아티샤(982~1054)도 불교를 맞이하여 재흥시키는 운동이 일어났다. 이와 같이, 티베트에서 번역 활동이 계속되어 14세기에는 경전의 수집과 편찬 활동도 시작되었다. 그리고 나르탄사에서 깐귤과 뗀귤 2부로 구성된 티베트대장경(나르탄고판)이 완성된다. 그 후 18세기 중엽, 달라이 라마 7세 시대에 나르탄고판을 바탕으로 증보·조성된 것을 나르탄신판이라고 한다. 나르탄고판이 완성된 후, 이것을 저본으로 계통이 다른 경전들을 교정하고 깐귤만을 조성한 쨀빠판, 그 쨀빠판과 제본을 교감하고 조성한 리탄판(나중에 리탄에 옮겨졌음.), 조성된 연대는 불분명하지만 청해靑海에서 가까운 쥐니라는 곳에 소장되어 있는 쥐니판 등이 있다.

  1730년에 데게국 왕이 조성한 것을 데게판이라고 한다. 데게판의 깐귤은 리탄판을 저본으로 하고, 뗀귤은 샤류·셀캉에 소장되어 있던 경전을 저본으로 증보하고 조성된 것이다. 외몽고 고륜(현재 울란바토르)에서 조성된 고륜판은 데게판 깐귤의 복각본이다.[6]

  또한 중국에서도 티베트대장경이 조성되었다. 우선 명 영락제永樂帝는 1410년(영락 8) 북경北京으로 천도함과 동시에 티베트대장경의 조성을 명하였다. 이 사업에서는 나르탄고판을 저본으로 하여 깐귤을 조성하였는데 일반적으로 이것을 영락판永樂版이라고 한다. 신종神宗 1602년(만력 30)에는 영락판 깐귤을 저본으로 하여 속장續藏 42질을 가하여 만력판萬曆版이 완성되었다. 이 경판은 금리 동편에 있는 축호사祝蒿寺에 수장되고 인출 사업도 거기서 행해졌다. 청에서는 강희제康熙帝가 1684년(강희 23)부터 1692년까지 영락판을 저본으로 하여 강희판康熙版을 조성하고 건륭제乾隆帝의 1737년(건륭 2)에 강희판을 증보하였다. 명대와 청대에 조성된 티베트대장경은 깐귤뿐이었으나 옹정제雍正帝에 의해 1724년(옹

---

6 多田等觀 編, 『多田等觀全集』, 東京: 白水社, 2007, pp.242~243

정 2)에 뗀귤도 간행되고, 드디어 깐귤과 뗀귤이 완비되었다. 이와 같이 중국에서 조성된 티베트대장경은 북경판北京版이라고 불린다.

몽골에 경전이 전래된 것은 8세기경이라고 생각된다. 몽골대장경의 성립 시기는 전래기인 8세기, 경전을 몽골어로 번역한 13세기~14세기의 번역 사업기, 청대의 경전 정리·증보·조성기로 나뉜다.[7] 특히 청대에는 경전이 성행하여 서사, 인쇄되고 대장경으로서 성립된다.

몽골대장경 구성은 티베트대장경과 마찬가지로 간졸(감수이甘殊爾)과 단졸(단수이丹殊爾)로 나뉜다. 우선 1720년에 강희제의 명에 의해 간졸이 조성되었다. 간졸의 저본으로 1684년부터 조성된 티베트대장경 깐귤과 링단 칸(1588~1634) 시대의 사본 금자 몽골대장경을 정리, 증보, 교정한 것이 사용된다. 간졸 108질과 『간졸목록』 1질이 완성되고, 1,161종의 경전이 수록되어 있다. 1749년에는 건륭제의 명에 의해 1742년(건륭 7)에 단졸의 조성이 시작되어 1749년(건륭 14)에 완성되었다. 그 저본으로 1724년에 간행된 티베트대장경 뗀귤이 사용되었다. 단졸에는 225질, 3,861종의 전적이 수록되어 있다. 이와 같은 과정을 거치며 청대에 몽골대장경이 성립하게 된다.

경전은 보통 종이에 묵으로 베끼는 방법과 인쇄하는 방법이 있다. 전자를 사경, 후자를 판경版經이라고 한다. 이들 사경과 판경은 종이이기 때문에 불에 약하여 수많은 경전은 거듭되는 전란으로 인하여 소실을 피하지 못하였다. 이와 같은 배경 때문에 돌에 경전을 새기는 방법이 채용되었다. 이것을 석경이라고 한다. 석경 중에서 가장 유명한 것으로 방

---

7 デルヒ, 「モンゴル語『大藏經』について」, 『北海道言語文化研究』 9, 北海道言語研究会, 2011, p.23

산房山 운거사雲居寺의 석경이 있다.[8] 이것은 수의 정완靜琬(?~639)이라는 승려가 중국 남북조시대 폐불 정책으로 인해 많은 경전이 불태워진 것을 걱정하며 운거사에서 시작한 사업이다. 전쟁의 와중에도 석경은 그 난을 피할 수 있었다는 것을 교훈 삼아 정완 이후에도 유력자나 신자들의 비호 아래 대대로 계승되었다. 석경의 제작은 요대가 되어 일단 완성되었지만, 보각은 명 말까지 이어져 실로 천 년에 달하는 문화 사업이 되었다.

방산석경은 요 시대에 큰 변화를 보인다. 네 가지 대부경의 하나인 『대보적경』 권제31 권수제卷首題에서 처음으로 천자문 함호인 '조鳥' 자가 확인되는데, 이것은 석경의 저본으로 거란장이 사용되었음을 보여주는 예이다. 즉, 이것은 석경과 대장경의 관계를 연구하는 데 있어 귀중한 자료가 된다.

II. 중국: 한역 대장경의 탄생과 전개

송대 대장경 간행

경전이 한역되자 그것을 후대에 전하는 수단으로 암송, 서사, 인쇄 등의 세 가지 방법이 채용되었다. 그중에서 경전을 서사하는 방법이 일반적이었지만, 이는 시간이 오래 걸리고 대장경 한 부를 얻기도 쉬운 일이 아니었다. 더욱이 서사된 대장경은 산일되기 쉽다는 문제도 있었다. 따

---

8 中國佛敎協會 編, 『房山雲居寺石經』, 北京: 文物出版社, 1978; 中國佛敎圖書文物館, 『遼金刻經』 23권, 北京: 华夏出版社, 2000

라서 북송시대에는 인쇄기술의 발전에 의해 대장경을 인쇄하는 방법이 채용되었다.

대장경이 처음으로 조성된 것은 송 태조 시기였다. 양, 위, 수대에 대장경에 들어가는 경전의 범위는 몇 차례 흠정欽定되었지만 통일된 것은 아니었다. 그러던 것이 당대에『개원석교록』이 만들어지면서 이를 기준으로 대장경의 범위가 정해지게 된다. 송은 기본 정책으로 문화국가 건설을 이념으로 삼아 종교, 특히 불교를 보호하였다. 그 정책의 일환으로 '촉蜀(현재 사천성)'에서 대장경 경판이 만들어졌다. 대장경이 송의 수도였던 개봉開封에서 멀리 떨어진 촉에서 조성된 까닭은, 촉 지역이 당대 인쇄술이 발달한 지역으로 용재와 각수를 쉽게 얻을 수 있었기 때문이다. 이 경판으로 인출된 대장경은 송의 촉이라는 곳에서 만들어졌기 때문에 '촉판蜀版'이라 불리고, 또 왕의 칙허로 만들어졌기 때문에 '칙판勅版'이라고도 하지만 현재는 그 연호를 따서 '개보장開寶藏'이라고 칭한다.

개보장은 지승『개원석교록』을 기본으로 하여 총 1,076종 5,048권으로 이루어져 있다. 경판의 총수는 13만 장에 이른다. 개보장의 판식은 권자본으로서 1장 23행, 1행 14자로 되어 있다. 각 장 뒤에 '경전명·권수·장수·천자문함호'가, 권말에는 경판이 만들어진 연대를 가리키는 '대송개보大宋開寶 세봉歲奉/칙조조勅雕造'라는 간기가 각각 새겨져 있다.

개보장의 경판은 972년(개보 5)에 시작되어 977년(태평흥국 2)까지 6년에 걸쳐 완성되었다. 그 후 983년(태평흥국 8)에 경판은 수도 개봉의 태평흥국사太平興國寺로 옮겨지고, 이 사찰 안에 인경원을 설치하여 개보장 인출이 시작되었다. 인경원이 설치되기 전인 982년(태평흥국 7)에는 역경원도 창설되고 새로운 경전이 한역되었다. 신역 경전도 인경원에서 간행되고 축차 개보장이 추가되었다.

개보장은 왕명으로 조성된 칙판의 대장경이며, 그 영향은 동아시아 여러 지역에 미쳤다. 이 대장경이 관판官版으로서 권위를 유지하는 동안, 지방에서도 대장경의 조성이 계획되어 이른바 사판私版 대장경이 잇달아 만들어지게 되었다. 사판으로서는 우선 복주福州(현재 복건성)에서 동선사판東禪寺版과 개원사판開元寺版 대장경이 조성되었다. 우량이 많은 복주는 기온도 높고 나무의 성육도 빨랐기 때문에 인쇄에 필요한 목재나 종이 원재료를 입수하기 쉬운 지리적인 조건을 갖추고 있었다. 더욱이 이 지역에서는 불교에 대한 신앙이 두터운 것도 대장경 조성에 적합했다.

일반적으로 '동선사판대장경東禪寺版大藏經'이라 불리는 대장경은 복주 동선등각선사東禪等覺禪寺에서 민중이 시재를 보시하여 조성됨으로써 이와 같은 이름이 붙여졌다. 또 숭녕崇寧 2년(1103) 송 휘종徽宗에게서 '숭녕만수대장崇寧萬壽大藏'의 호를 받았기 때문에 '숭녕장崇寧藏'이라고도 불린다(이하 '숭녕장'으로 약칭). 숭녕장은 각 첩에 수행 제기題記가 새겨져 있는 특징을 보이는데, 이로 볼 때 관료나 승려 등의 모연으로 조성되었음을 알 수 있다.

숭녕장의 정확한 조성 연대는 알 수 없으나 제기에 적혀 있는 가장 오래된 연호가 원풍元豊 3년(1080)이므로 그 당시에 조성이 시작되었다고 생각된다. 그러나 맨 처음에 배열되어 있는 『대반야바라밀다경』 600권 등 수종의 경전에는 제기가 없으므로 실제로는 그 이전에 조성이 시작되었다는 것이 정설이다. 또 가장 새로운 제기가 정화政和 2년(1112)이므로 이 무렵 완성되었다고 추측된다. 그동안 1,440종 5,700여 첩이 완성되었지만, 그 후 1174년(순희 1)에는 천태부도 간행되었다. 판식은 1장 30행 내지 36행, 1행 17자의 절첩장이다.

같은 복주 동지산東芝山 개원사開元寺에서 1112년(정화 2)부터 남송 1151년(조흥 21) 사이에 개원사의 승려 등이 발원하여 일반신자의 기부금으로 대장경이 조성되었다. 그 후 1172년(건도 8)에는 새로 선종부가 추가되었다. 이 대장경을 개원사판대장경이라고 부르는데, 경전 권수 제기에 '비로대장경毘盧大藏經'이라고 적혀 있기 때문에 비로장이라고도 칭한다. 비로장의 판식은 숭녕장과 같지만 같은 지역에서 왜 두 번이나 대장경을 조성할 필요가 있었는지 그 이유는 알 수 없다.

남송 1132년(소흥 2)에 호주湖州 사계思溪(현재의 절강성 오흥부吳興府)의 원각선원圓覺禪院에서 이 지방의 호족이었던 왕영종王永從 일족에 의하여 대장경이 개판되었다. 이것이 사계판대장경思溪版大藏經(이하 '사계장'으로 약칭)이다. 이 경판은 왕씨 보리사인 원각선원에 봉안된 것으로 '원각장圓覺藏'이라고도 불린다. 그 후 사계장을 조성한 왕 일족은 쇠퇴하고, 그 보리사인 원각선원도 황폐해지지만, 남송 순우淳祐 연간(1241~1252)에 황족인 조씨趙氏가 중심이 되어 시재를 모으고 원각장의 경판을 부조하여 인출을 재개하였다. 원각선원은 사격寺格이 법보자복선사法寶資福禪寺로 올라갔기 때문에 이 경에서는 사계장을 '자복장資福藏'이라고도 한다.

사계판대장경에는 『복주사계원각선원 신조대장경률론등목록福州思溪圓覺禪院新雕大藏經律論等目錄』과 『안길주보자선사 대장경목록安吉州寶資禪寺大藏經目錄』의 두 가지 목록이 있는데, 전자는 '원각장'의 목록이며 후자는 '자복장'의 목록이다. 이 두 가지 목록이 있다는 점에서 복주 숭녕장과 비로장처럼 사계장도 별도의 두 가지 대장경이 있었다는 설이

제기되기도 했지만, 현재로서는 후자는 전자에 추조[9]·보각을 가한 것이라는 설을 타당하게 본다.[10]

남송대에 절남성浙南省 평강부平江府 연성원延聖院에서도 대장경이 조성되었다. 이것을 석사판대장경磧砂版大藏經(이하 '석사장'이라 약칭)이라고 부른다. 석사장은 1216년(가정 9)에 요근了懃이라는 승려가 널리 시재를 모아 『대반야바라밀다경』을 만드는 것에서부터 시작되었다. 그러나 이 사업이 정체되었기 때문에 조안국趙安国이라는 사람이 이 사업을 계승하여 『대반야바라밀다경』을 비롯한 몇 종의 경전을 간행하였다. 그때 간행된 경전에는 '석사연성원 대장경판간조국磧砂延聖院大藏経板刊造局'(소정紹定 5년, 1232)이라고 적힌 간기가 보인다. 간행 사업은 계속되었지만, 1279년에 남송이 멸망하면서 연성원에서의 간행 사업은 중단되었다. 그렇지만 1297년(대덕 1)에 재개되어 지치至治 연간(1321~1323)에 완성되었다. 판식은 1장 30행, 1행 17자의 절첩장이다.

송에서 개보장이 완성된 후 고려를 비롯하여 주변 국가에서도 대장경이 잇따라 조성되었다. 고려에 이어 대장경 조성에 착수한 나라는 거란이다. 거란대장경(이하 '거란장'으로 약칭)의 조성은 요의 흥종興宗 중희 연간(1302~1354)에 시작되고 도종의 함옹咸雍 4년(1068)에는 완성되었다고 본다. 완성 후 거란장은 1113년(천경 3)까지 인출되고, 요 말까지 인출 작업이 계속되었음을 알 수 있다. 거란장의 조성은 방산석경의 각성에 비견되는 주요한 문화 사업의 하나이며, 요대의 문화 성격을 이해할

---

[9] 이 대장경은 1931년에 서안 臥龍寺 및 開元寺에서 발견되어 1934년부터 1936년에 걸쳐 상해에서 『影印宋磧砂藏經』(影印宋版大藏經會)으로 영인 출판되었다.

[10] 小川貫弌, 「思渓圓覚禅院と思渓版大藏經の問題」, 『龍谷學報』 324호, 龍谷學會, 1939, p.101

때 간과할 수 없는 일대 사업이었다. 거란장에 대해서는 관련된 기록이 적고, 또 남아 있는 경전도 거의 없으므로 환상의 대장경이라고 불린다. 그러나 1974년에 산서성山西省 응현應縣의 불궁사佛宮寺 목탑에서, 1976년에는 하북성河北省 풍윤현豊潤縣 천궁사天宮寺 불탑에서 각각 발견된 경전으로부터 거란장의 전모가 해명되고 있다. 거란장의 판식은 1장 27~28행, 1행 17자의 권자본이다. 1976년에는 선장본線裝本 『대방광불화엄경』(80권본)이 발견되었다. 책자본의 존재는 고려의 승려인 밀암密菴도 지적하고 있으며 거란장에 두 가지 판식이 있음을 증명해 준다.

거란족에 이어 여진족女眞族이 화북으로 진출하여 금金을 건국하였다. 그런데 금에서 대장경을 조성하였다는 것은 기록상으로는 볼 수 없지만, 1934년 산서성山西省 조성현趙城縣의 광승사廣勝寺에서 4,957권의 대장경이 발견됨으로써 금에서도 대장경이 조성되었다는 점이 인식되었다. 이 대장경은 발견된 지명을 따서 '조성장', '조성금장'이라고 불린다(이하 '조성장'으로 약칭). 조성장은 최법진崔法珍이라는 승려의 발원에 의해 조성된 것이며, 판식으로 보아 개보장 계통을 계승한 대장경이다. 산서성 해주解州 천녕사天寧寺에서 조성되고 그 사업은 1149년(황통 9)부터 1173년(대정 13)경까지 25년에 걸쳐서 완성되었다. 조성장 경판은 1181년(대정 21)에 연경(현재 북경)의 대호천사大昊天寺에 안치되고, 그 후에 홍법사弘法寺로 옮겨졌다. 판식은 1장 23행, 1행 14자의 권자본이다. 각 장의 앞부분에 '경전명·권수·장수·천자문함호'가 새겨져 있다.

원대 대장경 간행

원의 대장경은 조성장의 보각으로부터 시작된다.[11] 금 대정大定 21년 (1181)에 산서성 해주에서 중도로 운반된 조성장의 판목은 대호천사에서 홍법사로 옮겨져 그곳에서 인출이 계속되었으나 1215년에 중도가 몽고군에게 공략되었다. 이곳이 몽고의 통치하에 들어간 후에도 판목은 홍법사에 보관되었으나 오랜 전란 속에서 판목은 심하게 파손되었다. 그리하여 원 태종 대인 1238년부터 1243년에 걸쳐 첫 번째 보각이 행해지고 세조(1260~1293) 대에 두 번째 보수가 이루어졌다. 이렇게 금대에 민간에서 조성된 조성장 경판은 연경 홍법사에 소장되었고, 원에 전해져 두 차례 대규모의 보수와 교정이 이루어졌으며, 원의 관판 홍법장弘法藏이라고 불리게 되었다. 홍법장의 총수는 1,440종 5,580첩이다.

원 후지원後至元 2년(1336)에 인종仁宗 황후(복답실리卜答失里)가 대장경 30부를 인출하였다고 하는 '인출원문'이 전해지고 있었으나 그 경전들은 발견되지 않았다. 그런데 1979년에 운남성雲南省 운남도서관에서 같은 '인출원문'이 있는 경전이 발견되었다. 경전은 대형이며, 상하 계선界線이 쌍변雙邊이 되고 앞부분에 그림이 있다. 판식은 1장 42행, 1행 17자의 절첩본이다. 1983년에는 일본 대마도 동천사東泉寺에서 운남도서관과 같은 판식『대방광불화엄경』(80권본) 권제77이 발견되었다. 이들 경전의 발견에 의해 원의 간판대장경의 존재는 확인되었지만, 여전히 불분명한 점이 많다.

원대 사판 대장경으로서 원 보녕사판대장경普寧寺版大藏經(이하 '보녕

---

11 竺沙雅章,『宋元佛敎文化史硏究』, 東京: 汲古書院, 2000, p.342

장'으로 약칭)의 존재는 잘 알려져 있다. 원군의 병화에 의해 사계장이 소실되었고, 항주 대명경사大明慶寺를 중심으로 대장경을 조성하기를 발원하고, 백운종白雲宗[12]에 협력을 요청하였다. 보녕사 주지였던 도안道安은 세조世祖로부터 종문宗門 호지와 대장경을 만드는 허가를 얻어 1277년(지원 14)부터 1291년(지원 27)까지 14년에 걸쳐 이를 완성하였다. 도안은 지원至元 18년에 대도 대연수사大延壽寺에서 죽었지만 그 후 제자인 여일如一·여각如覺 등이 계승하여 조성 사업이 완성되었다. 대덕 연간(1297~1307)에는 훼손된 경판이 보각되었다. 판식은 1장 30행, 1행 17자의 절첩장이다. 보녕장 조성은 백운종 교단의 조직력과 풍부한 경제력에 의하여 뒷받침되었다. 모연募緣, 교감은 항주를 중심으로 하는 천태·자은·율·선의 여러 사찰의 승려들이 담당하였다. 교감 즈음하여 사계장과 복주에서 만들어진 2개의 대장경(숭녕장, 비로장), 그리고 항주 하천축사下天竺寺 소장의 사본 대장경 등이 사용되었다.

당시 대도에서도 홍법장의 보수가 끝나 경판이 홍법사에 소장되어 있었다. 그럼에도 불구하고 산동이나 협서陝西 등 화북의 여러 사찰이 보녕장을 항주에서 구하고자 하였던 것은 무엇 때문일까? 아마도 민간인이 관판인 홍법장을 인출하기가 어렵고, 경제력만 있으면 누구나 쉽게 구입할 수 있었기 때문이라고 생각된다. 보녕장은 고려와도 관계가 깊다. 1312년(황경 1)에는 충선왕이 보녕장 50부를 인출하고 원 각지 사원에 봉안하였다. 1314년(황경 3)에는 고려 후기의 문신인 박경량朴景亮(?~1320)이 보녕장 한 부를 신효사神孝寺라는 사찰에 봉안하였다. 또 고려국 성산군 부인 차씨, 고려국 통직랑전교사승通直郎典校寺丞 이윤승과

---

12 백운종은 북송 말에 孔淸覺이 창립한 종파이다.

그 부인 윤씨도 각각 보녕장을 주문 인출하여, 고려 국내 사찰에 봉안하였다.[13]

명대 이후 대장경 간행

명 300년간 지속된 문화 정책과 인쇄기술의 발달은 두 번에 걸친 관판 대장경의 조성과 만력판대장경萬曆版大藏經이라 불리는 선장본의 사판 대장경도 출현시켰다. 명 영락 1년(1403) 남경의 천릉天陵 천희사天禧寺에서는 대장경의 경판이 보관되어 인출 활동이 행해지고 있었다. 이것이 이른바 명의 남장南藏이라고 불리는 대장경이다. 이 대장경은 석사장을 복각한 것이다. 조성 시기나 그 경위 등 자세한 것은 알 수 없으나 1401년(건문 3)에는 그 사업이 일단 완료되고, 그 후 1414년(영락 12)까지 새로운 경전들을 조성하는 작업이 계속되었다. 남장은 1416년(영락 14) 이후 영락제의 명에 의하여 재편집되고 남경 보은사報恩寺에서 인출 활동이 행해져 청대까지 계속되었다. 그러나 그동안 남장 경판은 마멸이나 부식이 심해져서 여러 차례 수리되었다. 그로부터 200년을 더 거치면서 경판은 마멸과 부식이 심해졌기 때문에 만력 연간(1573~1620)에 총수 636함 6,331권의 대장경 중수와 보각이 행해졌다.

남장은 홍무제洪武帝 때 인출 활동이 개시되었으나 영락제 때 재편집되고 다시 인출 활동이 시작되었으므로 전자를 홍무남장洪武南藏, 후자를 영락남장永樂南藏이라고 부른다. 영락남장의 판식은 1장 30행, 1행 17자의 절첩장인데 1행 18자 혹은 20자의 경우도 있다. 각 장의 수제나

---

13 박용진, 「고려 후기 元版大藏經 인성과 유통」, 『中央史論』 35, 중앙대학교 중앙사학연구소, 2012, pp.250~593

미제 밑에 천자문함호·장수가 새겨져 있다. 또한 남장은 태조 홍무제의 칙명으로 조성되었는데, 이 예를 따라 북경에서 영락제가 대장경의 조성을 명령하였다. 이것이 명의 북장北藏이라고 불리는 대장경이다. 북장의 조성 사업은 1421년(영락 19) 이후에 시작되어 1440년(정통 5)에 총수 636함 6,361권이 완성되었다. 그러나 대장경 조성에 대한 자세한 내용은 알 수 없다. 북장 판식은 1장 25행, 1행 17자의 절첩장이다.

명대에도 사판 대장경이 조성되었는데 이는 이른바 만력판대장경이라 불린다. 이 대장경은 밀장 도개密藏道開라는 사람이 여러 사람의 도움을 받아 1589년(만력 17)에 조성하기 시작하였다. 1598년(만력 26)에는 경산徑山 흥성만수사興聖萬壽寺 적조암寂照庵으로 작업장을 옮기고, 만력 연간(1573~1619) 말기나 숭정崇禎 연간(1628~1644)에 210함, 6,591권이 완성되었다.[14] 그 후에 가흥嘉興(현재 절강성)에 있는 능엄사楞嚴寺에 경판을 모아 인출했다. 그 지명으로 인해 가흥장嘉興藏이라고도 부른다(이하 '가흥장'으로 약칭). 가흥장에서 주목받는 부분으로 선장본 판식을 빼놓을 수 없다. 종래의 대장경은 권자본이나 절첩본의 판식인데 이들은 대부분 법보로서 경장 안에 봉안되는 경우가 많았다. 대장경은 존중되어야 하는 것이며 심오처에 봉안되어야 한다고 여겨진 것이다. 그러나 가흥장은 교학 연구와 수행의 실제적인 지침서로서 출가자뿐만 아니라 재가신자에게도 널리 이용되는 선장본이었기에 대장경의 진정한 의미를 획득할 수 있었다. 이러한 점에서 가흥장이 보다 읽기 편한 선장본으로 만들어진 것은 명 이후 거사불교 또는 출재가의 융합불교를 이끈 하나의 중요한 요인이 되었다고 생각된다. 그 후 가흥장에는 어록 등이 추가

---

14 野沢佳美, 『印刷漢文大蔵経の歴史-中国·高麗篇-』, 東京: 立正大学メディアセンター, 2013, p.78

되고 원래 대장경에 들어가지 않았던 장소류도 포함되어, 불전 연구에 많은 단서들을 제공하고 있다. 판식은 사주쌍변四周雙邊, 행간에 계선이 있고 1행 20자, 반엽 10행의 선장본이다.

　　1616년에 만주에서 건국된 후금後金은 1636년에 국명을 청淸으로 변경하였다. 명은 1644년에 이자성李自成의 반란으로 멸망한다. 그 후 청은 1683년에 대만台灣을 평정하고 전국적인 통일 지배를 달성하였다. 청에서도 세종(재위 1713~1735) 대에 대장경이 조성되었다. 청대에 들어와서도 명 북장 경판으로 인출 활동은 계속되었다. 그러나 북장은 정밀하게 교정되지 않아 그 내용 면에 문제가 있었다. 그렇기 때문에 엄정히 교열한 대장경을 간행하도록 명이 내려진 것이다. 1733년(옹정 11)에 장경관藏經館을 설치하고 1735년(옹정 13)에 조성이 개시되어 1738년(건륭 3)에 78,000여 장의 경판, 724함, 7,240권이 완성되었다. 판식은 1장 25행, 1행 17자의 절첩장이다. 이 대장경은 '용장龍藏'이라고 불린다. '용장'이란 칙판이라는 뜻이며, 중국 역대 칙판 대장경에는 이 명칭이 붙지만, 일반적으로 '용장'이라고 하면 이 대장경을 가리킨다. 현재는 '건륭대장경乾隆大藏經'이라는 명칭도 사용된다.

　　용장 경판은 자금성紫禁城 무영전武英殿에 소장되었으나, 나중에 백림사柏林寺(북경 옹화궁雍和宮 남쪽)로 옮겨졌다. 1982년에는 지화사智化寺(북경 동성구)에 있었고, 현재는 북경시문물국이 북경방보제판인쇄유한공사北京邦普制版印刷有限公司에 경판의 보존과 정리를 위탁하고 있다. 역대 중국 대장경 중에서 현재 경판이 남아 있는 것은 용장밖에 없다. 이것은 고려 재조대장경,[15] 일본 황벽판대장경과 함께 귀중한 경판이라 할

15　일반적으로 고려 재조대장경 경판을 팔만대장경판이라고 한다. 이것은 국보 제32호로 지정되어 있다. 그리고 경판과 이를 봉안하고 있는 대장경판전(국보 제52호)

수 있다.

III. 한국: 전통과 근대를 잇는 고려대장경

초조대장경 조성

불교는 374년에 고구려, 384년에는 백제에 각각 전래되었고, 527년에는 신라에서 공인되었다. 그리고 한국의 유학승과 포교사, 그리고 왕래하는 사신들에 의해서 이와 함께 경전도 전래되었다.『삼국유사』에 의하면, 경전이 한반도에 전래된 사례가 있기는 하지만[16] 상세한 고찰은 본고의 범위를 벗어나므로, 여기서는 대장경에 한하여 그 전래를 서술한다.

고려시대 이전의 삼국시대에도 대장경은 전래되었다. 신라 진흥왕 때, 즉 천가 26년(565) 진에서 사신 유사劉思와 승려 명관明觀에게 불·경·논 1,700여 권을 보냈다. 또 643년(선덕여왕 12) 3월에 자장慈藏(590~658)이 대장경 일부 400여 함 등을 당에서 가져와 통도사에 안치하였다. 또 신라 말에도 유학승 보요普曜가 오월吳越로 가서 대장경을 가지고 돌아와 해룡왕사를 창건하여 개산조가 되었다. 이상의 기록을 통해 불교 전래기인 삼국시대부터 이미 대장경이 유입되고 있었음을 알 수 있다. 그러나 당시 대장경이 어떻게 전래되었는지, 또한 전래 후에 구체적으로 어떻게 활용되었는지 명확히 알 수 있는 자료는 전해지지

은 '고려대장경판 및 제경판'으로 유네스코 세계기록문화유산으로 지정되어 있다.
16 『三國遺事』 권3, 「阿道基羅」

않고 있다.

고려시대가 되면 중국 대륙으로부터의 대장경 유입이 전 시대보다 더욱 활발해진다. 또한 그러한 사실을 전하는 기록들의 내용도 보다 구체적이어서, 당시 대장경 유입의 면면을 살피는 중요한 단서를 제공한다. 고려시대에 처음으로 대장경이 들어온 것은 태조 11년(928) 때이다. 공경供慶이 당 민부閩府에서 대장경 1부를 배에 실어 예성강에 도착하자 왕이 맞이하여 제석원에 봉납하였다. 같은 해인 928년(천성 3)에는 묵 화상黙和尙이 당에 가서 대장경을 싣고 돌아왔다.

『송사』에 의하면 989년(성종 8)에 성종이 여가如可를 송으로 보내 대장경을 청하였고, 이때 대장경을 하사받았다. 991년(성종 10)에는 한언공이 송에 내공하여 대장경을 청하자 송 태종(재위 976~997)으로부터 대장경과 『어제비장전御製秘藏詮』・『어제소요영御製逍遙詠』・『연화심륜蓮華心輪』을 하사받았는데, 인성 대장경 481함 2,500권이었다. 1019년(현종 10)에는 최원신崔元信이 동서 여진의 수령을 인솔하여 중국에 들어가 중포中布 2천千을 주고 대장경 1부를 요청하여 이를 받아 돌아왔다. 1022년(현종 13)에는 한조韓祚가 송에서 돌아왔는데, 이때 송 인종仁宗에게서 '석전일장' 등을 하사받았다. 문종 17년(1063) 3월에는 거란에서 대장경을 받았으니 왕이 법가法駕를 갖추고 서부에서 맞이하였다. 1083년(문종 37)에 송 대장경이 들어와 태자(순종)가 이를 맞이하여 개국사에 안치하여 도량을 베풀었다. 숙종 4년(1099)에는 요에서 관찰사 소랑蕭朗을 보내면서 대장경을 하사하였다. 예종 2년(1107)에도 요에서 대고 존수存壽를 보내와 왕의 생일을 축하하며 대장경을 주었다. 1109년(예종 4)에는 혜조 국사慧照國師가 조를 올리고 유학하여 거란에서 대장경 3부를 가지고 돌아와 정혜사定惠寺, 해인사, 허참정댁許參政宅에 각각 안치하였다.

이상과 같이 삼국시대부터 고려 중기에 걸쳐 송과 거란에서 대장경이 들어왔다. 그 횟수는 문헌의 기록만 보아도 상당히 많이 전래되었음을 알 수 있다. 그리고 송의 개보장이 완성된 것은 981년인데, 이를 감안하면 개보장이 만들어지기 이전에 고려로 들어온 것은 사경된 대장경이며, 그 이후에 들어온 것이 간본, 이른바 개보장이라고도 볼 수 있다. 그러나 송에서 개보장이 완성된 이후에도 간본뿐만 아니라 사본의 대장경도 들어오고 있었을 것이다.[17] 또한 삼국시대부터 고려시대에 걸쳐 행해진 수차례의 대장경 청래가 어떠한 목적으로 이루어진 것인지 자세히 알 수는 없다. 다만 1083년(문종 37)에 송에서 들어온 대장경을 개국사에 안치하여 도량을 베풀기도 하는 등, 청래된 대장경이 어떻게 쓰였는지 어느 정도 추측해 볼 수 있고, 고려에서 직접 대장경을 조성하기 위한 요청도 있었을 것이다.

중국 송대에 개보장이 완성되자 그 영향을 받아 현종 대에 대장경 조성이 칙명으로 시작된다. 대장경의 조성 동기는 불력을 빌려 당시 고려를 침탈했던 거란병을 퇴치하려고 한 것이다. 나라가 다난多難한 때에 불력 영험에 의해 그 발원을 이루려고 한 것은 그 당시 사회 민중이 불력을 신앙하였음을 보여 준다.[18] 이 조성 사업은 1011년(현종 2)에 시작되어 1029년(현종 20)에 일단 완료되고 1,076종 5,048권으로 완성되었다. 초조대장경(이하 '초조장'으로 약칭)의 판식은 개보장과 같은 1장 23행, 1행 14자의 권자본이다. 이것은 개보장을 저본으로 사용하기 때문에 같은 계통에 속한 것이다. 그러나 초조장에는 개보장이 완성된 이후에 번역된 경전도 포함되었으므로 개보장의 복각은 아니다. 이 경판은 부인사

17　朴奉石,「高麗高宗板の傳来攷」,『朝鮮之圖書館』4-3, 1934, pp.8~9
18　김두종,『韓國古印刷技術史』, 서울: 탐구당, 1974, pp.61~62

로 옮겨졌고, 몽고군의 침입에 의해 1232년(고종 19)에 소실되고 만다.

그런데 초조장에 대해서는 언제 어느 정도 인출되었는지 명확히 알 수 없다. 다만 초조장은 한국 국내에서 140권 정도가 확인되고, 일본에서도 난젠지(南禪寺)에 1,715첩, 안코쿠지(安國寺)와 조쇼지(長松寺)에 『대반야바라밀다경』이 소장되어 있으므로 인출된 사실은 확인할 수 있다. 그중에서 안코쿠지 소장 『대반야바라밀다경』은 금해부金海府 허진수許珍壽라는 사람이 돌아가신 아버지를 공양하기 위해 『대반야바라밀다경』을 구입한 것인데 같은 경전 권제33 권말에 '중희重熙 15년'이라는 묵서가 보인다.[19] 이것은 요의 연호이며, 고려에서는 정종 12년(1046)에 해당하므로 1046년 이전에 인출되었음을 알 수 있다.

재조대장경 조성

부인사에 소장되었던 초조장 경판은 몽고군의 침입에 의해 1232년(고종 19)에 소실되어 버렸다. 몽고의 침략이 계속되었으므로, 초조장을 조성한 것처럼 불력을 빌려 외적의 침입으로부터 국가 안전을 기원하기 위해 대장경을 다시 조성하게 되었다. 요컨대, 국가와 민중이 힘을 모아 진행하였다. 경판을 조성하기 전에 경판의 원목을 벌목하여 충해를 방지하기 위해 해수에 1년간 담그는 등의 판목 준비 작업들도 이루어졌을 것이다. 또한 수기에 의한 대장경 교정 작업도 개시되었다. 이와 같은 준비 기간을 거쳐 경판을 새기는 과정에 들어간다. 구체적으로 경판을 새기기 위해 대장도감과 분사도감이 설치되고 거기서 경판을 새긴 것이

---

19 山口麻太郎,「壱岐国安国寺藏大般若經について」,『山口麻太郎著作集』3, 東京: 佼成出版社, 1974, p.6

다. 16년에 걸쳐 재조대장경(이하 '재조장'으로 약칭)의 경판이 1251년(고종 38)에 완성되고, 같은 해 9월에 왕이 백관을 거느리고 서문 밖의 대장경 판당으로 행행行幸하였다. 재조장의 판식은 초조장과 마찬가지로 1장 23행, 1행 14자이다. 이 대장경을 일반적으로 재조장이라 불러, 초조장과 구별한다. 이 경판은 완성 당시 강화도에 있었으나, 고려 말, 조선 초기에 해인사로 옮겨진 후 현재에 이르고 있다.

대장경의 조성과 동시에 행해졌던 것이 재조장에 수록되어 있는 경전의 교감校勘 작업이다. 교종의 수기守其는 개보장과 거란장, 그리고 초조장의 내용을 비교하여 경문에 잘못이 있으면 정정하는 교감 작업을 수행하였다. 그 내용을 모아 편집한 것이 수기의 『고려국신조대장교정별록高麗國新雕大藏校正別錄』(이하 『교정별록』으로 약칭)에 적혀 있다. 『교정별록』을 보면 개보장이나 거란장이 재조장에 큰 영향을 미친 것을 알 수 있다. 재조장은 개보장을 1차적인 저본으로 사용하고, 거란장과 초조장으로 교감하였다. 또 개보장과 초조장에 착란·누락된 부분을 거란장으로 보충하거나, 개보장과 초조장에서 잘못된 부분을 취하지 않고 거란장으로 수정하였다. 『교정별록』에 수록되지 않고 경전의 권말에 기재된 교정을 적은 경우도 있고 대장경 본문 중에 교감기가 기재되어 있는 경우도 있다.[20] 『교정별록』을 보면 대장경을 다시 조성할 때 거란장에 의해 교정된 것이 많다는 것을 알 수 있다. 그러나 『교정별록』에는 거란장에 잘못된 부분이 있었으나 취하지 않았던 사례가 있으므로 수기가 전적으로 거란장에 의거한 것은 아니다. 거란장이 우수하지만 오류도 있었다는 말이다. 또 재조장에는 혜림慧琳이 지은 『일체경음의一切經音義』100

---

20 유부현, 「高麗 再雕大藏經에 收容된 契丹大藏經」, 『한국도서관·정보학지』 35-2, 한국도서관·정보학회, pp.76~88

권(K1498) 등 거란장에 입장된 경전들이 수록되어 있다. 이와 같은 경전은 재조장에서밖에 볼 수 없는 귀중한 것이다.

재조장은 주로 초조장을 바탕으로 하면서 개보장과 거란장을 상호 대조 교감하고 있다. 또한 『대장목록』 역시 초조장의 대장목록을 바탕으로 하면서 주로 『개원석교록』과 『정원석교록』을 대교하여 편찬된 것이다. 재조장에는 639함(천天-동洞) 총 1,498종 6,569권과 보유판補遺版[21]이라 부르는 15종 235권, 그리고 그 목록인 『보유목록補遺目錄』으로 나누어 수록되어 있다. 그 내용을 간추리면 〈표 2〉와 같다.

〈표 2〉 재조대장경의 구성[22]

천자문	경순	분류 체계
天-英	K1-K1087	『개원석교록』에 수록된 경전
社-穀	K1088-K1256	송대 신역 경전
振-纓	K1257	『신집장경음의수함록』
富-輕	K1258-K1261	『연화심윤회문계송』 등 송 왕실 찬
策-丁	K1262-K1401	『속정원석경록』
俊-密	K1402	『고려국신조대장교정별록』
勿-寔	K1403	『대반열반경』
寧-楚	K1404	『불설불명경』
更	K1405	『대장목록』
霸-何	K1406	『법원주림』
遵-塞	K1407-K1496	송대 신역 경전
雞	K1497	『속일체경음의』
田-洞	K1498	『일체경음의』
祿-務	K1499-K1513	보유판
	K1514	『보유 목록』

21 재조장 총 1,498종 6,569권을 '대장', 보유판을 '외장'이라고도 부른다. 최영호, 『江華京板『高麗大藏經』의 판각사업 연구』, 서울: 경인문화사, 2008, p.57
22 박상국, 「대장도감과 고려대장경판」, 『한국사』 21, 과천: 국사편찬위원회, 1996, pp.109~110

경순 K1부터 K1087까지는 『개원석교록』에 수록된 경전이다. 여기에는 『대반야바라밀다경』을 비롯한 반야부, 화엄부, 법화부, 열반부, 오대부五大部 외 중요한 경전 등 이른바 대승경이 수록되어 있다. 그다음은 단역單譯, 대승률, 대승론, 소승경, 소승경 단역, 소승률, 소승론 등이 수록되어 있다. K1088부터 K1256까지와 K1407부터 K1496까지는 주로 『개원석교록』 이후 송대에 이르기까지의 내용이 번역되었고, 재조장 조성 시에 추가된 것이다.

K1257 『신집장경음의수함록新集藏經音義隨函錄』은 거란장에 수록되었던 것인데, 재조장 조성 시에 추가 편입된 것이다. K1258부터 K1261까지는 송 왕실에서 만들어진 것이다. 여기에는 『어제연화심륜회문게송御製蓮華心輪廻文偈頌』, 『어제비장전』, 『어제소요영』, 『어제연식御製緣識』 등이 있다. K1262부터 K1401까지는 『속정원석경록』에 수록되어 있는 경이며, 『대방광불화엄경』(40권), 『신화엄경론』 등이 있다. K1402 『교정별록』은 수기가 편집한 것이며, 원래 재조장 뒤에 수록되어야 하는 것이다. 그런데 대장경 편집 과정에서 원래 거기에 있었던 경전(『일체경원품차록一切經源品次錄』 30권)을 제거하여 『교정별록』을 편입시켰다. 『대장목록』도 마찬가지다.

재조장은 이와 같이 구성되어 있다. 이 중에 K1088부터 K1261까지와 K1388부터 K1498까지는 초조장 조조 시에는 번역되지 않은 경전들이라는 점을 보면 재조 시에 새로이 입장된 경전들이다. 게다가 이들 경전의 대부분이 다른 간본 대장경에는 수록되지 아니한 경전이라는 점에서 소중한 자료적 가치를 지닌다고 할 수 있다. 또한 재조장에는 K1499 『종경록宗鏡錄』 이하의 15종 235권과 K1514 『보유목록』 1권의 전적들이 있다. 이들은 1865년에 해명 장웅海冥壯雄이 대장경 2부를 인출하였을 당시『대장목록』에서 누락되었다는 오해가 생겨 목록을 다시 만들 때 대장경에 수록시킨 것이다. 보유판 내용을 정리하면 다음 〈표 3〉과 같다.

〈표 3〉 보유판 일람

경순	저자	경전명	권수	경판 조성 시기	판식
K1499	영명 연수	『종경록』	100권	1246년~1248년	30행, 17자
K1500	현각 선사	『남명천화상송증도가사실』	3권	1248년	10행, 20자
K1501	원효	『금강삼매경론』	3권	1244년	11행, 20자
K1502	미상	『법계도기총수록』	4권	1250년?[23]	10행, 19~22자
K1503	정·균	『조당집』	20권	1245년	28행, 18자
K1504	진실	『대장일람집』	10권	1250년?[24]	11행, 21자
K1505	혜감	『선문염송집』	30권	1243년	12행, 21자
K1506	지엄	『대방광불화엄경수현분제통지방궤』	9권	1245년	27행, 20자
K1507	균여	『십구장원통기』	2권	1250년	32행, 22자
K1508	균여	『석화엄지귀장원통초』	2권	1251년	32행, 22자
K1509	균여	『화엄경삼보원통기』	2권	1250년[25]	32행, 22자
K1510	균여	『석화엄교분기원통초』	10권	1251년	30행, 22자
K1511	극악 거사	『예념미타도량참법』	10권	1503년	9행, 15자
K1512	제대법사집	『자비도량참법』	10권	1246년~1251년?[26]	21행, 13~16자
K1513	법장	『화엄경탐현기』	20권	1245년	28행, 18자
K1514	희일	『보유목록』	1권	1865년	반엽 9행, 17자

보유판에는 재조장 못지않게 중요한 전적들이 있다. 『종경록』과 『자비도량참법』 등은 선학의 연구에 귀중한 전적들이다. 그리고 『조당집』은 이 보유판밖에 없어 이것이 남아 있지 않았으면 영원히 산일되었을 귀

---

23 김윤곤, 『고려대장경의 새로운 이해』, 서울: 불교시대사, 2002, p.88
24 김윤곤, 위의 책, 2002, p.88
25 김윤곤, 위의 책, 2002, p.88
26 김윤곤, 위의 책, 2002, p.88

중한 전적이다. 원효(617~686), 균여(923~973), 혜심(1178~1234) 등의 논술은 화엄교학의 연구에서 귀중한 전적들이다.

이들 보유판이 조성된 연대를 보면, 대부분이 재조장과 같은 시기이며, K1511『예념미타도량참법』과 K1512『자비도량참법』만 조선시대에 조성되었음을 알 수 있다. 그러나 판식은 재조장과 다르고 더욱이 통일되어 있지도 않다. 또한 고려시대부터 1500년 이전에 인출된 인경본에는 보유판이 없다. 그래서 엄격한 개념으로 보면, 보유판은 재조장 정장 正藏(K1-K1498)과는 다른 것이고 대장경 범주에 들어가지 않는다.[27]

고려·조선 시대 대장경 인출

재조장 경판이 완성된 후 몇 차례에 걸쳐서 인출되었음을 확인할 수 있다. 대장경 인출에 관한 기록이 남아 있는 인경본 등을 중심으로 그 사례를 살펴본다.

박전지朴全之(1250~1325)의 『영봉산용암사중창기靈鳳山龍岩寺重創記』에 의하면 1316년(황경 5)에 왕명으로 무애無碍(1226~1292)의 제자인 승숙承淑 등이 강화도의 판당으로 가서 대장경의 결함缺陷된 부분을 인출하여 보완한 후에 용암사에 안치하였다.[28] 인출 연대는 확실하지 않지만, 광양군 최성지崔誠之(?~1330)는 돌아가신 부모의 명복을 빌기 위해 처인 마한국대부인 김씨馬韓國大夫人金氏와 함께 발원하고 대장경을 인출하였

---

27 보유판 중에서 고려시대에 조성된 것은 재조장 조성을 해명하는 중요한 자료가 되기도 한다. 최영호, 「海印寺에 소장된 江華京板『高麗大藏經』의 '外藏' 연구(Ⅰ)-고려경판의 조성시기 재검토-」, 『석당논총』 53, 동아대학교 석당학술원, 2012, p.281

28 『영봉산용암사중창기』, 『동문선』 권68

다. 이 인출 사업은 최성지의 사후 아들 최문도崔文度가 계승하고 완성시켰다. 이 인경본인 『대반야바라밀다경』만 지금 일본 대마도 공고인(金剛院)에 남아 있다.²⁹ 1378년(신우 4)에는 경기도 풍덕군 경천사에서 인출하였다는 기록이 있으나 어디에 봉안되었는지 알 수 없다. 1381년(신우 7)에는 목은 이색牧隱李穡(1328~1396)이 돌아가신 아버지 가정 이곡稼亭李穀의 뜻을 계승하여 대장경을 인출하고 경기도 여주 신륵사에 봉안하였다.³⁰ 1380년~1382년(신우 6~8)에는 염흥방廉興邦(?~1388)이 공민왕의 명복을 빌기 위해 그의 부모와 승려들이 시주가 되어 대장경을 인출하였다.³¹

숭유배불 정책이 실행된 조선시대에도 대장경은 인출된다. 우선 태조는 즉위 2년(1393)에 국태민안과 태평성세를 위해 대장경을 인출하여 탑에 봉안하였다. 또 정종 1년(1399)에 왕자의 난으로 죽은 신덕왕후와 아들 등의 명복을 빌기 위해 대장경을 인출하였다. 1413년(태종 13)에는 태종이 선왕의 명복을 빌기 위해 대장경을 인출하고, 건원릉健元陵 부근에 창건한 개경사開慶寺에 봉안하였다. 세종 21년(1439)에도 대장경을 인출한 기록이 있으나 자세한 것은 알 수 없다. 세조 3년(1457), 세조는 선

---

29 梶浦晋,「일본 소재 고려판대장경의 현상과 특색」, 유부현 외 지음,『고려 재조대장경과 동아시아의 대장경』, 성남: 한국학중앙연구원출판부, 2015, p.223; 馬場久幸,「金剛院所藏の高麗版『大般若波羅蜜多經』－墨書, 奧書, 藏書印の檢討を中心として－」,『석당논총』75, 동아대학교 석당학술원, 2019, pp.43~47
30 안계현,『韓國佛敎思想史硏究』, 서울: 동국대학교출판부, 1990, p.316
31 梶浦晋,「本館所藏 高麗版大藏經－傳來と現狀－」,『書香 大谷大學圖書館報』11, 大谷大學図書館, 1990; 박상국,「大谷大學의 高麗版大藏經」, 대전: 國立文化財硏究所 無形文化財硏究室 編,『海外典籍文化財調査目錄 日本 大谷大學 所藏 高麗大藏經』, 2008; 바바 히사유키,「日本 大谷大學 所藏 高麗大藏經의 傳來와 特徵」, 위의 책, 2008.

그림 1 고려대장경 인경본 『대반야바라밀다경』 권제1~5 표지

왕·선비와 조고(태조)의 명복을 빌기 위해 대장경 50부를 인출하여 전국 각지의 주요 사찰에 봉안하라는 명을 내렸다. 이 인출 사업에서는 각 도에서 종이, 인출에 관한 재료 등을 모으고, 경상 감사 이극배李克培를 총감독으로 삼아 인출하여 이듬해인 1458년(세조 4)에 완료했다.

1500년(연산군 6)에는 연산비 신씨의 발원으로 국가 안녕과 만민 함락, 그리고 왕의 만수무강을 빌기 위해 대장경 3부를 인출하였다. 이듬해 여름에는 국내 고승 108명을 초청하여 3일 동안 독경하면서 법회를 진행하였다. 또한 1520년(중종 15)에도 대장경 1부가 인출되고 108명의 승려에 의해 3일 동안 전독되었다. 그러나 당시 대장경이 어디에 봉안되었는가는 알 수 없다.

1865년(고종 2)에는 남호 영기南湖永奇(1820~1872)와 해명 장웅海冥壯雄이 대장경 인출을 위해 서원을 세워 14,000금을 모았다. 이로써 대장경 2부를 인출하여 오대산 적멸보궁寂滅寶宮, 설악산 오세암五歲庵에 각각

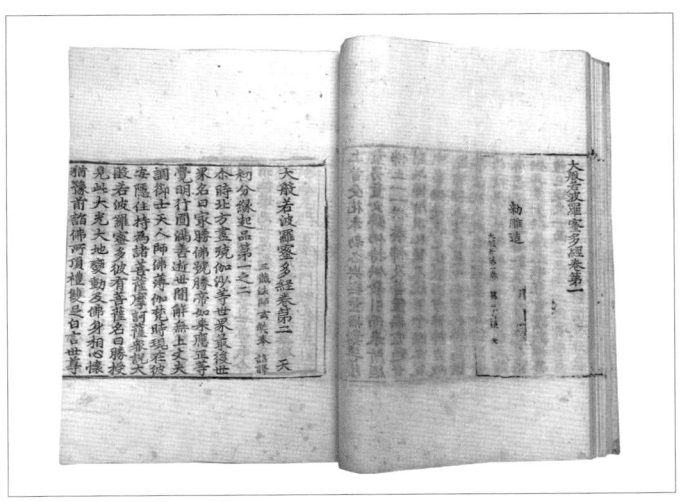

그림 2 고려대장경 인경본 『대반야바라밀다경』 권제1 권말

봉안하였다. 1899년(광무 3)에는 선왕의 예에 따라 대장경 4부를 인출하였다. 그중에서 3부는 해인사·통도사·송광사에 봉안하고, 나머지 1부는 전국 각지의 사찰에 분납했다. 1906년(광무 10)에는 부분적으로 1,100권이 인출되었다.[32]

1915년에는 메이지(明治) 천황의 명복을 빌기 위해 총독부가 대장경 3부를 인출하고 규장각, 일본 궁내성宮內省(현재 궁내청) 서릉부書陵部와 센뉴지(泉涌寺)에 봉안하였다.[33] 1937년에는 만주국 황제의 희망으로 대장경 2부가 인출되어 1부는 만주국에 보내고 1부는 보현사에 봉안했다. 또한 1958년부터 1961년에 대장경 10부가 인출되었으나 자세한 것은 알 수 없다. 1963년부터 1968년에 걸쳐 대장경이 13부 인출되고 국내외

---

32 이지관,「大藏經 傳來 및 再雕本 印經考」,『伽山李智冠 스님 華甲紀念論叢 韓国佛敎文化思想史』上, 서울: 伽山佛敎文化振興院, 1992, p.59
33 小田幹次郞,『高麗板大藏經印刷顚末』, 京都: 泉涌寺, 1923, p.16

에 봉안되었다.[34] 재조장 인출을 정리하면 다음 〈표 4〉와 같다.

〈표 4〉[35]

인출 연대	부수	봉안처 / 현재 소장처
1318년	미상	영봉산용암사靈鳳山龍岩寺
1330년 이전	미상	천화사天和寺 공고인(金剛院, 일본)
1378년	미상	경천사
1381년	미상	오타니(大谷)대학(일본)
1380년~1382년	미상	신륵사
1393년	미상	
1399년	미상	
1413년	미상	개경사開慶寺
1439년	미상	
1457년~1458년	50부	전국 각지의 주요 사찰 조조지(增上寺, 일본), 쇼코쿠지(相国寺, 일본), 다쿠즈타마신사(多久頭魂神社, 일본)
1500년	3부	각 대찰
1520년	1부	
1865년	2부	오대산 적멸보궁, 설악산 오세암 월정사
1899년	4부	해인사, 통도사, 송광사, 전국 각지 사찰에 분납
1906년	부분	금강산 정양사
1915년	3부	규장각, 센뉴지(泉涌寺, 일본), 궁내청 서릉부宮內廳書陵部(일본) 서울대학교 규장각, 센뉴지, 궁내청 서릉부

---

34 이지관, 앞의 논문, 1992, p.58
35 〈표 4〉는 이지관의 논문을 참고하여 저자가 가필한 것이다. 이지관, 위의 논문, 1992, p.58~59

인출 연대	부수	봉안처
		현재 소장처
1937년	2부	만주국, 영변 보현사
		영변 보현사
1958년~1961년	10부	릿쇼(立正)대학(일본), 국제불교학대학원대학國際佛敎学大学院大学(일본)
1963년~1968년	13부	동국대학교, 동아대학교, 성균관대학교, 중동중·고등학교, 시텐노지(四天王寺, 일본), 히에이잔(比叡山, 일본), 고야산高野山(일본), 일본 국회도서관, 캘리포니아주립대학교, 영국(2), 호주, 타이베이

고려시대부터 1960년대까지 여러 차례 재조장이 인출된 것을 알 수 있다. 그중에서 현재 남아 있는 인경본도 〈표 4〉를 보면 알 수 있다. 전술한 바와 같이 인경본 중에서 제일 오래된 것은 일본 금강원 소장 『대반야바라밀다경』이다. 그리고 세조 대에 50부 인출된 것도 일본 조조지(增上寺), 쇼코쿠지(相国寺) 등에 소장되어 있다. 인출 연대는 불명이지만, 조선시대 전기까지 인출된 재조장도 곤고부지(金剛峯寺, 일본), 겐닌지(建仁寺, 일본), 호넨지(法然寺, 일본), 린노지(輪王寺, 일본) 등지에 소장되어 있다.[36]

---

36 馬場久幸, 『日韓交流と高麗版大藏經』, 京都: 法藏館, 2016, pp.55~79

Ⅳ. 일본: 대장경의 집성과 세계화

대장경의 전래

14세기 후반에 동아시아는 큰 변동기를 맞고 있었다. 즉, 중국 대륙을 지배하였던 몽고가 농민의 반란으로 초원 북방으로 쫓겨나고, 1369년에는 홍무제가 명을 건국하여 한민족 국가가 성립되었다. 한편 한반도에서는 고려가 망하고, 이성계가 조선을 건국하였다. 일본에서는 아시카가 요시미츠(足利義滿, 1368~1395)에 의해 혼란한 나라가 다스려진 시기였다. 이런 가운데 일본은 조선이나 명과 활발한 외교를 펼쳤다. 거기서 활약한 사람이 일본 선종 승려들이었다. 이와 같은 동아시아의 정세하에서 일본과 고려·조선의 교섭 관계를 논할 때, 왜구倭寇의 동향은 중요한 관건이 된다. 왜구란 한반도, 중국, 남방 제도 지역의 연안이나 내륙에서 활동한 해적에 대해 한국·중국 사람들이 붙인 호칭이다.

왜구의 활동이 활발해진 것은 1350년경부터이다. 당시 고려에서는 왜구에 대한 방위로 고심하고 있었는데, 1367년(공민왕 16)에 왜구의 제압을 요청하기 위해 일본에 사절을 파견하였다. 이것은 몽고의 일본 침입 이래 단절되고 있었던 일본과 고려 사이에 있어 최초의 강화였다. 이를 계기로 한국과 일본의 역사적인 교섭이 시작되어 이후 150년 동안 풍부한 문물의 교류가 이루어진다. 이 무렵 일본과 한국의 교섭에서 특히 일본 쪽은 대장경을 빈번하게 요청했다.

이 시기에 한일 교류가 이루어지는 가운데 한반도에서 일본으로 전래된 대장경은 40부부터 50부에 이른다. 이들 중에는 초조장, 재조장, 그리고 중국판 대장경도 포함된다. 한편 당시 조선에서는 통치 이념으로서 유교가 채용된다. 문반과 무반에 의한 양반 정치를 실행하고, 인재를 양성하는 교육 제도와 이것을 선발하는 과거 제도를 중시한 유교 국가가 건국되었다. 유교를 통치 이념으로 삼은 정책 중 하나가 '숭유배불'이며, 이로 인하여 불교계는 크게 쇠퇴하였다. 이와 같은 조선의 정책 자체도 일본에 의한 빈번한 대장경 요청의 계기가 된 것이 확실하다.

일본 측에서 대장경을 요청한 주된 목적은 사찰을 창건하거나 재건할 때, 가람을 정비하고 거기에 경전을 안치하는 경장經藏을 건립하여 대장경을 봉안하기 위해서였다. 그 배경에는 당시 일본에서 전국 각지로 확산되고, 또 끊임없이 이어지고 있던 분쟁의 존재가 있었다. 그것을 불법으로 진정시키려고 대장경을 전독하고 국가의 안녕을 빈 것이다. 그러나 한반도에서 전래된 수많은 대장경은 전란으로 인해 소실되어 버렸다. 현재 일본에는 초조장, 재조장, 한반도를 경유한 중국판 대장경, 혹은 사본 대장경과 혼합된 것 등 다양한 형태로 대장경이 남아 있다.

일본에서 고려대장경의 위치

개보장이 완성되자 주변 제국으로 하사된다. 그 후 중국에서는 여러 번에 걸쳐 대장경이 조성되었을 뿐만 아니라 그 영향을 받아 고려나 거란에서도 간본 대장경의 조성이 착수되어 완성에 이른다. 그로부터 약 650여 년의 세월이 지나, 일본 천태종 덴카이(天海)라는 승려의 발원으로 1637년(寬永 14)부터 1648년(慶安 1)에 걸쳐 일본에서도 처음으로 대장경이 완성되었다.

그러나 그 전에 슈존(宗存)이라는 조묘지(常明寺)의 승려가 대장경 개판을 발원하였다. 그 사업은 1613년(慶長 18)부터 1626년(寬永 3)까지 13

년에 걸쳤지만, 결국 완성되지 못했다.[37] 이 대장경을 슈존판대장경(宗存版大藏經)이라고 한다. 슈존은 우선 1613년 9월에 겐닌지 소장 재조장을 저본으로 『대장목록』 3권을 간행했다. 이것은 출판 예정 목록으로서 1614년(慶長 19)부터 경전의 간행이 시작되었다. 이 대장경 장정에는 절첩장, 선장본, 권자본 세 종류가 있다.[38] 그중에서 절첩장 판식은 1행 14자 내지 15자 1장 22행, 혹은 1행 17자 1장 23행이며, 권말에 '○○(갑진甲辰 등의 간기가 들어감.)歲日本國大藏都監奉/칙조조勅雕造'라는 간기가 있는데, 이것을 통해 재조장의 판식을 모방한 것임을 알 수 있다. 슈존은 우선 겐닌지 소장 재조장으로 『대장목록』 3권을 간행하여 이것을 바탕으로 경전의 간행을 시작했다. 다만 다른 점은 고려대장경이 정판整版인 반면, 슈존판대장경은 임진왜란 이후에 조선에서 전래된 목활자 인쇄의 기술을 채용했다는 점이다.

에도(江戶)시대(1603~1868)에 일본에서 가장 많이 유통되었던 대장경은 황벽판대장경黃檗版大藏經(이하 '황벽장'으로 약칭)이었다. 황벽종 승려인 데츠겐(鉄眼, 1630~1682)이 대장경 간행을 발원하여 종조인 인겐(隱元, 1592~1673)에게서 명의 가흥장을 양도받은 것으로부터 시작된다. 그것을 저본으로 1668년(寬文 8)부터 1678년(延寶 6)까지 11년에 걸쳐 완성되었다. 데츠겐은 의사, 약, 간병인看病人을 각각 불, 법, 승에 비유했다. 그중에서 당시 일본에는 약인 법이 부족하였기 때문에 대장경 조성을 기획한 것이다.

---

37 斎藤彦松, 「宗存版の硏究」, 『同志社大学圖書館学会紀要』 3, 同志社大学図書館学会, 1960, p.26
38 절첩장은 경전·강식, 선장장은 천태종 전적, 권자장은 『구중수九重守』 등으로 나뉘어 있다.

에도시대를 통해 일본 각지 사찰에 400부 이상의 황벽장이 봉안되었다. 이 대장경은 사판이다. 영리 목적으로 만들어진 것이므로 쉽게 구입할 수 있었고, 이와 같은 배경이 넓게 유포되는 요인이 되었다.

법연원法然院의 닌초(忍澂, 1645~1711)는 황벽장에 수록되어 있는 『대승본생심지관경大乘本生心地觀經』을 읽다가 뜻을 이해할 수 없는 부분이 있었다. 그 원인이 황벽장 경본 자체의 와전과 탈자에 있다는 것을 밝혀내고, 5년에 걸쳐 겐닌지 소장 재조장과 대교하였다. 닌초는 이러한 대교 사업을 통해 재조장의 우수성을 설파하고, 그 사업의 집대성으로서 대교록을 출판하였다. 이 대교록은 두 가지가 있는데, 하나는 황벽장과 재조장의 경문을 비교하고 다른 부분만을 뽑아 출판한 교정부이며, 또 하나는 황벽장에 수록되지 않고 재조장에만 수록되어 있는 전적을 모아 출판한 결본보궐부缺本補闕部이다. 이 대교 사업으로 재조장이 내용 면에서 우수하다는 평가를 받았다. 그 평가는 근대 대장경의 간행에도 영향을 미쳤다.

근대 이후 대장경의 간행과 디지털화

근대에 들어서 일본에서는 새로운 대장경이 간행된다. 메이지(明治) 시대(1868~1912)에는 폐불훼석廢佛毁釋의 영향을 받아 불교계는 큰 피해를 입게 된다. 그 부흥으로 이루어진 것이 대일본교정축쇄대장경大日本校訂縮刷大藏經(이하 '축쇄장縮刷藏'으로 약칭)의 출판이었다. 이것은 일본 최초의 금속 활자에 의한 대장경 출판 사업이었다. 당시 교부성敎部省 사사국寺社局에 근무하였던 시마다 미츠네(島田蕃根, 1828~1907)는 새로운 대장경의 간행이 필요하다고 생각하고, 야마구치 즈이엔(山口瑞圓)과 정토종 후쿠다 교카이(福田行誡, 1806~1888)의 지지를 얻어 조조지 삼대장경三大蔵經(송 사계장, 원 보녕장, 고려 재조장)의 사용 허가를 얻게 된다.

축쇄장의 간행 즈음하여 재조장이 선정된 것은, 이것이 개보장·거란장·초조장 등을 대교한 대장경이었기 때문이다. 닌초가 재조장을 우수한 대장경이라고 평가하고 에도시대부터 선본으로서 알려져 있었으므로 조조지 소장 재조장이 선정되었다. 또 수기『교정별록』의 존재가 있었음은 말할 필요도 없다. 이 작업은 조조지 소속 사찰인 원흥원源興院에서 시작되고 고려대장경을 저본으로 송(사계장), 원(보녕장), 명(가흥장)의 세 가지 대장경을 교합하였다. 교정에는 일본 불교계 각 종파의 학자 60명이 모였다. 이 대장경은 명 지욱智旭의『열장지진閱蔵知津』을 바탕으로 경·율·논·비밀·잡장雜藏의 5부 25문으로 구성했으며, 총수는 40질 418책, 1,916종 8,534권에 이르렀다.[39] 축쇄장은 소형으로 휴대하기 쉬웠기 때문에 각계에 수용되었고, 또한 메이지시대의 불교학 연구 발전에 큰 영향을 미쳤다. 근·현대의 일본에 있어서 불교학의 발전은 이 축쇄장 출판이 기초가 되었다 해도 과언이 아니다. 이후 1911년부터 1914년까지 4년에 걸쳐 중국 상해의 빈가정사頻伽精舍에서 축쇄장의 일본 찬술부만을 제거하고 그대로 출판되었다. 이것을 빈가장頻伽藏이라고 부른다.

대정신수대장경大正新脩大藏經(이하 '대정장大正藏'으로 약칭)은 다카쿠스 준지로(高楠順次郎, 1866~1945), 와타나베 가이교쿠(渡辺海旭), 오노 겐묘(小野玄妙) 등을 중심으로 하여 1923년(大正 12)부터 1934년(昭和 9)까지 12년에 걸쳐 완성된 대장경이다.[40]

출판 동기는 메이지시대에 출판된 축쇄장이 매우 고액이며, 그 입수

---

39 大藏會 編, 앞의 책, 1961, p.102
40 大藏會 編, 위의 책, 1961, p.105

또한 어려웠다는 점에서였다. 또 대정장이 간행되기 전에 이시야마데라(石山寺)에서 고사경의 조사가 행해졌고, 그때까지 유통되고 있던 대장경과 고사경을 대교할 필요성이 제기되는 등 새로운 대장경을 출판할 계기가 생겼기 때문이다. 대정장의 저본으로는 역시 대장경 중에서 가장 우수한 재조장이 사용되었다. 이와 같은 배경에는 에도시대부터 시작된 재조장에 관한 높은 평가가 다이쇼(大正)시대까지 뿌리 깊게 이어지고 있었다는 사실이 있다.

대정장은 재조장을 저본으로 하여 조조지 송, 원, 명의 세 가지 대장경 외에 궁내성 도서료 소장의 숭녕장·비로장, 정창원正倉院 성어장聖語藏의 덴표(天平)시대 사경 등이 교본으로 사용되어 편찬되었다. 이렇게 대정장은 널리 자료를 엄밀하게 모아 교정된 것이라고 한다. 그러나 고려대장경이 저본으로 사용되었다고는 하지만, 엄밀하게 말하면 직접 사용된 것은 아니다. 사실은 빈가장이 저본으로 사용되었다. 그 이유는 재조장 역시 소중한 대장경이며 이를 사용하기에는 이체자 등 글씨 문제도 있어 그 편집이 어렵다는 점에서였다. 대정장의 출판에 즈음하여 여러 문제가 많이 있었으나, 그중에서 가장 큰 문제는 역시 여러 대장경의 대교로 이체자 등 글씨의 통일이 어려웠다는 점이라고 한다.[41]

원래 대장경은 『개원석교록』이나 『열장지진』 등 전통적인 불교관을 바탕으로 분류·배열되었지만, 대정장은 대승·소승을 구별하지 않고 아함부로부터 시작하는 등 청신한 편찬 조직을 만들었다. 그리고 송·원·명의 대장경 등과 상세히 대교하여 그것을 각주로 처리하는 등 당시 최신의 연구 성과를 종합한 것이며 산스크리트 문헌 등을 참고하여 교정

---

[41] 山崎精華, 「異字の選擇に就いて」, 『現代佛教』 55-5, 東京: 大雄閣, 1928, p.108

하였다. 휴대에 편리한 사이즈로 만들어졌고 저렴한 가격으로 출판되었다. 당초에는 1권 1,000쪽 전후, 55권의 간행이 예정되었는데 나중에 속편 30권, 도상부 12권, 『소화법보목록昭和法寶目錄』 3권 등이 증가되어 전 100권으로 완성되었다.

지금까지는 경전을 후세에 전하는 방법으로 암송, 서사, 인쇄의 세 가지 방법이 채용되어 왔다. 그러나 고성능 컴퓨터와 그것을 상호 접속하는 네트워크가 보급되면서 세계 정보에 접근할 수 있게 된 현대 사회에서는 대장경의 디지털화라는 새로운 전달 방법이 생겼다.

대장경 디지털화의 역사는 1990년대부터 시작된다. 우선 처음으로 대장경 디지털화에 착수한 것은 고려대장경연구소이다. 1993년에 설립된 이 연구소에서는 같은 해에 재조장의 디지털화 작업을 개시하고, 2000년부터 그것을 웹상에서 공개하여 디지털 검색 서비스를 제공하고 있다.[42] 1994년에는 일본에서 대장경 텍스트 데이터베이스 연구회(SAT)가 결성되어 대정장의 데이터베이스화를 향한 작업이 시작되었다. 이 사업은 2007년에 완성되었으며, 대정장 일본 찬술부를 포함한 전 85권, 각주도 포함된 텍스트 데이터를 웹상[43]에서 공개하고 있다.[44]

1997년에는 대만에서 중화전자불전협회中華電子佛典協会(CBETA) 프로젝트가 개시되었다. 중화전자불전협회에서는 일본 찬술부를 제외한 대정장 텍스트 데이터뿐만 아니라 대일본속장경大日本續藏經[45] 텍스트

---

42 http://www.sutra.re.kr/
43 http://21dzk.l.u-tokyo.ac.jp/SAT2012/T1564_.30,0001b10.html
44 永崎研宣, 「大藏經の歷史と現在」, 『新アジア佛教史15 日本Ⅴ 現代佛教の可能性』, 東京: 佼成出版社, 2011, pp.39~40
45 1905년에 완성된 『大日本校訂訓点大藏經』에 편입할 수 없었던 많은 인도·중국 찬술의 장소류가 편입된 대장경이며, 1912년에 완성되었다. 일반적으로 卍續藏이

데이터도 디지털화하여 공개하고 있다. 중화전자불전협회에서는 여러 한역 불전의 디지털화 사업에 집중하고 있다.[46]

또한 동국대학교와 동국대학교 전자불전문화콘텐츠연구소에서는 재조장을 한글로 번역하고, 이것을 '한글 대장경 전산화 사업'의 일환으로 공개하고 있다.

한역 대장경 외에는 1987년에 ACIP(Asian Classics Input Project)[47]가 티베트대장경 전자텍스트화에 착수하였다. 1993년에는 미국 버클리대학에서 불전 디지털화에 관한 협의가 시작되었다(국제전자불전협회国際電子佛典協会; EBTI; Electronic Buddhist Text Institute).

라고 부른다.
46 http://www.cbeta.org/index.php
47 http://acip.princeton.edu/

동아시아 대장경의 구심체로서의 고려대장경

　오랜 시간을 통해 수많은 경전들이 한역되고 정리되었으며, 또한 경전은 서사나 인쇄의 방법으로 유포되어 왔다. 이와 같은 과정을 거쳐 중국에서 대장경이 형성되었다. 중국에서는 북송대에 완성된 개보장 이후 왕조가 바뀔 때마다 대장경이 조성되었고, 그 영향을 받아 고려나 거란에서도 대장경 조성이 시작되었다. 그런데 일본에서는 당초 한반도나 중국에서 대장경을 수입하였으나 개보장 완성으로부터 650여 년이 지난 후에야 마침내 대장경이 완성된다. 그러나 근대가 되면 새로운 대장경이 잇따라 일본에서 조성되었는데, 그중에서 대정장은 세계적인 공통 텍스트로서 활용된다. 이와 같은 동아시아 대장경의 변천 속에서 큰 역할을 한 것이 고려대장경(재조장)이다.

　그런데 송, 원대에 조성된 대장경은 그 판식을 기준으로 세 부류로 나눌 수 있다. 우선 중국 사천 촉 지방에서 조성된 개보장과 그것을 저본으로 조성된 초조장, 재조장, 조성장 등을 한 부류로 들 수 있다. 다음, 당대 장안이나 낙양에서 서사된 중원中原 사경을 연원으로 삼았다고 생각되는 거란장을 한 부류로 들 수 있다. 마지막으로 강남 지방에서 조성된 숭녕장, 비로장, 사계장 등으로 분류할 수 있다. 이것은 사천, 중원, 강남 지방의 문화가 반영된 대장경이다.[48]

　이와 같은 세 가지 분류에서 보면 중원 계통에 속하는 거란장, 즉 두 번째 부류는 중앙 대장경이라고 할 수 있고, 첫 번째와 세 번째 부류는

48　竺沙雅章, 앞의 책, 2000, p.337~342

지방 대장경이라고 생각할 수 있다. 그러나 거란장은 환상의 대장경이라고 불리는 것처럼 동아시아에서 유포되지 않았다. 반면, 개보장과 그 계통의 대장경, 그리고 강남 대장경은 비교적 많이 유포되었다.

이런 상황에서 첫 번째 부류에 속하는 고려대장경(재조장)이 어떻게 전통(중국)과 근대(일본)를 잇는 대장경이 될 수 있었던 것일까? 거기에는 두 가지 요인이 있다. 첫째, 재조장이 개보장·거란장·초조장 등 세 가지 대장경을 교감하여 조성된 점에서 텍스트로서의 우수성을 평가받았기 때문이다. 그런데 교감이라는 점에서 보면 보녕장도 마찬가지이다. 보녕장은 승녕장과 비로장, 사계장, 그리고 사본 대장경 등을 교감하고 조성되었지만 텍스트로서의 평가를 받지 않았다. 그러면 그 차이는 무엇인가? 재조장에는 세 가지 대장경을 교감하고 그 내용이 담겨 있는 『교정별록』이 수록되어 있다. 한편, 보녕장에는 『교정별록』과 같은 교감 기록이 없다. 즉 『교정별록』의 존재가 평가받은 요인이 된 것이다.

둘째, 경판이 남아 있다는 점이다. 전술한 바와 같이, 경판이 남아 있는 대장경으로서 중국 용장, 일본 황벽장, 그리고 재조장이 있는데, 그 중에서 제일 오래된 것이 재조장이다. 재조장 경판은 지금 해인사에 소장되어 있는데 이를 사용하여 고려시대부터 1960년대까지 실제로 인출되어 왔다. 현재 남아 있는 인경본 수는 황벽장보다 많지는 않지만, 고려시대나 조선 전기에 인출된 인경본이 남아 있는 것도 사실이다. 다른 중국 대장경도 많이 남아 있지만, 한 부씩 완전하게 남아 있는 것은 없다. 이런 점에서 보면, 재조장이 제일 오래되었고, 완전한 경판과 인경본이 남아 있다는 점도 평가의 요인이 되었던 것이다.

| 참고문헌 |

국립문화재연구소 무형문화재연구실 편, 『海外典籍 文化財調査目錄 日本 大谷 大學 所藏 高麗大藏經』, 대전: 국립문화재연구소, 2008.
김윤곤, 『고려대장경의 새로운 이해』, 서울: 불교시대사, 2002.
이지관, 「大藏經 傳來 및 再雕本 印經考」, 『伽山 李智冠 스님 華甲紀念論叢 韓国佛教文化思想史』 上, 서울: 가산불교문화진흥원, 1992.
이지관 편, 『伽耶山 海印寺誌』, 서울: 가산문고, 1992.
최영호, 『江華京板『高麗大藏經』의 판각사업 연구』, 서울: 경인문화사, 2008.

박상국, 「대장도감과 고려대장경판」, 『한국사』 21, 과천: 국사편찬위원회, 1996.
박용진, 「고려 후기 元版大藏經 인성과 유통」, 『중앙사론』 35, 중앙대학교 중앙사학연구소, 2012.
유부현, 「高麗 再雕大藏經에 收容된 契丹大藏經」, 『한국도서관·정보학지』 35-2, 한국도서관정보학회, 2004.

大藏會 編, 『大藏經-成立と變遷-』, 京都: 百華苑, 1961.
竺沙雅章, 『宋元佛教文化史研究』, 東京: 汲古書院, 2000.
野沢佳美, 『印刷漢文大藏経の歴史-中国·高麗篇-』, 東京: 立正大学メディアセンター, 2013.
馬場久幸, 『日韓交流と高麗版大藏經』, 京都: 法藏館, 2016.

제2부
종교와 문화

종교와 미래

수행

템플스테이

문화와 의례

불교건축

의례집

종교와 미래

수행

김호귀

I. 인도불교의 수행

　수행의 의미/ 요가와 고행/ 붓다의 수행

II. 동아시아불교의 제수행

　수행법의 다양화/ 새로운 수행문화의 창출/ 일본불교의 수행

III. 신라 및 고려의 수행

　불교 수입기의 수행법/ 선법의 수입과 선수행의 다양화/ 수행결사와 그 성격

IV. 조선시대 삼문수행

　간화선의 경절문/ 염불과 염불결사/ 원돈의 간경 및 기타 수행

■ 신앙과 해탈의 통로 – 수행

I. 인도불교의 수행

수행의 의미

　수행이란 인간이 현재 자신의 삶을 보다 긍정적이고 나은 방향으로 전개하고 향유하며 보급하고 유지하려는 행위이다. 그 행위는 철저하게 개인적인 행위로부터 비롯한다. 그것은 어디까지나 개인이 안고 살아가야 하는 생로병사의 과정에서 시작되고 결정되며 끝마쳐지는 것이기 때문이다. 이런 점에서 인류의 역사에서 오래전부터 출현한 수행도 지역과 분야에 따라서 수양修養·수심修心·수신修身·수도修道·수련修鍊 등의 다양한 용어로 표현되었지만, 이들은 대동소이하며 상호 간에 일맥상통하는 점이 있다.

　이런 점에서 불교에서 실천하는 수행의 관점은 현재의 안심安心과 안락安樂을 바탕으로 하면서도 궁극적으로 구원 내지 해탈, 곧 깨달음으로 이행된다는 점에서 여타의 경우와는 다른 특징이 엿보인다. 곧 불교의 수행은 어디까지나 종교적인 분위기에서 시작되고 변화되며 전개되었기 때문에 그 궁극적인 종착점도 불교를 벗어나지 않는다.

　여기에서 현재의 안심과 안락은 신앙의 행위와 결부된 모습이기도 하지만 마냥 의타적인 행위는 아니며, 불보살의 가르침에 근거한 신행이 완성되는 방향으로 향한다. 그리고 구원 내지 해탈의 경우에도 그것이 오로지 자력적인 행위뿐만 아니라 불보살의 가르침과 선지식의 지시를 바탕으로 궁극에는 자신이 해결하고 터득해야 하는 깨달음의 순연

한 완성이기도 하다. 왜냐하면 불법에서 개인의 수행은 결코 자력적인 행위로만 성취되는 것도 아니고 또한 타력적인 행위로만 완성되는 것도 아닌, 일정 부분 반드시 혼용되지 않으면 안 되기 때문이다.

이런 점에서 불교의 수행은 특별한 종교의례만이 아닌 개개인의 일상적인 삶 가운데서도 다양한 모습으로 전개되어 왔다. 그것이 신앙의 모습이건 혹은 수행의 모습이건 간에 철저하게 불교라는 종교성의 범주에서 발아하여 점차 다양해지면서 그 특성을 유지해 왔다. 때문에 수행과 신앙은 때로는 분별할 수 없을 정도로 밀착되어 있을 뿐만 아니라 신앙적인 행위가 수행의 모습으로 전개되는가 하면 때로는 수행이 신앙적인 모습으로 승화되기도 함으로써 수행과 신앙은 공히 불교 사상을 내용과 형식의 측면으로 양분해 왔다.[1]

이와 같은 수행의 면모를 가장 잘 형성시키고 발전시켜서 종교의 보편적인 삶에 효과적으로 공헌해 온 모습을 불교 속에서 찾아볼 수 있다. 불교는 인도에서 발생하였지만 중국으로 전래되어서도 중국의 유구한 역사에서 나타난 다양한 수행과 상호 교섭하면서 독특한 영역을 개척하고 유지하며 큰 족적을 남겼다. 이와 같은 불교의 수행은 어떤 성격을 지니고 있을까.

불교의 시작은 인간의 고뇌의식에 대한 자각에서 비롯되었다. 이 점에서 고뇌는 불교를 이해하는 하나의 단서이기도 하다. 고뇌에 대한 자각은 인간만이 가능하다는 것이 일반적인 입장이다. 왜냐하면 동물은 단순히 고통은 느끼더라도 그 고통의 본질이 무엇인지, 또한 그 해결책

---

[1] 예로부터 신앙과 수행의 접점으로서 信行이라는 용어가 정착해 온 것도 사실이다. 그런 만큼 불교의 신앙에는 수행적인 요소가 깃들어 있는가 하면 수행에도 또한 신앙적인 모습이 가미되어 있어서 딱히 그 경계를 구분하기 어렵다.

은 무엇인지를 자각하지 못한다. 때문에 그 고통을 반복하면서도 그로부터 벗어나지 못한다. 그러나 인간은 그와 다르다. 고통을 느끼면서 동시에 고통의 본질에 대하여 그 원인을 이해하고 그로부터 벗어나려는 노력을 기울일 줄 안다. 이것이야말로 인간이 가장 종교적이고 나아가서 해탈을 기약할 수 있는 근거를 확보하는 이유가 된다.

붓다는 인간이 겪어야 하는 고통을 몸소 해결하려고 분연히 일어섰다. 그것이 곧 출가라는 행위였다. 출가라는 행위 자체가 이미 고뇌에 대한 깊은 자각을 내포하고 있기 때문에 출가는 수행의 다른 모습이기도 하다. 보편적으로 인간은 고통을 자각하면 그것이 무엇인지를 생각하게 된다. 무엇인지를 알려는 과정에서 그것이 어떻게 생겼고, 어디서 생겨났으며, 어떤 작용을 하는지에 대하여 알고자 한다. 그 알려고 하는 것이 바로 문제 해결의 시작이다. 문제를 해결하려고 하는 행위 방식의 한가운데에 바로 수행이 있다. 그래서 수행법은 붓다가 고통으로부터 벗어나 안락한 해탈을 누리고자 하는 깨침의 방법으로 채택한 이후로 오늘에 이르기까지 보편적이고 다양한 방식으로 전승되어 왔다. 따라서 수행은 종교가 있는 곳에는 반드시 출현하고, 그것을 통해서 소기의 목적에 도달하고자 하는 소정의 행위와 사상과 의식과 전승이 더불어 전개되어 왔다.

요가와 고행

고전 요가의 성전에 해당하는 『요가수트라』에서는 요가瑜伽란 마음의 동요를 없애는 것이라고 정의한다. 이것은 요가의 일차적인 목표를 내부의 평온에 둔 것이다. 곧 요가는 결부시킨다는 동사에서 온 용어로서 말을 멍에에다 묶는다는 뜻으로, 인간의 깊은 곳에서 말과 같이 요동치는 행위를 제어하는 것이다. 나아가서 흔들리기 쉽고 억제하기 어려운 마음을 안정시키고 집중한다는 의미가 내포되어 있다. 더욱이 바르게 앉아서 호흡을 다스리며 동요하기 쉬운 마음을 억제하여 정신통일을 함으로써 깨침의 경지에 이른다든가 초자연적인 능력을 획득하는 수행 방법을 가리키기도 한다. 이와 같은 수행법은 아주 먼 옛날부터 전승되어 왔지만 실제로 요가라는 용어가 나타난 것은 『우파니샤드』 중기 이후부터였다.

붓다가 습득한 선정은 요가 가운데 한 종류로서 기원전 5세기 무렵에는 붓다와 같은 요가수행법을 실천하는 수행자가 등장하게 되었다. 초기 불교의 용어로 보면 사마타에 비견되는 개념이다. 그렇지만 요가에서는 좌법坐法(āsana), 조식調息(prāṇāyāma), 제감制感(pratyāhāra) 등이 우선적으로 요구된다. 이것은 초기 불교가 발생할 무렵에는 요가에서 사마타에 초점을 두고 있었다는 것을 보여 준다. 그렇지만 나아가서 고전 요가에서는 관조하는 사람, 홀로 머무름, 식별지, 통찰의 지혜 등의 고유한 개념으로 이어지고 있는 까닭에 사마타로부터 위빠사나로 계승되어 갔다.

이 점과 관련하여 초기 불교에서도 유관한 모습으로 전개되었다. 곧 붓다의 경우에도 출가하여 처음에는 사마타를 위주로 하는 요가를 접했지만, 환경의 변화에 따라서 고요한 마음이 지속적이지 못하고 달라지는 까닭에 지혜를 통하여 사물의 본질을 통찰하는 방법으로 관심을 바꾸었는데, 이것이 바로 사마타와 위빠사나가 결합된 모습이었다. 그러나 초기 불교의 수행에서는 육체에 대한 인위적인 조작을 의도적으로 배제하고 주로 마음을 닦아 가는 것에 중점을 두었다. 그리고 심리적인 번뇌의 초월을 강조함으로써 윤리적이고 사회적인 호응을 얻어 보다 개방적인 모습으로 전개되었다. 초기 불교의 수행은 사마타와 위빠사나의 융합이 강하게 제기되어 있음에 비하여, 고전 요가에서는 전통적인 요가의 실천이 팔지칙八枝則을 비롯하여 식별지와 통찰의 지혜 등으로 정립되어 갔다. 이리하여 초기 불교와 고전 요가의 관계는 이론보다는 실천에 주력하였다는 점에서 그 유사성을 보여 주고 있으며, 또한 내면의 평정을 흐트러뜨리지 않고 물질적인 조건에 좌우되지 않고 초연하게 살아가는 것을 지향하고 있다는 점도 상호 공통적인 모습으로 나타났다.[2]

한편 요가수행과 더불어 고행주의는 원래 신심이원관身心二元觀 내지 물심이원론物心二元論에 입각하고 있었다. 따라서 이들 수행에서는 항상 산란해지려는 마음을 진압하고, 방종한 활동을 제어하며, 물질적인 욕이 일어나는 것을 경계하는 것이 중요한 덕목이었다. 거기에는 마음을 물질로부터 멀리하여 육체와 물질을 대비시킴으로써 철저하게 외물에 무관심한 상태가 되려고 노력한다. 특히 고행주의는 마음(心)의 안정을 추구하여 극단적인 수행으로 전개되었다. 그리하여 고행자들은 육체와 물질을 부정不淨한 것으로 간주하고 죄악罪惡의 근원으로 파악하였다. 그리고 고행주의에서는 정신이 육체에 속박되어 있어서 그 본성을 발휘할 수 없다고 생각하였기 때문에 고행을 통하여 부정과 죄악의 세력을 감소시킴으로써 정신의 해탈이 가능하다고 믿었다.

그러나 고행을 통하여 초래되는 이상적인 상태는 본래 일시적인 현상에 불과하여 결코 영속성을 지니고 있지 못하므로 고통은 여전히 존재하였다. 이에 붓다는 물심을 이원적으로 간주하지 않고 그것이 일체

---

2 이거룡 외, 『요가와 문화』, 서울: 참글세상, 2013, pp.37~74

불이一體不二임을 확신하였다. 곧 물질과 마음을 이원적으로 간주하는 것은 개념적으로 구별하는 상식론에 불과한 것이었다. 붓다는 물질과 마음은 본래 똑같이 통일적인 존재로서 현실체임을 자각하고, 육체와 물질을 고통의 근원으로 간주하는 고행주의를 부정하였다.[3]

따라서 붓다는 기존의 고행주의에서 응용하는 수행의 형식과 모습에서 크게 도움을 받았지만 그것에 만족하지는 못하였다. 왜냐하면 고행은 현재 열반이 아닌 미래 증득을 겨냥하는 까닭에 현세에서 고통을 멸각하고 인격을 완성하는 것은 불가능했기 때문이다. 따라서 붓다가 추구한 수행은 고를 벗어나 열반을 현세에서 실현하려는 목적을 가졌기 때문에 다른 세상 내지 다른 생을 기약하는 것은 아니었다. 그 결과, 붓다는 요가와 고행을 벗어나서 달리 선정이라는 수행 방식을 추구하게 되었다.

붓다의 수행

불교의 수행을 그 실천하는 방식에 따라서 분류해 보면 다양하다. ①소리를 내는 행위, 곧 구칭염불口稱念佛 및 독경讀經 등이다. ②붓으로 쓰는 행위, 곧 사경寫經 및 사불寫佛 등이다. ③걷는 행위, 곧 순례巡禮 및 편력遍歷 등이다. ④호흡하는 행위, 곧 수식관數息觀 및 지식관止息觀 등이다. ⑤순수한 내면의 행위, 곧 관법觀法 및 관상觀相 등이다. ⑥앉아 있는 행위, 곧 좌선坐禪 및 요가 등이다. ⑦기도하는 행위, 곧 오체투지五體投地의 예참禮懺 및 탑돌이 등이다. ⑧고행, 곧 단식斷食 내지

---

3 增永靈鳳,『根本佛敎の硏究』, 東京: 風間書房, 1949, pp.54~87

소식小食 및 장좌불와長坐不臥 등이다. 기타의 방식도 많이 있겠지만 여기에서 언급한 것들은 현재에도 가장 보편적으로 성취되고 있는 행위로서 상호 간에 유기적으로 겹치거나 번갈아 수행하는 경우도 흔하다. 이와 같은 수행의 방식에서 무엇보다도 중요한 것은 반복적이고 집중적이며 일상적인 행위를 영위하는 것이다.

이와 같이 다양한 방식 가운데서 붓다가 출가하여 수행 생활을 시작하면서 제일 먼저 만난 것이 요가 수행이었다. 그 과정에서 알라라칼라마 및 웃다카라마풋다 등으로부터 지도를 받아 수행을 하였지만 그들의 경지에 만족하지 못하였다. 이에 당시 보편적인 수행법이었던 고행의 길에 접어들어 수년 동안 다양한 고행을 경험하였다. 그러나 끝내 거기에서도 소기의 목적을 달성하지 못하자 마침내 스스로 가야 할 길을 추구하였다. 그것이 소위 선정주의의 채택이었다.

붓다가 선택한 선정은 이전 두 선인의 선정과 다른 목적을 지향하였는데, 아뇩다라삼먁삼보리를 터득한 방식도 궁극적으로는 보리수나무 밑의 선정에 의한 것이다.[4] 붓다는 궁극적인 깨침을 터득한 이후에도 밤낮으로 깊은 선정에 들어 법을 설하였고, 내지 입멸에 이르러서도 구차제정九次第定[5]을 순順과 역逆으로 실천하여 반열반에 들었다. 이처럼 선정은 붓다의 수행에서 최종적이고 궁극적인 방식으로, 깨친 이후에 지속되었던 수행의 덕목 가운데에서도 선정을 떠난 것은 하나도 없었다. 붓다에게 선정은 항상 수행의 방식이었고 그 결과였으며 설법의 의식과

---

4 붓다는 요가수행의 수정주의에서 추구하는 것이 生天이었음에 만족하지 못하고 자신이 개발한 선정주의에서 추구한 깨침을 궁극의 목표로 설정하고 몸소 실현해 보였다. 이에 선정주의는 붓다로부터 그 연원을 찾는다.

5 九次第定은 초기 불교시대에 정립된 개념으로서 四禪·四無色定·滅盡定의 아홉 단계 선정 체계를 말한다.

관련되어 있었다.

붓다가 중도中道의 내용으로 제시한 팔정도八正道 가운데 마지막의 정정正定은 일반적으로 사선四禪으로 알려져 있다. 초선은 번뇌의 이離로부터 생기는 희喜와 낙樂이 있는 선정이고, 제이선은 정定으로부터 생기는 희와 낙이 있는 선정이며, 제삼선은 마음의 평등인 사捨가 되어 염念이 있는 낙주樂住이고, 제사선은 사에 의하여 염이 청정하게 된 선정이다. 그 기원은 불교 밖에 있었지만 붓다는 그 방식을 채용하여 불교적인 의미와 내용을 부여하였다. 이에 붓다가 보여 준 선정의 특징은 다음과 같다.

① 전체와 개개가 일체一體된 인격의 완성, 곧 열반을 터득하는 방식으로서 이전에 경험한 두 선인의 수정주의처럼 선정 자체를 목적으로 삼은 것이 아니었다. ② 현세에서 열반의 체현을 목적으로 하였다. ③ 제일원리로부터 일체가 전변되고 유출된다는 외도의 전변설轉變說과 분리되어 행해졌다. ④ 물심일원론物心一元論에 기초하여 물심物心에 실체를 인정하지 않고 이원론적 대립도 인정하지 않았다. ⑤ 누진통漏盡通과 가르침의 방편적인 신통을 제외한 다른 초자연적인 힘을 배척하였다. ⑥ 무아無我에 철저하여 대비大悲를 기반으로 삼았다.[6]

초기 불교의 경전에는 붓다가 선정을 통하여 성도의 정각에 이르는 과정을 보여 주는 문헌이 다양하다. 그 주요한 내용을 요약하면 다음과 같다. ① 사성제四聖諦·십이연기十二緣起 등의 교의를 증득하여 성도하였다.[7] ② 사념처四念處·사정근四正勤·사선정四禪定·오근五根·오력五

---

[6] 增永靈鳳, 『禪宗史要』, 東京: 鴻盟社, 1963, pp.18~20
[7] 『雜阿含經』卷15(『大正藏』2, 104a); 『轉法輪經』(『大正藏』2, 503b); 『三轉法輪經』(『大正藏』2, 504a); 『四分律』卷32(『大正藏』22, 788a); 『五分律』卷15(『大正藏』22,

力·칠각지七覺支·팔정도 등의 수행을 완성하여 성도하였다.[8] ③사선·삼명三明의 체현에 의하여 성도하였다.[9] ④오온五蘊·십이처十二處·사대四大·수受 등 물질과 마음의 현상을 여실하게 관찰함으로써 성도하였다.[10] ⑤악마 파순波旬으로 상징되는 번뇌의 멸각에 의하여 성도하였다.[11]

이처럼 성도의 원인에 대한 경전의 설명은 다종다양하다. 그러나 선정에 의하여 터득된 붓다의 깨침은 바로 불지佛智로서 그 속성은 주객미분主客未分의 전일적全一的인 통일을 내용으로 한다는 점에서 통한다. 이와 같은 예지睿智는 사물의 진실상을 전체적으로 파악하고 전면적으로 활용하는 능력이기도 하였다.

이후로 붓다의 수행은 사선과 팔정八定과 구차제정으로 정립되었다. 나아가서 삼등지三等持·삼삼매三三昧·삼중삼매三重三昧와 이에 기초한 사무량심四無量心·팔해탈八解脫·팔승처八勝處·십변처十遍處 등의 공덕이 열거되었고, 기타 십수념十隨念·십부정관十不淨觀·식염관食厭觀·계차별관界差別觀·오정심관五停心觀 등 수많은 수행법이 출현하였다.

104b~c);『中阿含經』卷25(『大正藏』1, 589c);『雜阿含經』卷12(『大正藏』2, 80c);『增壹阿含經』卷31(『大正藏』2, 718a);『五分律』卷15(『大正藏』22, 102c~103a)

8 『雜阿含經』卷26(『大正藏』2, 182a);『增壹阿含經』卷34(『大正藏』2, 739a);『長阿含經』卷3(『大正藏』1, 16c)

9 『增一阿含經』卷23(『大正藏』2, 666c);『中阿含經』卷25(『大正藏』1, 589c);『中阿含經』卷40(『大正藏』1, 679c)

10 『雜阿含經』卷1(『大正藏』2, 2a);『雜阿含經』卷9(『大正藏』2, 58b);『雜阿含經』卷17(『大正藏』2, 121c)

11 『中阿含經』卷131(『大正藏』1, 620b);『魔嬈亂經』(『大正藏』1, 864b)

II. 동아시아불교의 제수행

수행법의 다양화

불교수행의 본격적인 출발은 붓다의 선정수행을 바탕으로 하고 있다. 이후에 전개된 불교의 수행은 다양한 종파에서 각각의 방식으로 표출되었다. 특히 불법의 중국 전래와 더불어 불교수행은 인도 사회와 다른 새로운 국면을 보여 주었다. 중국 사회에서는 전통적인 사상에 근거하여 인격의 수양을 지향하는 유교와 도교의 득세로 말미암아 고도로 발전된 수행이 이미 실천되고 있었다. 그러나 중국에서 불교의 전승과 더불어 경전에 대한 사상적인 연구가 진행됨에 따라 이론만으로 이해될 수 없는 실천의 문제가 수반됨으로써 사상과 계율은 물론 수행의 본질에 대한 관심도 증폭되었다. 원래 불교는 해탈을 지향하고 있는 까닭에 전역(傳譯)된 경전에 대한 관심은 자연스럽게 수행의 문제로 전향하였다. 수행은 불법의 체득을 통한 불교 사상의 수용이기도 하였다.[12]

그와 같은 중국의 사회적 기반에서 처음에 외래 종교로 수입된 불교가 중국적인 모습으로 토착화를 이루기 위해서는 중국의 전통적인 수행과 구별되는 불교만의 특징과 성격을 강조하지 않을 수 없었다. 인도로부터 전승된 경론을 바탕으로 4세기 이후부터 점차 중국적인 불교의 종파가 형성되면서 그에 상응한 실천으로 수행이 요구되었고 출가자 이외에 재가인에게도 수행이 보편적으로 정착되어 갔다.[13]

---

12 다마키 코시로·카마타 시게오 外, 정순일 옮김, 『중국불교의 사상』, 서울: 민족사, 1991. p.5
13 불법의 실천으로서 출가자의 전문적인 수행과 재가인의 신앙 행위 사이에는 뚜렷

가령 정토 계통의 경전에 근거하여 염불수행의 결사가 출현하는가 하면, 전생의 죄를 뉘우치고 미래의 복을 추구하는 참법懺法을 비롯하여 경전을 독송하는 독경과 관음·미타·지장·밀교의 수행 등이 널리 전개되었다. 출가자를 비롯하여 재가인에게까지 보편화된 수행의 양상은 특히 대승경전을 근거로 강조되었다.

소위 출가자만의 전유물로 간주되어 오던 아비달마불교 시대와는 다르게 대승불교의 흥기와 더불어 출현한 대승경전에서는 소위 보살로 표현된 출가자 및 재가인에게 경전을 소유하는 것(受)·항상 가까이 곁에 두고 활용하는 것(持)·조용히 눈으로 읽는 것(讀)·입으로 소리를 내어 창하는 것(誦)·경전을 글씨로 쓰는 것(書)·경전의 내용을 그리거나 베끼는 것(寫)·타인에게 경전의 내용을 해설해 주는 것(爲他演說) 등을 강조함으로써[14] 대소승의 경전이 혼재되어 수용된 중국불교에서는 재가인에 의한 수행의 문화도 아울러 새롭게 형성되어 갔다. 그것은 대승불교운동의 특성과 결부되어 모든 사람이 붓다의 설법을 직접 듣고 나아가서 그 가르침을 실천하는 방법으로서 몸소 수행과 보살행을 실천하는 모습으로 승화되어 갔다.

그 구체적인 모습으로서 재가인의 경우에 불법에 대한 신앙은 공양供養·찬탄讚歎·예경禮敬·참회懺悔·좌선坐禪·염불念佛·서사書寫·권청勸請·수희隨喜·발원發願 등으로 대표되는 종교 행위뿐만 아니라, 선종이 본격적으로 출현한 이후에는 스스로 수행을 통하여 깨침에 도달하려는

하게 구분되지 않는 점이 있는 까닭에 여기에서는 信行의 일반적인 의미에서 수행이라는 용어를 활용한다.
14 미즈노 고겐 지음, 이미령 옮김, 『경전의 성립과 전개』, 서울: 시공사, 1996, pp.72~76

모습으로까지 널리 전개되었다.[15]

또한 신행결사의 출현은 출가자와 재가자가 함께 참여하는 모습으로 전개되었다. 가령 여산의 혜원慧遠으로부터 시작된 법사法社는 남북조시대부터 발달되었는데, 혜원의 『법사절도서法社節度序』, 승우僧祐의 『법사건공덕읍기法社建功德邑記』, 축법호竺法護 번역의 『법사경法社經』 등의 경전을 중심으로 전개되었다. 혜원의 백련결사白蓮結社는 120여 명의 도속道俗이 참여한 조직으로서 재가인의 경우는 귀족·관료·지식 계급이 주류를 이루었다.

그러나 북조에서는 팔계八戒를 지키면서 불법을 실천하는 운동이 서민을 중심으로 전개되었다.[16] 한편 남북조시대 이후 불교가 사상의 연구뿐만 아니라 사회와 문화에 뿌리를 내리고 민중의 신앙과 특정 경전에 의거한 종파 및 교단의 성립이 시작되면서부터 수많은 위경僞經이 출현하였다. 그 결과 불교가 발전한 것은 물론이고, 혼란을 수습하고 타종교와 습합 및 그 극복, 그리고 새로운 교의의 수립과 사상 및 신행 활동을 뒷받침하는 등 크게 영향을 끼쳤다. 북조에서는 서민을 중심으로 전개되었다.[17] 특히 수·당 시대 이후부터는 신앙 및 의례와 더불어 출가인 및 재가인 공동으로 참여하여 신앙과 수행을 겸수하는 실천불교로서 밀종·정토종·선종 등이 크게 대두되었다.

---

15 『六祖大師法寶壇經』(『大正藏』 48, 352b) 참조.
16 鎌田茂雄 著, 鄭舜日 譯, 『中國佛敎史』, 서울: 경서원, 1996, p.142
17 鎌田茂雄 著, 鄭舜日 譯, 위의 책, 1996, pp.132~134

새로운 수행문화의 창출

불교에서는 어느 종교에 못지않게 몸과 마음의 수행이 강조되어 그 사상과 함께 전승되었다. 그 가운데 선의 원류遠流는 고대 인도인이 요가라고 불렀던 우주명합宇宙冥合의 지혜로부터 시작되었다. 그 기원은 멀리 기원전 20세기까지 거슬러 올라간다.[18] 이와 같은 선이 불교에서 수행법으로 본격적으로 발생하여 전개되고, 그것이 한자 문화권에 전승되면서 7세기에 선종이라는 교단의 성립과 더불어 이전과 다른 특수한 면모를 출현시켰다. 명실상부한 선종은 중국 선종의 제4조로 간주되고 있는 대의 도신大醫道信(580~651)의 시대에 형성된 동산법문東山法門으로부터 시작되었다. 이후부터 기존의 유행생활과 달리 한곳에 모여서 집단생활이 이루어졌고, 선종 교단의 생활에도 변화가 나타났는데, 출가집단으로서 율장律藏에 근거하면서도 자급자족을 위한 농사를 짓는 작무 행위가 나타났는데, 작무 자체를 수행의 일환으로 간주하였다. 또한 조계 혜능曹溪慧能(638~713)의 시대에는 좌선의 행위가 깨침을 위한 수행과 더불어 깨침과 동일시되는 모습으로서 간주되며 정혜일체定慧一體가 강조되었다.

이와 같은 선풍은 혜능의 남종을 중심으로 남악 회양南嶽懷讓(677~744) 계통과 청원 행사靑原行思(671~738) 계통으로 발전하면서 후대에 크게 전개되었다. 그것이 소위 선종오가禪宗五家인데, 당나라 말기부터 오대시대에 걸쳐 가장 번영을 구가하여 출현한 임제종臨濟宗·위앙종潙仰宗·조동종曹洞宗·운문종雲門宗·법안종法眼宗 등이다.

---

18 柳田聖山·梅原猛,『無の探究』, 東京: 角川書店, 1985, p.11

이들 선종오가는 새로운 수행문화로서 한곳에 머무르지 않고 제방을 역참하며 수많은 선지식과 법거량法擧量을 하고, 그 결과 깨침의 인가印可 및 정법안장正法眼藏의 전법傳法을 통하여 독특한 가풍을 형성하고 전승하였다. 그러한 과정에서 수행을 비롯한 깨침에 대한 의미의 확장은 물론 선종사원에만 보이는 문중 중심의 청규淸規를 제정하였고, 전등사서傳燈史書를 중심으로 선문의 독자성을 발전시켰다.[19] 당시의 선수행법은 주로 선경禪經에 근거한 방식으로 성취되었는데 관법觀法을 비롯하여 조사의 언구나 경전의 내용을 중심으로 선문답으로 활용되는 경우가 보편적이었다.

그러나 선종오가가 출현한 이후 3백여 년이 지난 송대 중기에 조동선종에서는 묵조선默照禪이, 그리고 임제선종의 계통에서는 간화선看話禪이 각각 창출되었다. 송대에 묵조선과 간화선이 거의 동시대에 출현한 데에는 그만한 까닭이 있었다. 당나라 시대에 최전성기를 구가하던 선종은 더 이상 발전하지 못하고 후퇴 내지는 현상 유지에 급급할 수밖에 없었다. 새로운 선 사상을 창출한다든가 혹은 전개시키지 못하게 되었다. 송대는 벌써 당나라 시대의 순수하고 발랄하던 선풍을 상실해 버리고 말았다. 이로써 당대의 순수했던 선풍과 선수행에 대한 반성 및 그 유지를 위한 방책이 필요하였다. 그 대안으로 등장한 것이 묵조선과 간화선이라는 새로운 수행법의 창출이었다. 이로써 송대에는 고인의 일화로 이루어진 화두참구의 간화선과 오로지 좌선을 통하여 본래심의 자각을 추구하는 묵조선이라는 방법을 출현시켰다. 이것은 일찍이 전승되어

---

19 그렇지만 총림생활에서 청규를 중심으로 하는 공동집단의 방식은 멀리 초기 불교의 교단인 승가에 그 典範을 두고 있다.(西村惠信, 『禪林修行論』, 東京: 法藏館, 1987, p.79)

왔던 관법 위주의 수행과는 크게 다른 방식이었다.

그 가운데 간화선은 화두를 통한 선수행이다. 보다 정확하게 말하면 스승이 화두를 제기하여 제자로 하여금 화두를 보게끔 하는 선수행이다. 반면 제자가 스승에게 화두를 들어 질문하고 스승이 이에 답변하는 형식을 통하여 그 답변의 행위에서 스스로 어떤 의미와 행위를 터득하는 선수행이기도 하다. 이런 점에서 화두는 깨침으로 나아가기 위한 도구이면서 스스로가 타파해야 하는 도구의 대상이기도 하다. 곧 화두는 한편으로 도구로서 유지해야 하는 것이면서 한편으로 그 자체를 타파해야 하는 대상이기도 하다. 이것이 화두가 지니고 있는 양면성이다. 이 양면성은 선종 자체에서 일어나는 변질 내지 변혁의 과정과 그것에 대응하기 위한 방식으로 표출되어 갔다. 곧 수행과 깨침에 대한 입장 내지 견해와 자체의 입장을 견지하기 위한 모색으로 나타났다. 입장 내지 견해의 차이는 당나라 말기의 다양한 선풍의 흐름에서 먼저 나타났고, 자체의 입장을 견지하기 위한 것은 송대에 선수행법의 차이와 당시 선종계의 폐풍에서 그것을 극복하기 위한 방편으로 나타났다. 전자가 종적인 이유라면 후자는 횡적인 이유이다. 후자의 경우에 다시 묵조선법에 대한 것과 당시 선종계의 일반적인 폐풍에 대한 것을 들 수가 있다. 이와 같은 세 가지 점이 각각 간화선의 대두 내지 성립 배경과 관련되어 있다.[20]

선종의 역사에서 당나라 시대에는 조사선풍祖師禪風이 발전한 결과로서 인간 본래의 순수한 삶의 모습 그대로가 부처이며 수행이며 깨침이고 선이라는 의미로 즉심시불卽心是佛의 개념이 강조되었다. 그러나 당

---

[20] 김호귀, 『화두와 좌선』, 경기도: 살림, 2019, pp.10~16

대에 최고조로 발전한 선 사상이 수백 년이 지나자 후대로 갈수록 더 이상 새로운 사상으로 발전하지 못하고 이전의 사상에 안주하면서 형식적 내지 의례적인 추세의 시대가 도래하였다. 따라서 그와 같은 시대에 이전의 순수한 선풍을 되살리고 계승하려는 움직임이 일어났는데 그것이 소위 묵조선과 간화선의 출현이었다. 일반적으로 묵조선은 오로지 좌선 수행을 하는 것으로 수행(修)과 깨침(證)이 불이不二임을 강조함에 비하여, 간화선은 깨침을 중시하여 그것에 도달하기 위한 방법으로 화두의 참구를 강조한다.[21]

일본불교의 수행

일본불교의 전래에 대해서는 『일본서기日本書紀』의 552년 설 및 『상궁성덕법왕제설上宮聖德法王帝說』 혹은 『원흥사연기병류기자료장元興寺緣起幷流記資料帳』의 538년 설이 전해진다. 전래 후 나라(奈良)시대는 주로 학문불교 위주였고, 사회적으로는 진호국가의 성격이 강하였다. 이후로 불교는 학문만이 아니라 수행의 필요성도 제기되면서 헤이안(平安)시대에는 사이초(最澄, 767~822) 및 구카이(空海, 774~835) 등이 새로운 종파를 수립하면서 인도 및 중국에서는 볼 수 없었던 새로운 제도 및 교리가 성

---

21 간화선과 묵조선 사상의 바탕이 되었던 卽心是佛은 본래 당나라 시대에 순수한 선풍에서 출발하였다. 卽心是佛에서 卽心은 본래의 청정한 마음에 계합된 행위를 말하고, 是佛은 즉심의 결과가 드러난 것을 말한다. 그러나 시대가 내려감에 따라 송대에 와서는 卽心是佛에서 是佛이라는 그 결과에만 집착하여 본래의 卽心이라는 행위에 대해서는 까마득하게 무시해 버리는 無事禪에 떨어지고 말았다. 왜냐하면 卽心은 곧 본래심에 계합된다는 원인에 해당하고 是佛은 그와 같은 결과에 해당하기 때문이다.

립되어 일본적인 불교의 전개에 초석이 다져졌다. 약 4백여 년에 걸친 헤이안시대에는 귀족뿐만 아니라 서민에게까지 불교 신앙이 보급되었다.

천태교학·선·대승계·밀교 등이 도입됨으로써 사이초에 의해 천태종이 밀교 계통의 경전과 의식 등을 도입하면서 구카이에 의해 진언종이 성립하여, 일본의 불교계에서는 다양한 의식과 수행이 널리 발전하였다. 신불습합神佛習合의 전개, 그리고 아미타불에 대한 신앙을 통하여 현세에서는 아미타불이 현현하여 베풀어 주는 가르침을 받고 저승에서는 아미타불의 세계인 극락정토에 왕생함으로써 열반에 도달하는 것을 목적으로 하는 정토교가 출현하여 일반 불교인에게 커다란 위안과 희망을 주었다. 그 가운데는 오탁악세五濁惡世라는 말법 사상이 바탕이 되었는데, 그로부터 벗어나 해탈 내지 성불을 갈구하는 민중에게 신앙과 함께 수행의 관념이 널리 전개되었다.

이후 가마쿠라(鎌倉)시대에는 진언종과 유관한 남도불교南都佛敎가 부흥하였는데, 율종律宗·화엄종華嚴宗·법상종法相宗·삼론종三論宗 등이 번성하여 나라시대의 학문불교 이외에도 계율의 엄수와 더불어 석가·문수·미륵 등을 신앙하면서 좌선의 수행을 격려하고 사회 사업에도 관심을 기울여 실천적인 불교가 성행하였다.

또한 천태종과 유관한 호넨(法然)의 정토종淨土宗, 신란(親鸞, 1173~1262)의 정토진종淨土眞宗, 에이사이(榮西, 1141~1215)의 임제종臨濟宗, 도겐(道元, 1200~1253)의 조동종曹洞宗, 니치렌(日蓮, 1222~1282)의 일련종日蓮宗 등이 번성하였다. 가마쿠라시대부터 이후 무로마치(室町)시대에 이르러 불교는 도시 및 농촌의 민중에게까지 널리 보급되었다. 서민들은 석가당釋迦堂, 관음당觀音堂, 아미타당阿彌陀堂 등을 중심으로 강중講衆과 결중結衆을 만들어 신앙은 물론이고 유행遊行 및 영산靈山

과 영장靈場을 순례巡禮하는 수행을 펼쳐 갔다. 이후 에도(江戶)시대의 불교는 실천을 위주로 하고 서민이 중심이 되는 특성을 보여 주었다.

일찍이 8세기 후반부터 일본불교에서는 관상 내지 칭명염불의 실천 방식, 그리고 신神이 그 몸을 벗어나겠다고 생각하는 신신이탈神身離脫, 불법을 수호하는 것이 신의 역할이라는 호법선신護法善神의 관념이 존재했던 것으로 알려져 있다.[22] 그리고 헤이안시대에는 밀교와 천태의 전승으로 인하여 천태 밀교가 전개되면서 일본의 독자적인 수행법으로 사이초의 천태교『지관론止觀論』에 근거한 사종삼매四種三昧와 밀교의 직도直道가 출현하였다. 이후 엔닌(圓仁, 794~854)은 선도善道의 염불에 기원을 둔 오회염불五會念佛을 보급하였다.

한편 11세기 중반부터는 말법 사상末法思想의 인식과 함께 민중에게 정토교를 보급함으로 인하여 마음을 하나로 모으는 삼매수행으로서 겐신(源信, 942~1017)의 관상염불觀像念佛과 가쿠반(覺鑁)의 칭명염불稱名念佛이 유행하였다. 특히 겐신은『왕생요집往生要集』에서 수량염불의 방법으로서 중국 가재迦才(생몰년 미상)의『정토론淨土論』을 응용하여 백만편염불百萬遍念佛을 계승하였고, 또한 밀교의 다라니陀羅尼 수행도 겸수하였다.[23] 이후 12세기 말부터는 호넨의『선택본원염불집選擇本願念佛集』이 찬술됨으로써 정토교가 큰 세력으로 발전하여 구칭염불口稱念佛이 대세를 이루었다. 한편 그 무렵에 조케이(貞慶, 1155~1213)의『수행요초修行要鈔』에 근거한 유식관唯識觀의 수행도 등장하였다.

그리고 12~13세기에 중국으로부터 새롭게 전승된 선종이 발전하게

---

22 미노와 겐료 지음, 김천학 옮김,『일본불교사』, 서울: 동국대학교출판부, 2017, pp.46~48
23 한보광,『신앙결사연구』, 경기도: 여래장, 2000, pp.321~323

되자, 선수행법의 지도에서는 이지理知·기관機關·향상向上 등의 방편이 널리 보급되었다. 또한 도겐은 『정법안장正法眼藏』 및 『보권좌선의普勸坐禪儀』를 통하여 지관타좌只管打坐로서 좌선의 수행을 강조하였다. 그리고 13세기 중반에 니치렌으로부터 크게 흥기한 법화종法華宗에서는 오로지 묘법妙法을 지향하는 『법화경』 중심의 수행을 정착시켰다.

특히 일본불교의 수행 전통에서 순례의 수행은, 헤이안시대에는 9세기 후반부터 상황上皇 및 귀족층을 중심으로 성지순례의 수행이 시작되었다. 10세기부터 11세기에 걸쳐서 후지와라(藤原)시대에는 한층 더 융성해졌고, 이후부터는 보편적인 모습으로 자리 잡았다. 순례지로서 각광을 받은 곳은 고야산高野山·금봉산金峰山·장곡사長谷寺·사천왕사四天王寺·분하사汾河寺·석산사石山寺 등 주로 긴키(近畿) 지방이었다. 가장 유명한 순례수행은 관음 신앙의 유적지인 시코쿠(西國)의 삼십삼소관음순례三十三所觀音巡禮 및 홍법 대사弘法大師 구카이가 수행한 유적지인 시코쿠의 팔십팔소편로八十八所遍路인데, 전자는 헤이안시대부터 오늘날과 같은 형태로 확립되었다.

중세시대에는 순례수행의 중심층이 부케(武家)들이었다. 슈겐샤(修驗者, 밀교 주술을 행하며 산악 지역에서 수련하는 사람)와 히지리(聖) 등의 교화에 의하여 성지의 영험이 일반의 민중에게 보급되었다. 무로마치시대 말기에는 서서히 확대되어 가다 결정적인 변화를 초래한 것은 에도시대였는데, 곧 그 중심층이 부케로부터 민중으로 전환되었다. 그것은 민중의 경제적인 향상과 치안의 안정, 그리고 교통망이 비약적으로 개선되었기 때문이었다. 따라서 순례수행의 성격도 수행 중심에서 점차 오락 및 관광으로 변해 갔다.

III. 신라 및 고려의 수행

불교 수입기의 수행법

고구려와 백제와 신라에 불교가 전래될 무렵에 기존의 민간신앙과 알력이 있었지만 불교는 결국 전통의 무교 신앙과 습합하여 주술적이고 복합적인 성격으로 정착되어 갔다. 불교의 출현으로 무교의 정치적·사회적인 영향력은 감소되고 그 자리를 불교가 대체하게 되었다. 그 가운데는 불교의 종교적인 기능에 부수한 기복적인 측면의 변화도 있었지만, 가장 주목되는 변화 가운데 하나는 불법을 믿는 백성들이 직접 그 체험에 참여하여 불법을 이해하려는 모습이 드러났다는 점이다. 처음에는 사찰과 탑과 불상의 조성에 참여한다든가 개인적인 불법의 신앙으로서 백고좌百高座, 팔관회八關會, 점찰법회占察法會 등에 참여하는 것이 주류를 형성하였다. 그러나 점차 불법을 신앙하는 행위에 만족하지 않고 자신의 미래를 직접 밝혀 보고자 하는 염원에서 대표적인 신앙 행위로 지장보살을 비롯한 미륵보살의 참회와 같은 수행에 관심을 지니게 되었다.

신라의 중대에는 신앙 행위 가운데 대표적인 것으로 윤회 관념을 말미암아 말법 사상 및 미래불로서 미륵상생 신앙에 근거한 미륵 신앙을 비롯하여 극락왕생을 희구하는 내세 신앙으로서의 미타 신앙이 크게 부각되었다. 그에 따라서 불법을 신봉하는 사람이 직접 왕생하려는 수행법으로서 나무아미타불의 염불이 가장 보편적인 모습으로 등장하였다. 또한 내세적인 미타 신앙과 함께 고통이 많은 현세에서 구제를 기원하는 관음 신앙은, 관세음보살을 칭명하는 수행으로 보급되어 불국토 신앙과 함께 크게 유행하였다. 아울러 진표眞表에게서 크게 보이는 지장 신앙은 점찰법회의 활성화와 더불어 원광 법사 이래로 꾸준히 지속되었는데, 점찰 계법과 함께 참회와 발원의 수행으로 민중에게 환영받았다.

한편 신라 중대부터 신앙의 실천으로서 결사結社라는 집단적인 수행이 행해졌다. 그것은 신앙을 굳게 다지려는 행위로서 경전을 강의하고(講經), 읽으며(讀經), 외우고(誦經), 베껴 쓰며(寫經), 모임을 만들어 의식을 거행하고(齋會), 사찰을 유지 및 보수하는 데 조력하며, 불상·종·탑의 조성을 통해서 공덕을 수행하는 모습으로 나타났다. 신라 하대의 불교결사는 조사 추모의 모임이 주류였는데, 중앙 교단이 주도하고 일반인 예불향도가 참여하였다. 또한『화엄경』의 결사를 비롯하여 정토 사상에 바탕을 둔 신앙결사도 이루어져 대중성을 보여 주었다.[24]

고려시대에는 선종의 융성과 함께 선종에서는 보조 지눌普照知訥(1158~1210)의 정혜결사定慧結社를 비롯하여 천태종에서는 원묘 요세圓妙了世(1163~1245)의 백련결사白蓮結社가 조직됨으로써 체계적인 수행과 교단의 정화운동으로 계승되었다. 또한 지눌 이후에는 송나라로부터 간화선看話禪이 수입됨으로 인하여 사부대중에게까지 선수행이 보급되었다. 특히 일반 대중의 수행으로는 현세적인 이익을 지향하는 관음 신앙이 유행하였고, 충렬왕 대 이후 원나라를 거쳐 티베트 밀교의 영향으로 육자주六字呪와 염송念誦이 널리 유행하여 관세음보살멸업장진언觀世音菩薩滅業障眞言과 같은 특수한 진언수행도 등장하였다. 여기에는 관음 신앙이 밀교와 융합하는 것은 물론이고 화엄 신앙과 융합함으로써 널리 예참문으로 나타나게 되어, 정토왕생을 기원하는 수행으로 발원을 비롯

---

24 국사편찬위원회 편,『신앙과 사상으로 본 불교전통의 흐름』, 서울: 두산동아, 2007, pp.134~135

한 영험적인 공덕이 강조되기도 하였다.[25]

한편 나한 신앙의 발현으로 공덕을 기원하는 사경寫經의 수행을 비롯하여 사불寫佛의 수행이 설행되었다. 사경수행은 신라시대부터 보이지만 크게 유행한 것은 원 간섭기 이후였다. 그 가운데서도 『법화경』에 대한 사경수행이 보편적이었으며, 국왕이 발원한 사경이 많았다. 특히 충렬왕 이후에는 사경을 전담하는 기구로서 금자원金字院 및 은자원銀字院이 시설됨으로써 왕실뿐만 아니라 일반 관료 사이에서도 공덕 신앙으로 유행하였다. 그 결정적인 모습은 대장경大藏經을 필사하는 수행으로 계승되었다.

선법의 수입과 선수행의 다양화

선법의 최초기 전래는 8세기 후반에 중국 선종의 제4조 도신의 동산법문을 법랑이 전승하면서 시작되었는데, 이후로 준범遵範-혜은慧恩-신행神行으로 계승되었다. 이후 신라 말기, 곧 9세기 중반부터 고려 초기, 곧 10세기 중반의 백여 년에 걸쳐서 중국으로부터 선법의 전래가 본격화되었다. 이로부터 소위 구산선문九山禪門이 형성되면서 중국의 선종과는 독립적으로 산문이 형성되고 나말여초 선불교의 수행법에 새로운 변화가 모색되었다.

그것은 이전의 습관존신習觀存神[26]의 수행법과 다른 조사선祖師禪[27]

---

25 국사편찬위원회 편, 앞의 책, 2007, pp.212~215.
26 習觀存神은 觀相(觀像)함으로써 마음을 안정시키고 삼매에 들어가서 부처와 명합하는 수행법으로서 소위 『觀無量壽經』의 十六觀想法의 경우가 이에 해당한다. 李智冠, 『韓國佛敎金石文譯註』卷1, 서울: 가산불교문화연구원, 1993, p.97.
27 祖師禪은 菩提達磨로부터 연원하여 曹溪 慧能과 馬祖 道一 및 石頭 希遷 시대에

의 수행법이었다. 따라서 구체적인 수행 방식에서도 기존에 좌선이라는 앉음새를 중심으로 강조했던 전통을 초월하여 보다 널리 행行·주住·좌坐·와臥, 견見·문聞·각覺·지知, 어語·묵默·동動·정靜에 진여를 실천하는 것이었다. 소위 일체처에서 제상諸相에 집착이 없어서 그 제상에 대하여 증애憎愛를 내지 않고, 또한 취사取捨가 없으며, 이익利益과 성괴成壞 등에 괘념치 않고, 마음이 편안하고 고요하며 청쾌하고 담박한 상태의 일상삼매一相三昧 그리고 일체처에서 일체 시에 순일한 직심으로 부동의 도량에서 진정한 정토를 성취하는 일행삼매一行三昧를 실천하는 것이었다.[28]

이와 같은 조사선의 선수행법은 당나라 시대부터 등장하여 오대 및 송대에 성황을 이룬 선어록의 출현과 함께 크게 발전하였다. 중국 선종에서 9세기 중반부터 10세기 중반에 걸쳐 형성되었던 선종오가의 발전으로 인하여 각 문중에서는 앞을 다투어 조사의 어록을 남기게 되었다. 조사의 권위가 상승함에 따라 그 어록이 경전과 동등한 가치를 지니면서 경전보다도 오히려 어록이 중시되고 어록을 바탕으로 한 문자선文字禪·공안선公案禪·간화선看話禪[29] 등의 수행전통으로 굳어졌다. 특히 일연의 『중편조동오위重編曹洞五位』, 천책의 『선문강요집禪門綱要集』 및 『선문보장록禪門寶藏錄』의 경우처럼 어록의 일부분을 발췌하여 염롱拈弄하

크게 발전한 선풍으로서 本來成佛을 바탕으로 하여 일상생활에서 불법을 실천하는 것을 지향한다.
28 『六祖大師法寶壇經』(『大正藏』 48, 361a~b)
29 文字禪은 어록을 중심으로 그에 대하여 註解를 붙이고 著語를 붙이며 拈弄하는 방식이다. 公案禪은 어록에서 公案逸話를 선택하여 그것을 전체적으로 全提하여 참구하는 방식이다. 看話禪은 公案逸話 가운데서도 근본적인 대목만 선별하여 單提하여 참구하는 방식이다. 이와 같은 선풍은 통칭 義理禪 내지 如來禪으로 간주되기도 하였다.

는 풍조도 성행하였다.

고려시대는 전반적으로 화엄종·천태종·유가종·조계종 등의 사대 종파를 중심으로 전개되었는데, 이들 종파는 근본적으로 실천성이 강하였다. 그러나 일반의 민중에게는 중기 이후 선종의 보급으로 인한 간화선 수행이 비교적 널리 전개되었다. 그 무렵에 이자현李資玄(1061~1125), 혜조 국사慧照國師 담진曇眞(생몰년 미상), 대감 국사大鑑國師 탄연坦然(1070~1159) 등으로부터 『능엄경』 및 『금강경』을 중심으로 한 선종의 새로운 기풍을 진작하였고, 간화선 수행의 방식도 시도하였다. 그 가운데 이자현은 소위 거사불교의 선풍을 일으킴으로써 널리 재가인에 이르는 선수행의 보급을 전개하였다.[30] 이와 같은 선수행은 원나라의 간섭으로 인하여 담선법회談禪法會의 중단과 함께 결사불교가 퇴조되고 지배층을 위한 공덕 신앙과 왕실 및 원나라 황실의 안녕을 기원하는 법회가 주로 거행되었다. 더불어 무신정권의 지배로 인한 선종의 발전과 함께 간화선의 보급을 통한 공안수행의 전통이 크게 발전하였다.

이로써 재가신자의 화두참구도 성행하게 됨으로써 이승휴李承休(1224~1300)가 몽산 덕이蒙山德異(1232~1308)로부터 법문을 받은 이후로 관료였던 권단權㫜은 철산 소경鐵山紹瓊(?~1311)이 고려에 들어왔을 때 출가하여 그 제자가 되어 간화선 수행을 하였고, 채홍철蔡洪哲은 자신의 집에 전단원栴檀園이라는 참선 도량을 시설하고 선승을 초빙하여 무자 화두無字話頭를 참구하였다. 이후에는 진각 혜심眞覺慧諶(1178~1234), 백운 경한白雲景閑(1299~1374), 태고 보우太古普愚(1301~1382), 나옹 혜근懶翁惠勤(1320~1376) 등의 선어록이 출현하면서 일반인에 이르기까지 간화

---

30 허흥식, 『高麗佛敎史硏究』, 서울: 일조각, 1990, p.228

선 수행이 소개되었다.[31]

수행결사와 그 성격

한국불교에서 결사의 모습은 신라시대부터 시작되었다. 그 성격으로는 첫째로, 국가에서 주도하는 형식으로서 신라에서는 통일 이전의 화랑도의 결사가 있었는가 하면, 통일 이후에는 오대산 화엄결사[32] 등이 있었다. 후자의 경우는 순수한 불교 신앙결사의 성격을 지니고 있다. 둘째로 순수 민간에서 주도하는 형식이 있다. 이것은 국가로부터 불교가 탄압을 받았을 경우, 교단이 타락하고 부패하였을 경우, 동일한 신앙을 목적으로 함께 신앙 공동체를 구성할 경우 등으로 나뉜다.

고려시대 보조 지눌의 정혜결사는 승려의 타락과 권력의 소유, 계율의 문란 등 교단의 타락에 대한 반성으로 등장하였다.[33] 한편 원묘 요세의 백련결사는 예참 중심의 수행 위주였다.[34] 그리고 신앙 공동체는 순일한 수행과 신앙심의 고취를 위한 것으로 주로 정토 신앙의 염불수행을 중심으로 형성되었는데,『삼국유사』에 보이는「욱면비염불서승조郁面婢念佛西昇條」의 경우가 있고, 교학의 탐구 내지 수행을 위한 것으로 고려시대 전기에 수암사水巖寺의 화엄결사[35] 및 법상종의 진억津億이 지리산에서 결사한 수정사水精社[36] 등이 있다. 이러한 수행법으로는 염불念

---

31 국사편찬위원회 편, 앞의 책, 2007, pp.185~188
32 『三國遺事』卷3 '台山五萬眞身條'(『大正藏』49, 998b)
33 知訥 撰,『勸修定慧結社文』(『韓佛全』4, 698a)
34 최동순,『원묘요세의 백련결사 연구』, 서울: 정우서적, 2014, pp.42~47
35 李奎報,『東國李相國集』後集 '水巖寺華嚴結社文'
36 『東文選』卷64 '智異山水精社記'

佛·수선修禪·강경講經·독경讀經·사경寫經·간경看經·제창提唱·예배禮拜·재회齋會 등 다양하였는데, 상설적인 것이 아니라 필요한 경우에 만불향도萬佛香徒의 결성과 같은 모습으로 출현하였다.37

한편 결사는 정토형淨土型, 선정형禪定型, 교리형敎理型, 불사형佛事型, 공동체형共同體型 등의 유형으로 분류하기도 한다. 정토형은 위에서 언급한「욱면비염불서승조」에 보이는 만일계萬日契로 만일염불결사회의 시작이다. 또한 도량道場으로 '만일미타도량萬日彌陀道場'38 및『건봉사사적』에 보이는 5회에 걸친 만일회 등이 있다. 선정형은 지눌의 정혜결사가 대표적이고, 교리형은 위에서 언급한 오대산의 화엄결사가 있는데 이 경우에 그 실천 방향을 보살행으로서 보현행에 두고 있다. 또한 고령 미숭산 반룡사盤龍社39가 있다. 천태 계통의 결사로는 원묘 요세의 백련결사가 대표적인데, 여기에서는 법화 신앙의 실천력과 신심이 철두철미하여 동백련사東白蓮社를 비롯하여 묘련사妙蓮社·감로사甘露社·법화사法華社 등도 결성되었다.

한편 수행 공동체로 향도香徒가 있다. 향도는 경제적인 보시의 성격을 지니고 있으면서 한시적인 계契로 김유신의 용화향도龍華香徒가 그 연원이었다.40 백제에서도 충남 연기 지방에서 형성된 향도가 있었다.41

또한 신앙결사의 성격을 갖는 매향埋香은 여말선초에 해변 지역을 중심으로 유행하였다. 고성삼일포매향비古城三日浦埋香碑(1309), 정주매향비定州埋香碑(1335), 사천매향비泗川埋香碑(1387), 해주매향비海州埋香碑

---

37 한보광, 앞의 책, 2000, pp.46~49
38 『三國遺事』卷5, '包山二聖條'
39 『東文選』卷84, 崔瀣의 '送盤龍如大師序'
40 『三國史記』卷41, '列傳1 金庾信條'
41 『韓國金石遺文』, '癸酉銘三尊千佛碑銘'

(1387), 해미매향비海美埋香碑(1427), 암태도매향비巖泰島埋香碑(1405), 해남매향비海南埋香碑(1406) 등이 있었다.[42] 기타 신앙결사로서 계契 내지 보寶도 재가자를 중심으로 한 수행 공동체의 성격을 지니고 있었다.

그러나 결사의 모습으로는 염불결사가 대표적이었다. 신라시대에는 「욱면비염불서승조」의 경우뿐만 아니라 포천산布川山 오비구五比丘의 만일염불결사도 있었다.[43] 고려시대에는 염불포교결사의 성격이 짙은 경우로서 포산包山에서 성범成梵이 결성한 '만일미타도량萬日彌陀道場'[44]이 있었다. 조선시대에는 염불결사 가운데서도 18세기의 연담 유일蓮潭有一(1720~1799) 등에 의하여 결성된 연지만일회蓮池萬日會[45]가 가장 전형적인 염불결사로서 출현하였다. 이후 건봉사乾鳳寺의 만일염불결사로서 신라 발징 화상發徵和尙의 만일회를 비롯하여[46] 이후 5회에 걸쳐서 결성된 만일회는 엄격한 사규社規의 제정과 더불어 진행됨으로써 부패한 승단의 기강을 확립하였고, 청정한 수행과 정진에 전념하는 승풍을 진작하였으며, 그로 인하여 도회지에 포교당을 건립하는 등 사부대중의 원력이 집성된 경우에 해당하였다.[47]

또한 백파 긍선白坡亘璇(1767~1852)의 『수선결사문修禪結社文』에는 수선작법을 비롯하여 그 결사의 이념이 잘 드러나 있다. 지눌의 영향을 크게 받은 까닭에 이는 간화선의 수행뿐만 아니라 보편적인 수선결사였음

---

42 李海濬, 「埋香信仰과 그 主導集團의 性格」, 『金哲俊博士華甲紀念史學論叢』, 서울: 知識産業社, 1983, p.367
43 『三國遺事』卷5, '布川山 五比丘 景德大王代條'
44 『三國遺事』卷5, '包山二聖'
45 『林下錄』卷1, '白蓮庵燈燭契序'(『韓佛全』10, 327b)
46 秋波泓有, 『秋坡集』'靈源萬日會序'(『韓佛全』10, 72b)
47 한보광, 앞의 책, 2000, pp.224~247

을 보여 준다.⁴⁸ 이처럼 불교 신앙 및 수행의 분야에서 다양하고 오랜 시대에 걸쳐서 이루어진 결사는 출가자는 물론 재가인의 상호 협력과 상호 부조를 통하여 가능하였다.

IV. 조선시대 삼문수행

간화선의 경절문

조선시대에 불교가 보여 준 변화의 모습 가운데 하나가 수행의 측면에서 나타났다. 그것은 이전의 다양한 방식보다는 기존 수행 전통의 모습이 보다 심화 내지 변모하는 모습으로 전개되었다. 그 가운데 가장 주목되는 모습이 보조 지눌에게서 보이는 성적등지문惺寂等持門, 원돈신해문圓頓信解門, 간화경절문看話徑截門의 삼문 체계이다. 성적등지문은 성惺의 상태에서도 적寂의 상태에서도 삼매(等持)에 들어 있는 모습으로, 지혜(惺)와 선정(寂)의 일체一體를 가리킨다. 원돈신해문은 원만하고 완전한 경지는 수행(信) 그대로 깨치는(解) 것임을 말한다. 간화경절문은 간화선 수행으로 번뇌를 단박에 단절하여 깨침에 이르는 것을 말한다. 이들 삼문 체계는 선수행 중심이었다. 그러나 조선 중기의 청허 휴정淸虛休靜(1520~1624)에게서는 경절문과 원돈문과 염불문의 모습으로 변화한 것이 보인다. 여기에서 경절문은 선수행이고 원돈문은 화엄학이 중심이 된 교학이고 염불문은 정토수행이다.⁴⁹ 삼문 체계 중심의 이와 같

---

48 김호귀,『修禪結社文』, 서울: 백파사상연구소, 2012, pp.9~26
49 이종수,「조선 후기 불교의 수행체계 연구」, 동국대학교 박사학위논문, 2010,

은 수행의 모습은 이후 조선 후기에는 진허 팔관振虛捌關(?~1782)의 『삼문직지三門直指』에 보이는 염불문과 원돈문과 경절문의 경우처럼 지눌의 영향을 크게 받고 있으면서도 더욱더 보편적인 양상으로 전개되었다.[50]

경절문은 지눌 이후로 간화선의 수행을 대변해 왔다. 특히 조선시대 선종의 법맥은 임제종지를 중심으로 전승된 까닭에 중국 송대에 임제종 양기파楊岐派에서 대혜 종고大慧宗杲(1089~1163)가 확립시켰던 간화선이 중시되었지만 어디까지나 화엄교학과 정토 신앙도 아울러 수용되었다. 그런 까닭에 경절문의 수행은 종교입선從敎入禪의 성격을 지니고 있어서 단순한 선교 융합 내지 선교 차별이라기보다는 교학을 바탕으로 선에 들어간다는 것이었다.[51] 이것은 기존의 원돈문에 대한 선교일치적인 입장과 염불문에 대한 유심정토적인 입장이 융화된 모습이기도 하였다.

경절문에서 내세운 간화선 수행은 수많은 화두를 제시한다. 그 가운데서 무자화두無字話頭에 대한 전승의 연원은 당대 말기 조주 종심趙州 從諗(778~897)의 구자무불성狗子無佛性이지만, 본격적인 화두의 기능으로 성립된 것은 북송대 오조 법연五祖法演(1024~1104)의 시대였다. 그로부터 원오 극근圓悟克勤(1063~1135)을 거쳐 대혜 종고에 이르러 무자화두는 그에 대한 참구법의 제시와 함께 간화선 수행의 중심에 놓였다. 대혜가 무자화두 참구에 주의 사항으로 제시한 여덟 가지 혹은 열 가지 항목은 지눌의 『간화결의론看話決疑論』에서 십종병十種病으로 확립된다.[52] 이

---

pp.44~52
50 『三門直指』(『韓佛全』 10, 138c~166c)
51 김호귀, 「선교」, 『테마 한국불교 6』, 서울: 동국대학교출판부, 2018, p.199
52 지눌은 『看話決疑論』에서 이들에 대한 용어를 禪門十種病·十種病·十種禪病·佛法知解之病·知解之病·十種知解之病 등으로 명명하고 있어서 열 가지로 확정하

후 이 십종병은 근현대에 이르기까지 경절문의 화두수행으로 지속적으로 전개되었는데, 그것을 주창한 내용을 순서대로 보면 도표[53]의 경우와 같다.

no.	大慧宗杲	普照知訥	眞覺慧諶	淸虛休靜	白坡亙璇	龍城震鍾
①	不得作有無會	不得作有無會	不得作有無之無	意根下卜度	揀有無之無解	論有無之病
②	不得作道理會	不得作眞無之無	不得作眞無之無卜度	揚眉瞬目處垛根	揀眞無之無解	論無心病
③	不得向意根下思量卜度	不得作道理會	不得作道理會	語路上作活計	揀玄妙道理解	論平常病
④	不得向揚眉瞬目處垛根	不得向意根下思量卜度	不得向意根下思量卜度	文字中引證	揀思量卜度解	論道理病
⑤	不得向語路上作活計	不得向揚眉瞬目處垛根	不得揚眉瞬目處垛根	擧起處承當	揀揚眉瞬目解	論意根下卜度病
⑥	不得颺在無事甲裏	不得向語路上作活計	不得向語路上作活計	颺在無事甲裏	揀語路活計解	論揚眉瞬目病
⑦	不得向擧起處承當	不得颺在無事甲裏	不得颺在無事甲裏	作有無會	揀無事甲裡解	論無事匣裏病
⑧	不得向文字中引證	不得向擧起處承當	不得向擧起處承當	作眞無會	揀擧起承當解	論擧起處承當病
⑨	不得作眞無之無卜度	不得向文字中引證	不得向文字中引證	作道理會	揀文字引證解	論引證病
⑩	不得將迷待悟[54]	不得將迷待悟	不得將迷待悟	將迷待悟	揀將迷待悟解	論將迷待悟病

이처럼 삼문수학에서 경절문의 간화선 수행은 지눌에 의하여 조사선의 수행법으로 처음 수입된 이후로 시대를 거치면서 어느 정도의 변형

고 있음을 엿볼 수가 있다.(『普照全書』, 보조사상연구원, 1989, pp.91~102)
53 김호귀, 「백용성『總論禪病章』의 십종병에 대한 고찰」, 『大覺思想』 32, 대각사상연구원, 2019, p.235
54 지눌은 마지막 두 항목을 「答張舍人」 및 「答富樞密」의 다른 편지에서 각각 취하여 십종병으로 파악하였다.

은 보였지만 그 맥락은 지속적으로 전개되었다. 특히 임제 법통의 선종에서 주요한 수행법으로 제시되어 조선시대뿐만 아니라 오늘날에 이르기까지 출가와 재가를 막론하고 한국불교의 선수행법 중 하나로 자리매김하고 있다.

염불과 염불결사

조선시대에는 지식층뿐만 아니라 서민 대중들도 쉽게 아미타불을 염송하여 생사를 벗어나고 서방의 극락세계로 왕생하려는 염원이 어느 시대보다도 부각되었다. 따라서 자신의 염불은 물론이고 남에게도 아미타불의 염불을 권장하는 문헌이 다수 등장하여 널리 보급되었다.

백암 성총柏巖性聰(1631~1700)은 1686년에 정토를 찬탄하고 직접 왕생하도록 권장하는 내용으로 일반 대중이 염불로 정진하도록 서정적인 내용의 찬탄시로 구성되어 있는 『정토보서淨土寶書』를 간행하였다. 그리고 1693년에는 직접 『백암정토찬栢庵淨土讚』을 저술하였으며, 1704년에는 명연明衍이 『염불보권문念佛普勸文』을 간행하였다. 이것은 『보권염불문普勸念佛門』이라고도 하는데, 경론 가운데 염불에 대한 내용을 간추려 수록하였을 뿐만 아니라 그 체험으로서 수많은 왕생전往生傳을 비롯하여 염불 작법에 대해서도 수록하고 있다.

염불수행의 경우에는 조선 전기에 보이는 유심정토의 경향이 점차 염불선念佛禪과 아울러 결합됨으로써 염불 수행에 선수행이 포섭되어 갔다. 선문에서도 점차 서방정토를 인정하여 유심정토와의 합일을 지향하는 모습도 출현하였다. 편양 언기鞭羊彦機(1581~1644)는 근기의 차이를 구분하지 않고 통합적으로 염불문을 설명하였다. 곧 마음을 벗어나서 달리 부처가 없는 입장을 취하면서도 행·주·좌·와의 일상에서 아미타불을 지성으로 염불할 것을 권장하였다.[55] 조선 후기 선종으로 단일화된 상황에서도 많은 선사들은 경절문이나 원돈문의 수행보다는 서방정토 신앙에 의거한 염불문의 수행을 현실에 더욱 적합한 수행법으로 여겼다. 나아가서 기성 쾌선箕城快善(1693~1764)은『삼문직지』를 통하여 평생염불平生念佛·임종염불臨終念佛·칭명예념선후절차稱名禮念先後節次 등 염불수행의 실제에 대하여 설명하고 있다.[56]

기타 작자 미상의『참선염불문參禪念佛文』(1648), 기성 쾌선箕城快善의『청택법보은문請擇法報恩文』(1767)·『염불환향곡念佛還鄕曲』(18세기 중반), 해봉 유기海峰有璣의『신편보권문新編普勸文』(1776) 등 정토염불에 대한 사상과 신앙과 수행에 관련된 다수의 문헌이 출현하였다. 또한〈서왕가〉,〈태평곡〉,〈회심가〉,〈권왕가〉등 불교가사를 통한 염불수행의 보급이 널리 성취되었다.[57] 한편 조선 후기에는 전국적으로 향촌을 중심으로 염불결사도 유행하였다. 이것은 사찰계寺刹契 중에서도 염불계에 속하는 것으로 염불을 목적으로 한 만일회, 미타회, 서방 도량 등이 널리 출현하였는데 18~19세기에 걸쳐 170여 건의 사례가 있었다.[58] 이들 염불결사와 염불가 등에서는 당시 선종에서 유심정토를 중심으로 하는 경우보다는 서방정토를 사실로 인정하고 거기에 유심정토를 합일시켜 왕생하려는 경우가 압도적으로 널리 보급되었다.

---

55 「禪敎源流尋劍說」,『鞭羊堂集』(『韓佛全』8, 257c)
56 이종수,「조선 후기 불교의 수행체계 연구」, 동국대학교 박사학위논문, 2010, pp.187~194
57 김종진,『불교가사의 계보학, 그 문화사적 탐색』, 서울: 소명출판, 2009, pp.15~114
58 한상길,「조선 후기 寺刹契 연구」, 동국대학교 박사학위논문, 2000

원돈의 간경 및 기타 수행

원돈문은 화엄학의 유행과 더불어, 원돈의 경우에 원교는 교학을 의미하고 돈교는 선을 의미하는 선교겸수의 모습으로 전개되었다. 더욱이 대흥사의 경우에는 원돈문의 화엄법회가 종원宗院을 구성하고 있어서 경절문의 범위를 넘어서 원돈문을 수용하게 되었다. 이것은 화엄교학이 중심이 된 교학의 중시에 따른 결과이기도 하였다. 특히『삼문직지』에서는 지눌의 영향을 고스란히 반영하면서도 삼문수학의 순서에 대해서는 염불문, 원돈문, 경절문의 순서로 배열하고 있다.

이 가운데 원돈은 선교겸수가 반영된 것인데 경절문과 대등한 위상을 보여 줌으로써 당시 대흥사의 십이종사十二宗師와 십이경사十二經師의 성립으로 나타났다.[59] 여기에서 종사는 물론 경절문의 선사이고 경사는 교학의 강사講師이다. 이것은 편양 계통인 대흥사의 경우에 부휴계의 송광사와 더불어 지속적인 화엄 대회를 개최함으로써 원돈문의 화엄교학이 교학의 중심으로서 발전되고 있음을 보여 주고 있다. 이처럼 원돈문의 교학은 선수행으로 계승되었던 조선 후기의 불교계에서 경절문의 범위를 넘어 종통宗統, 나아가 종원宗院을 표방하기 위해서라도 교학의 원돈문을 인정하지 않으면 안 되었다. 화엄학이 중심이 된 원돈의 교학 발전은 사자상승師資相承의 법통만으로는 한계가 있었기 때문에 종원과 결부된 인연을 강조하며 종통으로서 종사와 경사를 두고 대흥사를 현창하려고 했던 결과로 드러났다.

한편 재가인의 수행으로는 경전을 수지함으로써 체험하는 간경의 공

---

59 이종수,「조선 후기 불교의 수행체계 연구」, 동국대학교 박사학위논문, 2010, p.145

덕이 강조되었다. 백암 성총이 1686년에 간행한 『사경지험기四經持驗記』는 임자도에서 수집한 문헌을 중심으로 『역조화엄경지험기歷朝華嚴經持驗記』·『금강경지험기金剛經持驗記』·『법화경지험기法華經持驗記』·『관세음지험기觀世音持驗記』의 네 가지 경전에 대한 영험으로 구성되어 있는데, 이들 경전을 수지하며 독송하고 사경함으로써 감응을 체험하도록 엮은 문헌이다.[60]

한편 조선 후기에는 원대의 티베트불교의 영향을 받아 고려 말기에 성행한 밀교가 의례와 신앙으로서 크게 부각되었다. 밀교 신앙은 진언을 암송함으로써 현세에 자신이 바로 즉신성불卽身成佛하는 것을 염원하였기 때문에 일반 민중에게는 대단히 큰 매력을 지니고 있었다. 아울러 이와 같은 신앙에 대한 관심은 의례에도 크게 영향을 끼쳐 각종 진언집眞言集이 출현하였고, 사원건축의 단청을 비롯하여 각종 법구法具에 새겨진 조각 등에 이르기까지 밀교 사상이 널리 반영되었다.

그 의식 작법에는 범자梵字로 작성된 내용이 주류를 형성하였는데, 진언의 의례는 한자와 한글로 발음을 표기함으로써 대중이 쉽게 다가갈 수 있었다. 이와 같은 밀교의례 및 진언수행의 대중화는 당시 관음觀音 및 지장地藏과 같은 불교의 전통적인 모습이 칠성七星과 산신山神 등의 민간에서 지켜 오던 신앙과 습합되는 모습으로 발전하여 민중의 생활에 깊게 파고들었다.

---

60 이와 같은 경전의 수지와 독송과 사경에 대한 수행으로 일찍이 1173년에 김보당의 난을 극복하기 위하여 조응 대사가 발원하고 조성한 예천 용문사의 輪藏臺는 1670년에 수리를 거쳐 오늘날에 이르기까지 일반 대중에게 널리 활용되고 있다.

신앙과 해탈의 통로 – 수행

불교에서 말하는 수행이란 불도의 이상을 달성하기 위하여 개인적 또는 집단적으로 신체를 단련하고, 마음이 요동치는 것을 안정시키고 억제하여 안심입명安心立命 내지 안신입명安身立命으로 나아가는 행위를 말하는데, 달리 종교 체험이라고도 한다. 일반적으로는 종교인으로서 일상생활에서 항상 실천할 수 있는 수행이 중시되었다. 말하자면 불교적인 인생관을 확립하기 위하여 신체를 통해서 마음을 수련하는 행위를 말하기도 한다. 불도의 이상 내지 궁극은 깨침, 열반, 해탈, 성불 등을 가리킨다. 따라서 수행은 세속적인 기예를 몸에 익히려는 행위와 구별되지 않으면 안 된다. 이런 점에서 불교수행의 목적은 불도의 목표를 닦기 위한 진실한 지혜를 체득하는 것이라고 할 수 있다.

불교 수행의 시작은 멀리 요가로부터 연원된 것이지만, 붓다의 수행법으로 채택된 이후로 선정을 중심으로 발전하면서 다양하게 전개되었다. 그 가운데 붓다가 몸소 실천한 수행법으로는 좌선 중심의 선정주의가 핵심을 이루었다. 붓다는 선정을 통한 깨침으로부터 불법을 전개하였기 때문에 선정은 불교의 전반에 걸쳐 가장 보편적인 모습으로 자리를 잡았다. 이후 사선과 팔정과 구차제정으로 정립되었을 뿐만 아니라 인도불교의 전개에서 종교로서, 그리고 사상과 문화의 요소로서 경전에 반영되면서 새로운 불교운동의 기저를 확보하였다. 그리하여 삼학과 팔정도를 근간으로 하고 있는 불교수행과 그 방식은 불교의 모든 사상이 존속될 수 있는 근원으로서 경장의 선정과 율장의 규범과 논장의 지혜에 이르기까지 삼투되어 있다.

그러나 불법이 중국에 전래된 이후에는 이와 같은 인도 전승의 수행법은 그 갈래가 매우 단순화되고 명료화되는 대신에 종파에 따른 독특한 수행을 발전시켰다. 선종의 경우는 달마 이래로 관법을 중심으로 전승되면서 송대 이후로는 조사선의 수행법으로서 간화선과 묵조선의 방식이 창출되었다. 밀종에서는 만다라를 중시하고 그것을 법신여래의 정토, 곧 자증의 경계로 간주하기 때문에 중생 본유의 자성 청정심을 긍정하여 태장계만다라의 414존尊 및 금강계만다라의 1,461존 등을 설정하였다. 정토종에서는 염불수행을 통하여 아미타불의 원력에 의해 왕생극락을 기원하였다. 명대 이후로는 선수행과 정토수행이 융합하는 모습도 유행하였고, 참회와 주력과 예참과 간경과 불사佛事 등 어느 것 하나 불법의 수행 아님이 없다고 간주되었다.
　일본불교에서는 천태 밀교의 수행법이 출현한 이후로 말법 사상의 인식으로 인하여 칭명염불이 유행하였는데, 특히 수량염불의 방법이 계승되었고 밀교의 다라니 수행도 겸수되었다. 이후 선종의 수입과 함께 조동종의 좌선수행이 강조되었다. 또한 헤이안시대부터는 성지순례의 수행이 시작되어 오늘날까지 성행하게 되었다. 한국불교에서는 불교 수입기로부터 관음·미륵·미타 등의 신앙에 근거하여 염불결사로 계승되었고, 고려시대에는 선종의 수행법으로 간화선 수행의 전개와 함께 조선시대에는 경절문과 원돈문과 정토염불 등 삼문수행의 전통이 형성되었다.
　이처럼 다면적이고 중층적이며 복합적인 수행의 정체성은 불교의 역사와 함께 전개되고 발전되며 실천되어 왔다. 그러나 이와 같은 불교의 다양한 수행 전통은 항상 수행 자체만으로 존재한 것은 아니었다. 불교 수행의 이면에는 언제나 인간이 당면하고 있는 한계 상황의 극복으로서

이고득락離苦得樂을 기원하는 중생의 간절한 염원이 담겨 있다. 때문에 수행에는 먼저 신앙의 대상과 직접 교감하고자 하는 순수한 결심으로서 발심發心이 그 바탕을 이루고 있다. 이것을 달리 발보리심發菩提心, 나아가 발아뇩다라삼먁삼보리심發阿耨多羅三藐三菩提心이라고 한다. 이 발심은 개인적 혹은 집단적으로도 가능하지만, 어디까지나 수행하려는 자신의 직접적인 염원으로부터 시작된다. 그 발심에는 순수한 가능성이 담겨 있는 까닭에 무엇이든지 계기가 될 수 있다. 그 가운데 모든 유위법은 영원하지 않다는 제행무상諸行無常을 절감하는 것이야말로 가장 대표적인 경험이다. 따라서 그 발심은 선지식의 가르침에서 격발되어 일어나는가 하면, 경전을 읽고 감동받는 것으로부터 시작되기도 하며, 주변 사람이 겪어 가는 생로병사의 모습을 지켜보는 것으로부터 다가오기도 한다. 그런 만큼 발심은 모종의 방향성이 없어서는 안 된다. 그것이 바로 안심입명으로서 자기의 해탈이고 자기의 구원이다. 이로써 발심이 없는 수행은 진정한 의미가 없다. 이에 발심이야말로 정작 초발심시변성정각初發心時便成正覺이다.

누구에게나 진정한 발심은 필연적으로 그에 상응하는 행위를 수반하게 되는데, 그것이 바로 본격적인 수행의 양상이다. 어떤 수행을 선택하느냐 하는 데에는 정해진 규칙이 따로 없다. 인연에 따른 수행으로서 제반의 행위로 설정된다. 따라서 이로부터 수행은 소기의 결과로 이어지지 않으면 안 된다. 그것은 개인적으로 깨침 혹은 해탈일 수도 있고, 위로와 안심의 구원일 수도 있으며, 집단적으로는 불국토의 실현과 이타행의 구현일 수도 있다. 이러한 경우에 수행은 반드시 보살행으로 나아가기 때문에 개인의 영역을 초월하여 사회적인 운동으로 승화된다.

이것이 바로 보살도의 실현으로서 대승불교에서 지향하고 있는 육바라밀이다. 육바라밀은 그것을 지향하는 경우에는 철저하게 개인의 수행이지만 그것을 회향할 경우에는 어디까지나 보살행의 표현이 된다. 불교에서 수행이 궁극적으로 깨침이고 해탈이며 열반이고 구원일 수 있는 근거가 바로 여기에 있다. 따라서 수행은 육바라밀의 덕목처럼 개인적이면서 다양하고 집단적이면서 순일한 불법의 실천에 다름 아니다. 그것을 선종에서는 조사서래의祖師西來意라고도 했고, 불법적적대의佛法的的大意라고도 하였다.

이것은 불교의 궁극적인 목표를 성취하기 위해서는 우선 발심과 수행과 깨침으로 시작해서 그에 대한 회향을 일상생활에서 보살행으로 구현해야 한다는 필요성을 제기한 말이기도 하다. 이런 점에서 수행은 전적으로 자기에게만 달려 있는 것도 아니고 또한 타인에게만 의지하는 것도 아니기 때문에 자력과 타력의 구분이 따로 없다. 자력이면서 이타가 수반된 자력이기 때문에 성도문聖道門으로서 난행문難行門이고, 타력이면서 자리가 전제된 타력이기 때문에 정토문淨土門으로서 이행문易行門이다. 이런 점에서 조사선의 가풍에서는 마음을 깨치고 보면 새소리, 물소리, 바람 소리, 가담항설街談巷說도 모두 실상을 설하는 법문이라고 말하였다.

그러므로 불교에서 수행의 관념은 바로 불교의 면모를 그대로 노정해 주고 있는 사상이고 문화이며 행위이고 의식이며 구현이고 정체로서 불자들의 삶의 모습이었다. 이런 점에서 수행은 불교의 역사에서 자취를 감추었던 적이 없었고 중생의 삶의 모습 가운데서 불법의 모습 그대로 유지되고 실천되어 왔기 때문에 불교를 철학이나 사상으로만이 아니라 종교와 신앙으로 존속시켜 주는 행위, 바로 그것이기도 하다. 따라서 불교의 수행이야말로 불법 가운데 깃들어 살아가고 있는 중생 개개인에게는 구원의 대상으로 나아가는 통로일 뿐만 아니라 초월하고 승화하여 해탈의 삶을 구가해야 하는 깨침의 길이기도 하다. 수행

| 참고문헌 |

계영석, 『절수행 입문』, 서울: 조계종출판사, 2006.
국사편찬위원회 편, 『신앙과 사상으로 본 불교전통의 흐름』, 서울: 두산동아, 2007.
김호귀, 『선과 수행』, 서울: 석란, 2008.
김호귀, 『화두와 좌선』, 경기도: 살림, 2019.
무량수여래회, 『정토의 나침반』, 경기도: 비움과 소통, 2018.
스와미 라마 지음, 최경훈 옮김, 『명상과 수행』, 강원도: 아힘신, 2018.
이거룡 외, 『요가와 문화』, 서울: 참글세상, 2013.
조계종 교육원 불학연구소, 『수행법 연구』, 서울: 조계종출판사, 2005.
최동순, 『원묘요세의 백련결사 연구』, 서울: 정우서적, 2014.
한보광, 『신앙결사 연구』, 경기도: 여래장, 2000.

종교와 미래

템플스테이

· 이자랑

I. 템플스테이의 실행 배경

  월드컵과 템플스테이/ 한국불교문화사업단의 설립/ 사찰문화의 개방

II. 템플스테이의 연원

  포살과 팔관재/ 결사와 수련회/ 유람과 숙박의 장소

III. 국외의 유사 프로그램

  일본의 슈쿠보(宿坊)/ 미국의 선수행 센터/ 프랑스의 플럼빌리지

IV. 한국의 템플스테이

  산사에서의 마음 쉼/ 프로그램의 유형과 내용/ 템플스테이의 미래

- 템플스테이, 마음이 쉬어 가는 공간

I. 템플스테이의 실행 배경

월드컵과 템플스테이

 템플스테이Templestay는 2002년 한·일 월드컵을 계기로 탄생하였다. 월드컵 역사상 최초로 두 나라 공동 개최라는 형태로 실행되었고, 이 대회를 계기로 한국은 국제적으로 큰 관심을 받게 된다. 2002년 5월 31일부터 6월 30일까지 총 31일 동안 진행된 행사에는 각국에서 출전한 32개국의 선수들과 더불어 관련 스태프, 그리고 수만 명의 축구 팬들이 함께할 예정이었다. 이에 2001년부터 문화관광부(현 문화체육관광부, 이하 '문광부'로 약칭)를 중심으로 준비 작업이 진행되었는데, 준비 작업이 무르익어 가면서 숙박시설의 확보가 난제로 다가왔다. 서울 시내 435곳(객실 1만 3천여 개)을 월드인(월드컵 숙박업소의 명칭)으로 지정하는 등 숙박시설의 확보를 위해 정부 차원에서 많은 노력을 기울였지만, 여전히 외국인 관광객을 수용하기에는 부족하다고 느낀 당시 문광부 장관은 한 가지 아이디어를 내게 된다. 그것은 전국 각지에 흩어져 있는 사찰에서 외국인 방문객 중 일부를 수용하는 방법으로 숙박 문제를 해결한다는 것이었다.

 처음 이를 전해 들은 조계종의 지도자들은 고요한 산사에서 발생하게 될 소음 등의 문제를 꺼려 부정적인 반응을 보였다. 하지만, 대화를 통해 서로 조율해 가는 과정에서 장관과 조계종 지도자들 사이에서 흥미로운 타협이 이루어지게 된다. 그것은 사찰이 외국의 축구 팬들에게 숙박만 제공하는 것이 아닌, 문화적 혹은 정신적 체험도 제공한다는 것이었다.[1] 이처럼 템플스테이는 월드컵이라는 전 세계적 문화 행사를 계기로, 한국을 세계에 알리려는 국가적 요구와 불교문화의 대중화라는 불교계의 요구가 절충되는 과정에서 탄생하였다.[2] 불교가 한국의 전통문화 형성에 기여해 온 역할을 고려할 때, 1,700여 년 동안 이어져 온 전통을 품은 장소인 사찰이야말로 한국의 전통문화 체험을 위한 최적의 공간이라고 할 수 있을 것이다.

정부의 본격적인 관심과 지원하에 사업이 시작된 지 4개월여 만에 전국 33개 사찰을 지정하여 시설 개·보수를 완료하고, 사찰 운영자와 2백여 명의 통역자원봉사단을 구성, 월드컵 개회 한 달 전부터 외국인 관광객을 유치하기 시작했다. 참여 외국인은 천 명이 채 안 되는 숫자로 예상에 미치지 못했지만, 참가자들의 반응은 뜨거웠다. 또한 월드컵 기간 동안 템플스테이가 한국을 외국에 알리는 홍보대사 역할을 하면서 미국 CNN 방송과 뉴욕타임스, 영국 BBC 방송, 일본 NHK 방송 등 20여 개의 세계 매체들이 템플스테이의 매력을 다루었다. 월드컵 이후에도 템플스테이가 지속되기를 바란다는 그들의 당부에 당시 문광부 관계자는 "템플스테이가 월드컵 이후에도 계속 활성화되도록 불교계와 협의해 대책을 마련할 계획"이라고 답변하였다.[3]

---

1 Uri Kaplan, "Images of Monasticism: The Temple Stay Program and the Re-branding of Korean Buddhist Temples," *Korean Studies*, vol. 34, 2010, p.132
2 동국대학교 불교문화연구원, 「템플스테이 프로그램분석과 전문인력양성 교육체제수립 중간보고서」, (재)대한불교조계종유지재단·템플스테이지점 한국불교문화사업단 발주, 2012년 7월 11일, p.33
3 김재경 기자, 「템플스테이 국가홍보대사」(2002.2.26. 〈현대불교신문〉), http://www.hyunbulnews.com/news/articleView.html?idxno=123297

이후 조계종에서는 2002년 10월에 부산에서 열리는 아시안 게임에서 다시 한 번 이 프로그램을 활용하기로 한다. 2002년 9월에 부산 지역의 14개 사찰이 9월 26일부터 10월 31일까지 템플스테이 프로그램을 제공하기로 하고, 내국인들의 참가도 허용하였다. 이로 인해 아시안 게임 동안 14개 사찰에서 템플스테이 프로그램을 경험한 참가자는 1,567명이나 되었다. 그 후 2003년 여름 대구에서 열린 '2003 대구 하계 유니버시아드' 기간 동안 재개되어, 7월부터 12월까지 대구 지역의 16개 사찰이 3,755명의 국내외 참가자를 받았다. 이러한 과정을 거치며 2004년 7월에는 대한불교조계종 한국불교문화사업단(이하, '불교사업단'으로 약칭)이 설립되었고, 이를 계기로 템플스테이의 본격적인 발전과 확산이 이루어지게 된다.

한국불교문화사업단의 설립

사찰이 한국의 전통문화를 대표하는 살아 있는 공간으로 주목받은 것은 템플스테이가 처음은 아니다. 이미 1960년~1970년대에 박정희朴正熙(1917~1979) 대통령은 자신의 통치 기간 동안 문화유산 사업을 중대한 국가 프로젝트 중 하나로 생각하여, 불교 성지나 건축물을 포함한 한국 문화재의 복원과 재건을 위한 지원을 아끼지 않았다. 그는 1962년에 문화재보호법과 불교재산관리법(1987년에 전통사찰보호법으로 변경)을 공포한 후 해인사를 대상으로 관광객으로부터 입장료를 받는 제도를 도입하였다. 이후, 1970년대와 80년대를 거치며 전국적으로 많은 사찰에서 입장료를 받았는데, 한국의 경제 성장 및 도로 정비 등과 맞물리면서 관광객의 숫자는 크게 증가하였다. 게다가 1967년에 국립공원 시스템이 도입되면서 경치 좋은 곳에 자리한 사찰들은 유적지와 관광명소로서 더욱더 주목받게 된다. 유리 카플란이 지적하고 있는 바와 같이, 다른 고고학적 문화재와 달리 사찰은 역사가 살아 있는 장소이다. 승려들이 실제로 거주하며 수행하는 장소, 말하자면 역사적이면서 동시대적인 한국 역사의 살아 있는 문화재이다.[4] 전통사찰이 2001년에 템플스테이라는 이름으로 문을 개방하고, 나아가 큰 관심과 참여를 이끌어 내며 지금에 이르고 있는 것도, 전통문화의 근간을 이루는 장소로서 사찰이 갖는 풍부한 자원 때문일 것이다.

템플스테이는 설립 당초에는 조계종단의 홍보 분야에 위원회를 두고 운영되었는데, 2004년 불교사업단의 출범을 계기로 문화유산 분야로 옮겨 가면서 보다 내실을 갖춘 존재감 있는 사업으로 발전하게 된다. 조계종 산하 소속 기관이지만 문광부로부터 자금을 보조받아 운영된다는 점에서 종단과 정부의 공동 사업이다. 따라서 불교사업단은 출범 이후 문광부 등 정부 관련 기관과 더불어 한국의 전통문화를 세계에 알리는 데 주력해 왔다. 출범 이듬해인 2005년 3월 11일부터 3월 15일까지 베를린에서는 세계 최대 국제 관광박람회, 즉 ITB(Internationale Tourismus Boerse)가 열렸는데,[5] 이 행사에는 불교사업단의 관계자를 포함하여 문광부, 한국관광공사의 책임자 등 한국 대표단 40여 명이 참석하였다.[6] 세계 최대 해외 관광객 송출 국가인 독일의 관광 시장을 본격적으로 공략하기 위해서였다.[7] 2008년에는 불교사업단과 한국관광공사가 사찰순례 상품

---

[4] Uri Kaplan, 앞의 논문, 2010, p.130
[5] http://www.kbuddhism.co.kr/ux.asp?dp=01_03
[6] www.kbuddhism.com/ux.asp?dp=01_03
[7] 한국관광공사 보도자료, 2005.3.8.일자(http://m.newswire.co.kr/newsRead.php?no=35019)

의 개발을 위해 관음보살상을 안치한 전국의 관음기도 도량 33곳을 순례 상품으로 개발하는 업무 협약을 체결하기도 하였다.[8] 또한 국내외의 체험 희망자에게 효율적으로 정보를 제공할 수 있도록 시스템 정비에도 심혈을 기울여 왔다. 대표적으로 2009년 4월에 조계사 일주문 맞은편에 '템플스테이 통합정보센터'를 개관하여 그동안 사찰별로 제공되고 있던 정보를 일원화함으로써 체험 희망자의 편의를 도모하였다. 여기서는 템플스테이뿐만 아니라 사찰음식에 관한 정보와 서비스의 제공, 스님과의 차담, 인경 체험, 전통문화 체험 등도 직접 운영하며 체험할 수 있도록 하고 있다.[9] 또한 같은 해에 템플스테이 계간지를 창간하고, 10년째 되는 해인 2012년 9월에는 템플스테이 영문 계간지 및 앱 매거진을 발행, 다음 해 5월에는 템플스테이 통합 어플리케이션을 개발한다. 이 과정에서 2009년 1월에는 국제협력개발기구(OECD)가 발간한 『관광문화백서(*The Impact of Culture on Tourism*)』에서 '전 세계 성공적인 5대 문화 관광 상품'으로 선정되면서 명실공히 불교를 중심으로 한 한국의 전통문화를 알리는 대표적인 문화 관광 사업으로 자리 잡게 된다.[10]

이러한 노력에 힘입어 템플스테이를 운영하는 사찰도, 국내외의 참가자도 해를 거듭할수록 늘고 있다. 2004년에는 36개 사찰이 운영하여 총 36,902명(내국인 33,695, 외국인 3,207), 2005년에는 41개 사찰에서 총 52,552명(내국인 45,935, 외국인 6,617), 2007년에는 74개 사찰에서 81,652명(내국인 68,119, 외국인 13,533), 2009년에는 100개 사찰에서 140,893명(내

---

8 https://www.beopbo.com/news/articleView.html?idxno=49990&replyAll=&reply_sc_order_by=C
9 http://kbuddhism.com/ux.asp?dp=05_01
10 배금란, 「한국불교문화 체험의 현대적 양상 연구: 템플스테이 사례를 중심으로」, 서울대학교 대학원 종교학과 문학석사 학위논문, 2011, p.2 및 주 2 참조.

국인 121,494, 외국인 19,399), 2011년에는 123개 사찰에서 212,437명(내국인 187,937, 외국인 24,500),[11] 2016년에는 123개 사찰에서 총 22만 명 이상이,[12] 현재는 139개 사찰에서 이 이상의 인원이 템플스테이를 체험하고 있는 것으로 추정된다.

사찰문화의 개방

사찰은 출가자들이 모여 공동체 생활을 하는 공간이다. 정사精舍, 승원僧院, 절, 사원寺院, 가람伽藍, 승가람僧伽藍 등 다양한 이름으로 불린다. 불교가 발생했을 무렵에는 수하좌樹下座라고 하여 지붕이 없는 곳에서 밤을 나는 것을 수행자의 이상적 생활 양식으로 여겼지만, 안거安居를 계기로 정주생활이 일반화되면서 사찰은 점차 승려들의 거주 공간이나 집회소, 불상이나 탑 등의 부속물, 그리고 불보살을 모신 전각 등을 갖춘 복합적인 건축물로 발전해 왔다. 하지만, 아무리 화려한 건축물로 변화해도 사찰의 기본적 기능이 출가자들의 주거와 수행을 위한 공간이라는 점은 변함없다. 초기 경전에서는 마을에서 너무 멀지도 너무 가깝지도 않은 곳에 정사를 지으라고 지시하는데,[13] 이는 마을에서 너무 멀면 탁발하기 어렵고, 너무 가까우면 마을의 소음으로 인해 수행에 전념하기 어렵기 때문이다.

이처럼 불도 수행에 있어 '정定', 즉 고요한 마음으로 정신을 집중시키

---

11 동국대학교 불교문화연구원, 앞의 자료집, 2012년 7월 11일, p.33
12 대한불교조계종 한국불교문화사업단, 「템플스테이 5개년 계획(2018~2022) 수립을 위한 연구」 자료집, 2017, p.37
13 *Vinayapiṭakaṃ*, vol. i, ed. Hermann Oldenberg, London : Pali Text Society, 1969, p.39

는 행위는 매우 중요하기 때문에, 사찰은 수행에 방해가 되는 소음이나 소동을 야기할 수 있는 환경을 기피한다. 월드컵 기간 동안 사찰을 숙박시설로 사용할 수 있게 해 달라는 문광부 장관의 제안을 받고 불교계 지도자들이 난색을 표했던 것도, 수행 도량인 사찰의 평온이 깨질 것을 우려했기 때문일 것이다. 이미 1960년대부터 박정희 대통령이 문화유산 사업의 일환으로 추진해 온 한국 전통사찰의 관광화 과정에서 불교계는 이 문제에 봉착하였다. 관광객에 의한 소음과 훼손 등으로 몸살을 앓던 사찰들은 승려들의 숙소나 수행처에 관광객이 출입하는 것을 제한하기도 하고, 스스로 소음을 피해 다른 장소를 찾아 떠나기도 하였다.[14]

하지만, 이러한 불편을 감수하며 종단의 지도자들과 사찰의 구성원들은 사찰을 개방하는 쪽으로 마음을 열어 왔다. 템플스테이는 가장 적극적으로 일반인에게 사찰의 문을 연 사례이다. 이로 인해 사찰에 담긴 복합적인 가치를 보다 많은 사람들이 공유하게 되었다. 한국의 전통문화를 일구어 온 정신적·물질적 유산이 담긴 장소이자, 지혜롭고 평화로운 삶을 위해 불교가 줄 수 있는 종교적 가르침이 현재뿐만 아니라 과거와 미래까지 아우르는 형태로 담겨 있는 공간이 바로 사찰이다. 이러한 가치를 인정하고 보다 많은 사람들과 공유하려는 사고의 전환은 현대 한국불교의 존재 방식에 큰 영향을 미치게 된다. 재가불자에게는 말할 것도 없거니와, 불교를 종교로 갖지 않는 일반인에게 있어서도 한국의 전통사찰은 매력적이다. 주변을 둘러싼 아름다운 자연, 한국 전통문화의 근간을 이루는 다양한 문화재, 수행자들이 보여 주는 여유로우면서도 절도 있는 삶, 그들로부터 듣는 삶의 지혜, 스쳐 지나가는 객客에게

---

14 Uri Kaplan, 앞의 논문, 2010, pp.129~131

도 조건 없이 제공되는 한 끼 식사 등, 사찰에는 고단한 우리의 삶에 윤기를 제공해 줄 요소가 많다. 템플스테이는 사찰이 갖는 이러한 장점을 적극적으로 제시하며, 새롭지만 편안한 자극을 원하는 현대인들의 마음을 다독여 왔다. 그 결과 2018년에는 충북 보은군 법주사, 충남 공주시 마곡사, 경남 양산시 통도사, 경북 영주시 부석사, 경북 안동시 봉정사, 전남 순천시 선암사, 전남 해남군 대흥사의 전통 사찰 일곱 곳이 유네스코 세계유산으로 지정되면서 사찰문화가 갖는 보편적인 가치를 인정받게 된다. 유네스코 세계유산의 선정 기준은 특정 소재지와 상관없이 모든 인류에게 속하는 '탁월한 보편적 가치(OUV; Outstanding Universal Value)'를 지니고 있어야 한다는 점이다. 템플스테이를 통한 적극적인 사찰문화의 개방은 1,600여 년이 넘는 역사 속에서 한국문화의 근간을 이루어 온 한국사찰의 보편적 가치를 함께할 수 있는 소중한 기회를 제공하며 지속적으로 영향력을 확대해 가고 있다.

II. 템플스테이의 연원

포살과 팔관재

템플스테이란 용어는 2001년에 한국에서 처음 등장한 조어造語이다. 앞서 언급한 바와 같이, 월드컵을 앞두고 숙박시설 확보라는 난제를 풀어야 했던 정부의 입장과 이를 기회로 한국불교를 세계에 알리려는 불교계의 바람이 만나 탄생하게 된 일종의 문화 관광 상품이다. 따라서 그 연원을 불교사 속에서 찾는다는 것은 부적절한 시도가 될지도 모르겠다. 하지만, 일반인이 사찰의 일상생활을 경험하며 수행이나 기도를 통해 심신을 가다듬는 기회를 갖도록 사찰을 개방하고, 나아가 숙박을 허용한다는 점에서 템플스테이의 특징을 찾는다면, 유사한 사례를 찾아볼 수 있을 것이다.

먼저 재가불자가 사찰에 머물며 수행을 한 포살布薩이 주목된다. 재가불자의 포살은 한 달 중 8일, 14일, 15일, 23일, 29일, 30일의 6일 동안 이루어지므로 육재일六齋日이라고도 한다. 출가자의 포살이 한 달에 두 번, 즉 14일(혹은 15일)과 29일(혹은 30일)에 이루어지는 것과 달리, 재가불자의 포살은 6회이다. 포살일 아침이 되면 재가불자는 목욕재계 후 깨끗한 옷으로 갈아입고 근처에 있는 승원을 찾아간다. 그리고 스님 앞에 무릎 꿇고 합장한 채 '오늘 하루 동안 저는 팔재계를 수지합니다.'라고 하며 여덟 계를 읊고 그 수지를 맹세한다. 즉, 팔재계八齋戒의 수지이다.[15] 팔재계란 생물을 해치지 않을 것(不殺生), 받지 않은 물건을 취하지 않을 것(不偸盗), 삿된 성행위를 하지 않을 것(不非梵行), 거짓말을 하지 않을 것(不妄語), 술을 마시지 않을 것(不飮酒), 때가 아닌 때에 식사하지 않을 것(不非時食), 꽃 장식을 하거나 향료를 사용하지 않을 것(不歌舞觀聽塗飾鬘香), 높고 넓은 침구를 사용하지 않을 것(不坐高床大床)의 여덟 가지 계이다. 이는 사미 혹은 사미니의 십계와 거의 유사한 내용이다. 초기 경전에 의하면, 이 6일이 포살일로 지정된 이유는 보름 가운데 제8일째인 8일·23일은 사대왕四大王의 부하가, 14일·29일째에는 사대왕의 왕자가, 15일·30일째에는 사대왕 자신이 세간을 순찰하며 일반인이 '부모에게 효도하며, 사문·바라문을 존경하고, 장로를 존경하며, 재계를

---

15 *Aṅguttara-nikāya*, vol. i, ed. R. Morris and E. Hardy, London : Pali Text Society, 1985~1990, p.144

잘 지키고 복업을 쌓고 있는가, 가난한 사람에게 보시하며 그들을 잘 보살피고 있는가' 등을 조사하여 33천에게 보고하기 때문이라고 한다.[16]

한편, 『자따까Jātaka』 490화 '포살에 들어간 자들의 전생 이야기'에는 붓다가 포살을 행하는 500명의 재가불자에게 '포살은 예로부터 현자들의 전통이며, 현자들 역시 애욕 등의 번뇌를 억제하기 위해 우포사타 uposatha에 머물렀다'고 설하는 내용이 나오는데,[17] 여기 보이는 우포사타란 애욕이나 탐욕 등의 번뇌를 억제하기 위한 명상을 의미한다고 한다.[18] 따라서 재가불자는 포살일에 승원에서 명상을 실천하기도 했던 것으로 보인다. 팔재계를 수지하고 명상을 실천하며 경건한 하루를 보낸 후, 오후가 되면 포살일의 설법이 시작되는데, 이것을 들으며 평상시 궁금했던 여러 가지 인생의 문제에 관해 질문하며 보낸다. 재가불자들은 원한다면 다음 날 아침까지 승원에 머무르며 법을 들어도 좋다. 팔재계 행사가 끝난 후에는 승원에 음식물을 가져와 출가자에게 보시하며 공덕을 쌓는다.

중국에 불교가 전래된 후, 동아시아에서는 팔재계를 수지하는 재가불자의 포살 행사가 다양한 모습으로 변모하며 발전해 갔다. 중국에서는 팔관재八關齋가 성행하며, 육재일뿐만 아니라 일 년에 3회, 즉 삼장재월三長齋月의 하룻낮과 하룻밤(24시간) 동안에도 팔재계를 수지하였다. 삼장재월이란 1월·5월·9월의 3개월을 가리키는데,[19] 이때는 한 달이

---

16 Aṅguttara-nikāya, vol.1, PTS, pp.142~143; 『증일아함경』 권16(『大正藏』2, 624b~c)
17 Jātaka, vol.iv, ed. V. Fausbøll, London: Pali Text Society, 1963, pp.325~332
18 神子上 惠生 외 4명, 「布薩と布施の研究(2)」, 『佛敎文化硏究所紀要』 36, 龍谷大學, 1997, p.26
19 정월, 5월, 9월이 삼장재월이 된 것은 예로부터 중국에서는 이 세 달을 忌月로 보았기 때문이라고 한다. 道端良秀, 「中國佛教における在家菩薩と八關齋」, 『仏教思

아닌 1일~15일까지 15일 동안만 팔재계를 수지하면 된다. 중국 찬술 경전인『범망경梵網經』제30경계에서는 한 달 중 육재일과 1년 중 (삼)장재월에 살생이나 겁탈 등 파재破齋하여 계를 어기면 경구죄輕垢罪를 짓게 된다고 한다.[20] 팔관재 행사는 자택에서 실행하는 경우가 있는가 하면, 재가불자가 사찰을 찾아 그곳에서 실행하기도 하였다. 송 문제文帝의 명일命日에 중흥사中興寺에서 실행된 팔관재가 사찰에서 한 대표적인 예이다.『불조통기佛祖統紀』권36 송의 효무제 조에 의하면, 효무제가 즉위한 454년(효건孝建 원년)에 선제인 문왕의 명일을 기리며 중흥사에서 팔관재를 하고 중식을 마쳤는데, 종신인 민손愍孫 등이 어육魚肉의 식사를 따로 하여 세조가 대노하였다는 기록이 남아 있다.[21] 중국에서는 주로 치병이나 기복, 위령 등을 위해 개인 혹은 단체 불사佛事 개념으로 팔관회 행사가 이루어졌지만, 한국의 경우에는 고대 신라에서 고려에 이르기까지 왕이 주관하는 의례로서 11월과 10월 보름으로 연례화되었고, 호국과 왕권 강화 등의 이념을 바탕으로 하는 특징을 보인다.[22] 특히 고려시대에는 팔관회八關會가 국가적 불교 행사로 크게 성행하였다. 1247년에 지금의 원주로 추정되는 북원北原 신성사神聖寺의 사주社主 무료无了가 간행한『수팔계재문受八戒齋文』에는 이곳에서 일단의 승려와 일반인 20여 명이 향도香徒를 결성하고 매달 단정한 마음으로 몇 년 동안 팔관재계를 수지 실천한 기록이 남아 있다.[23]

想論集: 奧田慈應先生喜壽記念』, 京都: 平楽寺書店, 1976, p.658
20 『大正藏』24, 1007b
21 『大正藏』49, 456c
22 구미래,「팔관회의 현대적 계승과 복원」,『불교학연구』35, 불교학연구회, 2013, p.182
23 정병삼,「고려시대 팔관회 행사와 팔관재 신앙」,『불교학보』71, 동국대 불교문화연구원, 2015, pp.205~206

결사와 수련회

결사도 재가불자가 사찰에 머물며 수행을 하거나 사찰문화를 접할 수 있는 기회 중 하나였다. 불교결사는 종교적 지향을 공유하는 이들끼리 연대성의 기반 위에 동일한 신앙과 실천의 약속을 맺고, 주기적으로 집회와 수행을 함께하는 신앙 공동체라고 정의된다.[24] 동아시아불교에서는 다양한 결사가 이루어졌는데, 그 원형으로 동진의 여산 혜원廬山慧遠(334~416)이 자신의 출가 제자 및 자신을 추종하던 엘리트 거사들과 함께 결성했던 백련사白蓮寺 결사를 들 수 있다. 이 결사는 402년(원흥 원년) 7월에 혜원이 유유민劉遺民 등의 사대부 123명과 함께 반야대般若臺 정사의 무량수불상 앞에서 서방정토왕생을 기약하며 향을 피우고 서원한 것에서 시작된다.[25] 이들은 『반주삼매경般舟三昧經』에 의거하여 염불삼매를 집중적으로 수행하였다. 참가자들은 대부분 육재일처럼 특별한 날에만 사원에 모여 수행했지만, 결사의 입서문入誓文을 낭독한 유유민을 비롯한 몇몇은 백련사 안에 정주하였다.[26] 이 결사는 소수의 엘리트 거사들의 참가로 이루어졌지만, 이후 당대에는 강남의 항주杭州를 중심으로 재야의 독서층과 일반민이 중심이 된 '화엄경' 결사가 이루어졌다. 특히 안사安史의 난(755~763) 이후에는 『화엄경』을 중심으로 한 결사 운동이 민중사회에까지 널리 파급되어[27] 일반인이 사찰에서 수행을 할 수

---

24 김성순, 「동아시아 염불결사의 연구-천태교단을 중심으로-」, 서울대학교 대학원 종교학과 철학박사학위논문, 2011, p.1
25 『출삼장기집전』 권하, 「혜원법사전」(『大正藏』 55, 109c); 『고승전』 권6(『大正藏』 50, p.358c)
26 김성순, 위의 논문, 2011, pp.35~36
27 박서연, 「결사」, 『테마 한국불교 3』, 동국대학교 불교문화연구원 HK연구단 엮음, 서

있는 기회가 확대된 것으로 보인다.

한국의 경우에도 다양한 결사가 이루어졌는데, 특히 만 일萬日이라는 기간을 정해 놓고 염불을 하는 만일염불결사는 일찍이 신라를 거쳐 고려와 조선, 근현대에 이르기까지 실행되고 있다. 이는 8세기 중엽인 경덕왕대(742~765)에 만일계萬日契라는 이름으로 처음 실행된 것으로 추정된다. 『삼국유사』 「욱면비염불서승郁面婢念佛西昇」 조에는 "경덕왕대에 강주康州의 남자 신도 수십 명이 극락세계를 정성껏 구하여 주州의 경계에 미타사彌陀寺를 짓고 1만 일을 기약하며 계契를 만들었다."라고 하여,[28] 우바새들이 사후 극락정토에 왕생할 것을 염원하며 미타사라는 절을 짓고 만 일 동안 염불하는 신앙 공동체를 형성했다는 기록을 남기고 있다. 이후 1042년에 탐밀探密과 굉곽宏廓이 보현사를 건립하고 청정한 대중 300여 명을 모아 밤낮으로 쉬지 않고 염불하고 독경하였다고 하며,[29] 1092년에는 문종의 왕비이자 대각 국사 의천義天(1055~1101)의 어머니인 인예 태후가 견불사見佛寺에서 만 일을 기약하며 천태종의 예참법禮懺法을 시행하였다고 한다. 인예 태후가 왕족이라는 점을 고려한다면, 왕실이나 상류 귀족층 등 일반인이 참석하였을 가능성은 높을 것이다.[30] 이 외에 1123년(인종 1)부터 1129년(인종 7)까지 지리산 수정사水精社에서 이루어진 결사, 원묘 요세圓妙了世(1163~1245)가 만덕산 보현 도량을 중심으로 실행한 백련결사 등에는 남녀노소나 상하귀천의 구별 없

울: 동국대학교 출판부, 2015, p.358
28 『삼국유사』 권5, 「感通」 7, '郁面婢念佛西昇' 조
29 「寧邊妙香山普賢寺記」, 『韓國金石全文』 中世 上, 서울: 아세아문화사, 1984, pp.626~629
30 김영미, 「고려 전기의 아미타신앙과 결사」, 『정토학연구』 3, 한국정토학회, 2000, pp.145~153

이 다양한 계층의 사람들이 참여하였다.

한편, 일본에서는 헤이안平安 말기에 겐신(源信, 942~1017)이 자신의 저작 『왕생요집往生要集』을 교의적 근거로 삼아 조직한 '이십오삼매회二十五三昧會'가 있다. 요카와(橫川)에서 시작된 이 결사는 처음에는 그곳에 정주하는 25명의 승려만으로 구성되었지만, 근본결중根本結衆과 결연중結緣衆이라는 운영 방식을 통해 일반 민간 신도까지 포섭하는 승속 혼합형으로 실행되었다. 근본결중은 가입 자격을 엄격하게 제한하여 대부분 히에이잔 요카와 승려들로 구성되었지만, 근본결중의 각 구성원들과 승려 대 신도 내지 신앙적 동지로서 구원의 순간까지 함께 수행해 갈 것을 약속한 결연자들이 결연중의 형태로 모였기 때문에 정기 법회에는 승속을 불문한 자들이 함께 모일 수 있었다.[31] 확고한 신앙과 결속을 기반으로 실행된다는 점에서 본다면 결사와 템플스테이는 다소 거리감이 있지만, 일반인이 사찰에 머물며 그 문화나 생활을 접하고 수행을 하는 기회를 갖는다는 점에서 본다면 하나의 연원으로 거론해 볼 수 있을 것 같다.

근현대기에 한국에서 이루어진 수련회는 현재 단체로 이루어지는 템플스테이와 가장 유사한 수행 형태라고 볼 수 있다. 일제 강점기인 1930년대에 효당曉堂 최범술崔凡述은 1937년 4월에 발행된 『불교』라는 잡지에서 '조선불교진흥책'으로 각종 학교 교원 및 학생 생도로 하여금 사원 등의 건물을 이용하여 특정 기간 동안 연중행사를 수양할 것을 주장한다. 요컨대 사찰을 승려들의 전유물이나 박물관적인 장소가 아닌 활기찬 수행의 도량으로 만들어야 한다는 주장이다. 『효당 최범술의 생애와

---

31 김성순, 앞의 논문, 2011, p.63

사상』을 저술한 김상현은 이 주장에 대해 "이러한 주장은 매우 혁신적인 것이었으니 쉽게 받아들여지지는 않았다. 최근 템플스테이의 한 원형을 이미 70여 년 전에 주장했던 것이라고 하겠다. 효당은 다솔사를 찾아오는 속가 제자들이나 사회 각계, 특히 문화계 인사들에게 많은 영향을 주었다. 때로는 원효 사상이나 『반야심경』, 혹은 다도 등을 강의했다."라고 평가하고 있다.[32] 이 외에 1963년 8월 28일에는 동국대학교를 포함한 총 17개 대학과 육해공 삼군사관학교 대표들이 조계사에 모여 이후 조직적 연합 활동으로 대학생 불교 활동을 해 나가기 위해 창립발기위원회를 발족, 9월 22일에는 동국대학교 중강당에서 창립 대회를 열어 '대학생불교연합회'를 출범시켰다. 이 연합회에 소속하는 전국의 학생들은 방학 중에 유명 사찰을 순례하며 수련 대회를 개최하였는데, 특히 1983년부터 송광사에서는 '짧은 출가, 긴 깨달음의 수행 길'이라는 4박 5일 일정의 여름 수련회를 해마다 열어 불교 신자뿐만 아니라, 다른 종교를 가진 성직자나 외국인까지 사찰의 일상생활과 수행을 체험할 수 있는 다양한 프로그램을 운영하였다. 이 영향을 받아 이후 전국 사찰에서는 여름 수련회가 성황리에 진행되었다고 한다.[33]

유람과 숙박의 장소

재가불자가 개인적으로 사찰을 찾아 일정 기간 머물며 기도나 수

---

32 김상현, 『曉堂 崔凡述의 生涯와 思想』, 효당 최범술 스님 추모학술대회 자료집, 2006년 8월 15일, pp.27~28[석경동(진경), 「템플스테이 운영현황과 활성화 방안 연구」, 동국대학교 대학원 선학과 석사학위논문, 2008, pp.11~12에서 재인용]
33 석경동은 이때 각 사찰마다 축적된 수련회의 노하우가 템플스테이의 운영 노하우로 발전하게 되었다고 본다. 석경동(진경), 위의 논문, 2008, pp.13~14

행, 휴양, 숙박, 수련했던 사례 역시 템플스테이와 무관하지 않을 것 같다. 고려 및 조선 시대 문·무인들의 산사 체류를 고찰하며 템플스테이의 연원을 고찰한 석경동의 논문에 의하면, 고려시대의 사찰은 당시 지식인인 문인 사대부들의 수행처 역할을 담당했을 것으로 추정되며, 조선시대에도 일부 왕족과 유학자들이 다양한 이유로 사찰에 머무는 경우가 많았다고 한다.[34] 예를 들어『고려사절요高麗史節要』권5에 의하면, 고려 전기의 문신인 최충崔冲(984~1068)은 해마다 더운 여름철이 되면 귀법사歸法寺의 승방僧房을 빌려 여름 하과夏課를 했다.[35]『조선왕조실록』에는 세조가 오대산 상원사上元寺에서 거둥할 때에 관음보살이 현상現相하는 이상한 경험을 한 것이 전해지며,[36]『여유당전서與猶堂全書』「동림사독서기東林寺讀書記」에는, 다산 정약용이 과거 시험 전에 그의 둘째 형인 정약전丁若銓과 화순 동림사에서 40일 동안 사찰에 머물며 승려들과 더불어 출가생활의 즐거움을 느낀 이야기가 전해진다.[37] 또한 근대기에는 왕립지리학회 최초의 여성 회원이었던 이사벨라 버드 비숍Isabella Bird Bishop이 1894년 겨울부터 1897년까지 한국을 네 번에 걸쳐 방문하며 금강산에 있는 장안사, 표훈사, 유점사 등에 머물렀다고 한다. 그녀는 사찰에 체류하며 자신이 경험한 일들을『한국과 그 이웃 나라들』이라는 저서를 통해 남기고 있다.[38] 이를 보면, 지금 우리들이 '템플스테이'라는 이

---

34 석경동(진경), 앞의 논문, 2008, pp.8~9
35 『高麗史節要』卷之五 文宗(2) 22년조
36 『세조실록』권29, 세조 8년 11월 5일 을미 1번째 기사
37 『韓國文集叢刊』권281, p.289;『與猶堂全書』詩文集 권13 記「東林寺讀書記」
38 이사벨라 버드 비숍,『한국과 그 이웃 나라들』, 서울: 도서출판살림, 1995. 이사벨라 버드 비숍을 비롯하여 앞서 언급한 최충, 세조, 정약용의 사례는 석경동(진경), 위의 논문, 2008, pp.7~11에서 재인용하였다.

름으로 경험하는 사찰에서의 일상 그대로가 재현되고 있는 느낌이다. 그녀는 다른 몇 명의 외국인들과 동반했던 것으로 보이는데, 사찰의 일상생활이나 불교 교리에 대한 논쟁 등을 통해 얻는 느낌을 잘 표현하고 있다.

또한 조선시대에 이루어진 유학자의 산수 유람에서도 템플스테이의 연원을 찾을 수 있다. 조선 후기에는 산수 유람이 사족士族 사회에서 크게 유행하였는데, 이들은 유람 도중에 사찰에 들러 휴식을 취하거나 숙식을 하였다. 16세기~18세기 유학자의 지리산 유람과 승려의 교류 문제를 연구한 이종수는 이 시기에 유람한 29명이 남긴 33개의 지리산 유람기를 분석하고, 여기 보이는 하동·함양·산청·남원·구례 지역의 지리산 사찰 50개를 이동 경로에 따라 재구성해 보이고 있다. 이에 의하면, 총 50개 사찰이 144회나 등장한다고 한다.[39] 유학자들은 유람 도중에 만난 사찰의 경관을 시로 읊기도 하고, 사찰의 창건 내력이나 전각 구성에 대해 소개하기도 하며, 또한 사찰에 숙박하며 그곳에서 만난 고승들과 밤새도록 대화를 나누었던 기록 등을 남기고 있다.[40] 또한 금강산도 대표적인 유람 지역으로, 유람객 대부분은 사찰을 숙식처로 사용하였다. 유람객들이 주로 찾았던 금강산의 4대 사찰은 장안사·표훈사·정양사·유점사였는데 이 사찰들은 모두 숙식처로 사용되었으며, 금강산 안에서의 유람 경로 역시 승려들의 의견에 의해 좌우되었다고 한다.[41]

이처럼 사찰이 숙박시설로 이용된 것을 템플스테이가 갖는 하나의

---

39 이종수, 「16~18세기 유학자의 지리산 유람과 승려 교류」, 『南冥學硏究』 46, 남명학연구소, 2015, pp.167~170
40 이종수, 위의 논문, 2015, pp.170, 188~192
41 이영숙, 「17세기 이전 금강산 유람의 경로 및 특징」, 『南冥學硏究』 55, 남명학연구소, 2017, pp.357~358

특징으로 본다면, 숙방宿坊의 역할을 했던 중국 당대唐代의 불교 사원도 주목된다. 숙방이란 참배객에게 숙박을 위해 내어 주는 방사坊舍를 의미한다. 다음 장에서 살펴볼 바와 같이, 현재 일본에서는 일반인이 숙박하며 좌선이나 사경, 쇼진(精進) 요리 등을 체험할 수 있는 사찰을 슈쿠보(宿坊)라고 한다. 중국불교사에서 숙방의 기능을 한 대표적인 사찰로는 당대 오대산 곳곳에 마련되어 있던 '보통원普通院'을 들 수 있다.[42] 보통원은 문수보살의 영장靈場인 오대산에 몰려드는 순례자들의 휴게나 숙박을 위해 마련된 숙방으로, 반나절 정도 걸어갈 수 있는 정도의 거리에 세워졌다. 숙박은 승속을 불문하고 널리 이용 가능했으며, 휴게나 숙박 모두 무료로 이루어졌던 것으로 보인다. 하지만, 순례자의 자발적인 보시가 이루어졌을 가능성은 높다. 원주院主인 경영주가 상주하며 순례자를 위해 죽반粥飯을 준비해서 나누어 주었는데, 한꺼번에 순례자가 몰려 식재료가 동이 나면 각자 알아서 해결해야 했다. 당대의 불교사원은 종교 내지 사상의 중심지로, 사람들은 사원에서 모든 위안을 구하였다. 이로 인해 사원에는 오락을 비롯한 여러 설비가 갖추어져 지방 문화의 일대 중심지 역할을 했다.[43]

이상, 본 장에서는 재가불자가 사찰을 찾아 머물렀던 다양한 사례를 불교사에서 살펴보았다. 사찰을 찾아 머무는 이유는 다양하지만, 사찰이 일반인에게 공간을 제공하고 사찰의 생활과 문화를 공유할 수 있는 기회를 주었다는 점에서 직간접적으로 모두 템플스테이의 연원이 될 수 있지 않을까 생각한다.

---

42 이하, 보통원을 중심으로 한 숙방으로서의 당대 사원의 기능에 관해서는 道端良秀, 『唐代佛敎史の硏究』, 京都: 法藏館, 1957, pp.420~439를 참고.
43 道端良秀, 위의 책, 1957, p.421

III. 국외의 유사 프로그램

일본의 슈쿠보(宿坊)

국가의 지원하에 관광문화 상품으로 자리 잡은 템플스테이와 동일한 성격의 프로그램은 한국 외에는 찾아볼 수 없다. 다만, 외국의 사찰이나 수행 센터에서도 불교의 정신적·물리적 문화 자산을 활용하여 일반인이 평온과 행복을 경험하게 하는 프로그램이 운영되고 있다. 이들 프로그램과 비교해 보면, 템플스테이의 특징이 한층 명확해질 것이다.

먼저 템플스테이와 비교적 유사한 것으로 일본 사찰의 '슈쿠보'라는 프로그램을 들 수 있다. 슈쿠보란 앞서 언급한 바와 같이, 참배객에게 숙박을 위해 내어 주는 방사를 의미하는데, 일본의 경우 일반인이 좌선이나 사경, 쇼진 요리 등을 체험할 수 있는 사찰을 일컫는다. 일반적으로 오랜 역사적 전통을 갖고 있는 유서 깊은 사찰을 중심으로 운영된다. 가장 유명한 것은 천태종의 총본산인 히에이잔(比叡山) 엔랴쿠지(延曆寺)의 슈쿠보이다. 그 홈페이지를 보면, "일상의 생활을 떠나 자기 자신과 마주 보는 시간을 가져 보시겠습니까? 전교 대사(最澄上人)는 '(자신의) 위치에서 최선을 다하는, 없어서는 안 될 사람'이야말로 국가의 보물이라고 했습니다. 엔랴쿠지에서는 바로 그러한 정신을 계승하기 위해 엔랴쿠지 회관과 고지림(居士林) 연수 도장이라는 두 개의 시설에서 수행 체험을 실시하고 있습니다."라는 설명을 볼 수 있다.[44] 요컨대 일본 천태종의 개조인 사이초(最澄, 767~822)의 가르침을 이어받아 자기 자신을 돌

---

[44] https://www.hieizan.or.jp/shugyo

아보며 자기가 서 있는 자리에서 최선을 다할 수 있는 사람을 양성하기 위해 수행 프로그램을 마련했다는 취지이다.

엔랴쿠지의 두 시설 중 고지림이 엔랴쿠지 회관에 비해 본격적인 수행에 더 적합한 공간이다. 이는 히에이잔 서탑에 위치하며, 히에이잔 중에서도 일반인에게 가장 널리 개방된 수행 도량이기도 하다. 당일치기부터 1박 혹은 2박까지 본격적인 수행 체험이 가능하며, 개인적인 수행 공간으로도, 회사나 학교 등 단체 연수 공간으로도 활용 가능하다. 다만, 이용객 중 외국인은 소수이며 내국인 이용객이 대부분을 차지한다. 두 개의 수행 시설에서 중시하는 것은 공통적으로 '좌선'과 '사경'이다. 넘치는 물건이나 정보로 항상 바쁘고 불안한 현대인들에게 있어 좌선지관坐禪止觀은 몸도 숨결도 가다듬게 하는 핵심적인 방법이라고 하며, 좌선을 통해 앉는 것의 중요성을 먼저 인식시킨다. 그리고 석가모니의 가르침을 한 글자 한 구절 새기며 서사해 감으로써 자신의 몸과 마음에 부처님을 만들어 가는, 요컨대 부처님과 하나가 되는 수행이 바로 사경이라고 설명한다. 이 외에, 설법이나 사불思佛, 차담 등도 병행하는데, 특히 히에이잔에서는 듣는 것의 중요성을 강조한다. 듣고, 스스로 생각하고, 실행할 때 비로소 풍요로운 삶이 완성된다는 것이다.[45]

이 외, 임제종의 대본산 난젠지(南禪寺), 임제종 겐닌지파의 대본산 겐닌지(建仁寺), 조동종의 본산 후쿠이현의 에헤지(永平寺) 등에서도 좌선이나 사경·예불·법회와 같은 다양한 수행 프로그램이 운영되고 있다. 한국의 템플스테이에 비해 체험 프로그램의 종류는 간단하지만, 슈쿠보 역시 종교에 상관없이 일반인에게 바쁜 일상에서 벗어나 스스로를 돌아

---

45 https://www.hieizan.or.jp/shugyo/info-kojirin

보며 심신을 정비하는 시간과 공간을 제공한다는 점에서 유사하다고 할 수 있다. 다만, 일본 사찰의 슈쿠보는 국가적·종단적 차원의 거시적인 지원은 없으며, 사찰 내의 숙박업과 관련된 일종의 프로그램으로 운영되고 있다.[46] 외국인보다는 내국인 이용객에 초점을 두고 있어, 에헤지 정도가 통역을 겸비한 외국인 불교문화 프로그램을 운영하고 있다.[47] 하지만, 인원수에 따라 활용할 수 있는 다양한 객실 마련 및 온천장이나 대형 식당, 카페, 편의점, 토산품 판매점 등 체험자들의 편의를 도모한 다양한 시설을 겸비함으로써 경쟁력 있는 문화 사업으로 정착하고 있다.

미국의 선수행 센터

미국을 비롯한 서구 사회에서는 좌선이나 명상 등 불교 수행법을 위주로 실천하는 수행 센터가 많은 주목을 받고 있다. 일본의 선승 스즈키 순류(鈴木俊降, 1904~1971), 티베트의 달라이 라마Dalai Lama(1935~현재), 한국의 숭산崇山(1927~2004), 베트남의 틱낫한Thich Nhat Hanh(釋一行, 1926~현재) 등과 같은 선 내지 명상 수행 지도자들이나, 존 카밧진Jon Kabat-Zinn, 잭 콘필드Jack Kornfield, 크리스토퍼 K. 거머Christopher K. Germer처럼 명상의 대중화에 공헌한 인물들의 역할로 인해, 미국이나 유럽에서는 수행 공동체를 만들어 명상을 실천하는 수행 센터들이 근래 많이 증가하였다. 이들은 사찰에서 숙박하며 불교의 다양한 문화를 경험하고, 심신의 평온을 경험하는 데 초점을 두는 한국의 템플스테이나 일본의 슈

---

46 동국대학교 불교문화연구원, 앞의 자료집, 2012년 7월 11일, p.108
47 동국대학교 불교문화연구원, 위의 자료집, 2012년 7월 11일, p.127

쿠보와는 달리 독자적인 수행 센터를 만들어 불교 수행의 근간을 이루는 좌선이나 명상을 실천하며 심신을 가다듬는 점에 초점을 두고 있다. 다만, 이들 센터에서도 좌선 등과 병행하여 예불이나 경행, 다도 등 불교문화를 접할 기회는 제공된다.

대표적인 센터 중 하나는 미국의 '샌프란시스코 젠 센터San Francisco Zen Center(이하 'SFZC'로 약칭)[48]이다. SFZC는 일본 조동종계 선수행 센터로, 일본 조동종 승려인 스즈키 순류가 1962년에 자신을 따르던 미국인 제자들과 더불어 건립한 수행 센터이다. 1959년(세수 55세)에 미국 샌프란시스코로 건너간 스즈키는 그곳에 좌선을 중심으로 한 정통 선불교를 전하였다. 선사의 설법을 담은 『Zen Mind, Beginner's Mind: Informal Talks on Zen Meditation and Practice』는 한국에서도 『선심초심』이란 책으로 번역되어[49] 많은 이들에게 읽히고 있다. 그는 이 저서를 통해 선의 진정한 목적은 사물을 있는 그대로 보고, 사물을 있는 그대로 관찰하고, 모든 것을 그대로 놓아두는 것임을 강조하며, 일상생활 속에서의 선수행을 권장한다.

SFZC는 샌프란시스코 중심부에 위치한 '초심자의 마인드 템플(Beginner's Mind Temple)', 마린카운티Marine County의 바다에 접한 선농禪農 일치를 표방하는 유기농 농장 '그린 걸치 팜Green Gulch Farm', 그리고 빅서Big Sur 근처에 위치한 서양 최초의 선수행 전문 사찰인 '타사하라 젠 마운틴 센터Tassajara Zen Mountain Center'로 나뉘어 운영되고 있다.[50] 이들은

---

48 https://www.sfzc.org/
49 Shunryu Suzuki, *Zen Mind, Beginner's Mind: Informal Talks on Zen Meditation and Practice*, Weatherhill, 1970; 정창영 역, 『선심초심』, 서울: 물병자리, 2007. 한편, 이 책은 2013년에 김영사에서 동일한 제명으로 재출판되고 있다.
50 https://www.sfzc.org/about-san-francisco-zen-center

상호 보완적인 관계하에 학생이나 일반인, 승려, 명상 지도자 등을 위한 좌선·명상·예불·강의·경행·다도 등 다양한 프로그램을 운용한다. 이러한 활동에 필요한 경비는 기부나 '그린스Greens'라는 채식 레스토랑의 운영 수익금으로 충당하고 있는데, 그린스는 그린 걸치 팜에서 수련자들의 손에 의해 직접 생산된 유기농 야채를 사용하여 운영된다. 또한 SFZC에서는 수행 프로그램을 통한 전법 활동과 함께 실업자나 노숙자에게 음식을 제공하거나 교도소 수감자들에게 법문 책자를 선물하는 재소자 교화 활동, 동성애자 등 문화적 다양성에 기여하는 일도 꾸준히 해 나가고 있다.[51]

이 외, 잭 콘필드가 주축이 되어 미국 샌프란시스코 북부 교외 지역에 설립한 수행 공동체 마을 '스피릿 락Spirit Rock'도 주목된다. 임상 심리학 박사인 잭 콘필드는 태국, 인도, 미얀마 수도원 등에서 직접 승려로 생활하며 경험한 위빠사나 수행을 심리학에 접목시켜, 1974년부터 국제적으로 명상을 가르친 미국 명상계의 선두 주자이다.[52] 스피릿 락에서는 테라와다 전통의 위빠사나 명상을 중심으로 하는데, 강사진은 불교 명상뿐만이 아닌 영성이나 건강 등과 관련하여 각 분야 최고의 전문가로 구성되며, 수시로 교체된다. 교육 프로그램은 명상 지도자들의 모임인 'Spirit Rock Teacher Councils'에서 개발되는데, 주거용 명상 프로그램과 비주거용 명상 프로그램, 요가 프로그램, 온라인 명상 프로그램 등 참가자의 특성과 편의를 고려한 다양한 내용으로 구성되어 있다. 또한 틱낫한이 샌디에이고에 만든 'San diego Deer Park Monastery'에서는 '깨어 있

---

51 불광미디어 '세계의 명상마을〈6〉샌프란시스코 젠 센터'(http://www.bulkwang.co.kr/news/articleView.html?idxno=32094)
52 https://www.spiritrock.org/jack-kornfield

는 삶의 실천(the practice of mindful living)'을 목표로 위빠사나 수행을 기반으로 한 마음챙김(mindfulness) 수행이나 아름다운 새소리 등을 들으며 마음의 평화를 얻는 명상 수행을 위주로 운영한다.[53] 각 요일마다 다른 일정으로 프로그램을 운영하는데, 월요일은 'Lazy day'라고 하여 일정 없이 자유롭게 참가자들이 심신의 회복을 도모하도록 하며, 금요일에는 법회의 시간도 갖는다.[54] 이 외에도 'Cambridge Insight Meditation Center',[55] 'Insight Meditation Society', 'Rubber Soul Yoga Revolution' 등 많은 명상 센터가 현재 운영되고 있다.

프랑스의 플럼 빌리지

프랑스 남부 보르드에 설립된 국제 수행 센터 '플럼 빌리지Plum Village'에서는 걷기 명상을 중심으로 다양한 수행 프로그램이 운영되고 있다. 이 수행 센터는 베트남 출신의 승려로 시인이자 평화 운동가이기도 한 틱낫한이 1982년에 만든 명상 공동체로 현재 유럽 최대의 수행 공동체로 자리매김하고 있다. 플럼 빌리지에서는 현대인이 일상생활에서 느끼게 되는 고독이나 공포, 분노, 좌절, 스트레스와 같은 고통을 평화와 행복으로 승화시키는 생활불교를 가르친다.[56] 『맛지마 니까야*Majjhima-Nikāya*』의 「입출식념경入出息念經」, 「대념처경大念處經」 등에서 설하는 호

---

53 https://deerparkmonastery.org/
54 동국대학교 불교문화연구원, 앞의 자료집, 2012년 7월 11일, p.126
55 https://cambridgeinsight.org/
56 틱찬팝캄, 「특집: 현대사회의 위기와 종교공동체의 역할 – 틱낫한 스님과 조화롭고 깨어있는 수행 공동체 플럼빌리지 – 」, 『전법학 연구』 5, 불광연구원, 2014, pp.183~184

흡 관법이나 사념처 수행을 기반으로 하면서도, 보다 효율적인 수행을 위해 마음과 의식에 대한 유가행파의 가르침도 활용하여 수행에 접목시키고 있다.[57] 마음의 평화를 추구하는 이라면 누구라도 플럼 빌리지의 수행 프로그램에 참여할 수 있다. 플럼 빌리지에서는 '지금 이 순간에 행복하게 머무는 것'을 가장 중요하게 생각한다. 번뇌로 인해 미처 모르고 살지만, 자유도 행복도 평화도 우리 눈앞에 존재하니, 나를 고요하게 하여 내면을 돌아본다면 행복을 만날 수 있다는 것이다. 이를 위해 일상생활에서 마음챙김을 실천하며 명상하는 방법을 배우게 된다. 식사할 때도, 걸을 때도, 앉아 있을 때도, 쉴 때도, 차 한 잔을 마실 때도 깨어 있는 마음으로 편안하게 호흡함으로써 지금 이 순간을 알아차리는 노력이 중시된다.

플럼 빌리지에서 이루어지는 5일간의 수련회를 예로 보면, 아침에 일어나 좌선 및 예불을 한 후에 마음챙김 동작과 걷기 명상이 이루어지고, 이후 좌선·법문·깊은 이완 명상·다섯 가지 깨어 있는 마음 수행 등을 한다. 요컨대 마음챙김과 명상이 수행의 핵심을 이루고 있다. 이 중 '다섯 가지 깨어 있는 마음 수행'이란 생명 존중, 진정한 행복, 진실한 사랑, 사랑의 말과 경청, 의식적인 소비를 내용으로 한다. 생명 존중 수행을 통해 다른 생류生類를 보호하고 사랑하는 마음을 기르고, 진정한 행복 수행을 통해서는 착취나 사회적 불의 등으로 인해 빚어질 고통을 인식하며 다른 이의 행복과 고통이 나의 그것과 다르지 않다는 것을 알아 간다. 진실한 사랑의 수행을 통해서는 부정한 성관계로 인해 빚어지는 고통을 깨달아 성적 에너지를 적절하게 관리하는 방법과 더 큰 행복을 가

---

57 틱찬팝캄, 앞의 논문, 2014, p.183

져다주는 사랑이나 자비, 기쁨, 소속감을 키우는 방법을 배운다. 그리고 사랑의 말과 경청 수행을 통해서는 내 안에 깃든 분노도 사람 간에 발생할 수 있는 분열이나 불화도 모두 말에 있음을 알아 가며, 의식적인 소비 수행을 통해서는 부주의한 소비가 유발할 고통을 인지하고, 먹고 마시고 소비하는 행위에 있어 늘 마음챙김 수행을 하여 자신과 주변을 돌아보게 한다.[58] 이처럼 플럼 빌리지에서의 수행은 자신의 심신에 대한 올바른 관심을 통해 일상생활 속에서 행복과 의미를 찾는 과정으로 이루어지고 있음을 알 수 있다. 플럼 빌리지 수행에 참가하는 이들은 성행위나 흡연, 음주, 약물 섭취 등을 삼가야 하며, 완전 채식으로 식생활을 해야 한다.

IV. 한국의 템플스테이

산사에서의 마음 쉼

템플스테이는 '사찰(temple)'과 '머묾(stay)'을 의미하는 두 개의 영어 단어를 결합시키는 형태로 만들어졌기 때문인지, 연구자나 관련 기관에 따라 이 용어에 대한 이해나 정의는 다양하다. 예를 들어, "참여자가 일정 기간 사찰에 머물면서 한국불교의 다양한 전통문화를 직접 체험해 보는 불교문화 체험 프로그램이다."[59] 혹은 "템플스테이는 팜스테이

---

58 틱찬팜칸, 앞의 논문, 2014, pp. 203~211을 참조.
59 각정(정해성), 「템플스테이의 대중화 연구-참여효과를 중심으로-」, 『제1회 템플스테이 논문 공모전-세계적인 문화관광자원으로서 템플스테이의 발견』, 대한불교

Farm Stay 혹은 홈스테이Home Stay에서 착안된 신조어로 2002년 한·일 월드컵 경기 당시 한국을 방문한 외국인들을 대상으로 실시한 한국불교 전통문화 체험 프로그램이었다."[60]라고 하여 체험 프로그램에 초점을 두고 정의를 내리는 경우가 있는가 하면, 일종의 문화 체험 관광 상품으로 보기도 한다.[61] 또한 처음 이 사업을 제안한 문광부의 경우에는 한국의 전통문화와 불교문화가 결합된 '숙박시설'로 정의하는 경향이 있는 것 같다.

한편, 현재 템플스테이 사업을 관장하고 있는 불교사업단에서는 "템플스테이 사찰 지정 및 운영에 관한 규정에 의해 지정된 한국의 사찰에서 머물며 한국불교의 전통문화, 수행정신, 사찰 내·외 문화관광적 자원과 자연환경 및 사찰의 일상생활을 체험하는 것"이라고 하거나,[62] "1,700년 한국불교의 역사와 문화가 살아 숨 쉬는 산사에서 수행자의 일상을 경험하는 전통문화 체험 프로그램"이라고 하여 체험 활동에 초점을 두고 있다.[63] 템플스테이를 통해 한국불교의 주요 문화 혹은 새벽예불, 참선수행, 발우공양과 같은 사찰의 기본 수행법을 체험한다는 점을 중시하는 것으로 보인다. 사업의 주체 기관이라는 점을 고려한다면,

---

조계종 한국불교문화사업단 편, 2011, p.90
60 홍광표, 「템플스테이 사찰의 자연체험을 위한 조경적 과제」, 『寺刹造景硏究』 11권, 동국대 사찰조경연구소, 2005, p.5
61 김용남·권기창, 「문화관광체험상품으로서 템플스테이 프로그램 개발 연구-안동지역 사례로-」, 『한국콘텐츠학회 종합학술대회 논문집』, 한국콘텐츠학회, 2017년 5월, p.415
62 대한불교조계종 한국불교문화사업단, 「2012년 템플스테이 운영인력(실무자) 교육자료집」, 2012년 3월 19일~21일, p.17. 이 외 템플스테이에 대한 다양한 정의는 동국대학교 불교문화연구원, 앞의 자료집, 2012년 7월 11일, p.116을 참조.
63 https://www.templestay.com/page-templestay.asp

불교사업단의 정의에 따라 템플스테이의 주된 목적은 사찰의 일상생활 체험이라고 보는 것이 적합할 것이다.

그렇다면, 이러한 일상생활 체험을 통해 궁극적으로 얻고자 하는 것은 무엇일까? 불교사업단의 '템플스테이' 홈페이지 첫 화면에는 "떠나고 싶을 때, 쉬고 싶을 때 우리가 꿈꾸는 바로 그 여행. 떠나고 싶습니다. 쉬고 싶습니다. 혼자여도 좋고, 함께라면 더욱 좋습니다. 대한민국 구석구석 아름다운 산사에서 만나는 특별한 휴식 템플스테이는 삶의 쉼표가 필요할 때 마음이 쉬어 가는 곳입니다."라는 문구가 뜬다.[64] 이로 보아 템플스테이가 참여자들에게 바라는 궁극적인 효과는 '삶의 휴식'인 것 같다. 여유로우면서도 절도 있게 이루어지는 사찰의 수행문화와 일상생활, 그리고 인생의 진리를 담은 스님들의 설법을 들으며 삶의 지혜를 축적하는 '쉼'이다. 사찰이라는 공간에서 접하게 되는 이 소중한 시간은 잠시나마 번잡한 세속의 삶을 벗어나 지친 심신을 쉬어 가는, 진정한 휴식이라고 할 수 있을 것이다. 템플스테이가 갖는 이러한 특징은 '힐링 healing'이나 '슬로우slow' 등 스트레스에 지친 심신을 다독일 필요성을 절감하는 현대인들의 심리에도 부합하며, 현재 한국불교를 대표하는 문화상품으로 자리 잡고 있다.

프로그램의 유형과 내용

외국의 불교 수행 센터들이 주로 선이나 위빠사나와 같은 명상 중심으로 평온한 심신을 유지하고 내면의 행복을 찾아가는 경험을 중시한다

---

[64] 주 63과 동일.

면, 한국의 사찰들은 숙박시설로서, 전통문화 체험의 장으로서, 심신의 힐링을 도모하는 공간으로서 보다 다양한 역할을 해내고 있다. 1,700여 년 동안 이어져 내려오며 한국의 전통문화 형성에 중추적 역할을 해 온 불교문화가 살아 숨 쉬는 사찰은 일상에 지친 현대인들에게 익숙하면서도 신선한 자극을 제공하는 최고의 장소일 것이다. 템플스테이는 한국의 사찰 문화가 가지고 있는 장점을 최대한 살려 종교와 상관없이 다양한 사람들이 참가하는 문화 체험 내지 힐링 프로그램으로 거듭나고 있다.

현재 템플스테이를 실행하는 사찰은 총 139개이다. 사찰마다 다양한 프로그램을 확보하고 있는데, 유형에 따라 분류하면 당일형·체험형·휴식형의 셋이다. 당일형은 템플스테이 체험을 희망하지만 숙박이 어렵거나 간단한 체험을 원할 경우 한국의 불교문화를 체험할 수 있도록 구성된 프로그램이다. 특히 외국인의 경우, 부담 없이 참가할 수 있다는 점에서 권장할 만하다. 당일형은 보통 사찰 안내나 참선, 다도, 사경, 스님과의 차담, 그리고 연등이나 염주 만들기 등을 체험할 수 있는 프로그램으로 구성된다. 예를 들어, 제주도 관음사는 세 시간 동안 사찰 구경 및 108염주 만들기 등의 불교문화 체험, 그리고 스님과의 차담 등을 통해 나를 찾는 시간을 제공하며, 광주 무각사에서는 다도 체험, 스님과의 차담, 차훈茶薰 명상, 숲길 체험, 108수행 염주 꿰기, 연꽃 만들기 등을 체험한다. 한편, 전라남도 정혜사는 외국인 대상의 당일 문화 체험으로 사찰 안내, 사찰식 점심 공양, 108배, 소원 종 치기, 스님과의 차담 등을 제공한다.

한편, 체험형은 본격적으로 불교 혹은 사찰문화를 체험하는 것을 목적으로 한다. 전라북도 금산사의 경우에는 예불, 숲속 포행, 단주 만들기, 스님과의 차담, 탁본을 체험할 수 있는 프로그램 등을 운영한다. 충청북도 미타사 역시 예불, 참선, 타종, 포행 등 스님들의 일상생활 및 전통문화 체험에 중점을 두고 있다. 좀 더 여유롭게 휴식을 겸비한 체험형도 있다. 전라남도 천은사는 지리산 감로계곡과 금강송 숲길 걷기, 생활 속의 명상, 스님과 함께 천은사 야생 감로차 마시는 시간 등을 운영하며, 대구 동화사에서는 스님들의 청빈한 삶을 체험하며 비움과 기다림, 배려의 미덕을 배우고, 기본적인 사찰생활인 예불, 공양, 울력과 사찰예절, 스님과의 대화(선택), 108염주 만들기 등을 실행한다.

한편, 휴식형은 말 그대로 지친 심신을 위해 쉬어 가는 시간과 공간을 제공하는 프로그램이다. 전라남도 연곡사의 '몸休 마음休'라는 프로그램 이름에서 선명하게 나타나듯이, 복잡한 일상을 벗어나 몸과 마음의 휴식을 취하며 '쉼' 속에서 심신의 치유를 도모한다. 경기도의 봉인사 역시 '休: 쉼이 있는 템플스테이'라고 하여 고요한 산사에서 자연과 함께 쉬면서 스님과의 차담을 통해 일상에서의 피로를 걷어 내고 자신을 만나는 시간을 갖는 것을 목적으로 한다. 강원도 낙산사의 휴식형 템플스테이는 '꿈·길 따라서'라는 이름으로 "바쁜 일상에서 바쁨을 잠시 내려놓고 자신만의 시간, 자신과의 대화를 통해 마음을 쉬어 가기 위한 프로그램으로 예불, 공양, 운력 외에 해맞이, 독서, 기도 등 개인이 자율적으로 자아 성찰의 시간을 갖는 프로그램입니다."라고 설명하고 있다.[65]

이상 언급한 당일형·체험형·휴식형 프로그램의 내용은 대한불교조계종 템플스테이 사이트에 근거하여 발췌한 것인데, 이를 보면 어디에 초점을 두느냐가 다를 뿐 내용상으로는 큰 차이가 없어 보인다. 이는 사

---

65 이하 언급되는 각 사찰의 템플스테이 정보에 관해서는 대한불교조계종 템플스테이 사이트(https://www.templestay.com/)에 근거하였다.

찰이라는 공간에서 제공할 수 있는 콘텐츠가 유사하기 때문일 것이다. 참선, 인경·사경·독송, 예불, 108배, 발우공양, 포행(걷기 명상), 운력 등과 같은 사찰 고유의 수행 문화에 연등이나 염주 만들기, 다도, 스님과의 차담, 사찰 안내, 사찰음식 체험, 타종 의식 등과 같은 불교문화 체험, 그리고 경우에 따라서는 민속놀이, 해맞이 등과 같은 일반적인 전통문화 체험이 곁들여진다.[66] 한편, 근년에는 현대인의 필요에 따라 다양한 프로그램이 추가되고 있다. 예를 들어, 제주도 관음사의 경우 '당일형 품성 도야 인성 교육'이라고 하여 아이들을 대상으로 한 당일형 코스를 운영한다. 아이들이 전통사찰에서 살아 있는 문화를 체험하고, 나아가 나와 남이 다르지 않고 연기적으로 연결되어 있다는 사실, 그리고 자비 명상을 통하여 이타적인 삶을 체험함으로써 인성을 계발하는 데 주안점을 두고 있다. 한편, 강원도 낙산사에서는 '(코로나19 대응 의료인/방역관계자를 위한) 토닥토닥 템플스테이'라고 하여, 코로나로 고생하는 의료인이나 방역 관계자를 위한 맞춤형 프로그램을 제시하는 등 그때그때의 상황에 부합하는 프로그램이 제공되고 있다.

템플스테이의 미래

템플스테이는 올해로 시행 19년째를 맞고 있다. 해마다 실행 사찰도 참가 인원도 놀라운 속도로 성장을 거듭하고 있는데, 템플스테이가 이렇게 빠른 속도로 성장할 수 있었던 것은 물론 지속적인 모니터링을 통한 프로그램의 개발과 시설 정비, 운영 인력의 개발과 지원, 홍보 등 불

---

[66] 동국대학교 불교문화연구원, 앞의 자료집, 2012년 7월 11일, p.118

교문화사업단의 전략적인 정책 내지 실행 사찰의 협조 등이 있기에 가능한 일이었을 것이다. 하지만, 템플스테이 사업을 유지, 발전시키는 원동력은 웰빙을 추구하는 현대인의 욕구에 부합하는 사찰의 자원이라고 생각된다. 분주하면서도 단조롭고, 피로하면서도 공허한 삶 속에서 심신을 다독거리며 에너지를 충전하고자 하는 현대인의 욕구는 사찰이라는 특별한 공간 안에 담긴 정신적·물질적 자원으로부터 상당한 위로를 받게 된다. 아름다운 자연, 평온한 기운, 절제된 삶을 살아가는 수행자들의 고고한 모습, 그들을 통해 듣는 진리와 지혜, 선조들의 숨결이 느껴지는 문화재, 자비로운 미소를 띠고 내려다보는 불보살, 화학조미료 걱정 없는 정갈한 한 끼 식사, 따뜻한 한 잔의 차와 담소, 명상, 산책 등, 사찰은 현대인이 갈구하는 웰빙의 삶이 실현되고 있는 장소이다.

무엇보다 템플스테이는 개인적 웰빙을 넘어 자신을 둘러싼 모든 것에 대해서도 눈을 돌릴 수 있는 기회를 제공한다는 점에서 값진 체험이다. 관광지를 찾아 훼손도 마다하지 않으며 즐기던 식의 관광을 벗어나 근래에는 에코 투어리즘eco-tourism이라고 하여, 환경 피해를 가능한 한 피하고 자연을 관찰하고 즐기는 친환경적 여행 방식이 선호되고 있다. 자연과 문화를 보호하고 즐기는 소극적인 형태부터 보호 지역이나 그 주민들을 위해 적극적인 봉사활동을 하는 적극적인 형태까지 투어의 방식은 다양하다. 현대인은 '효율'이라는 미명하에 바쁜 시간을 보내며 이기적이고 척박한 삶을 살고 있지만, 다른 한편으로는 그러한 삶이 초래하는 불행을 경험하고 있기 때문에 이로부터 벗어나고 싶은 심리 역시 강렬하다. 따라서 자신은 물론이거니와 자신을 둘러싼 모든 것과의 평안한 공존을 갈망한다. 더불어 사는 삶, 그리고 그 안에서 느끼는 행복과 평온, 불교의 가르침은 그 어떤 종교나 철학보다 현대인이 추구하는 삶에 부합하는 진리를 담고 있다. 예를 들어 '연기緣起'설은 나와 남, 나와 자연이 분리된 존재가 아니라는 것을 가르쳐 주며, '무아無我'는 나 자신을 비롯한 무언가에 집착함으로써 고통 받는 마음을 다독여 준다. 그리고 '무상無常'은 헛된 집착을 경계함과 동시에 존재하는 모든 것에 대한 소중함을 일깨워 준다.

템플스테이와 더불어 근년에 크게 주목받고 있는 '사찰음식' 역시 이러한 불교의 가르침을 고스란히 담고 있다. 식재료를 마련하고, 요리하고, 먹는 과정이 모두 수행의 연속인 사찰음식은 음식에 대한 집착과 분별로부터 벗어나 모든 생명체에 대한 감사의 마음을 갖게 한다. "이 음식이 어디서 왔는가, 내 덕행으로는 받기가 부끄럽네. 마음의 온갖 허물을 모두 버리고 육신을 지탱하는 약으로 알아, 도업을 이루고자 이 공양을 받습니다."라는 공양게는 내 앞에 음식이 놓이기까지 얼마나 많은 존재들의 노력과 희생이 있었는지, 나는 그 소중한 음식을 어떤 마음으로 어떻게 받아야 하는지 되돌아보게 한다. 인간의 땀과 자연의 혜택이 어우러져 제공된 식재료로, 심신의 균형을 깰 수 있는 재료나 조리법이 아닌 가능한 한 자연 그대로의 영양분을 섭취할 수 있는 소박함으로 음식을 마련하여, 수행에 정진할 수 있는 힘을 내게 준다는 사실에 감사하며 섭취하는 사찰음식은 잘못된 식생활로 비만이나 영양의 불균형, 위장 장애 등을 겪고 있는 현대인에게 삶의 지혜와 여유로움을 느끼게 하는 등 템플스테이만큼이나 매력적이다. 불교의 가르침을 실천하는 수행자들이 사는 사찰이라는 공간에는 이처럼 지혜가 가득하다.

불교의 지혜를 잘 활용한다면, 개인적으로나 사회적으로나 현대인의 삶에 많은 위안과 개선을 제공하게 될 것이다. 불교의 가르침은 보편적 진리의 성격이 강하다. 이는 매우 큰 장점이다. 템플스테이도 사찰음식도 이러한 불교의 장점을 잘 살려 낸 문화 사업으로, 현대의 한국불교는 이들 사업을 통해 이전과는 다른 성장을 경험했다. 불교가 제공하는 콘텐츠에 열렬한 지지와 만족을 표명하는 다수의 반응은 불교가 나아가야 할 방향성을 보여 준다. 이제 이들 체험이 한순간의 자기만족이 아닌, 자신과 자신의 주변을 돌아보며 더불어 사는 삶의 가치를 느끼는 시간이 될 수 있도록 좀 더 내실을 기해야 한다. 이것이 실현될 때 템플스테이라는 이름으로 사찰의 문을 개방한 불교계의 노력도 궁극적인 결실을 맺게 될 것이다.

템플스테이, 마음이 쉬어 가는 공간

　템플스테이는 2002년 한·일 월드컵을 계기로 탄생하였다. 32개국에서 출전한 선수와 관련 스태프, 축구 팬 등을 수용할 수 있는 숙박시설의 확보를 고심하던 문광부는 전국 각지에 흩어져 있는 사찰에서 외국인 방문객 중 일부를 수용하는 방법으로 숙박 문제를 해결한다는 아이디어를 생각해 냈다. 불교문화의 대중화를 실현하는 좋은 기회가 될 것이라는 판단하에 조계종단의 지도자들도 긍정적인 결론을 내린다. 이에 정부의 본격적인 관심과 지원하에 사업이 시작된 지 4개월여 만에 전국 33개 사찰을 지정하여 시설 개·보수를 완료하고, 사찰 운영자와 200여 명의 통역자원봉사단을 구성, 월드컵 개회 한 달 전부터 외국인 관광객을 유치하기 시작했다. 참여 외국인은 1,000명이 채 안 되는 숫자로 예상에 미치지 못했지만, 참가자들의 반응은 뜨거웠다. 또한 월드컵 기간 동안 템플스테이가 한국을 외국에 알리는 홍보대사 역할을 하면서 미국 CNN 방송과 뉴욕타임스, 영국 BBC 방송, 일본 NHK 방송 등 20여 개의 세계 매체들이 템플스테이의 매력을 다루는 등 템플스테이는 해외에서도 좋은 반응을 얻었다. 이렇게 시작된 템플스테이는 이후 2004년 7월에 불교사업단의 설립으로 본격적인 발전과 확산을 이루게 된다. 템플스테이는 조계종 산하 소속 기관이지만 문광부로부터 자금을 보조받아 운영된다는 점에서 종단과 정부의 공동 사업이다. 불교사업단은 출범 이후 문광부 등 정부 관련 기관과 더불어 한국의 전통문화를 세계에 알리는 데 주력해 왔으며, 자체적으로도 템플스테이 프로그램의 활성화를 위해 다양한 사업을 진행하였다. 특히 사찰음식이나 심신 치유 프로그램과의 연계는 현대인의 힐링 지향 추세에 부합하면서 템플스테이에 대한 참여도를 높이는 데 크게 한몫 하게 된다. 이러한 노력에 힘입어 템플스테이를 운영하는 사찰도 국내외의 참가자도 해를 거듭할수록 늘어 2002년에 33개 사찰에서 999명이 체험한 후, 20년이 채 지나지 않은 지금은 139개 사찰에서 20만 명 이상의 인원이 템플스테이를 체험하고 있는 것으로 추정된다.

이런 빠른 성장의 배경에는 지속적인 모니터링을 통한 프로그램의 개발과 시설 정비, 운영 인력의 개발과 지원, 홍보 등 불교사업단의 전략적인 정책 내지 실행 사찰의 협조 등이 있지만, 템플스테이 사업을 유지, 발전시키고 있는 진짜 원동력은 웰빙을 추구하는 현대인의 욕구에 부합하는 사찰의 자원이 아닐까 생각된다. 템플스테이로 인해 사찰에 담긴 복합적인 가치를 보다 많은 사람들이 공유하게 되었고, 2018년에는 충북 보은군 법주사를 비롯한 7개의 전통 사찰이 유네스코 세계유산으로 지정되면서 사찰 문화가 갖는 보편적인 가치를 인정받게 된다.

템플스테이란 용어는 2001년에 한국에서 처음 등장한 조어이기 때문에 불교사 속에서 연원을 찾기는 어렵지만, 일반인이 사찰의 일상생활을 경험하며 수행이나 기도를 통해 심신을 가다듬는 기회를 갖도록 사찰을 개방하고, 나아가 숙박을 허용한다는 점에서 그 특징을 찾는다면, 재가불자의 포살이나 결사, 수련회 등 일정 기간 사찰에서 비非출가인이 사찰의 문화나 생활을 접하며 집중 수행을 한 것에서 유사한 사례를 확인할 수 있을 것 같다. 또한 일반인이 유람의 여정에서 사찰에 들르거나, 숙박한 사례 등도 사찰이 일반인에게 공간을 제공하고 사찰의 생활과 문화를 공유할 수 있는 기회를 주었다는 점에서 직간접적으로 모두 템플스테이의 연원이 될 수 있지 않을까 생각한다.

외국에는 템플스테이와 동일한 프로그램은 없지만, 명상이나 심신의 안정 등을 목적으로 사찰이나 수행 센터에서 유사한 프로그램을 실행하는 경우를 적지 않게 발견할 수 있다. 일본의 경우 '슈쿠보(宿坊)'라고 하여, 전통사찰에서 일반인이 좌선이나 사경, 쇼진 요리 등을 체험할 수 있는 프로그램을 운영 중이다. 다만, 일본 사찰의 슈쿠보는 국가적·종단적 차원의 거시적인 지원은 없으며, 사찰 내의 숙박업과 관련된 일종의 프로그램으로 운영되고 있다. 한편, 미국을 비롯한 서구 사회에서는 좌선이나 명상 등 불교 수행법을 위주로 실천하는 수행 센터가 많은 주목을 받고 있다. 일본 조동종 승려인 스즈키 순류가 1962년에 자신을 따르던 미국인 제자들과 더불어 건립한 수행 센터 '샌프란시스코 젠 센터'에서는 선 수행을 중심으로 학생이나 일반인, 승려, 명상 지도자 등을 위한 좌선·명상·예불·강의·경행·다도 등 다양한 프로그램이 운영되고 있다. 또한 프랑스 남부 보르드에 틱낫한이 1982년에 설립한 국제 수행 센터 플럼 빌리지에서는 걷기 명상을 중심으로 다양한 수행 프로그램이 운영되고 있다. 플럼 빌리지에서는 현대인이 일상생활에서 느끼게 되는 고독이나 공포, 분노, 좌절, 스트레스와 같은 고통을 평화와 행복으로 승화시키는 생활불교를 가르치며, 자신의 심신에 대한 올바른 관심을 통해 일상생활 속에서 행복과 의미를 찾는 과정을 중시한다.

한편, 한국의 템플스테이는 1,700년 한국불교의 역사와 문화가 살아 숨 쉬는 산사에 머물며 그 문화와 생활을 경험하는 전통문화 체험 프로그램이자, 이를 통해 삶의 휴식과 지혜를 얻는 것을 목표로 한다. 외국의 불교 수행 센터들이 주로 선이나 위빠사나와 같은 명상 중심으로 평온한 심신을 유지하고 내면의 행복을 찾아가는 경험을 중시한다면, 한국의 사찰들은 숙박 시설로서, 전통 문화 체험의 장으로서, 심신의 힐링을 도모하는 공간으로서 보다 다양한 역할을 해내고 있다. 현재 템플스테이를 실행하는 사찰은 총 139개이다. 사찰마다 다양한 프로그램을 운영하고 있는데, 유형에 따라 분류하면 당일형·체험형·휴식형의 셋이다. 당일형은 템플스테이 체험을 희망하지만 숙박이 어렵거나 간단한 체험을 원할 경우 한국의 불교문화를 체험할 수 있도록 구성된 프로그램이다. 체험형은 본격적으로 불교 혹은 사찰문화를 체험하는 것을 목적으로 하며, 휴식형은 말 그대로 지친 심신을 위해 쉬어 가는 시간과 공간을 제공하는 프로그램이다. 이들 프로그램은 참선, 인경·사경·독송, 예불, 108배, 발우공양, 포행(걷기 명상), 운력 등과 같은 사찰 고유의 수행문화에 연등이나 염주 만들기, 다도, 스님과의 차담, 사찰 안내, 사찰음식 체험, 타종 의식 등과 같은 불교문화 체험, 그리고 경우에 따라서는 민속놀이, 해맞이 등과 같은 일반적인 전통문화 체험 등을 내용으로 한다.

올해로 시행 19년째를 맞고 있는 템플스테이는 웰빙을 추구하는 현대인의 욕구에 잘 부합하는 관광 상품이다. 분주하면서도 단조롭고, 피로하면서도 공허한 삶 속에서 심신을 다독거리며 에너지를 충전하고자 하는 현대인의 욕구는 사찰이라는 특별한 공간 안에 담긴 정신적·물질적 자원으로부터 상당한 위로를 받게 된다. 또한 템플스테이는 개인적 웰빙을 넘어 자신을 둘러싼 모든 것에 대해서도 눈을 돌릴 수 있는 기회를 제공한다는 점에서 값진 체험이다. 관광지를 찾아 훼손도 마다하지 않으며 즐기던 식의 관광을 벗어나 근래에는 에코 투어리즘이라고 하여, 환경 피해를 가능한 한 피하고 자연을 관찰하고 즐기는 친환경적 여행 방식이 선호되고 있다. 현대인은 '효율'이라는 미명하에 바쁜 시간을 보내며 이기적이고 척박한 삶을 살고 있지만, 다른 한편으로는 그러한 삶이 초래하는 불행을 경험하고 있기 때문에 이로부터 벗어나고 싶은 심리 역시 강렬하다. 따라서 자신은 물론이거니와 자신을 둘러싼 모든 것과의 평안한 공존을 갈망한다. 더불어 사는 삶, 그리고 그 안에서 느끼는 행복과 평온, 사실 불교의 가르침은 현대인의 이러한 욕구를 채워 주기에 충분하다. 예를 들어 '연기'설은 나와 남, 나와 자연이 분리된 존재가 아니라는 것을 가르쳐 주며, 무아는 나 자신을 비롯한 무언가에 집착함으로써 고통 받는 마음을 다독여 준다. 그리고 무상은 헛된 집착을 경계함과 동시에 존재하는 모든 것에 대한 소중함을 일깨워 준다.

불교의 지혜를 잘 활용한다면, 개인적으로나 사회적으로나 현대인의 삶에 많은 위안과 개선을 제공하게 될 것이다. 불교의 가르침은 보편적 진리의 성격이 강하다. 이는 매우 큰 장점이다. 템플스테이도 사찰음식도 이러한 불교의 장점을 잘 살려 낸 문화 사업으로, 현대의 한국불교는 이들 사업을 통해 이전과는 다른 성장을 경험했다. 불교가 제공하는 콘텐츠에 열렬한 지지와 만족을 표명하는 다수의 반응은 불교가 나아가야 할 방향성을 보여 준다. 이제 이들 체험이 한순간의 자기만족이 아닌, 자신과 자신의 주변을 돌아보며 더불어 사는 삶의 가치를 느끼는 시간이 될 수 있도록 좀 더 내실을 기해야 한다. 이것이 실현될 때 템플스테이라는 이름으로 사찰의 문을 개방한 불교계의 노력도 궁극적인 결실을 맺게 될 것이다.

| 참고문헌 |

박서연, 「결사」, 『테마 한국불교 3』, 동국대학교 불교문화연구원 HK연구단 엮음, 서울: 동국대학교출판부, 2015.

김성순, 「동아시아 염불결사의 연구-천태교단을 중심으로-」, 서울대학교대학원 종교학과 박사학위논문, 2011.

배금란, 「한국불교문화 체험의 현대적 양상 연구: 템플스테이 사례를 중심으로」, 서울대학교대학원 종교학과 문학석사학위논문, 2011.

석경동(진경), 「템플스테이 운영현황과 활성화 방안 연구」, 동국대학교 대학원 선학과 석사학위논문, 2008.

이종수, 「16~18세기 유학자의 지리산 유람과 승려 교류」, 『南冥學硏究』46, 남명학연구회, 2015.

정병삼, 「고려시대 팔관회 행사와 팔관재 신앙」, 『불교학보』71, 동국대 불교문화연구원, 2015.

틱찬팝캄, 「특집: 현대사회의 위기와 종교공동체의 역할-틱낫한 스님과 조화롭고 깨어있는 수행 공동체 플럼빌리지-」, 『전법학 연구』5, 불광연구원, 2014.

道端良秀, 『唐代佛敎史の硏究』, 京都: 法藏館, 1957.

Uri Kaplan, "Images of Monasticism: The Temple Stay Program and the Re-branding

of Korean Buddhist Temples," *Korean Studies*, vol. 34, 2010.
船山 徹, 「六朝時代における菩薩戒の受容過程―劉宋・南齊期を中心に―」, 『東方學報』67, 京都大学人文科学研究所, 1995.

문화와 의례

불교건축

• 도윤수

I. 불교건축의 기원과 성격

    불교건축의 정의/ 불교건축의 기원/ 석가모니 사후 불교건축의 변화

II. 불교건축의 동아시아 전래와 선종사찰의 등장

    불교의 동아시아 전래와 고대 중국의 불교건축/ 고대 한국의 불교건축/ 고대 일본의 불교건축/ 선종사찰의 등장과 확산

III. 한국 불교건축의 전개

    고려시대 불교건축의 복합 기능과 다원 구성/ 다불전과 승탑원의 형성/ 고려 말 회암사의 중창과 선종사찰

IV. 한국 불교건축의 '전통' 성립

    조선 전기 불교계의 상황과 불교건축/ 조선 후기 사찰의 재건과 중창

■ 한국 불교건축의 전통성과 현대 불교건축의 과제

I. 불교건축의 기원과 성격

불교건축의 정의

불교건축은 넓은 의미에서 정의하면 불교라는 종교와 관련된 일체의 건축물과 부속 시설이라 할 수 있지만, 일반적으로 이해되는 좁은 의미에서는 '사원寺院', '사찰寺刹', '절', '가람伽藍' 등으로 부르는 특정 건축물을 지칭하는 경우가 많다. 이곳에서는 크게 세 가지 행위에 초점이 맞춰진 건축물이 모여 하나의 군락을 이루는데, 부처님의 상징물을 봉안하고 이에 대한 예배 행위가 이뤄지는 공간(탑塔, 금당金堂, 불전佛殿 등), 출가자가 수행하는 공간(승당僧堂, 승원僧院, 선원禪院 등), 출가자와 신도의 집회를 위한 공간(법당法堂, 설법전說法殿, 강당講堂 등)을 기본적인 구성 요소로 볼 수 있다.

인도에서 발생한 불교는 서쪽으로는 중앙아시아, 동쪽으로는 한국·중국·일본 등 동아시아와 태국·캄보디아·미얀마 등 동남아시아 전역에 걸쳐 주류 종교 사상으로 받아들여졌고, 이에 따라 불교건축 역시 광범위하게 퍼져 나갔다. 그런데 같은 불교라는 종교를 기반으로 한 건축물이 나라마다 또는 문화권마다 다르게 나타나고, 그 차이의 정도가 다른 예술 분야보다 더 크게 느껴진다. 그 이유는 각 나라의 불교가 토착화되는 과정에서 차이를 보이기 때문이기도 하지만, 기본적인 건축 자체가 가지고 있는 속성에 의한 측면이 더 크다고 할 수 있다.

건축이라는, 인간이 만들어 낸 구조물은 주변 환경으로부터 보호받을 수 있는 장소, 즉 피난처(Shelter) 개념의 동굴이나 간단한 구조의 움집 등에서 출발하였다.[1] 이후 점차 도구가 발달함에 따라 좀 더 복잡한 구조를 바탕으로 큰 규모의 건물을 세우게 되고, 문명이 고도화되면서 신전이나 궁전, 무덤과 같은 생존의 문제를 초월하여 정신적 세계를 반영한 권위 건축이 등장하게 된다. 이러한 과정은 예술의 발생, 발전과 동일한 흐름으로 이해되기도 한다. 그러나 건축이 회화나 조각과 같은 예술작품과 다른 점은 인간의 행위가 그 안에서 직접 이뤄지기 때문에 많은 현실적 제약이 따른다는 사실과, 건설 과정에 막대한 재화와 시간이 투자되기 때문에 기존의 것을 버리기보다는 재해석하여 재활용하는 방식이 선호된다는 점이다.

불교건축 역시 발생 단계에서 당시의 일상이 반영된 기존 건축물을 활용하여 각기 교리에 맞는 공간으로 재창출하였으며, 그 결과물이 오랫동안 누적되면서 각기 고유의 건축 유형으로 성장하였다. 이 같은 재활용을 통한 재창출이라는 건축이 가지고 있는 독특한 속성이 각국의 불교건축이 가지고 있는 보편성과 고유성을 이해하는 데 전제 조건이 된다. 즉, 불교가 아시아 각국에 전파되면서 나라마다 불교라는 공통분모를 통한 불교건축의 보편성을 공유하면서도, 지역별 토착 건축을 재활용하는 과정에서 각자의 고유성이 표출되었다고 말할 수 있다.[2]

---

[1] Winand Klassen, 『서양건축사』, 심우갑·조희철 옮김, 서울: 대우출판사, 1997, pp.1~2
[2] Dietrich Seckel, 『불교미술』, 이주형 옮김, 서울: 예경, 2002, p.168

불교건축의 기원

앞에서 언급한 불교건축의 기본적인 구성 요소로 제시한 예배공간, 수행공간, 집회공간은 다른 종교건축에서도 큰 범주에서는 공통적으로 갖추고 있는 요소이지만, 기원을 기준으로 본다면 각 종교의 발생 과정이 투영되어 각기 독특한 특성을 찾아볼 수 있다. 불교건축의 경우 예배공간이나 집회공간보다 출가자의 수행공간이 먼저 출현하였다는 점을 큰 특징으로 꼽을 수 있다. 불교의 창시자로 추앙받는 석가모니는 다른 종교에서 보이는 신의 계시에 의한 선지자가 아니라 29세에 출가하여 6년간의 고행 끝에 35세에 깨달음을 얻은 자이다. 즉 신에게 부여받은 능력이 아닌 인간이 자신의 노력으로 이룬 것이다. 이는 곧 불교의 출발점이 수행자의 깨달음에 있다는 것을 보여 주는 것으로, 이후 발생하게 될 불교건축의 기원적 성격을 규정하게 되는 중요한 특징이다.

붓다가야Buddhagayā에서 자신의 수행으로 깨달음에 도달한 석가모니는 이후 녹야원鹿野園에서 5명의 수행자에게 첫 번째 설법을 하여 그들을 제자로 받아들인다. 그 후 각지를 돌아다니며 깨달음을 널리 설파하여 대규모의 사부대중(비구, 비구니, 우바이, 우바새)이 모인 교단으로 성장하였다. 석가모니와 대중이 함께 각지를 돌아다니던 초기에는 교단에 특별한 건축물이 필요치 않았다. 무소유 속에서 각지를 돌기 때문에 정착생활을 전제로 한 건축물이 필요치 않았던 것이다. 다만, 인도의 기후적 특성상 비가 많이 와 움직이기 어려운 시기, 즉 우기雨期에만 비를 피할 정도의 시설이 필요하였다. 이렇게 우기에 일정한 곳에 머물러 수행하는 것을 안거安居라 하는데 소규모 교단이던 시기에는 동굴이나 오두막 등에서 지낼 수 있었으나, 점차 교단의 규모가 커지면서 여러 도시의 왕과 귀족들이 도시 근처 숲의 땅과 거주처를 제공하여 최초의 불교건축이 나타났다. 도시 근처의 한적한 숲과 정원을 원림園林(ārāma)이라 부르고 그 안의 수행처 또는 거주처를 정사精舍(vihāra)라고 불렀는데, 석가모니 생전에 세워진 것으로 죽림정사竹林精舍(Veṇuvana-vihāra)와 기원정사祇園精舍(Jetavana-vihāra) 등이 있다.³

죽림정사는 최초의 불교사원으로 중인도 마가다국의 수도였던 왕사성王舍城(Rājagṛha)에 위치하고 있었다. 가란타迦蘭陀 장자가 불교에 귀의하면서 바친 대나무 정원에 빔비사라頻婆娑羅 왕이 건물을 세워 건립한 곳이다. 기원정사는 중인도 코살라국의 수도 사위성舍衛城(Śrāvastī) 남쪽 1.6km 지점에 있던 기타祇陀 태자 소유의 동산에 세워진 수행공간이다. 두 정사 모두 석가모니와 그를 따르는 대중의 안거를 위해 세워진 곳이므로 전적으로 출가자의 수행공간을 중심으로 구성되었을 것으로 추정되지만, 현재로서는 당시의 모습을 정확히 알 수 없다.

석가모니 사후 불교건축의 변화

석가모니 생존 당시 수행공간으로 존재하던 불교건축은 석가모니께서 돌아가신 이후 네 가지 측면에서 커다란 변화가 일어난다. 첫 번째로 주목할 부분은 스투파stūpa(탑)⁴의 등장이다. 석가모니 입멸 후 인도의 전

---

3 김봉렬, 『불교건축』, 서울: 도서출판 솔, 2004, pp.15~22
4 스투파는 석가모니 출현 이전부터 존재하던 기념비적 조형물을 뜻하였으나, 후대 석가모니의 사리를 안치한 조형물을 가리키게 된다.(Dietrich Seckel, 앞의 책, pp.33~35) 한자 문화권에서는 스투파를 塔婆, 塔으로 음역하였고, 후대에 승려의 사리를 봉안한 탑이 조형되면서 부처님의 상징물은 佛塔으로, 승려의 사리를 안치한 탑은 僧塔으로 구분하고 있다. 여기서는 인도의 반구형 스투파와 동아시아의 목

통적인 장례법에 따라 다비茶毘(화장)를 하여 얻게 된 사리를 주변 8개국에서 나눠 가져가 안치하는 과정에서 최초의 스투파가 발생하였다. 스투파의 발생은 석가모니 사후 그의 모습을 대신할 '종교적 상징물의 출현'으로 이해할 수 있다. 이후 기원전 3세기경 인도 최초의 통일국가를 이룬 마우리아 왕조의 아소카Aśoka 왕(B.C. 273~232 재위)이 기존의 8개 스투파를 헐어 사리를 수습하고, 이를 나눠서 인도 전역에 8만 4천 기의 스투파를 세워 안치하면서 석가모니 사리가 안치된 스투파는 신앙의 상징물이자 불교사원의 중심으로 자리매김하게 된다.[5]

두 번째 변화는 차이티야caitya(예배당)의 발생이다. 차이티야는 수행자와 신도가 의식을 치르는 공간을 뜻하는데, 석가모니 입멸 후 그에 대한 추모 행위가 일정한 의식으로 정립됨에 따라 이전에는 없었던 의식공간이 생겨난다. 초기 차이티야의 정점에는 스투파가 자리하고 있었으나, 불상이 조성되는 시대[6]로 넘어가면서 스투파에 부처님의 상을 새겨 넣거나 부처님을 인간의 형상으로 묘사한 불상이 스투파를 대신하기도 한다. 차이티야의 등장은 불교건축이 더 이상 안거를 위한 수행공간, 즉 비하라 중심의 기거 시설이 아닌 종교건축 특유의 의식공간으로 성장하였음을 보여 주고 있다.[7]

세 번째로 살펴볼 부분은 복합적인 성격을 지닌 대규모 불교사원의

탑에서 정형화된 탑을 구분하기 위해, 각각 스투파와 불탑이라고 지칭한다.
5 Dietrich Seckel, 앞의 책, pp.139~141
6 예배 대상으로 불상이 만들어진 것은 1세기경부터 시작된 것으로 알려져 있다. 그 이전에는 불탑이 예배의 중심이었으며, 석가모니의 상징물로는 보리수, 법륜, 연화, 불족석(부처님의 발자취를 돌에 새긴 것) 등이 있었다.(Patricia Eichenbaum Karetzky, 『불교 예술과 건축』, 박선영 옮김, 서울: 시그마북스, 2016, pp.6~7)
7 Dietrich Seckel, 위의 책, pp.170~172

등장이다. 앞서 스투파와 차이티야의 등장 이후 인도에서는 불교건축을 구성하는 요소로 수행공간(비하라)과 의식공간(차이티야), 석가모니를 상징하는 기념물(스투파)이 개별 공간이 아닌 하나의 군락으로 모이게 된다. 이러한 대규모 건축군을 우리는 사찰寺刹 또는 가람伽藍[8]이라 부른다. 가람은 이후 더욱 확대되어 5세기경에는 인재 양성을 위한 교육과 연구의 기능까지 더해지며 현재의 종합 대학과 같은 기능까지 갖추게 된다. 석가모니께서 생전에 가장 오랫동안 머물렀던 기원정사도 대규모 가람으로 변모하여 불상을 봉안한 차이티야를 비롯하여, 여러 비하라, 스투파, 종대鐘臺(종을 설치한 건물), 경대鏡臺(경전을 보관한 건물) 등이 세워졌다는 기록이 남아 있다.[9] 가람으로 성장한 불교건축은 불교의 전래 과정을 따라 서역을 거쳐 동아시아에 이르러 목조건축으로 된 탑과 불전, 승원을 갖춘 사찰로 발전하게 된다.

네 번째로 살펴볼 변화상은 인공 석굴사원의 등장이다. 석굴 또는 동굴은 가장 원초적인 건축의 형태로 마치 건축의 출발점과도 같은 장소이다. 석가모니 생전에도 수행 장소로 사용하였다는 기록이 있어 당시 수행공간으로서의 석굴은 보편적이었다고 생각된다. 그러나 석가모니

---

[8] 산스크리트어 '상가라마saṁghārāma(사부대중이 모여 수행과 의식을 행하는 곳)'를 음역한 한자어 '僧伽藍摩'의 줄임말이다. 상가라마의 의역 한자어로는 '衆園(院)'과 '僧園(院)' 등이 있다.

[9] 당나라 승려 道宣(596~667)이 지은 『關中創立戒壇圖經』과 『中天竺舍衛國祇洹寺圖經』에 묘사된 기원정사의 모습이다. 인도의 가람 제도와 율법 등을 중국에 정착시키기 위해 지은 것으로 당시 가람과 戒壇의 표준으로 기원정사가 제시되었다.(郭黛姮, 「중국 불교사원 건축의 성립과 전개」, 『동아시아불교문화』 3, 부산: 동아시아불교문화학회, 2009, pp.154~155) 도선의 기록이 중국화된 가람의 모습이라는 점에서 인도의 기원정사를 얼마나 충실히 묘사했는지는 좀 더 논의가 필요하다. 다만, 다양한 시설이 군락을 이루었다는 점은 발굴 유적 등을 통해 확인되었다.

사후에 새롭게 등장하는 석굴은 자연굴이 아닌 인공굴로 암벽에 굴을 파고 그곳에 스투파를 조성하거나 스투파 주변에 수행공간을 정연하게 배치하여 지상의 사원과 거의 동일한 구성을 가지고 기능하도록 만들었다. 석굴 내부의 기둥과 천장의 조각은 마치 목조 건축물을 그대로 옮겨 놓은 듯한 모습인데, 이를 통해 초기 석굴은 지상에 세워진 목조건물을 본떠 만든 것이라는 점을 알 수 있다.[10]

석가모니 생전의 정사와 마찬가지로 사후에 건립된 초기의 스투파와 차이티야는 여러 대에 걸쳐 증축되거나, 타 종교의 지배기에 파괴되어 현재 원형을 볼 수 있는 사례는 극히 드물다. 스투파의 경우 석가모니께서 처음 설법한 장소인 녹야원에 세워진 다메크Dhamek 스투파와 인도 중부 보팔시의 사암 구릉지인 산치에 세워진 산치Sañchi 제1스투파[11]가 비교적 이른 시기의 스투파로 꼽히고 있다. 산치 유적은 고대 교역로를 따라 성장한 무역도시 인근에 도시의 부호들이 발원하여 세워진 사례로, 기원전 3세기경부터 11세기까지 오랜 세월에 걸쳐 스투파를 중심으로 여러 비하라와 차이티야가 증설되면서 가람으로 발전하였다. 산치 제1스투파는 아소카 왕 재위 시절에 흙과 벽돌을 사용하여 소규모로 조성하였고, 이후 여러 차례에 걸쳐 주변에 풍부한 사암을 가공하여 반구형으로 덮어 나가 1세기경에 이르러 지금과 같은 모습으로 완성되었다. 스투파 중심부인 반구형 돔의 규모는 지름 36.6m, 높이 16.46m로 현존하는 스투파 중 최대 규모이다. 반구형 돔 외곽에는 돌담을 둘러 탑 둘

---

10 Dietrich Seckel, 앞의 책, p.35
11 산치 유적군에는 3개의 스투파가 있는데, 구릉지 정상에 위치한 가장 크고 오래된 스투파가 산치 제1스투파로 명명되어 있다. 이 스투파를 통상 '산치大塔'이라 부른다.

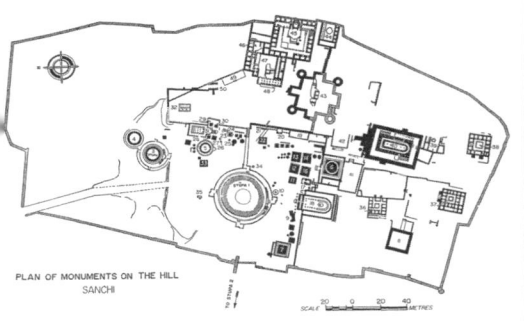

그림 1 산치 유적 배치도와 산치 제1스투파

레를 돌 수 있는 길을 만들었는데 일종의 회랑으로 볼 수 있다. 회랑에는 동서남북 네 방향에 토라나torana(塔門)라고 부르는 일종의 문이 세워져 있는데, 여기에는 부처님의 전생과 생애 등을 주제로 한 여러 조각이 돋을새김으로 새겨져 있다. 산치 유적에는 다수의 차이티야와 비하라가 스투파를 중심으로 넓게 분포되어 있어, 거대한 가람으로 확장하는 과정을 살펴볼 수 있다. 특히, 차이티야 17번과 45번, 비하라 51번은 산치 유적의 위용을 잘 보여 주는 건축 유구로 꼽을 수 있다.[12]

지상의 가람 중에서 원형이 온전한 사례는 전무한 반면에, 석굴사원은 현재까지도 다수가 남아 있어 당시의 모습을 생생히 보여 주고 있다. 석굴사원이 잘 보존된 사례로는 기원전 2세기경에 조성된 초기 석굴사원인 바자Bhaja석굴과 기원전 2세기에 처음 건설된 후 약 500~600년 후에 다시 대규모로 증설한 아잔타Ajanta석굴을 들 수 있다. 바자석굴은 18개의 석굴이 모여 있는데 이 중에서 12번 석굴만 차이티야이고 나머지는 수행공간인 비하라이다. 12번 석굴은 내부에 목조건축 지붕 구조가

---

12 Patricia Eichenbaum Karetzky, 앞의 책, p.16

그림 2 바자석굴: 2번 석굴 비하라의 감실과 불상

그림 3 바자석굴: 12번 석굴 차이티야의 스투파

적용되어 석굴사원에 지상의 목조건축이 차용된 모습을 볼 수 있다. 차이티야의 가장 깊은 곳에는 조각이나 장식이 전혀 없는 스투파가 세워져 있고, 그 뒤쪽은 반원형으로 처리하여 스투파 주위를 돌아 나오는 의식공간의 모습을 확인할 수 있다. 나머지 수행공간으로 사용된 석굴은 네모난 중앙 홀에서 삼면으로 작은 개인 수행공간이 연결된 구조로 되어 있다. 산치 유적에서 보이는 비하라와 비교해 보면 규모와 반듯함의 차이는 있지만 기본적인 공간 구성은 동일하여 수행공간 구성법을 살펴볼 수 있다.[13]

아잔타석굴은 약 500~600년의 시간차를 두고 조성되어 초기 석굴사원(B.C. 2세기경)과 후대(5세기~6세기) 대승불교의 석굴사원이 공존하고 있어, 석굴사원과 불교예술에 있어서 도상의 발전 과정을 알 수 있는 중요한 유적이다. 모두 29개의 석굴이 있는데 이 중 6개가 초기에 만들어졌다. 초기 석굴은 앞서 살펴본 바자석굴과 구성법이 상당히 유사하다. 그러나 후대에 만들어진 석굴에서는 수행공간에 불상이 안치된다는 점과 스투파에 불상이 조각되어 의식공간의 구심점이 변한다는 점에서 큰 차이점을 찾을 수 있다. 5세기 중반에 조성된 제2석굴의 경우 비교적 작은 규모의 비하라인데, 가장 안쪽의 가운데에는 두 개의 방이 연속되어 있고 이곳에 가부좌한 불상이 봉안되어 있다. 즉, 출가자의 수행공간에 이전에는 보이지 않던 불상이 봉안된 공간을 함께 배치하여 수행공간 내부에서도 예배 행위가 이뤄졌음을 보여 주고 있다. 의식의 행위에도 변화가 이뤄진 것으로 보인다. 기존의 스투파와 차이티야에서는 의식 대상의 주위를 도는 방식으로 의식이 이뤄졌는데, 제2석굴을 비롯한 비하라에 봉안된 불상

---

13 Dietrich Seckel, 앞의 책, pp.170~172

그림 4 아잔타석굴: 26번 석굴 차이티야의 스투파

주변에는 사람이 주위를 돌 수 있는 공간이 확보되어 있지 않아 불상을 마주하고 멈춰선 상태에서 의식이 진행되었을 것으로 추정된다. 이는 불교의식의 다양화와 이에 따른 건축적 대응으로 이해된다. 제26번 석굴은 차이티야의 중심이 되던 스투파에 일어난 변화상을 볼 수 있는 사례이다. 깊이가 20m에 달하는 석굴의 가장 안쪽에는 이전과 마찬가지로 원형 평면의 스투파가 자리하고 있지만, 전면에는 의자에 앉아 다리를 내리고 있는 불상을 조각하여, 스투파를 불상을 봉안한 감실과 같이 묘사하였다. 이는 1세기경부터 조성되기 시작한 불상이 스투파의 지위와 상징성을 이어받아 의식공간의 중심에 자리하였음을 보여 주고 있다.[14]

---

14 Dietrich Seckel, 앞의 책, pp.170~172; Patricia Eichenbaum Karetzky, 앞의 책, p.24; 'Ajanta Caves, India' Brief Description, UNESCO World Heritage Site, 2006.

II. 불교건축의 동아시아 전래와 선종사찰의 등장

불교의 동아시아 전래와 고대 중국의 불교건축

1세기경 인도의 불교는 서역西域이라 불리던 중앙아시아를 거쳐 중국에 전래되었고, 중국 전역에서 성장한 불교는 약 300년 후 한국을 거쳐 일본에까지 전파되었다. 중국을 통해 전파된 동아시아의 불교는 석가모니 생전, 수행이 강조되던 인도의 초기 불교와는 달리 여러 철학적 논쟁을 통한 고도화 과정을 거쳐 종교적 틀이 완성된 상태였다. 불교건축 역시 인도와 중앙아시아 전역에서 나름의 정형화가 이루어진 상태였다. 따라서 중국의 불교건축 성립 과정은 그 전래 과정에서 이미 내용적 측면의 구성과 쓰임이 정립된 상태였고, 다만 형상적 측면에서 현지 건축문화와 접목하여 알맞은 그릇을 찾아 나가는 과정이라고 할 수 있다. 중국의 첫 불교사원은 서역에서 불교가 전래된 후한 명제(57~75 재위) 시기에 서역 승려를 영접하기 위해 당시 빈관賓館이었던 홍려시鴻臚寺[15]에 그를 머물게 하였고, 이후 사찰로 쓰도록 하면서 백마사白馬寺라 이름 지은 데서 기원한다. 이 기록에서 보듯이 동아시아 불교건축의 시작은 당시 관청 건축물을 사찰로 전용한 데서 시작하였고, 이는 인도나 서역과는 다른 동아시아의 목조건축이 초기부터 수용되었음을 의미한다. 한편, 한나라 말에는 누각을 탑으로 수용하는 과정도 기록되어 있어 인도의 스투파와는 다른 중국화된 목탑木塔의 발

---

15 '寺'는 관청을 뜻할 때는 '시'라 읽고 사찰을 의미할 때는 '사'라 읽는다. 홍려시는 외빈을 맞이하는 업무를 담당하던 관청의 명칭으로 한나라 때부터 명나라 때까지 여러 왕조에서 설치, 운영하였다.

생을 볼 수 있다.[16]

한나라 이후 수·당대 이전까지 중국의 초기 불교건축은 크게 두 갈래로 나뉜다.[17] 하나는 한대 때 이미 등장한 기존 목조건축을 활용한 목조사원이고, 다른 하나는 4세기에 등장한 석굴사원이다. 목조사원은 다시 네 가지 유형으로 나뉘는데, 다층누각의 탑을 중심으로 한 유형, 탑과 경당經堂만 설치한 유형, 탑과 불전 그리고 승당僧堂이 같이 설치된 유형, 사택위사舍宅爲寺라 불리는 상류층의 저택을 그대로 사원으로 활용한 유형 등이다. 이 중에서 세 번째 유형인 탑과 불전, 승당이 공존하는 유형은 사찰의 중심이 탑에서 불상을 봉안한 불전으로 이동하는 동아시아 불교건축의 특징을 보여 주고 있다. 북위北魏(386~534) 낙양 영녕사永寧寺의 경우 사찰 중심에 높이 100m의 구층 목탑이 자리하고 그 북쪽에 궁궐의 정전과 크기와 모습이 유사한 불전을 두어 탑 못지않게 불전이 높은 위계를 가지고 있었으며, 탑과 불전 주위로 승당과 누각 등 여러 건물 천여 칸이 있던 것으로 기록되어 있다.[18] 이런 모습에서 궁궐의 형식과 격식을 갖춘 대규모 가람이 일찍이 발생하였음을 알 수 있다.

석굴사원은 불교의 전래 경로를 따라 서역과의 교통로인 감숙성 둔황(敦煌) 지역에서 일찍부터 생겨났다. 둔황의 막고굴莫高窟은 4세기 중반부터 조영되기 시작하여 원나라 때까지 약 1,000여 년간 끊임없이 새로운 석굴을 만들거나 기존의 것을 고치면서 확장하여 형성된 것으로,

---

16 郭黛姮, 앞의 글, pp.146~148; 樓慶西,『중국의 고대건축』, 한동수 옮김, 서울: 혜안, 2004, p.111; 劉敦楨,『中國古代建築史』, 한동수 외 2인 옮김, 서울: 세진사, 1995, p.158
17 郭黛姮, 앞의 글, pp.148~150
18 陽衒之 지음,『낙양가람기』, 서윤희 옮김, 서울: 눌와, 2001, pp.32~34

이곳에는 492개의 석굴과 2,400여 개의 불상이 조성되어 있다.[19] 그러나 원대 이후에는 이슬람 세력의 잦은 침입과 교역의 축소로 인해 둔황의 침체와 함께 막고굴도 쇠퇴하게 된다. 막고굴 이외에도 운강석굴雲崗石窟과 용문석굴龍門石窟, 맥적산석굴麥積山石窟 등이 막고굴 이후에 조영되면서 다수의 석굴사원이 등장한다. 중국의 석굴사원은 크게 불전형, 탑원형, 승원식 다실굴 등 세 가지로 구분된다.[20] 석굴사원이 조성되던 초기에는 인도의 석굴을 모방하여 비하라와 유사한 수행공간 위주의 석굴이 조성되었고, 조각과 건축 묘사에도 화염형 아치로 장식된 문과 서로 등을 맞대고 있는 동물 형상의 기둥 상부 조각 등에서 인도와 서역의 영향을 볼 수 있다. 이후 점차 내부에 불상을 봉안한 불전 형식과 탑을 중앙에 배치한 탑원식이 등장한다. 암반에 대형 불상을 조각하고 그 주위에 목조로 불전을 건립하는 방식으로 발전하였고, 부조로 묘사한 건축물의 형상 역시 중국의 목조건축으로 나타난다. 운강석굴은 북위 왕실의 후원을 바탕으로 5세기 중후반(460~494)에 집중적으로 조성되었는데 석굴 내의 대형 불상 전면에 목조 전각을 결합한 대표적인 사례로 꼽을 수 있다.

한나라 멸망 이후 300년이 훨씬 넘는 혼란과 변화의 시기를 지나 수·당대의 안정기에는 불교건축에 좀 더 중국화된 새로운 변화가 나타난다. 우선 그동안의 경전 한역 성과를 바탕으로 여러 종파가 등장하는데, 『사분율四分律』을 따라 율종律宗을 세운 도선道宣(596~667)은 『중천축사위국기원사도경中天竺舍衛國祇洹寺圖經』과 『관중창립계단도경關中創立戒壇圖經』(667)을 지어 가람 제도의 표본을 제시하였다.

---

19 Mogao Caves: Description, UNESCO World Heritage Site, 2020.
20 郭黛姮, 앞의 글, pp.148~150

그림 5 운강석굴: 9번 석굴 전경

경전의 내용과 정확히 일치하는 실제 사례는 확인되지 않았으나 당시 사원의 구성과 배치 개념을 파악할 수 있다는 측면에서 큰 의미가 있다. 경전에는 상당히 많은 건축물과 시설이 규정되어 있다. 쓰임에 따라 주요 시설의 유형을 나눠 보면 율종의 핵심 시설인 수계의식이 치러지는 '승계단僧戒壇', 경전을 보관하고 연구하는 시설, 여러 부처와 보살에 대해 예불을 드리는 각각의 예불공간, 사찰의 관리를 위한 사무공간, 신도들이 사용하는 공간 등이 표현되어 있다. 이러한 건물과 시설들은 개별적으로 구획되어 하나의 원園(院)을 이루고, 중심부의 탑과 누각, 불전으로 구성된 주원主園 주변을 에워싸듯 배치되어 대규모 가람을 형성하고 있다.[21]

---

21 郭黛姮, 앞의 글, pp.154~155

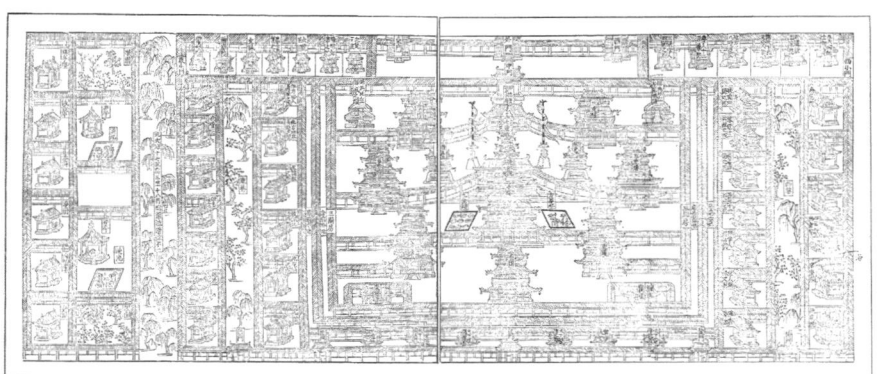

그림 6 『관중창립계단도경』 〈기원도祇桓圖〉

수·당대에 들어 나타난 새로운 변화상 중에서 주목되는 부분을 몇 가지 살펴보면 우선 불탑의 위치 변화를 볼 수 있다. 불탑과 불전의 병립은 이미 앞선 시대에 등장하였는데 수·당대에 들어서는 탑이 불전의 뒤편에 세워지기도 하고,[22] 쌍탑이 등장하고,[23] 불전과 동떨어져 별원으로 구성되기도 하였다.[24] 또 하나 주목할 변화상은 종루鐘樓와 경장經藏이 등장한다는 점이다. 두 건물은 문헌에 의하면 불전 뒤편 또는 앞쪽에 대칭으로 배치하였다고 기록되어 있다. 이는 탑과 불전으로 이뤄졌던 중심부에 새로운 요소가 추가되었음을 의미한다. 수·당대의 불교건축으로 현재까지 전하는 목조 건축물은 산서성 오대산의 남선사 대전(782 중수)과 불광사 대전(857 건립)이 있다. 이 시기의 불전은 내부에 의식을 위한 넓은 공간

---

22 장안 청룡사(원 영감사), 582년(郭黛姮, 앞의 글, p.155)
23 장안 광명사, 584년(宿白, 「東漢魏晉南北朝佛寺布局初探」, 『慶祝鄧廣銘教授九十華誕論文集』, 河北: 河北教育出版社, 1997, p.38; 박윤배, 「雙塔式伽藍配置의 기원을 통한 新羅와 隋의 관계」, Journal of China Studies 14, 부산: 부산대학교 중국연구소, 2013, p.70 재인용)
24 장안(현 서안시) 자은사 대안탑, 648년 창건, 652년 중창(郭黛姮, 앞의 글, p.155)

그림 7 남선사 대전 전경과 단면도

을 확보했다는 특징이 있다. 남선사 대전과 불광사 대전 모두 이전부터 행해지던 불상 주위를 돌며 예배를 올리는 방식을 유지하면서도 불단을 건물 뒤편에 치우치도록 배치하여 불상 앞에서 예를 올릴 수 있도록 하였다.[25]

고대 한국의 불교건축

한국에서의 불교 수용은 4세기 후반부터 5세기 초까지 고구려, 백제, 신라가 각기 다른 경로를 통해 이뤄졌는데, 세 나라 모두 강력한 율령국가로 성장하는 시기와 맞물려 불교의 영향은 단순한 종교를 뛰어넘어 사회 사상으로 자리 잡아 큰 영향을 끼쳤다. 불교의 수용은 문화 전반의 수용과도 연결되어 이미 고도로 발달한 중국식 사찰건축의 도입으로 이어졌고, 부가적으로 건축기술의 발달에도 큰 영향을 준 것으로 평가되

---

25 劉敦楨, 앞의 책, pp.216~229

고 있다. 국가 차원에서 대규모로 조영된 사찰은 전래 과정의 차이를 반영하듯 삼국이 각기 다른 특징의 불교건축으로 발전했다.

고구려는 소수림왕 때인 372년에 중국 전진前秦의 승려 순도順道를 통해 불교를 받아들였고, 3년 후인 375년에는 최초의 사원인 성문사省門寺와 이불란사伊弗蘭寺를 세웠다. 문헌 기록이나 발굴된 유적 모두 평양에 집중되어 있는데, 지금까지 알려진 고구려의 절터는 모두 팔각형 목탑을 중심에 두고 있다는 특징이 있다. 특히, 청암리사지는 팔각형 탑지를 중심에 두고 동·서·북 방향 세 곳에 금당을 둔, 통상적으로 고구려 사찰건축의 특징으로 거론되는 '일탑삼금당식一塔三金堂式' 가람 배치의 대표 사례로 알려져 있다. 한편, 장수왕(412~491 재위)이 세운 것으로 전하는 정릉사定陵寺 터의 경우 발굴 조사 결과 팔각형 탑을 중심에 두고 동서 양 방향에 금당이 배치되어 있고, 북쪽으로는 회랑과 문을 두어 별도의 원을 구성한 것으로 조사되었다. 이 같은 모습은 보는 시각에 따라 일탑삼금당식 배치로 볼 수도 있지만, 다원식多圓式 가람 배치로 보는 견해도 있다.[26] 고구려의 사찰 유적 중 금당으로 알려진 건물지에서 실제 불상을 봉안했던 장치나 유물이 출토되지는 않아 앞으로 좀 더 폭넓은 조사를 통한 규명이 필요하다.[27]

백제에는 한성 시기인 침류왕 1년(384)에 인도의 고승 마라난타摩羅難陀가 중국 동진東晉으로부터 바다를 건너와 불교를 전하였다. 공주 천도

---

26 김동욱, 『개정 한국건축의 역사』, 서울: 기문당, 2007, pp.47~49
27 일탑삼금당식 배치법은 일제강점기에 발굴 조사에 참여한 일본인 학자에 의해 제기되었다.(米田美代治, 『朝鮮上代建築の研究』, 大阪: 秋田屋, 1944, pp.130~140) 이는 일본의 초기 사찰인 아스카데라(飛鳥寺)가 고구려의 영향을 받은 것으로 보려는 가설에서 기인한다. 아스카데라는 사각형의 탑을 중심에 두고 세 곳에 금당을 두는 삼금당 배치법을 하고 있다.(김동욱, 앞의 책, p.49)

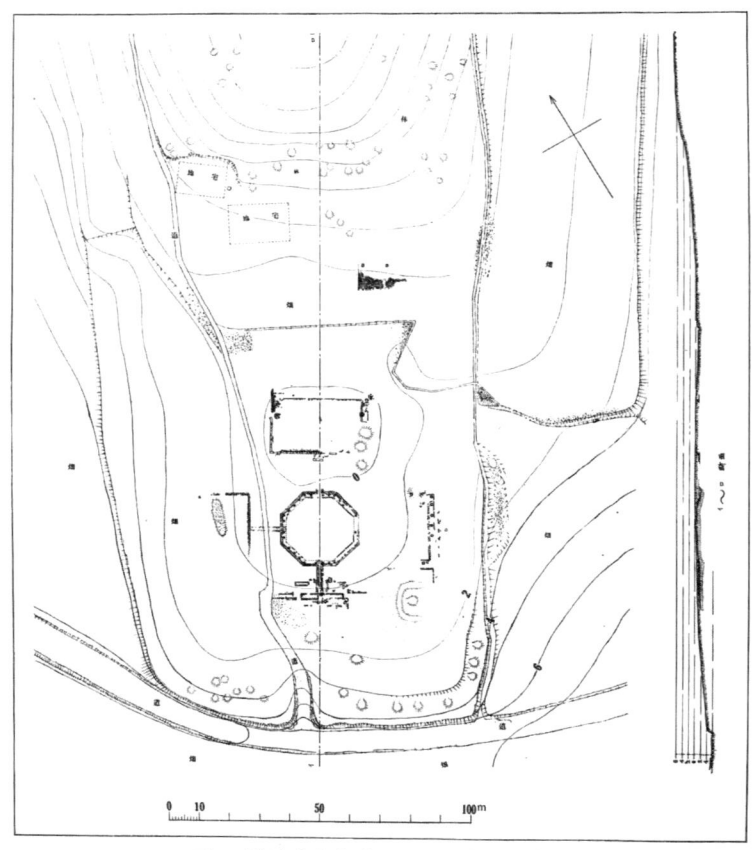

그림 8 청암리사지 발굴 조사 실측 도면(1939)

시기(475~538)에는 대통사大通寺를 창건하였고, 부여 시기(538~660)에 들어서는 수도인 부여에 금강사金剛寺 · 왕흥사王興寺 · 정림사定林寺를, 익산에는 미륵사彌勒寺를 세웠다. 왕흥사의 경우 문헌에 법왕이 600년에 건립을 시작하고 무왕이 634년에 완성하였다고 기록되어 있으나, 발굴 조사 과정에서 목탑의 청동사리합에 "정유년(577) 2월 15일 백제왕 창昌이 죽은 왕자를 위해 탑을 세우고 본래 사리 2매를 묻었을 때 신의 조화로 셋이 되었다."라고 기록되어 있어 창건 시기가 문헌보다 좀 더 이른 것으로 밝혀졌다.[28] 백제의 사찰 유적은 부여 시기의 것만 확인되는데 여러 발굴 조사의 결과를 종합해 보면 정문-탑-금당-강당이 중심축에 일자로 배치되는 공통점을 가지고 있다. 이러한 가람 배치를 '일탑일금당식一塔一金堂式' 배치로 정의하고 있다. 각 사찰마다 차이점도 확인되는데 이른 시기의 유적인 군수리사지와 능산리사지(567), 왕흥사지(577)의 경우 강당 양 옆에 종루와 경루로 추정되는 두 건물이 대칭으로 배치되어 있지만, 점차 시기가 내려갈수록 중심 사역을 벗어나 외부에 자리하는 것으로 파악되고 있다.[29] 사찰 중심의 탑이 목탑에서 석탑으로 바뀐 미륵사지와 정림사지는 백제의 사찰 중 가장 후대의 방식을 보여 준다. 익산 미륵사지는 백제를 포함한 삼국 전체에서도 보기 드문 배치법을 보여 주는데, 3개의 탑과 금당이 서로 나란히 배치되어 있어 자칫 '3탑 3금당'으로 착각할 수도 있다. 그러나 회랑의 구성과 미륵 신앙의 사상적 배경을 파악해 보면 탑과 금당이 짝을 이뤄 3개의 원이 나란히 배치된 방식, 즉 '일탑일금당 삼원식'으로 배치되었음을 알 수 있다.[30] 한편, 기존에 일반적으로 알려졌던 정문에서 시작하여 강당까지 연결되는 외곽의 회랑은 근래 진행된 발굴 조사 결과 공통적인 특징으로 꼽기는 어려운 것으로 논의되고 있다. 초기 사찰인 능산리사지와 왕흥사지는 물론 2000년대에 재발굴 조사가 진행된 정림사지에서도 금당 좌우에는 회랑이 아닌 별도의 건물이 마주 보고 배치되어 있어 회랑으로 둘러싸인 가람 배치와는 다른 것으로 조사되어, 금강사지와 미륵사지 정도

---

28 『왕흥사지 Ⅲ-목탑지 금당지 발굴 조사 보고서』, 국립부여문화재연구소, 2007, p.58
29 김동욱, 앞의 책, pp.49~54
30 김봉렬, 앞의 책, p.53

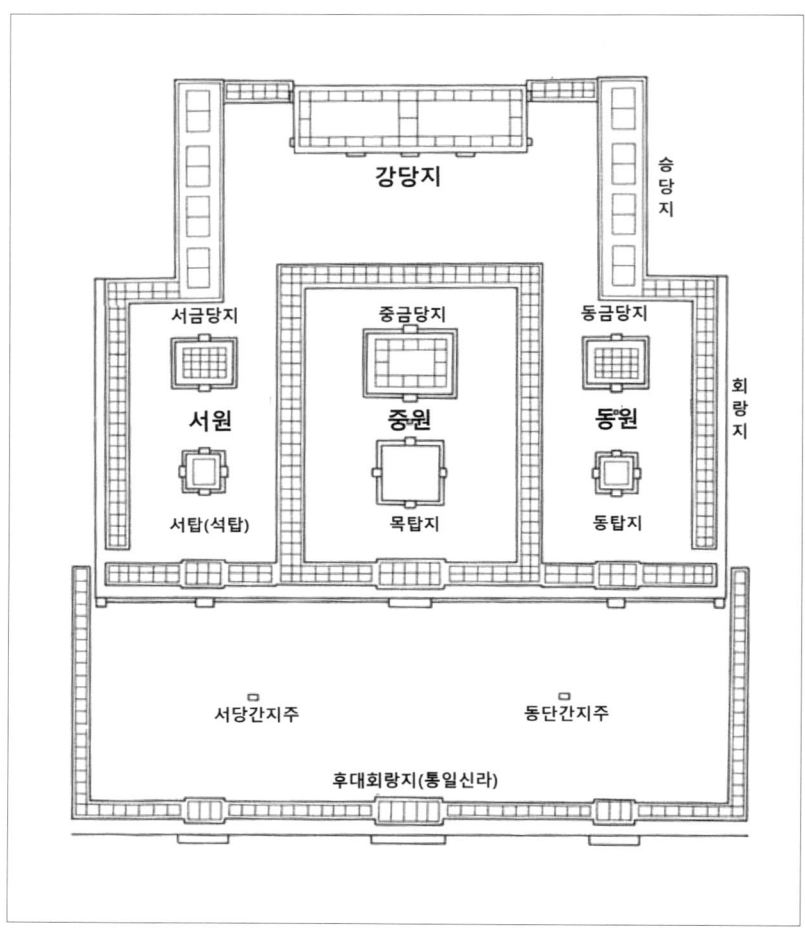

그림 9 익산 미륵사지 복원 배치도

만 회랑으로 둘러싸인 사례로 보고 있다.[31]

고구려와 백제가 왕실 차원에서 중국으로부터 불교를 적극적으로 수

---

31 김동욱, 앞의 책, pp.50~52

용한 것과는 달리, 신라는 그 수용 과정이 순탄치 않았다. 눌지마립간 (417~458 재위) 때 고구려의 승려 묵호자墨胡子(생몰년 미상)가 일선군(현 경북 구미시 선산읍)의 민가에 머물면서 포교를 시작하였으나 크게 호응을 받지는 못하였다. 법흥왕(514~540 재위) 때 와서 율령을 반포하고 국가 조직을 정비하면서, 527년에 이차돈異次頓(506~527)의 순교를 계기로 불교 공인을 선포하였다. 신라는 흥륜사興輪寺(544 완공)를 시작으로 영흥사永興寺, 황룡사皇龍寺, 기원사祇園寺(현 기림사祇林寺), 분황사芬皇寺 등을 도성인 경주에 건립하였고, 7세기 들어 신라의 영역이 확대됨에 따라 경주 외 지역에도 여러 사찰을 세웠는데, 양산의 통도사通度寺, 한산의 장의사藏義寺(현 서울 종로구 장의사지) 등이 대표적이다. 신라가 한반도를 통일하기 이전의 불교건축은 고구려, 백제와는 다르게 정형화된 가람 배치법이 보이지는 않고 각기 독특하고 다양한 배치 방식을 보여 주고 있다.[32] 황룡사의 경우 567년 창건 당시에는 탑과 금당, 강당이 중심 축 선에 배치되는 '일탑일금당'이었으나, 645년 구층 목탑이 세워지는 중창 시기에는 기존 금당 좌우에 새로운 금당이 추가되어 삼금당이 나란히 자리하는 독특한 배치가 이뤄졌다. 이후 통일신라 대에는 종루와 경루가 좌우 금당 앞쪽에 세워져 최종적으로는 탑을 중심으로 종루, 경루, 삼금당이 둘러져 있는 모습이 완성된다. 분황사의 경우 탑과 함께 건립된 초기 가람의 모습은 3개의 금당이 석탑 북쪽으로 '품品' 자형으로 배치되었고, 1차 중창 때는 창건 당시의 삼금당을 폐기하고 가운데 금당의 규모를 확대하여 '일탑일금당'의 배치가 이뤄진다. 이때 석탑 남쪽에 중문과 회랑 역시 새로 세웠다. 이후 또 한 번의 중창이 진행될 때에

---

32 김동욱, 앞의 책, pp.54, 60~66

그림 10 황룡사지 복원 추정도

는 금당의 규모를 축소하고 금당의 방향도 남향이 아니라 서향으로 바꾼 것으로 조사되었다.[33] 황룡사나 분황사와 같이 배치 방식이 크게 변하는 사례 외에도 다른 곳에서는 볼 수 없는 배치법이 확인된다. 고선사지高仙寺址의 경우 석탑과 금당, 강당이 각각 별개의 원으로 구성되는데 탑과 금당을 좌우로 나란히 배치하는 특이한 모습이다.[34]

지금까지 살펴본 고구려, 백제, 신라 삼국의 불교건축은 각기 불교의 수용 과정에 따른 독특한 가람 배치를 구현했던 것으로 보인다. 고구려와 백제는 비슷한 시기에 중국으로부터 불교를 수용하였지만, 고구려는

---

33 이왕기, 「불교의 전래와 불교건축」, 『한국건축통사』, 서울: 대한건축학회, 2014, pp.161~162
34 『고선사지 발굴조사보고서』, 문화재관리국 경주사적관리사무소, 1977, pp.75~80; 김동욱, 앞의 책, pp.84~85

북방의 유목민족 국가인 전진으로부터 불교를 수용하고 이후 북위와 문화 교류를 통해 발전시킨 반면, 백제는 남방의 동진으로부터 불교를 수용하고 이후 양梁으로부터 건축 기술자를 초빙하는 등 남조의 영향을 크게 받아, 두 나라 사이의 불교건축도 다르게 나타난 것으로 보인다. 신라의 경우 다른 두 나라에 비해 불교의 전래 시기는 늦었지만, 공인된 이후 수용 과정은 훨씬 더 적극적이었고 중국 유학승의 귀국을 통해 짧은 시기에 다양한 불교문화를 접할 수 있었다. 건축기술 측면에서는 황룡사 목탑의 건설을 위해 백제의 장인을 초빙해 오는 모습에서도 보이듯이 고구려와 백제로부터도 많은 영향을 받았기 때문에, 하나의 정형화된 배치법에 정착하지 않고 다양한 시도를 통해 나름의 배치법을 찾아 나가는 과정이 진행되었다고 볼 수 있다.

신라의 이러한 탐색은 통일이 이뤄진 후 사천왕사四天王寺를 통해 결실을 본다. 사천왕사는 679년(문무왕 19) 당나라의 침입에 부처님의 힘으로 그들을 물리치기 위해 창건한 사찰로, 처음으로 쌍탑雙塔의 가람 배치가 이뤄진 곳이다.[35] 사천왕사의 가람 배치를 보면 중앙에 금당을 두고 남쪽에는 쌍탑을 좌우로 배치하고 북쪽으로는 종루와 경루를 좌우로 배치하여 쌍탑과 함께 정방형의 배치를 이루고 있다. 그 외곽에는 회랑을 둘렀는데 금당의 좌우에도 회랑을 연결시켜 탑의 영역과 종루·경루

---

35 쌍탑식 가람 배치의 기원에 대해서는 많은 의견이 있다. 가장 대표적인 견해는 『法華經』「見寶塔品」의 석가불과 다보불을 형상화했다는 것이고(김봉렬, 앞의 책, pp.48~49), 또 다른 견해는 『華嚴經』 또는 『金光明經』의 삼신불을 금당과 쌍탑으로 구현했다는 것이다.(배진달, 『연화장세계의 도상학』, 서울: 일지사, 2009, pp.113~153; 신용철, 「통일신라 경주지역의 불탑 배치에 관한 고찰」, 『미술사논단』 31, 서울: 한국미술연구소, 2010, pp.7~28) 이외에도 최근에는 수나라의 쌍탑 배치법의 영향을 받아 등장하였다는 견해(박윤배, 앞의 글)도 제기되었다.

의 영역이 분리된 것으로 최근 발굴 조사에서 확인되었다. 쌍탑식 배치는 이후 감은사感恩寺(682)와 불국사佛國寺(751)를 거쳐 통일신라의 전형적인 가람 배치로 정착한다. 쌍탑가람의 등장은 탑의 신앙적 기능은 축소되고 불상을 봉안한 금당, 즉 불전의 의미가 커져 가는 불교건축의 변화 과정을 명확하게 보여 주고 있다.[36] 이는 중국의 수·당대 불교건축의 경향과도 일치하는 것으로, 다양한 교리의 해설을 추상적인 불탑이 아닌 사람의 형상으로 구현한 부처와 보살상을 통해 시각적인 교리 전달이 가능한 조각의 영향이 증대된 과정으로 이해할 수 있다.

통일신라시대의 불교건축 중 불국사와 석굴암石窟庵은 8세기 통일신라 불교예술의 결정체로 평가받고 있다.[37] 불국사는 산기슭의 가파른 경사지에 석축을 쌓아 넓은 부지를 조성하고 동쪽은 현 대웅전과 쌍탑, 자하문, 회랑, 무설전으로 하나의 원을 구성하고 서쪽은 극락전과 안양문, 회랑으로 별원이 구성되어 있다. 무설전 뒤편의 비로전과 관음전은 회랑 없이 담장과 석축으로 각자의 영역을 구성하고 있다. 현 대웅전 영역만 보면 감은사지 등에서 보이는 전형적인 통일신라의 쌍탑 가람 배치를 보여 주고 있다. 그러나 불국사 전체 가람 배치는 쌍탑이 배치된 대웅전 영역과 함께 주변에 각기 다른 신앙의 불전이 공존하고 있다는 점에서 그 특성을 찾을 수 있다. 이 같은 배치법은 통일신라 쌍탑 가람의 배치법이 한층 성숙하여, 다양한 신앙의 세계를 한곳에 수용하는 방법을 찾아 나가는 과정으로 평가할 수 있다. 대웅전 영역의 법화 신앙

---

36 쌍탑의 기원에 대해서는 여러 논쟁이 있는 반면에 쌍탑 등장으로 인한 탑의 상징성 축소와 불전의 부각이라는 의미에 대해서는 특별한 이견 없이 공통적으로 수용되고 있다.
37 김동욱, 앞의 책, pp.85~87; 김봉렬, 앞의 책, pp.72~79

그림 11 불국사 청운·백운교의 석조 가구식 기단

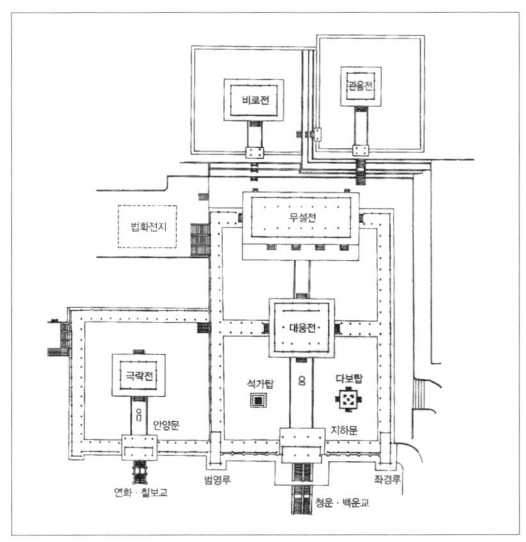

그림 12 불국사 배치도

과 극락전의 정토 신앙, 비로전의 화엄 신앙, 관음전의 관음 신앙 등 여러 신앙의 건축물이 석축의 높이 차이와 담장, 회랑 등으로 영역별 독립성을 확보하면서도, 유기적인 결합으로 연속성을 유지하는 공간 감각을 높이 평가할 수 있다. 세부적인 건축 수법에서는 익히 알려진 두 탑의 조형미는 물론, 목조 가구식 기단을 석재로 구현해 놓은 뛰어난 석조 기술력을 볼 수 있으며, 범영루와 좌경루를 돌출시켜 자칫 단순해질 수 있는 회랑 입면에 리듬감을 부여하고, 두 누각의 돌기둥에 서로 대조적인 장식성을 부여하여 대칭을 이루면서도 비대칭적인 요소를 결합한 미적 감각은 다른 곳에서 쉽게 접하기 어려운 높은 수준의 것이다.

 석굴암은 인도에서 시작하여 서역과 중국을 거쳐 들어온 석굴사원 문화를 신라만의 방식으로 재해석하여 구현하였다는 점에서 중요한 의미가 있다. 인도와 중국 등의 석굴사원은 모두 퇴적암 계열 암반에 조성하여 비교적 손쉽게 가공할 수 있는 석질이다. 반면 한반도의 기저 암반인 화강암은 퇴적암 계열보다 훨씬 더 단단하여 기계의 힘을 빌리지 않고서는 석굴을 뚫기가 사실상 불가능하다. 신라인은 이를 극복하는 방법으로 화강석을 다듬어 석실을 만들고, 위에 흙을 덮어 인공석굴을 만들었다. 이 같은 석굴 조성법은 유례없는 독창적인 접근법이다. 방형 평면의 전실과 원형의 본존불 봉안처는 좌우 대칭을 이룬 평면에서 대조적인 도형을 결합시켜 작은 규모의 석굴에 다양한 공간감을 부여했으며, 본존불 상부의 반구형 천장은 심주를 사용하여 천장 표면에 생동감을 부여함과 동시에 구조적 완성도를 높이는 역할을 하고 있어 한국 건축에 있어서 구조미構造美의 극치로 높이 평가된다.[38]

---

38 김동욱, 앞의 책, pp.88~89; 김봉렬, 앞의 책, 80~85

통일신라 때는 토착 신앙인 산악 신앙과 맞물려 여러 이름난 산에도 도성의 평지사찰과는 다른 새로운 양상의 사찰이 등장한다. 경주 최남단에 위치한 경주 원원사遠願寺, 구례 화엄사華嚴寺, 영주 부석사浮石寺, 합천 해인사海印寺, 부산 범어사梵魚寺 등이 이에 해당한다. 이 사찰들은 각기 처한 상황에 따라 다양한 배치 방식을 보여 주면서도 자연의 형세와 풍광이 사찰의 입지와 맞물려 돋보이도록 조영되었다는 공통점을 가지고 있다.

고대 일본의 불교건축

고대 한국이 중국으로부터 불교를 수용하였듯이 일본은 6세기 초 한국으로부터 불교를 받아들였고, 불교건축 역시 고대 한국의 영향으로 성립되었다. 일본 최초의 사찰은 나라현 아스카의 아스카데라(飛鳥寺, 588)로 알려져 있는데 백제의 장인이 건설한 것으로 기록되어 있다.[39] 이후 시텐노지(四天王寺, 593), 가와라데라(川原寺, 584 또는 670경), 호류지(法隆寺, 607) 등에 백제와 유사한 일탑일금당식 가람 배치가 적용되었고, 나라 야쿠시지(藥師寺, 680경), 고후쿠지(興福寺, 669)는 신라와 유사한 쌍탑 가람으로 조성되었다. 통상적으로 일본 사찰건축은 백제 장인에 의해 세워진 것으로 알려져 있으나, 호류지 금당의 벽화를 고구려 승려 담징曇徵(579~631)이 그린 것에서도 알 수 있듯이, 시기에 따라 고구려와

---

39 『日本書紀』, 「卷第廿一 用明天皇 崇峻天皇」. 아스카데라는 발굴 조사 결과 가람 배치가 방형 목탑을 중심으로 동·서·북방에 금당을 두는 일탑삼금당식으로 확인되어 평양의 청암리사지 등에서 보이는 고구려의 가람 배치와의 연관성이 주목되기도 한다.(앞의 주 27 참조.) 그러나 고구려와의 연관성이 문헌으로 확인되지는 않아 하나의 가설 정도로 논의되고 있다.

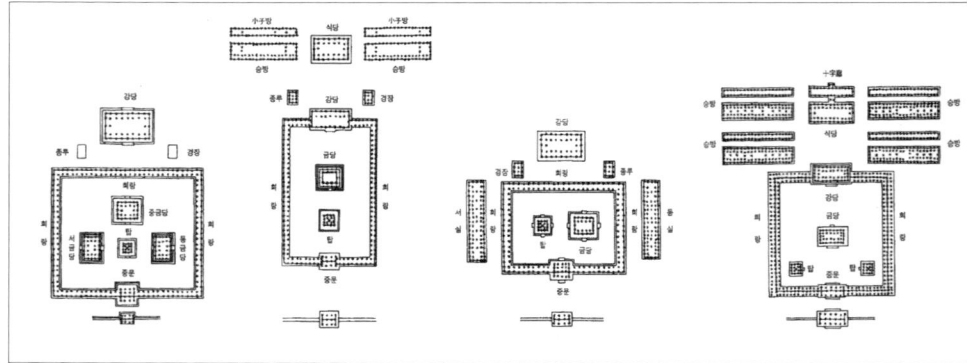

그림 13 일본 가람 배치 변천 : 아스카데라 – 시텐노지 – 호류지 – 야쿠시지

백제, 신라의 영향을 모두 받은 것으로 보고 있다. 한편, 일본에서는 불교가 전래되던 시기에 처음으로 도성의 건설도 같이 이뤄지는데, 사찰의 배치에도 큰 영향을 주었다고 보고 있다. 도성 내 구획된 대지에 사찰이 건설되면서 외곽의 경계가 중요한 역할을 하게 되었다. 이에 탑과 금당을 둘러싸고 있는 정문과 회랑 이외에도 별도로 외곽에 담장과 중문이 나타났다. 불교건축의 전래는 건축기술 측면에서도 일본에 비약적인 발전을 가져왔다. 특히 7세기 후반에서 8세기에 걸쳐서 국가 차원의 적극적인 사원 건설을 바탕으로 건축물의 대형화, 공포의 발달, 새로운 처마 구조 등장 등 이전 시대와는 다른 기술적 진보를 이루게 된다.[40]

선종사찰의 등장과 확산

선종은 불교가 동아시아에 전래된 이후 동아시아에서 가장 크게 성

---

40 後藤 治, 『日本建築史』, 東京 : 共立出版株式會社, 2003, pp.9~10, 17~18, 48~52

장한 특유의 불교문화로 평가되는데, 종파로서의 독립과 자체적인 선종사찰禪宗寺刹의 건립은 비교적 늦은 시기에 이뤄진다. 앞서 언급한『중천축사위국기원사도경』과『관중창립계단도경』에도 선禪 수행자가 모이는 별도의 원이 기록되어 있어 대규모 가람, 즉 총림에 속한 선원禪院은 일찍부터 있었던 것으로 보인다. 그러나 대규모 가람에 소속되지 않고 별도로 독립하여 선원 중심의 사찰이 발생한 것은 당대 후반이며, 제도적인 확립과 보급이 이뤄진 것은 송대에 들어서이다.[41] 선종은 6세기 초 인도에서 도래한 보리달마菩提達磨(생몰년 미상)로부터 시작하여 육조 혜능惠能(638~713)에 이르러 종파로서 시작되었다. 이후 백장 회해百丈懷海(749~814) 대에는 기존 사찰에 소속되었던 선원이 별개의 사원으로 독립하고, 율전律典 중심의 생활 규율을 벗어나 선원 자체의 규칙으로 청규淸規를 제정하게 된다. 당 말기의 사회적 혼란으로 당시의 청규와 사찰은 남아 있지 않아 구체적인 내용은 알 수 없으나, 후대 기록에 의하면 백장 회해가 세운 선원, 즉 선종사찰에는 불탑은 물론 불전조차 세우지 않고 오로지 수행을 위한 승당僧堂과 설법을 위한 법당法堂만 갖추었다고 한다.[42] 선종사찰의 전형과 틀은 남송 때 '오산십찰五山十刹'로 정비되었고, 그 모습은 〈오산십찰도五山十刹圖〉와 〈대송명람도大宋名藍圖〉에 일부 전하고 있다. 이 그림은 일본의 승려가 남송의 선종사찰 제도를 도입하기 위해 작성한 것으로 알려져 있는데, 절강성 영파의 천동사天童寺, 항주의 영은사靈隱寺 등 여러 선종사찰의 배치도와 전각 내부 모습, 각종 기물을 그

---

41 한지만,「북송대 선종사원의 가람 구성 특징에 관한 연구」,『건축역사연구』25권 3호, 서울: 한국건축역사학회, 2016, pp.47~62

42『宋高僧傳』,「唐新吳百丈山懷海傳」, "…禪門獨行 由海之始也…又令不論高下 進入僧堂…長老居方丈…不立佛殿 唯樹法堂…"(『大正藏』50, 0770c13)

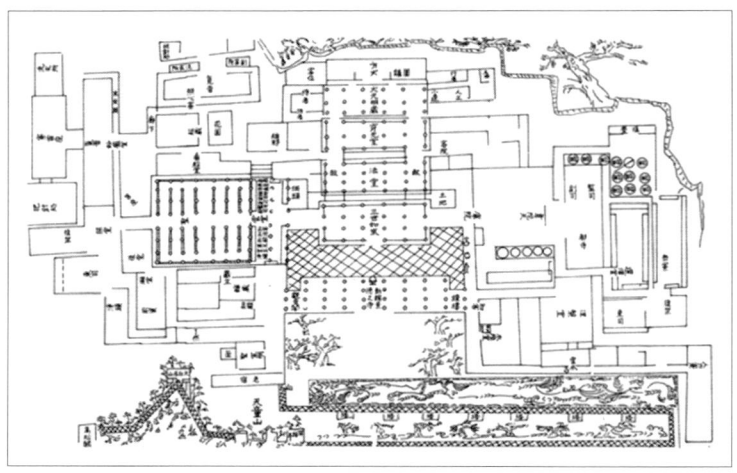

그림 14 〈대송명람도〉 중 천동사 배치도

림으로 기록한 것이다. 각 사찰마다 차이는 있지만, 큰 틀에서는 동일한 배치법을 보여 주는데, 그 특징을 살펴보면 산문山門 또는 삼문三門을 지나 불전-법당-방장方丈을 중심축에 배치하고, 그 동쪽의 고원庫園에 사찰의 사무·살림살이와 관련된 시설을 두었다. 불전의 서쪽에는 수행승의 공간인 승당을 중심으로 휴식공간인 요사寮舍 등이 배치되어 있고 그 위쪽에 조사당祖師堂을 두었다. 여기서 주목되는 부분은 백장 회해 시절에는 없던 불전의 재등장, 법당을 통한 의식공간과 설법공간의 분리, 수행자 공간 내에 승당과 요사의 분리로 인한 수행공간과 휴식공간의 구분 등이다. 이러한 제도는 한국과 일본의 선종사찰 제도에도 큰 영향을 주었다.[43]

한국과 일본의 선종 전래는 9세기 중반에 집중적으로 이뤄졌다. 840년부터 845년까지 당 무종(840~846 재위)은 전국적인 외래 종교에 대한

---

43 한지만, 앞의 글

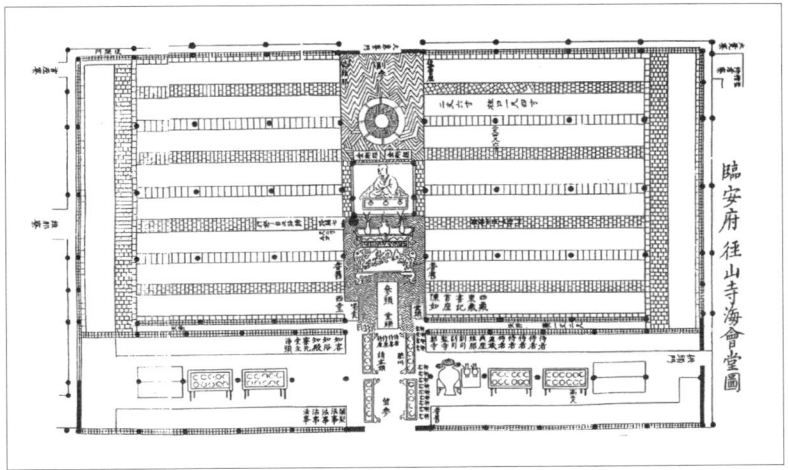

그림 15 〈대송명람도〉 중 경산사 해회당(승당)

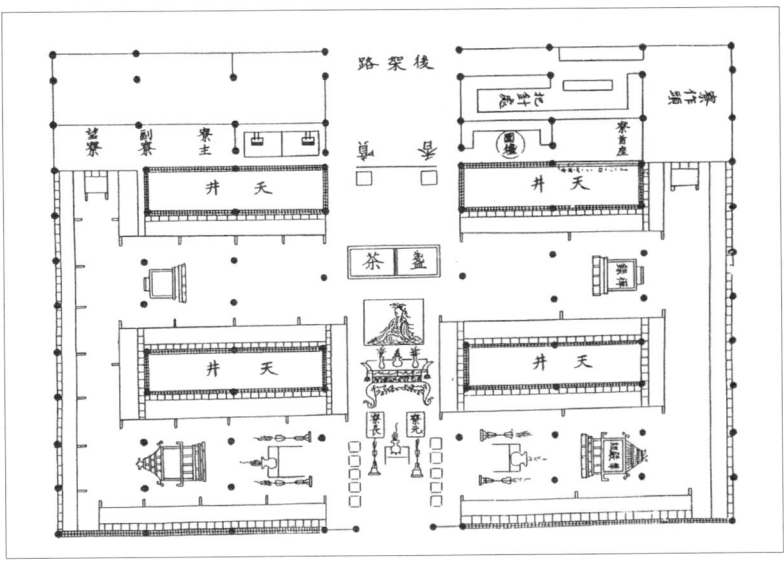

그림 16 〈대송명람도〉 중 금산사 중료(요사)

탄압을 시행하는데[44] 이를 전후로 신라의 많은 유학승이 대거 귀국하게 된다. 이 시기는 혜능에 의해 선종이 하나의 종파로 자리 잡은 후로 선종의 가르침을 받은 신라 유학승도 다수 배출되었을 때이지만, 선종사찰의 전형이 정착되지는 않은 상태였다. 즉, 당시 귀국한 많은 유학승에 의해 선종이 신라에 보급되기는 하였지만, 중국과 같은 선종사찰 제도는 접하지 못했을 것으로 보고 있다.[45] 이러한 상황에서 신라의 선종사찰은 왕실과 지방 호족의 비호 아래 기존 사찰을 그대로 물려받아 선문禪門을 개창하였다. 여기서 남원 실상사實相寺와 장흥 보림사寶林寺와 같이 선문이 개창된 사찰에도 석탑과 거대 불전이 사찰의 중심에 자리하는 배경을 엿볼 수 있다. 중국의 선종사찰 제도와 다른 신라만의 선종건축 양상은 이후 고려 대까지도 이어진다. 남송의 선종사찰 제도가 완성되는 시기에는 북방의 요, 금으로 인해 직접적인 교류는 제한적이어서 원이 남송을 멸한 14세기에 들어서야 원과의 교류를 통해 선종사찰의 제도가 도입되었다.[46]

일본은 〈오산십찰도〉와 같은 그림에서도 알 수 있듯이 바닷길을 통한 남송과의 교류로 선종사찰 제도를 적극적으로 수입하여 받아들였다.

---

44 이를 '會昌廢佛'이라 한다.
45 한지만, 『韓國高麗時代における禪宗寺院の傳來と展開』, 東京: 東京大學 博士學位, 2004, pp.43~54
46 양주 회암사가 나옹 혜근 선사에 의해 선종사찰 제도를 바탕으로 중창한 사례이다. 방장과 설법전, 불전, 승당, 요사 등 선종사찰 특유의 가람 구성법이 대거 적용되었다.(한지만, 「회암사지 日자형 건물지에 관한 연구」, 『건축역사연구』 19. n.2, 서울: 한국건축역사학회, 2010, pp.85~102; 한지만, 「회암사의 연혁과 정청·방장지에 관한 복원적 연구」, 『건축역사연구』 17, n.6, 서울: 한국건축역사학회, 2008, pp.45~68; 한지만, 「회암사지 고원 영역의 전각 배치에 대하여」, 『대한건축학회논문집 계획계』 30, n.7, 서울: 대한건축학회, 2014, pp.145~156)

이때 들어온 건축 양식을 일본에서는 선종양禪宗樣이라 부르며, 선종 가람의 필수 요소를 7당[47]으로 정리하고, 중국의 오산십찰 제도 역시 그대로 도입하였다. 대표적인 일본 선종사찰은 교토의 도후쿠지(東福寺)와 가마쿠라의 겐초지(建長寺) 등이 있다.

III. 한국 불교건축의 전개

고려시대 불교건축의 복합 기능과 다원 구성

고려는 불교를 국가 이념으로 하여 건국된 만큼 국초부터 전란으로 피폐해진 민심과 국토를 추스르기 위해 사원을 창건하고 적극적으로 후원하였다. 사회적 안정기에 들어선 11~12세기에는 왕실뿐만 아니라 개인의 원찰도 성행하였고, 팔관회八關會나 연등회燃燈會와 같은 대규모 야외 행사를 치르면서 회랑으로 한정되던 기존 공간에 대한 과감한 확장이 시도되었다. 한편, 각기 다른 여러 종파의 종지를 취합하고 조화를 이루고자 하는 교선 통합의 움직임은 다양한 교리와 기능을 한곳에서 수행할 수 있도록 다원多院화된 가람 구성을 이뤄 나갔다.[48] 다원 구성은 이 같은 교리적 통합 차원 외에도 사찰이 수행하던 사회적 복합 기능

---

[47] 사찰과 종파에 따라 차이가 있지만 일반적으로 삼문, 불전, 법당, 방장, 승당, 浴室, 東司(西淨, 화장실)를 지칭하고 있다. 7당에 대한 개념이 어디서 출발하였는가는 아직 명확히 밝혀지지 않았다. 중국의 제도를 도입했다는 의견과 일본에서 만들어 낸 제도라는 서로 상반된 견해가 제기되고 있다.(郭黛姮, 앞의 글, pp.167~169)
[48] 김동욱, 앞의 책, pp.134~141

과도 밀접한 관계가 있다.⁴⁹

고려시대 다원 구성 사례 중 원당願堂의 사례로 개성 불일사佛日寺를 들 수 있다. 이곳은 광종(949~975 재위)이 어머니 유씨의 원당으로 창건한 곳인데 크게 동·서·중앙 3개의 영역으로 구획되어 있다. 중앙 구획에는 중문과 5층 석탑, 금당, 강당이 남북축에 맞춰 배치되어 있어 일탑 일금당의 배치법이 확인된다. 서쪽 구획은 중문과 정방형 건물지, 장방형 건물지가 역시 남북 축선에 맞춰 배치되었고 외곽은 회랑이 둘려 있는데, 장방형 건물지는 진전眞殿⁵⁰으로, 그 앞의 정방형 건물지는 금당으로 추정되고 있다.⁵¹ 동쪽 구획은 영역의 담장과 일부 건물지만 확인될 뿐이다. 서쪽 구획과 중앙 구획 사이에는 남북 방향의 긴 회랑이 설치되어 있고, 서쪽 영역 앞쪽에는 담장을 두른 사리단이 설치되어 있다. 이처럼 불일사는 크게는 3개, 세부적으로는 5개의 영역이 회랑과 담장으로 나뉘어 있는데 각 영역마다 서로 다른 구성 방식이 적용되어 있다. 영역별 기능을 정리해 보면 중앙은 기본적인 사찰의 기능을 수행하는 불전 영역이고, 서쪽은 왕실의 원당 영역, 서남쪽은 조사 신앙의 사리단 영역, 동쪽은 신앙별 부불전 또는 생활공간으로 볼 수 있다. 각 영역은 회랑 또는 담장으로 구획하여, 각기 용도에 따라 다른 건축 배치법이 적용되는 고려시대 사찰의 복합성과 다원 구조를 보여 준다.

역원驛院 기능이 부여된 원관사찰⁵²도 문헌과 유적을 통해 확인되는

---

49 김봉렬, 「불교 교단의 변화와 불교건축」, 『한국건축통사』, 서울: 대한건축학회, 2014, pp.299~300
50 왕 또는 왕비의 眞影을 봉안한 건축물.
51 한용걸, 「고려 불일사의 터자리 복원에서 제기되는 몇 가지 문제」, 『조선고고연구』 3, 평양: 사회과학원 고고연구소 사회과학원출판사, 1995, pp.30~35
52 최연식, 「고려시대 院館 사찰의 출현과 변천과정」, 『이화사학연구』 52, 서울: 이화

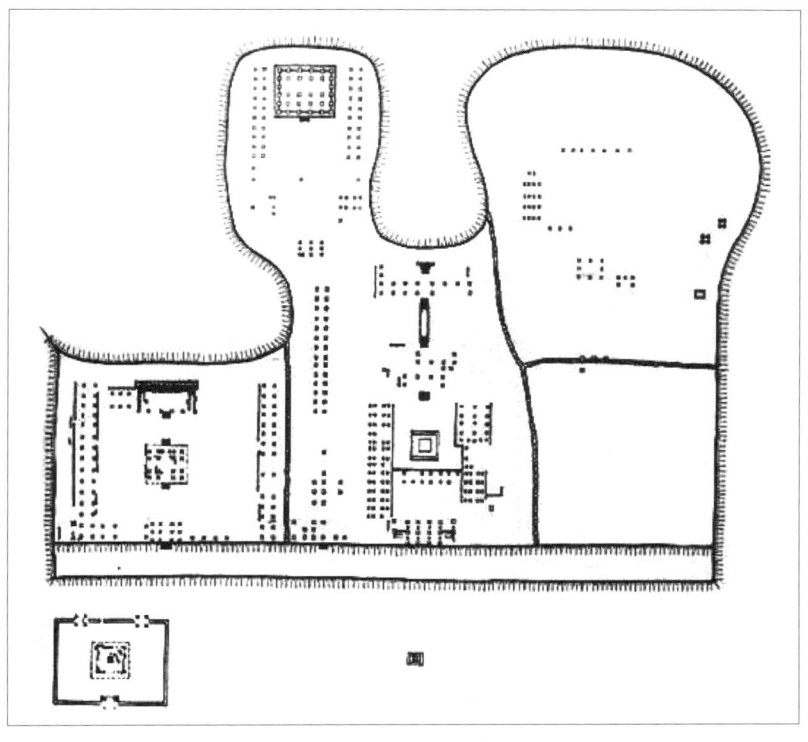

그림 17 불일사 배치도

데, 파주의 혜음원惠陰院과 충주 미륵대원彌勒大院 등이 대표적인 사례다. 고려의 중앙집권적인 역로망은 대체로 성종(재위 981~997)과 현종(재위 1009~1031) 대에 걸쳐 정비된다. 당시에 정비된 역로망은 전령이나 사신 등 공적 역할이 중심이었는데, 이곳에 사찰을 같이 설치하여 이를 유지하도록 했다. 이 같은 원관사찰들은 현종 대에 처음 출현하여 13세기 초까지 활발히 운영되었으며, 특히 수도 개경 주위와 남부 지방에서 개

사학연구소, 2016, pp.1~34

경으로 향하는 주요 도로들이 만나는 지점에서 다수 확인된다. 혜음원은 1122년(예종 17)에 남경(현 서울)과 개성을 연결하는 교통로에 설치된 원관사찰로 역원의 이름은 지명인 혜음령을 따서 혜음원이라 짓고, 전체 공사가 마무리된 뒤에 사찰의 이름은 혜음사로 정하였다고 기록되어 있다. 혜음원은 행궁 영역, 사찰 영역, 객관 영역으로 구성되어 있는데, 왕의 행차를 대비한 행궁은 처음부터 같이 설치되지는 않았고, 후대 기존 시설을 고쳐 설치한 것이다.[53] 전체적인 현황을 보면 완만한 경사지에 11단의 석축을 쌓고 건물을 배치하였는데 서쪽에는 사찰이 배치되어 있고, 동북쪽으로는 행궁 영역이 자리하고 있다. 객관 영역은 사찰과 행궁 앞쪽의 가장 낮은 지대로 추정된다. 혜음원에서 가장 주목되는 부분은 사찰 뒤편에서 사역으로 흘러들어 오는 계곡물을 단순히 배수로로 처리하지 않고, 각 단의 건축물 주변을 감싸고 흐르도록 하여 마치 각 건물이 연못 위에 떠 있는 것과 같이 보이도록 조영하였다는 점이다. 건물 주변의 배수로 시설을 보면 흐르는 물의 속도를 늦추고 일정 높이를 유지할 수 있도록 장치를 마련하고 그 옆에는 이를 감상할 수 있도록 정자亭子나 누대樓臺 같은 시설을 두었다. 이런 장치들을 통해, 혜음원을 계획하는 데 있어 객관의 휴식 기능을 얼마나 중요하게 여겼는지를 볼 수 있다. 혜음원의 사찰 영역과 행궁 영역 사이에는 윤장대輪藏臺를 설치하였던 자리가 확인되어 여행객의 간소한 의식을 위한 배려가 있었던 것으로 추정된다.[54]

고려시대에 사찰은 지방의 문화적·경제적 구심점 역할도 수행하였

---

53 『혜음원지 행궁영역 학술고증연구 보고서』, 파주시, 역사건축기술연구소, 2018, pp.117~118
54 김동욱, 앞의 책, pp.137~138

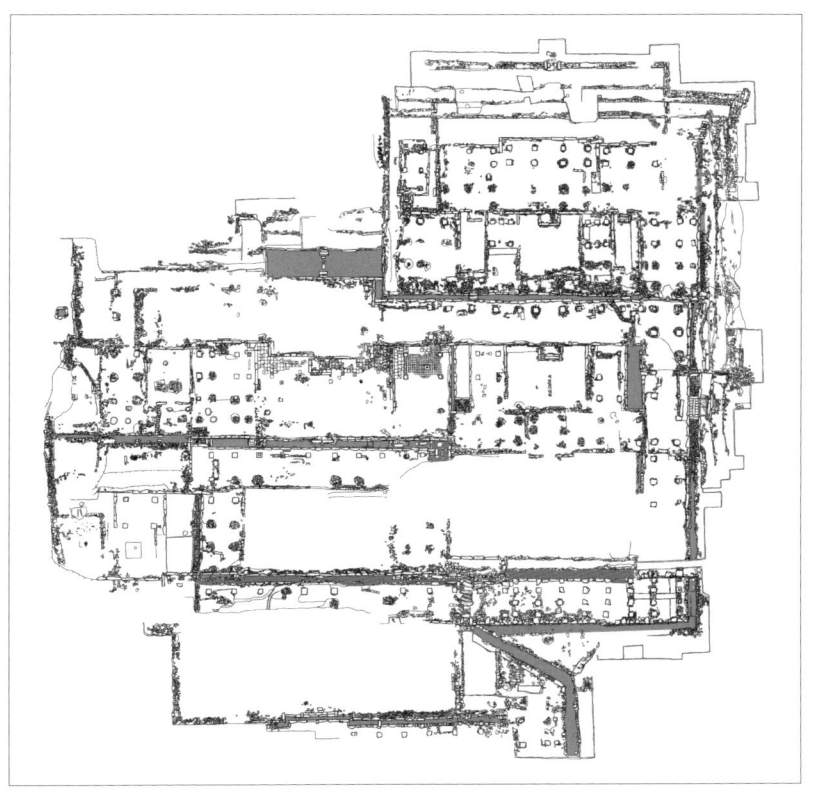

그림 18 혜음원지 발굴 유구 평면도

다. 건국 초부터 중요시 여겨진 비보사사裨補寺社는 풍수지리설에 근거를 두고 전 국토의 균형 있는 발전을 꾀하는 수단으로 활용되었고, 이렇게 설치된 사찰은 자복사資福寺라 불렸다.[55] 자복사는 기본적으로 국가의 안녕을 위해 설치한 국가기관으로, 지역 사회에서는 종교 시설 이상의 의미를 가지고 있었다. 우선 개경의 대규모 불교의식과 마찬가지로

---

55 한기문, 「고려시대 資福寺의 성립과 존재 양상」, 『민족문화논총』 49, 대구: 영남대학교 민족문화연구소, 2011, pp.279~328

지방에서도 자복사의 주관으로 국왕축수國王祝壽, 연등회燃燈會, 경행經行, 인왕반야도량仁王般若道場, 반승飯僧 등 대규모 불교의식을 치르도록 했다. 이러한 불교의식은 단순한 종교 행사를 넘어서 백성에게 공덕을 베풀고, 빈민을 구휼하는 중요한 의미를 가지고 있었다. 고려 사회에서는 경치 좋은 곳에 대형 누각樓閣을 세우고 연회를 베푸는 일이 크게 유행하였는데, 개경에는 각 귀족 가문이 경쟁하듯 누각을 세웠지만, 상대적으로 재정 여건이 좋지 못한 지방에서는 자복사를 통해 누정문화樓亭文化의 욕구를 해소하였다. 이러한 누각은 조선시대에 들어서도 자복사의 존폐와 상관없이 보존되어 관영누각官營樓閣의 역할을 수행한다. 현재는 물론이거니와 조선시대에도 풍광과 규모로 유명했던 밀양 도호부의 영남루嶺南樓는 본래 영남사嶺南寺의 부속 누각이었고, 삼척 도호부의 죽서루竹西樓는 죽장사竹藏寺의 누각이었다. 두 누각 모두 20칸 이상의 대형 누각으로 강을 끼고 절벽에 세워져, 안에서 보는 경치는 물론 외부에서 보는 누각 역시 장관인 건축물로 고려 사회에 유행한 누정문화의 일면을 보여 주고 있다.[56]

다불전과 승탑원의 형성

앞서 살펴본 다원의 구성은 고려시대 사찰의 기능 변화에 따른 건축적 대응이라 할 수 있다. 이와는 별도로 신앙적 변화에 따른 건축의 영향도 나타나는데 다불전多佛殿의 형성과 승탑원僧塔院의 구성을 대표적인 변화상으로 들 수 있다. 불교의 다양한 교리를 반영하여 한 사찰

---

56 김동욱, 앞의 책, p.141; 김봉렬, 앞의 글, pp.286~288

그림 19 영남루 전경

에 여러 불전이 다원 구조로 세워지는 모습은 불국사에서도 확인하였듯이 통일신라 때에도 나타난 현상이다. 고려 때에는 여기서 더 나아가 고대 불교건축의 규범과 같이 여겨졌던 측면의 회랑을 해체하고, 그 자리에 불전을 추가하여 여러 불전이 하나의 영역 안에 공존하는 모습이 보이기 시작한다. 보령 성주사지聖住寺址의 경우 6세기경 중창할 당시에는 중문과 탑·금당·강당이 일렬로 배치되고, 중문에서 강당까지 외곽을 회랑으로 두르는 일탑일금당식 가람 배치가 적용된 사찰이었다. 그러나 11세기경 4차 중창이 진행될 때 동쪽 회랑은 해체되고 36칸 규모(41.4×17.5m)의 삼천불전三千佛殿이 회랑 자리에 세워졌다. 성주사는 구산선문九山禪門 중 성주산문聖住山門이 열린 선종사찰로, 구산 중에서도 가장 규모가 크고 많은 선사를 배출한 곳이다. 이처럼 선종사찰에서도 회랑

그림 20 법천사지 승탑원

을 해체하고 기존의 불전 이외에 새로운 부불전을 추가하는 모습은 고려시대 불교건축의 '고대 건축 규범의 해체를 통한 공간의 확장 경향'을 단적으로 보여 주고 있다.[57]

승탑원은 승려의 사리를 봉안한 승탑을 중심으로 구성한 별도의 원을 말한다. 승탑은 통일신라 말에 등장하여 고려시대에 널리 확산되었다. 초기에는 승탑과 그의 행적을 기린 탑비만 사찰의 인근에 세웠는데 고려시대에 들어서는 승탑을 관리하기 위해 별도의 부도전浮屠殿을 같이 건축하는 방식이 일반화되었다.[58] 승탑과 탑비의 위치는 사례마다 다양하게 나타난다. 통상적으로 승탑은 사역에서 조금 떨어진 북쪽 또는 서북쪽 산기슭에 자리하고 탑비는 사찰의 경내에 위치하는 것으로 보고 있지만, 원주 법천사지法泉寺址처럼 승탑과 탑비를 나란히 붙여서 설치

---

57 김봉렬, 앞의 글, p.298
58 김봉렬, 위의 글, p.297

하는 예도 있어 특정한 규칙성을 찾기는 어렵다. 부도전은 승탑 바로 곁에 세워지는데 다수의 경우에는 부도전과 승탑의 외곽을 담장으로 구획하고 별원別院으로 구성하고 있다. 일반적으로 승탑은 선종에서 건립한다고 생각하지만, 고려시대에는 종파 구분 없이 왕사와 국사 등 일정 지위에 올랐을 경우 대부분 조성했던 것으로 보인다.[59] 승탑을 중심으로 한 승탑원이 잘 남아 있는 사례로는 원주 법천사지와 거돈사지居頓寺址, 서울 삼천사지三川寺址 등이 있다.

고려 말 회암사의 중창과 선종사찰

통일신라 말 선종사찰은 기존 사찰을 활용하기 때문에 선종사찰만의 특별한 배치법이 나타나지는 않는다고 앞에서 언급하였다. 11세기부터 교종과 선종의 통합이 논의된 고려에서는 더욱이 선종사찰의 특정한 배치법과 공간 구성이 미약할 수밖에 없었다. 이러한 상황은 12세기~13세기에 정혜결사를 통해 새로운 선풍을 진작한 보조국사 지눌知訥(1158~1210)이 주석한 수선사修禪社(현 송광사)에서도 마찬가지였다. 1221년에서 1226년 사이에 수선사의 실태를 기록한 「수선사형지기修禪社形止記」를 보면 전체 건물 중 일부만 확인되기는 하지만 식당 5칸이 기록되어 있고 내부에 미륵불이 봉안되어 있다는 기록이 있다.[60] 백장 회해대는 물론 남송 시기 선종사찰에서도 승려의 공양供養은 수행의 한 부

---

59 소재구, 『新羅下代와 高麗時代 僧塔 硏究』, 성남: 한국정신문화연구원 박사학위논문, 2002.
60 최연식, 「高麗寺院形止案의 復元과 禪宗寺院의 공간 구성 검토」, 『불교학보』 38, 서울: 한국불교연구원, 2013, pp.155~191

분으로서 승당에서 이뤄지기 때문에 식당은 설치하지 않는 것과는 다른 모습을 보여 주고 있다.[61] 「수선사형지기」와 같은 시기에 작성된 대안사(현 태안사)의 「대안사형지안大安寺形止案」에는 좀 더 많은 정보가 담겨 있는데 대안사 역시 수선사와 마찬가지로 철조약사여래좌상을 봉안한 식당이 승당과는 별도로 기록되어 있다. 그리고 승당 내에 비로자나불상을 봉안하였다고 기록되어 있는데, 중국의 선종사찰에서는 승당에 성승상聖僧像, 즉 빈두루존자상을 봉안하도록 한 것과는 차이를 보이고 있다. 이 같은 차이는 통일신라 말부터 고려 말까지 중국의 선종사찰 제도와는 다른 독자적인 방식에 따라 제도가 운영되었음을 보여 주는 것이다.[62]

남송의 선종사찰 제도가 우리나라에 실제로 적용된 것은 고려 말 혜근 나옹惠勤懶翁 스님(1320~1376)의 회암사 중창 때 처음 이뤄진 것으로 보인다. 나옹 선사는 1347년 원나라로 유학을 떠나 여러 곳에서 수행하고 1356년에는 원나라 황제 순제의 명에 의해 황실 원찰인 연경燕京(현 중국 북경)의 광제선사廣濟禪寺에 주지로 부임한다. 1358년에 연경을 떠나 귀국하였고, 1374년부터 3년간 회암사의 중창을 주도하였다.[63] 나옹 선사의 이력에서 주목할 부분은 연경의 광제선사 주지를 맡았다는 점과 얼마 후 귀국하여 회암사의 중창을 주도하였다는 점이다. 즉 중국 선종사찰의 제도를 주지로서 체험한 후에 귀국하여 전소된 회암사의 중창을 주도한 것이다. 실제로 회암사에는 기존의 사찰과는 다른 여러 모습이

---

61 한지만, 「송대 선종사원의 승당과 고원 배치 전통」, 『건축역사연구』 25, n.4, 서울: 한국건축역사학회, 2016, pp.45~56
62 김동욱, 「곡성 태안사와 순천 송광사 건물구성에 대한 고려시대 문서」, 『건축역사연구』 2, n.1, 서울: 한국건축역사학회, 1993, pp.147~152
63 『한국민족문화대백과사전』 '혜근' 항목

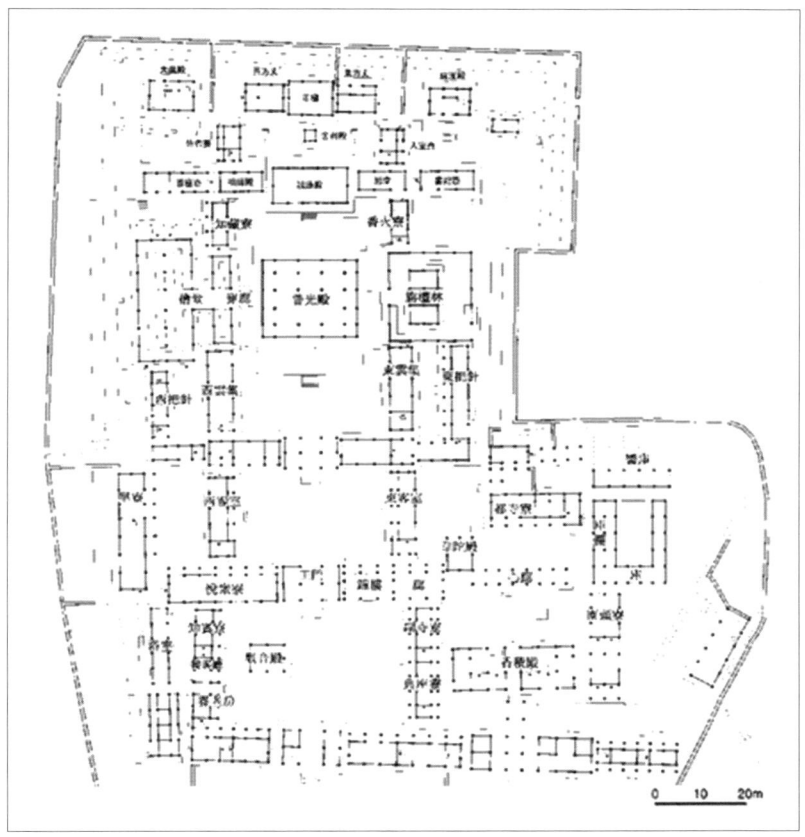

그림 21 회암사 중심 사역 나옹 중창 가람 추정 평면도(한지만, 필자 수정)

확인된다. 우선 불전의 뒤편에 설법전을 배치하고, 그 뒤쪽으로 다시 정청을 세워 '불전-법당-방장'으로 구성되는 선종사찰의 제도를 구현하였다. 불전인 보광전普光殿의 양옆에는 승당과 전단림栴檀林이라 부르는 요사가 배치되어 있는데 각 건물의 평면이 〈오산십찰도〉와 같은 그림에 전하는 남송 선종사찰의 승당과 중료(요사)의 평면과 거의 일치하고 있다. 특히, 중료의 경우 건물 내부에 중정 2개가 설치되어 있는데, 이렇게 중정을 두는 방식은 주로 덥고 습한 기후의 지역에서 많이 쓰는 방식으로 추운 겨울이 있는 우리나라에서는 생소한 건축 평면이라는 점에서 남송 선종사찰의 제도를 적극 적용하였다고 추정할 수 있다.[64] 회암사의 구성과 배치가 모두 남송의 선종사찰과 일치하는 것은 아니다. 큰 차이점을 보이는 부분은 중료의 위치로, 원래 제도에 따르면 불전의 동쪽은 고원을 구성하고 요사는 승당의 뒤편이나 아래쪽에 설치하지만, 회암사에서는 고원이 불전보다 아래쪽 단에 설치되고 승당과 요사가 대칭으로 배치되었다.[65]

회암사의 중창을 통해 새롭게 정의된 선종사찰의 배치와 구성법은 이후 조선시대에 들어 다른 사찰의 창건, 중창 과정에 큰 영향을 준다. 특히, 승당과 요사가 불전 좌우에 대칭으로 배치되는 모습은 남송 선종사찰과는 다른 모습이지만, 회암사 이후 조선시대 대부분의 사찰에서 수용한 선승양당禪僧兩堂 배치의 원형으로 볼 수 있다.

IV. 한국 불교건축의 '전통' 성립

조선 전기 불교계의 상황과 불교건축

조선 개국 초부터 성리학적 사회 질서가 완성되기 이전인 15세기의 왕실 태도와 조정의 시책을 보면, 왕실 차원의 지원과 국정 차원의 척불

---

64 한지만, 앞의 글, 2010, pp.85~102
65 여기에는 회암사가 경사지에 위치하기 때문에 생기는 단차와 부지의 협소함 때문이라는 해석이 제시되었다.(한지만, 위의 글, 2010, pp.85~102)

斥佛 정책이 공존하고 있다. 왕실 차원의 지원은 원당에 대한 후원을 명분으로 삼고 있지만, 그 이면에는 당시 공적인 척불 정책과는 별개로 사적인 종교로서의 불교에 대한 옹호가 있었다. 특히, 사십구재四十九齋와 같은 불교식 상장의례喪葬儀禮는 물론 선대의 기재忌齋에 대해서도 왕실[66]과 사대부가[67]에서 오랫동안 불교식 의례가 지속하였다. 불교의 역할이 상장의례와 왕실의 원당으로 축소됨에 따라 수륙재水陸齋와 같은 혼령을 위로하는 불교의식이 중요해지고, 능묘수호사찰을 중심으로 원당의 건립과 지원이 이뤄졌다. 조선시대 수륙재의 특징으로 꼽히는 삼단三壇 형식은 불교건축에도 큰 영향을 주었다. 삼단은 의식을 치르는 단을 상단(불보살단)·중단(신중단)·하단(영가단)으로 구성하는 것을 뜻하는데, 이를 구체적으로 가람 배치에 적용하려 시도하였다.[68] 서울 진관사津寬寺는 태조가 국가의 수륙재를 전담할 수륙사水陸寺를 창건하였는데, 그 배치에 삼단을 적용한 것으로 기록되어 있다.[69] 현재는 발굴 조사를 통해 일부만 확인되어 구체적인 전체 모습은 알 수 없지만, 고려 때 가람 배치와는 다른 요인이 등장했다는 점에서 중요한 의미를 가진다.

---

66 척불의 기조가 높아지던 세종 초에도 예조에서 '선왕과 선후의 기재를 각각 藏義寺와 津寬寺에서 올리도록 법식을 정하는 계'를 올리고 세종도 이를 수용하였다.(『세종실록』11, 3년 1월 임오)
67 주자가례의 보급과 성리학적 생활윤리가 자리 잡는 16세기 이전까지 사대부가에서도 사당을 건립하기보다는 사찰에 위패를 봉안하고 그곳에서 제사를 지내는 풍습이 일반적이었다.(김문택, 「16~17세기 안동 진성 이씨가 묘제 양상과 유학적 이념」, 『古文書硏究』26, 서울: 한국고문서학회, 2005, pp.95~112)
68 불교건축에서 三壇을 불단, 보살단, 신중단으로 이해하는 경향도 있다.(김봉건, 앞의 책, 2004, pp.23~24) 그러나 이 같은 분류법은 불교의식에 근거한 것이 아니라, 신앙 대상을 위계에 따라 임의로 구분한 것이어서 자칫 의식에서 사용하는 명칭과 혼동의 우려가 있다.
69 권근, 『陽村集』12, 「津寬寺水陸社造成記」

이 시기에 시행된 척불 정책으로 전국적으로 많은 사찰이 폐사되었는데, 특히 읍치邑治 인근의 자복사는 '경치 좋은 산에 있는 이름 있는 큰 사찰(山水勝處大伽藍)'로 대체토록 하였고,[70] 종단의 수를 인위적으로 조정하여 세종 대에는 기존의 7개 종파를 선종과 교종으로 통폐합하였다. 이 같은 조치로 고을 인근에 있는 사찰, 즉 평지에 있던 사찰들은 대부분 폐사되고 명승대찰과 그에 소속된 사찰만 존속하게 된다. 종파 폐합은 이전 고려 대에도 일부 보이던 종파 간 건축 형식의 파괴를 더욱 가속시켰고, 명승대찰 중심의 재편은 회랑의 설치를 어렵게 만들었다. 산 능선을 따라 경사지에 계단형으로 설치되는 회랑은 기술적 난이도가 높음은 물론, 재정적인 측면에서도 큰 부담을 주기 때문에 회랑을 통한 공간 구성 방식은 점차 사라지고, 영역 구분도 각 건물의 좌향坐向(방위)에 따른 앞마당의 확보 정도로 다소 느슨해지게 된다.[71]

종파 폐합은 신앙적인 측면에서 법화 신앙 중심의 재편을 가져왔다. 선종과 교종의 구분이 무의미해진 가운데 신앙 측면에서 상호 습합이 이뤄지는데, 수륙재의 바탕이 되는 법화 신앙의 경우 사경과 독송을 기반으로 대중적으로 폭넓은 지지를 받고 있었으며, 교종과 선종 모두에게 중요 경전이었다는 점에서 통합된 신앙의 중심으로 자리 잡게 된다.[72] 법화 신앙 중심의 재편은 불교건축에 있어서도 대웅전 중심의 가람 구성을 보편화시키는 계기가 된다.

15세기에 창건 또는 중창된 왕실 발원 원당 중에서 세조 대의 사찰은 기문이 충실히 남아 있어 당시의 모습을 추정할 수 있다. 묘적사妙寂

---

70 『태종실록』 14, 7년 12월 신사
71 김동욱, 앞의 책, pp.239~240
72 대한불교조계종 교육원 편, 『조계종사: 고중세편』, 서울: 조계종출판사, 2004, pp.279~281

寺(1448), 원각사圓覺寺(1465), 상원사上院寺(1466), 봉선사奉先寺(1469), 정인사正因寺(1471)가 대표적인 예인데 이들의 모습을 보면 교종사찰과 선종사찰의 특징이 같이 나타나고 있다. 사찰의 중심 건물은 모두 불전으로, 방장이나 설법전(법당)과 같은 불전보다 높은 위계의 선종 건축물은 설치하지 않았다. 대신에 불전 좌우로 상실上室을 배치하여 방장方丈과 유사한 기능을 수행토록 했다. 불전 앞마당에는 회암사의 중창 이래 한국 선종사찰의 고유 특성이 된 동서 대칭의 선당과 승당, 즉 선승양당이 설치되어 있다. 이 사찰들의 공통점 중 또 하나 중요한 부분은 모두 영역을 구분하는 회랑이 축소되어 문 옆에 동서 방향으로만 설치되었다는 점이다. 이는 경사지라는 지리적인 요인과 선승양당의 설치로 불전 측면의 영역 구분이 무의미해졌기 때문에 나타난 현상으로 보인다.[73]

16세기 들어 연산군과 중종 대를 거치면서『경국대전經國大典』의「도승조度僧條」가 폐지되어 제도적으로 더 이상 출가가 불가능해졌다. 또한 성리학적 사회 기반이 강화되어『주자가례朱子家禮』가 보급됨에 따라 상장례 중심의 신앙적 역할마저 축소되자, 불교는 존립의 근간에 위협을 받게 되었다.[74] 그나마 일시적으로 부활한 승과로 배출된 청허 휴정淸虛休靜(1520~1604)과 사명 유정四溟惟政(1544~1610) 등과 같은 인물에 의해 명맥만 유지하게 되며, 왕실 차원의 후원이 끊겨 수륙재와 같은 대규모 의식은 사라지고 민간신앙 중심의 전각 내 소규모 의식 중심으로 사찰 경영 방식이 전환된다. 이에 따라 불교건축도 변화를 모색하게

---

73 이경미,「記文으로 본 世祖연간 王室願刹의 전각평면과 가람배치」,『건축역사연구』 18, n.5, 서울: 한국건축역사학회, 2009, pp.81~100
74 김문택, 앞의 글, pp.95~112

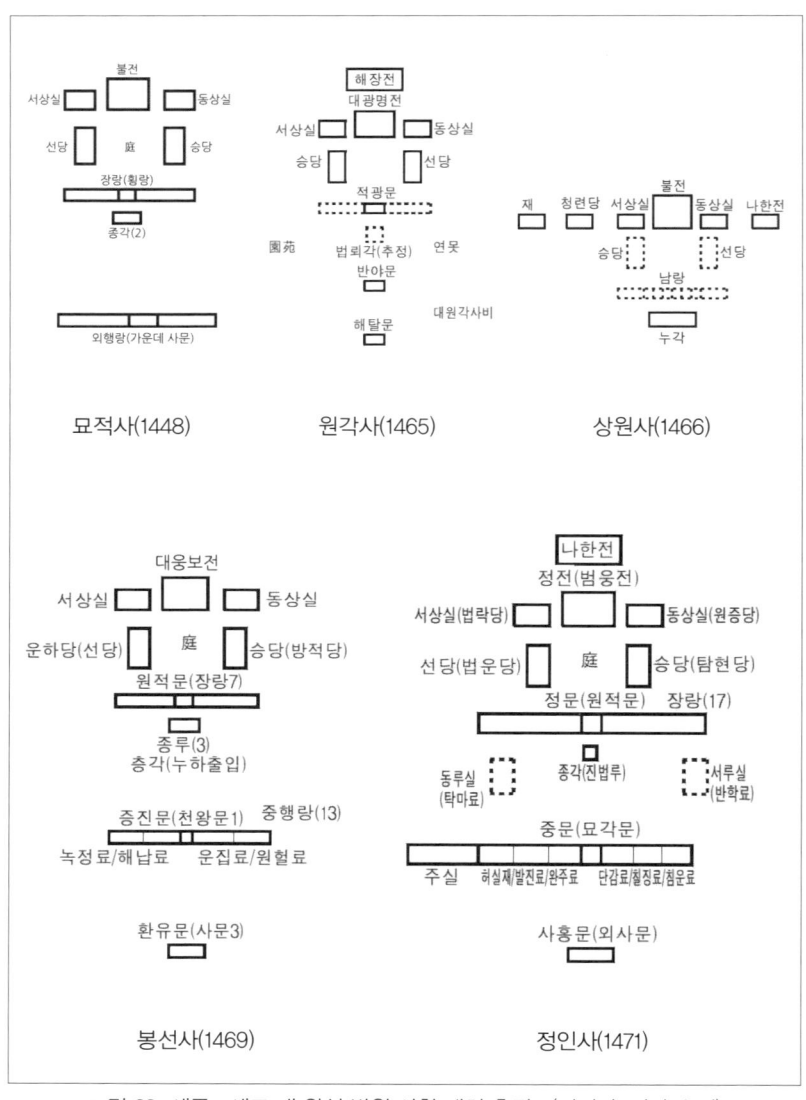

그림 22 세종~세조 대 왕실 발원 사찰 배치 추정도(이경미, 필자 수정)

그림 23 봉정사 극락전 내부   그림 24 봉정사 극락전 내부

되는데 우선 의식 규모의 축소에 따라 불전 안에서 의식을 치르게 되면서 채광과 환기가 가능한 실내 거주형 불전이 등장한다.[75] 봉정사鳳停寺에는 12세기~13세기 건축물로 추정되는 극락전과 15세기 중반과 17세기 초에 중수된 대웅전이 같이 있어 불전의 변화상을 비교하여 살펴볼 수 있다. 극락전은 전면 중앙에 문을 두고 양쪽에 작은 살창만 설치하여 실내가 어두운 감실형 금당인데, 대웅전은 전면과 측면 벽면 전체를 창호로 꾸며 실내를 밝게 하였다. 바닥도 신발을 신고 들어가는 전돌 바닥에서 벗고 들어가 바닥에 앉아 의식을 치를 수 있게 마루로 변경되었다.[76] 실내공간의 변화는 불상의 봉안과 장엄에도 영향을 주어 불상의 대좌와 광배는 불단과 후불탱으로 교체된다. 이 같은 변화는 봉정사 대

---

75 이경미, 「통치이념의 변화와 불교건축」, 『한국건축통사』, 서울: 대한건축학회, 2014, pp.424~425
76 이강근, 「17세기 불전의 장엄에 관한 연구」, 동국대학교 박사학위논문, 1994, pp.31~32

웅전뿐만 아니라 예산 수덕사修德寺 대웅전, 강진 무위사無爲寺 극락전, 홍성 고산사高山寺 대웅전과 같은 14세기~15세기 건축물에서도 동일하게 나타난다.

이 시기에 들어 또 하나의 주목되는 부분은 사세의 위축으로 건축물의 기능이 통합되었다는 점이다. 어려운 여건으로 중창이 불가능한 상황에서 의례공간과 수행공간이 통합된 사례도 있다. 일본 교토의 콘카이코묘지(金戒光明寺)에 소장되어 있는 '삼불회도三佛會圖(1573)'의 화기를 보면 "승당에 후불탱과 시왕탱, 사오로탱을 조성하여 봉안하였다."[77] 라고 하여 승려의 수행공간인 승당이 의식공간으로 사용되었음을 보여주고 있다. 이는 경제적 어려움 속에 사찰의 규모가 축소되는 상황에서 예불, 의식, 거주 기능이 통합되어 가는 모습으로 이해할 수 있다. 승당의 이러한 성격 변화는 조선 후기에 온돌의 발달과 함께 의식공간과 수행공간이 하나로 결합되는 암자건축과 대방大房건축의 전신으로 생각해 볼 수 있다.[78]

조선 후기 사찰의 재건과 중창

조선 전기 불교계의 어려움은 임진왜란 당시 승군의 활동을 기반으로 새로운 전환기를 맞이한다. 1592년에 발발한 임진왜란으로 큰 위기에 처한 선조(1567~1608 재위)는 청허 휴정을 '팔도십육종선교도총섭八道十六宗

---

77 김현정, 「조선 전반기 제2기 불화(16세기)의 도상해석학적 연구」, 『강좌미술사』 36, 서울: 한국불교미술사학회, 2011, pp.263~316

78 도윤수, 「김룡사 산내암자에 관한 연구」, 『건축역사연구』 23, n.2, 서울: 한국건축역사학회, 2014, pp.81~90

禪敎都摠攝'으로 임명하고 의승군의 도움을 요청한다. 이에 휴정은 사명 유정, 뇌묵 처영雷默處英(생몰년 미상)과 함께 의승군을 이끌고 큰 공을 세워 전후 조선 사회에서 불교가 회생할 수 있는 기반을 마련하였다. 임진왜란 이후 불교계의 회생은 건축적인 측면에서 세 가지 의미를 가지고 있다.

첫째는 대규모 중창 사업을 위한 조직과 왕실의 후원을 확보했다는 점이다. 임진왜란과 정유재란을 거치며 상당수의 사찰이 약탈과 방화로 큰 피해를 보게 되는데, 전란 당시 만들어진 승군 조직을 그대로 승단僧團과 사찰 재건을 위한 조직으로 활용하여 빠른 전후 복구를 이루게 된다. 이때 재정적 바탕은 승단 자체의 노력과 더불어 약 100여 년 만에 재개된 왕실의 공식적인 후원이었다. 왕실 후원은 일시적인 지원에 그치지 않고, 이후 원당 설치의 형태로 지속되어 조선 후기 불교건축을 유지하는 데 큰 역할을 하게 된다. 이때 재건된 사찰은 양산 통도사, 김천 직지사直指寺, 순천 송광사松廣寺, 구례 화엄사華嚴寺, 김제 금산사金山寺, 보은 법주사法住寺 등으로 지금도 조계종단의 본사로 전국에서 손꼽히는 주요 사찰이다. 이 당시 사찰의 재건은 전란으로 소실되기 이전의 모습으로 복구하는 데 초점이 맞춰져 불교의식 성행에 따른 중정형中庭形 배치와 같은 당시 선호되는 배치 방식을 시도하기보다는 기존 터를 최대한 활용하는 쪽으로 진행되었다.[79]

두 번째로 볼 부분은 불교의식에 따른 가람 배치의 정형화이다. 조선 초에 성행했던 수륙재 등의 불교의식이 임진왜란 이후 전란의 희생자들을 위로한다는 명분으로 다시 한번 성행하게 된다. 이전과의 차이점이

---

[79] 이강근, 앞의 책, pp.48~50

라면 개국 초의 수륙재는 왕실에서 주도하여 한성 인근의 강가나 넓은 들과 같은 곳에서 대규모 야외 의식으로 진행됐지만, 전란 이후의 수륙재는 지역 사회의 후원으로 의식을 사찰의 범위, 즉 사역 내에 국한하여 치렀다는 점이다. 이를 반영하듯 조선 후기의 의식집에는 각각의 절차마다 사람의 행위와 더불어 장소도 구체적으로 규정하고 있다.『진언권공眞言勸供』(1496)과 같은 조선 전기 의식집에서는 특정 건축물을 지목하지 않고 동서남북의 방위로 단의 설치 위치를 설명하고 있는데, 18세기 의식집에는 봉청의식奉請儀式 장소로서의 정문正門과 상단上壇으로서의 법당, 중단中壇으로서의 선승양당, 하단下壇으로서의 누각이나 정문이 명시되어 있다.[80] 『천지명양수륙재의범음산보집天地冥陽水陸齋儀梵音刪補集』(1739)의 수륙재 대령의식 부분을 보면 "대중들이 모두 정문에 모인다. 법당의 소종을 먼저 치고, 다음에 동쪽 선당의 소종을 치고, 그다음 서쪽 승당의 소종을 친다."[81]라고 규정하고 있어 법당을 북쪽 높은 곳에 두고 그 앞마당에 선승양당이 배치된 사찰의 모습을 볼 수 있다. 정문의 경우 두 가지 방식으로 나타나는데 하나는 마당 중앙에 위치하는 방식과 하단이 설치되는 누각을 정문으로 설정하는 방식이다. 지금은 마당 중앙의 정문은 사용상 불편함 때문에 대부분 사라졌지만, 근대 도면 자료를 보면 봉정사와 갑사甲寺 등이 마당 중앙에 정문을 별도로 설치하였던 것으로 확인된다. 누각이 의식용 정문을 겸하는 사례는 고창 선운사와 완주 화엄사, 원주 구룡사 등 많은 사찰에서 볼 수 있다. 대부분의 사

---

[80] 이용윤,「조선 후기 삼장보살도와 수륙재의식집」,『미술자료』72·73, 서울: 국립중앙박물관, 2005, pp.103~108

[81] "水陸對靈儀 法衆. 皆集於正門. 先擊法堂小鐘. 次擊東禪堂小鐘. 次擊西僧堂小鐘." 智還,『天地冥陽水陸齋儀梵音刪補集』上, 1739 도림사 간행, 동국대학교 중앙도서관 소장본

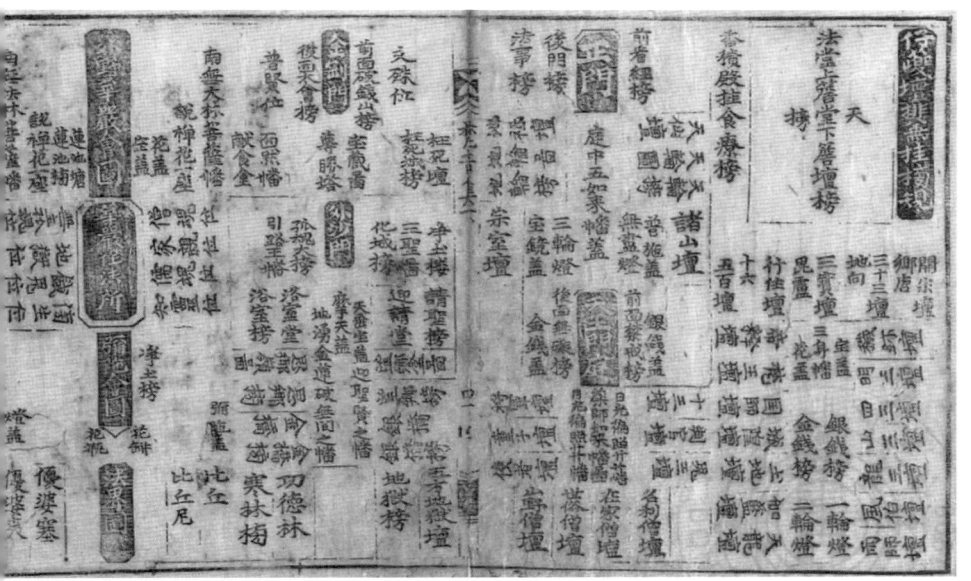

그림 25 『천지명양수륙재의범음산보집』의 삼문도해 부분

찰에서 보이는 '일주문-금강문-천왕문'과 같은 삼문三門의 진입 방식 역시 불교의식의 성행에 따라 나타난 건축 현상이다. 여러 의식집에는 행렬의 동선을 '정문-천왕문-금강문-외사문外沙門(일주문)'[82] 순으로 정하고 각각에서의 행동을 규정하고 있어 의식 진행의 필수 요소로 다루고 있다. 산사에서 삼문의 설치는 고려시대와 조선 전기에도 나타나지만, 문의 명칭과 형태·순서·봉안하는 상像 등의 체계가 확립되어 보편적으로 수용된 것은 임진왜란 이후이다.[83]

마지막 세 번째로 주목하는 부분은 계契 조직의 발달에 따른 암자와

82　智還, 『天地冥陽水陸齋儀梵音刪補集』 下, 1739 도림사 간행, 동국대학교 중앙도서관 소장본
83　서치상, 「불교건축의 변화와 기독교 건축의 전재」, 『한국건축통사』, 서울: 대한건축학회, 2014, pp.529~539

대방건축의 확산이다. 조선시대 사찰계는 16세기 중반부터 20세기 초까지 다양한 목적을 가지고 결성되는데, 그중에서도 18세기 이후 전국적으로 확산되는 염불계念佛契는 독특한 신행 활동으로 건축에도 큰 영향을 끼친다. 만일회萬日會라고도 불리는 염불계는 일정 기간 대중이 모여 집단적으로 염불수행을 하는 방식으로 진행되는데 이를 위하여 대규모 인원의 실내 집회공간이 요구되고, 이에 부합한 대형 온돌방 중심의 건축물이 등장하게 된다. 이러한 대형 온돌방을 대방 또는 대중방大衆房이라 부른다. 염불계가 성행하기 이전부터 있었던 기존 사찰은 장기간 진행되는 염불계를 사찰 내 승당이나 선당에서 수용하기에 여러 불편이 따랐기에 대부분 대방을 갖춘 산내 암자를 통해 수용하였다. 이 시기 산내 암자는 건축 형태로 보면 불전과 요사가 분리되어 있는 사찰형 암자와 의식과 수행, 주거가 한 건축물에 통합되어 있는 승당형 암자로 구분된다. 승당형 암자의 경우에는 대부분 수행 목적으로 창건된 소규모 거처에서 출발하지만 염불계와 같은 대중의 집회와 집단 수행이 성행하면서 대방을 중심으로 다수가 거주하는 형태로 확장되었다.[84] 해인사의 홍제암弘濟庵과 김룡사金龍寺의 대성암大成庵 등이 대표적인 사례이다. 전국의 모든 사찰이 암자를 통해 대중의 실내 집회공간을 해결하지는 못했다. 특히, 서울과 경기 지역의 소규모 신흥 사찰의 경우 지방의 사찰보다 영유하고 있는 사역이 좁고 별도의 암자를 운영할 만한 여건이 되지 않아 사찰 경내에 대방을 갖춘 건축물을 마련하였다.[85] 이를 일반적으로 대방건축이라고 부르는데 그 위치는 보통 누각

---

84 도윤수, 「17~19세기 김룡사의 佛事 관련 기록물 현황과 營建활동」, 『건축역사연구』 22, n.5, 2013, pp.7~22; 도윤수, 앞의 글, 2014, pp.81~90
85 김성도, 「朝鮮時代末과 20世紀 前半期의 寺刹 建築 特性에 關한 硏究: 서울·경

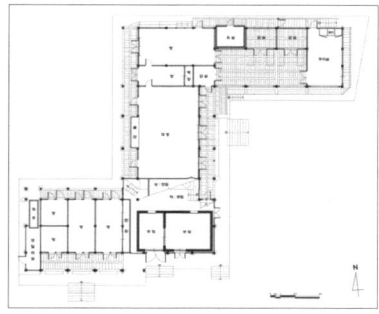

그림 26 문경 김룡사 대성암 전경과 평면도

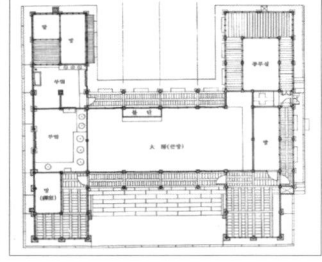

그림 27 서울 흥천사 대방 일제강점기 전경과 평면도

이 세워지던 불전 전면인 경우가 많다. 불전 전면의 누각은 17세기~18세기 야외 불교의식에 있어서는 중요한 역할을 하였지만, 19세기 들어 수륙재와 같은 야외 의식은 줄어들고 염불계와 같은 실내 집회가 급증하자 건물의 활용도가 떨어지게 된다. 협소한 경내를 가진 소규모 신흥 사찰에서는 결국 누각을 대신하여 대방과 누마루를 결합한 복합 기능의 건축을 선택하여 서울·경기 지역의 독특한 대방건축 문화를 만들어

기 일원의 佛殿을 중심으로」, 고려대학교 박사학위논문, 1990; 손신영, 「19世紀 佛敎建築의 硏究: 서울·경기 지역을 중심으로」, 동국대학교 박사학위논문, 2007

냈다. 대표적인 사례로는 남양주 흥국사興國寺, 고양 흥국사興國寺, 서울 흥천사興天寺, 서울 화계사華溪寺의 대방이 있다.

한국 불교건축의 전통성과 현대 불교건축의 과제

지금까지 약 2천 년 동안의 불교건축을 발생과 전래, 변화 과정을 중심으로 개괄적으로 살펴보았다. 여기서는 한국 불교건축의 기원적 의미를 파악하기 위해 시대별 큰 변화상만 다루었기 때문에 많은 중요한 이야기가 빠져 있다. 예를 들면 불전의 장엄이 가지는 상징성이나 한국 건축사에 있어서 불교건축의 의미, 승려 장인의 활동, 조선 후기 승단의 문중문화와 요사의 변화, 산신각과 칠성각 같은 토속 신앙의 수용 등은 교리적 해석의 난해함과 방대한 탐색 과정이 요구되어 여기서는 불가피하게 다루지 못하였다. 그러나 한국 불교건축의 큰 맥락은 어느 정도 정리되었다고 생각된다. 이 같이 불교건축의 흐름을 중심으로 살펴보는 이유는 불교건축의 근간을 되짚어 봄으로써 지금의 불교건축을 진단하는 데 도움이 될 거라는 판단에서다.

한국 불교건축은 인도와 서역의 불교건축이 중국에서 재정립된 이후 전래되었기 때문에 고대에는 중국의 불교건축과 많은 연관성을 살펴볼 수 있었으며, 통일신라 이후에는 독자적인 교리 이해와 고도의 기술력을 바탕으로 고유의 불교건축을 완성하였다. 고려에서는 사회 전반에 걸친 불교의 영향력으로 다양한 형태의 사원이 공존하였고, 조사 신앙의 발달로 승탑원을 구성하는 독특한 건축문화를 볼 수 있었다. 고려 말 나옹 혜근 선사에 의해 소개된 선종사찰의 제도는 이후 조선시대 전반에 걸쳐 하나의 규범처럼 받아들여져 법당, 선당, 승당이 중심 사역의 기본 틀로 자리하였다. 조선시대에는 성리학 기반 사회에서 큰 어려움을 겪지만, 승단의 결집과 자구의 노력으로 새로운 건축문화를 만들어

내었다. '법당-선승양당(요사)-정문(누각)'으로 구성되는 중정형 배치와 '일주문-금강문(또는 회전문, 불이문 등)-천왕문'으로 이어지는 삼문 배치, 대규모 실내 집회를 위한 대방과 같이 오늘날 사찰건축의 필수 요소로 인식되는 건축문화는 모두 불교계가 가장 어려웠을 때 일구어 낸 성과이다.

현대 사회에 들어서 불교건축은 커다란 전환기에 놓여 있다. 불교건축은 일방적인 서구 건축기술을 바탕으로 이루어진 현대 사회에서 실제 사용자가 영유하고 지속적으로 유지하고 있다는 측면에서 사실상 유일한 한국의 전통건축으로 평가받고 있다. 최근 유네스코 세계유산에 등재된 '산사-한국의 산지 승원'도 오늘날까지 유지된 유무형의 문화적 전통이 살아 있는 불교문화라는 점에서 높이 평가받아 이뤄 낸 성과이다. 그러나 한편으로는 과거의 만들어진 건축물과 새로 지은 건축물의 부조화가 심각하게 논란이 되기도 하며, 21세기에 비경제적인 옛 방식만 고수한다는 일부의 비평도 제기되고 있다. 현대 불교건축은 전통성을 유지하면서도 현대 건축의 편의성과 기능성을 갖출 방안을 찾고 있는 과도기에 놓여 있다. 이에 대한 해답은 시대마다 요구되는 가치가 다르기 때문에 단번에 도출할 수 있는 성질의 것은 아니지만, 과거에 이뤄 놓은 전통을 존중하고 배려하는, 과거와 현재의 공존을 도모하는 균형 감각을 지향한다면 좀 더 합리적인 해답에 도달할 수 있을 거라 생각된다.

| 참고문헌 |

김동욱, 『개정 한국건축의 역사』, 기문당, 2007.
김봉렬, 『불교건축』, 솔, 2004.
대한건축학회 편, 『한국건축사』, 대한건축학회, 2014.
대한불교조계종 교육원 편, 『조계종사: 고중세편』, 조계종출판사, 2004.
디트리히 재켈 저, 이주형 역, 『불교미술』, 예경, 2002.
樓慶西 저, 한동수 역, 『중국의 고대건축』, 혜안, 2004.
劉敦楨 저, 한동수 외 2인 역, 『中國古代建築史』, 세진사, 1995.
張十慶, 『五山十刹圖與南宋江南禪寺』, 東南大學出版社, 2000.

後藤 治, 『日本建築史』, 共立出版株式會社, 2003.

도판 출처

그림 1 좌: *SANCHI*, Archaeological Survey Of India, 2001, p.90.
　　　 우: en.wikipedia.org/wiki/Sanchi
그림 2, 3 en.wikipedia.org/wiki/Bhaja
그림 4 en.wikipedia.org/wiki/Ajanta
그림 5 en.wikipedia.org/wiki/Yungang_Grottoes, McKay Savage from London, UK.

그림 6 『大正藏』45, 0819a11-0819a11

그림 7 좌: 한양대학교 동아시아건축역사연구실 제공(한동수 촬영).
　　　　우: 『중국 산서성의 고건축-자료편』, 대전: 국립문화재연구소, 2007.

그림 8 『昭和十三年度古蹟調査報告』, 朝鮮古蹟研究會, 1940.

그림 10 경주시 제공.

그림 12 김동욱, 『개정 한국건축의 역사』, 서울: 기문당, 2007(필자 수정).

그림 13 太田博太郎 저, 박언곤 역, 『일본건축사』, 서울: 발언, 1994(필자 수정).

그림 14, 15, 16 張十慶, 『五山十刹圖與南宋江南禪寺』, 東南大學出版社, 2000.

그림 17 『조선유적유물도감』, 평양: 조선유적유물도감편찬위원회, 1988(필자 수정).

그림 18 파주시 제공.

그림 26 한양대학교 동아시아건축역사연구실 제공.

그림 27 『성 베네딕도 상트 오틸리엔 수도원 소장 서울사진』, 서울역사박물관, 2014; 『흥천사 실측조사보고서』, 서울특별시, 1988.

문화와 의례

의례집

김지연

I. 의례집의 기원

　　의례의 정비/ 율장과 청규

II. 동아시아 의례집의 성립과 전개

　　중국의 '재齋'와 의례집/ 신라 의례와 일본의 강식講式

III. 신라~조선 전기 의례집의 수용

　　예경과 참회 의례집/ 밀교 의례집

IV. 조선 후기~근대 의례집의 변형

　　민간 의례집의 성행/ 다양화와 집성/ 종합 의례집의 탄생

■ 의례집, 의례의 역사를 담다

I. 의례집의 기원

의례의 정비

　인류의 시작과 함께 의례는 질병의 치료, 재앙의 퇴치, 수렵이나 농경의 풍요 등, 그 목적에 따라 다양한 형태로 설행되었다. 처음에는 일정하지 않은 간단한 형태였으나, 동일한 행위들이 반복되면서 의례의 형식과 내용에 일정한 틀이 형성되었다. 하지만 부족과 같은 소규모 공동체에서 국가로 집단의 단위가 확장되면서 점차 의례의 규모가 커지고 절차도 복잡해졌으므로, 의례의 순서, 각 절차의 내용, 사용되는 도구 등을 규정하게 되었다. 의례의 법식은 처음에는 의례를 주관하는 제사장과 같은 특정 인물들의 기억으로 전승되었지만, 문자를 사용하여 활자화하기 시작하면서 책의 형태, 즉 의례집으로 만들어지게 되었다.
　의례집에는 의례의 시작부터 끝까지 하나하나 모두 기록되어 있어서 의례를 설행할 때 반드시 필요하다. 의례는 불보살에게 예경을 올리거나 죽은 고혼을 달래는 등의 실행 목적에 따라 구성과 내용이 다르기 때문에, 의례집 역시 각각의 의례에 맞춰서 고유한 형태로 제작된다. 따라서 의례의 종류가 다양한 만큼 의례집의 종류 역시 다양하다. 더욱이 의례집은 작성자의 성향이나 목적에 따라 글로만 서사하거나 글과 함께 의례의 모습을 그림으로 묘사하는 등의 형식적 차이도 나타나므로, 동일한 의례에 대해 여러 유형의 의례집이 존재한다.
　이와 같이 의례집은 의례와 관련된 모든 것을 기록의 형태로 보존하고 있기 때문에 의례를 연구하는 데 있어 매우 중요한 자료가 된다. 의례는 시대별·지역별로 설행되는 형태가 변하기도 하고 소실되는 경우도 있어서, 현재는 본래 의례와는 다르게 행해지고 있거나 그 모습을 찾아볼 수 없는 의례도 있다. 그러나 의례집에는 당시 시행되던 의례의 모습이 그대로 보존되어 있기 때문에, 현재 의례들의 원형을 파악할 수 있고, 시간이 흐르면서 어떤 방식으로 변화했는지를 확인할 수 있다. 예를 들어 사십구재와 같이 죽은 사람을 위한 의례는 오랜 시간 동안 지속되었는데, 고려시대나 조선시대의 의례집을 본다면 21세기에 행해지는 형태와 어떤 면에서 동일하고 어떤 면에서 차이가 나는지 확인할 수 있다. 그리고 차이점을 통해 당시 불교계의 상황이나 특성을 파악할 수도 있다. 또한 장소에 따라, 그 지역의 특성의 영향을 어떻게 받았고 어떻게 변형되었는지도 살펴볼 수 있다. 동일한 의례에 대해 중국과 한국의 의례집에 차이가 있는 점은 이것을 입증해 준다.

의례집은 단순히 의례의 절차나 내용만을 기록하고 있는 책이 아니다. 그 안에는 의례와 관련된 불교의 사상과 당시의 시대적인 환경을 모두 담고 있어서 역사적이고 사상적인 측면에서도 매우 귀중한 존재이다. 그러므로 기원전 인도로 거슬러 올라가서 의례집의 유래를 알아보고, 중국과 한국 및 일본과 한국의 연관성을 파악해 보려고 한다. 그리고 신라시대부터 근대에 이르기까지 의례집의 역사가 어떻게 이루어졌는지를 고찰해 보려고 한다.

율장과 청규

'의례'에는 다양한 의미가 있지만, 그 가운데에서 "엄격한 절차에 따라 반복적으로 행해지는 상징적 혹은 준상징적 행위"[1]로 정의한다면, 불교에서도 승려들의 집단, 즉 승단이 형성되면서 만들어진 법식으로부터 불교의례의 기원을 찾을 수 있을 것이다. 불교 교단에서 최초로 실행된 의례는 갈마羯磨(karman)라고 할 수 있다. 갈마는 승가에서 의사결정을 위해 열리는 회의나 회의법을 말하지만, 넓은 의미에서는 승가에서 실행하는 각종 의식을 가리키기도 한다. 갈마를 수행하는 방법은 율장에 자세하게 기록되어 있으므로, 최초의 불교의례집은 율장으로 볼 수 있다.

갈마가 '회의법'을 의미하는 경우의 예로는 백사 갈마를 들 수 있는데, 회의를 진행하는 사회자 역할의 갈마사가 회의 안건(白)을 제시한 후 찬성과 반대를 세 번 묻는 방법이다. 다음으로 갈마가 의식을 나타내는 경우로는 보름(매달 1일과 15일)마다 한자리에 모여 자신과 타인의 계를 어긴(犯戒) 행위를 확인하며 승가의 청정을 다지는 포살布薩(uposatha) 갈마, 안거安居 마지막 날에 구성원이 모여 안거 기간 동안의 계를 어긴 여부를 확인하는 자자自恣(pavāraṇā) 갈마가 있다. 만약 계를 어긴 자가 있다면 그에게 징계를 할지의 여부와 징계 내용을 결정하기 위해 징벌 갈마를 한다. 이 외에도 출가자가 사미, 사미니를 거쳐 각각 비구, 비구니가 될 때 거쳐야 하는 의례인 구족계具足戒 갈마 등이 있다.[2] 이처럼 갈마는 율장에 규정된 일정한 형식과 절차에 따라 시행되었다.

율장은 승단의 규율을 제시한 것이기 때문에 그 원형은 변하지 않는다. 하지만 시간이 흐르면서 불교 교단의 형세가 확장되어 여러 지역으로 불교가 전파됨에 따라, 지역별로 규정에 변화가 필요하게 되었다. 또

---

[1] 김종명, 『한국 중세의 불교 의례』, 서울: 문학과 지성사, 2001, p.41
[2] 이자랑, 「갈마」, 『테마 한국불교 5』, 서울: 동국대학교출판부, 2017, pp.322~326 참조.

한 다시 지역과 사상의 차이에 따라 분파가 진행되면서 각각의 성향에 따라 기본 규율에서 변경 사항들이 나타나게 되었다. 중국에서 번역된 율장들을 보면, 설일체유부의 『십송률十誦律』, 법장부의 『사분율四分律』, 대중부의 『마하승기율摩訶僧祇律』, 화지부의 『오분율五分律』 등이 있는데, 이는 각각의 부파들이 자신들의 사상적인 이념과 환경에 따라 본래 율장을 토대로 각각의 율장을 만들어 그것을 기준으로 하였음을 보여 준다. 인도에서 중국으로 넘어온 율장들은 한반도로 전래되었는데, 중국에서 이미 번역되었기 때문에 신라에서는 율장을 해석하는 주석서들이 많이 저술되었다. 지명智明의 『사분율갈마기四分律羯磨記』 1권, 자장慈藏 (590~658)의 『사분율갈마사기四分律羯磨私記』 1권, 『십송률목차기十誦律目次記』 1권, 원승圓勝의 『사분율갈마기』 2권, 『사분율목차기四分律木叉記』 1권, 지인智仁의 『사분율초기四分律抄記』 10권, 둔륜遁倫의 『사분율결문四分律決問』 2권, 경흥憬興의 『사분율갈마기』 1권, 『사분율습비니요四分律拾毗尼要』 3권 등이 있다.[3] 신라시대의 주석서들을 본다면 자장의 『십송률목차기』를 제외하고는 모두 법장부의 『사분율』을 해설하고 있어서, 신라 불교에서는 『사분율』이 계본의 중심에 놓여 있음을 알 수 있다.

인도로부터 중국으로 불교가 유입된 초기에는 아직 의례의 틀이 잡혀 있지 않았다. 이에 대해 늑나삼장勒那三藏은 『칠종예법七種禮法』을 지어 예법을 바로잡으려고 하였다. 이 문헌은 현존하지 않지만, 도선道宣 (596~667)의 『석문귀경의釋門歸敬儀』, 도세道世(?~668?)의 『법원주림法苑珠林』, 종밀宗密의 『원각경초圓覺經抄』, 연수延壽의 『종경록宗鏡錄』에 인용되어 있어 『칠종예법』의 일부를 확인할 수 있다. 또한 지엄智儼(602~668)도

---

3 이자랑, 앞의 책, pp.341~342

『공목장孔目章』과 『화엄공양십문의식華嚴供養十門儀式』에서 『칠종예법』을 참고한 것으로 보인다.[4] '칠종예법'은 아만의 마음을 다스리는 예(아만교심례我慢憍心禮), 이理와 지智가 둘이 아닌 하나가 되는 예(창화구명례唱和求名禮), 몸과 마음으로 공경하는 예(신심공경례身心恭敬禮), 지혜를 발현하여 청정하게 하는 예(발지청정례發智清淨禮), 법계의 이치를 깨달아서 일불一佛을 예경할 때 모두에게 통하는 예(편입법계례編入法界禮), 자기 자신에게 있는 불성을 돌아보는 예(정관례正觀禮), 불법승 삼보가 자自와 타他가 평등한 예(실상평등례實相平等禮)이다.

칠종예법의 배열을 살펴보면, 예라고 부르기 부족하고, 이름뿐인 첫 번째와 두 번째 예에서 시작해서, 지혜를 동반하지 않는 세 번째 예로 가고, 네 번째와 다섯 번째 예에서는 법신과 자신의 신심 관계를 강조하고, 여섯 번째에서는 다름 아닌 자신의 불성에 예를 올려야 한다고 한다. 그리고 일곱 번째 예에 이르면 자타의 대립을 버려야 하고 부처를 예의 대상으로 보는 것이 잘못이라고까지 단언하며, 이런 대담한 주장에 대해 비난하는 범부가 있을 것이라고 덧붙인다. 말하자면 형식뿐인 삿된 예에서 시작해서 지혜를 동반하지 않는 믿음(信)뿐인 예로 가고, 여래장 사상에 근거한 예를 거쳐서, 능과 소를 떠난 무상평등한 예에 도달하는 것이다.[5]

이미 알려진 사실이지만, 불교는 인도에서 중국으로 넘어오면서 많은 변화를 겪는다. 특히 환경적인 면에서 인도와 중국의 차이는 승단의 거주 형태를 바꾸어 놓았다. 인도의 경우도 물론 후대로 갈수록 정착

---

[4] 이시이 코세이 저, 김천학 역, 『화엄사상의 연구』, 서울: 민족사, 2020, pp.739~740 참조.
[5] 이시이 코세이 저, 김천학 역, 위의 책, 2020, pp.741~742

하는 경향이 짙게 나타나지만, 초기에는 이동하면서 마을과 떨어진 조용한 장소에 머물며 수행을 하였다. 하지만 여름에는 비가 많이 내려 움직이기가 쉽지 않았으므로 일정 기간 동안은 한곳에 머무르며 생활하였다. 중국에서는 출가자들이 사찰이라는 특정 장소에 머무르며 정착하는 생활을 하였고, 기후의 차이로 인해 여름뿐만이 아니라 겨울에도 안거하게 되었다. 이와 같이 여러 가지 측면에서 변화가 일어나면서 이전에는 없던 새로운 규정들이 생겨나게 되어, 본래의 율장을 따르면서도 새롭게 '청규'라는 규범이 등장하게 되었다. 이에 사원생활을 하면서 지켜야 하는 규율과 사원생활에서 필요한 의례법 등도 새롭게 편찬되었다. 도안道安의 『승니궤범僧尼軌範』, 도세의 『법원주림』, 백장 회해百丈懷海의 『백장청규』, 자각 종색慈覺宗賾의 『선원청규』 등이 대표적이다.

II. 동아시아 의례집의 성립과 전개

중국의 '재齋'와 의례집

중국에서 행해진 의례에는 상원연등회上元燃燈會, 불탄일법회佛誕日法會, 성도회成道會, 열반회涅槃會, 우란분회盂蘭盆會, 절일법회節日法會, 기일법회忌日法會, 무차대회無遮大會, 불아공양법회佛牙供養法會, 팔관재회八關齋會, 강경법회講經法會, 예수재豫修齋 등이 있다. 이 명칭들을 보면 의례에는 '회會'나 '재齋'라는 말이 포함되어 있다. 이 가운데 '수륙재水陸齋'인 '무차대회', '팔관재회', '예수재'의 '재(upoṣaṇa; upoṣadha)'는 본래 '깨끗함(清淨)'을 의미한다. 이 청정함을 유지하기 위해 가장 기본적으로 계율을 지켜야 하는데, 그중에는 정해진 시간 이후, 즉 정오가 지나면 식사를 하지 않는 재식齋食이 포함되어 있다. 그리고 정오 이전에 식사를 할 때에도 오후를 생각하면서 과식을 하지 않고 적당량만을 섭취해야 한다. 이와 같이 정해진 시간 동안에 단식을 하여 계를 지킴으로써 부정한 일을 피하고 청정해진다. 재가신자들의 경우는 매월 여섯 차례 성스러운 날(8일, 14일, 15일, 23일, 29일, 30일)을 정해, 전날 밤부터 종교의식을 실행하는 장소에 모여 정오 이후 단식을 하며 하루를 경건히 보내는 관습이 있었다. 이 재일 동안에 재가신자들은 팔관재[6]를 지켜야 했는데, 14일과 15일, 29일과 30일에는 출가 승단과 함께 밤을 새우며 보름 단위의 포살의식을 거행하기도 하였다.[7]

정해진 시간 이후의 단식을 의미하는 '재'는 '부정을 멀리한다'는 의미가 부각되면서, 부정을 피하고 복을 빌기 위한 불공 의식도 내포하게 되었다. 그래서 불, 보살, 승려에게 올리는 공양인 판승飯僧 및 죽은 자에 대한 시식施食까지도 포함하게 되었다. 그 대표적인 예가 바로 '수륙무차평등재水陸無遮平等齋'(이하 '수륙재'로 약칭)이다. 수륙재는 물이나 땅에 있는 고혼孤魂과 아귀餓鬼를 구제하기 위해 붓다의 법을 설하고 음식(法食)을 공양하는 의례로, 죽은 자를 구제하는 것과 더불어 시주자는 공덕을 얻게 된다.

수륙재는 그 기원을 인도에 두고 있는데, 『불설구발염구아귀다라니경佛說救拔焰口餓鬼陀羅尼經』(『불설구면연아귀다라니신주경佛說救面然餓鬼陀羅

---

6 팔관재란, 여덟 가지 지켜야 하는 규범으로, 살아 있는 것을 죽이지 않고, 주지 않은 것을 가지지 않고, 청정하지 않은 행위를 하지 않고, 삿된 말을 하지 않고, 술을 마시지 않고, 높고 넓은 자리에 눕지 않고, 몸을 치장하지 않고 노래하고 춤추지 않고, 때가 아니면(정오 이후) 음식을 먹지 않는다는 것이다.
7 정각, 『한국의 불교의례』, 서울: 운주사, 2001, pp.20~21, 주 4 참조.

尼神呪經』의 이역異譯)에 아난阿難이 염구아귀焰口餓鬼를 만나 두려움이 생겨서 이를 붓다께 아뢰자, 붓다께서는 즉시 아귀들과 현자들에게 공양을 올릴 수 있는 다라니를 말씀하시고 그 공덕과 공양하는 절차를 설하였다는 기록이 있기 때문이다. 하지만 인도에서 현재 수륙재의 형태가 갖춰진 것은 아니고, 의례로서 일정한 절차와 격식이 정형화된 것은 중국에서부터이다. 중국 양 무제梁武帝(464~549)는 법운전法雲殿에 있을 때 중생들이 고통에 빠져 있는 것을 안타깝게 여겨 재를 베풀어서 그들을 구제하는 꿈을 꿨다. 그가 지공 법사誌公法師에게 꿈의 내용을 묻자, 지공 법사는 『불설구발염구아귀다라니경』을 구하기를 권하였다. 양 무제는 이 경전의 구절에 의거하여 수륙의문을 3년에 걸쳐 스스로 찬집하여 505년(천감 4)에 금산사金山寺에서 수륙의문을 읽고 재를 베풀었는데, 이것이 수륙재의 시작이라고 여겨지고 있다.[8]

그 이후 송宋대에 수륙재가 성행하면서 여러 종류의 수륙재 의례집이 간행되었다. 동천 양악東川楊諤이 희녕 연간熙寧年間(1068~1077)에 『천지명양수륙의문天地冥陽水陸儀文』을 찬술하였다. 20여 년이 지난 1095년(소성 2)에 종색宗賾이 『천지명양수륙잡문天地冥陽水陸雜文』 2권을 편찬하였는데, 여러 의문들을 모아서 삭제하거나 보완(刪補)하였다. 송대와 원元대의 수륙재에서는 종색의 『천지명양수륙잡문』이 가장 많이 사용되었다. 금金대에는 자기仔夔가 양악의 『천지명양수륙의문』이 전해지지 않을 것을 염려하여, 1150년에 기존의 의문을 산삭刪削하여 『불설염구경천지명양수륙의문佛說焰口經天地冥陽水陸儀文』 3권을 찬집하였다. 청淸대 하서河西는 자기의 『불설염구경천지명양수륙의문』을 편집하여 『자기산보

---

8 안진호 편, 『석문의범』, 서울: 법륜사, 1983, p.237 참조.

문仔蘩刪補文』을 저술하였다. 한편, 동파 소식東坡蘇軾은 『수륙법상찬水陸法像贊』을 저술하였고, 지반志磐은 『법계성범수륙승회수재의궤法界聖凡水陸勝會修齋儀軌』를 찬술하였다. 명明대 말기에 주굉袾宏은 지반의 수륙의문을 고쳐서(重訂)『법계성범수륙승회수재의궤』를 지었다.

양악의 『천지명양수륙의문』-종색의 『천지명양수륙잡문』 계통은 회하淮河 부근에서 수행되었는데 북수륙北水陸으로 분파된다. 한반도에서는 종색과 자기가 기본으로 한 양악의 『천지명양수륙의문』이 간행된 흔적은 보이지 않고, 주로 자기의 『불설염구경천지명양수륙의문』이 간행되었다. 한편, 지반-주굉의 『법계성범수륙승회수재의궤』 계통은 항주 지방에서 사용되었는데 남수륙南水陸으로 분류된다. 현재 지반의 『법계성범수륙승회수재의궤』는 산실되었고, 주굉의 『법계성범수륙승회수재의궤』가 전해져 중국과 대만의 수륙재에서 사용되고 있다. 한반도에서도 주굉의 『법계성범수륙승회수재의궤』가 유통되었지만, 중국이나 대만의 것과는 많은 부분에서 차이가 있다. 그리고 국내에서는 『법계성범수륙승회수재의궤』를 '주굉문'이 아닌 '지반문'으로 약칭하는 것에 미루어본다면, 한반도에서는 지반의 『법계성범수륙승회수재의궤』가 유통된 것으로 추정된다.[9]

한반도에서 수륙재는 신라시대 때 중국 당나라로부터 전래되었을 것으로 보이지만 기록이 없으므로 실행 여부나 전래된 형태 등을 알 수 없다. 수륙재에 대한 최초의 기록은 고려시대인 970년(광종 21)에 갈양사葛陽寺에서 설행되었다는 것이고, 이후 선종 연간宣宗年間(1084~1094)에

---

9 이성운,「불교 의례의문의 명칭에 대한 고찰」,『기호학연구』 47, 한국기호학회, 2016, p.285와 문상련(정각),「해인사 소장 의식류 전적 고찰」,『동아시아불교문화』 21, 동아시아불교문화학회, 2015, p.478에서도 지반의 것이라고 밝히고 있다.

최사겸崔士謙이 송나라에서 수륙의문(양악의 『천지명양수륙의문』 또는 종색의 『천지명양수륙잡문』으로 추정된다.)을 구해 와 의례집에 따라 수륙재 의례가 행해졌다고 한다.[10]

신라 의례와 일본의 강식講式

일본에서는 의례의 순서를 '강식'이란 단어로 표현한다. 즉, '법회(講)에서의 의식의 차제'를 의미하고, 법회에서 의식을 할 때 독송되는 시문詩文도 의미한다.[11] 일본의 강식에서 주목할 부분은 신라 의례와의 유사성이다. 일본의 승려 엔닌(圓仁)은 838년부터 847년까지 당나라에 다녀오면서 겪은 일을 적어 『입당구법순례행기入唐求法巡禮行記』를 남겼다. 여기에는 당나라의 신라인 거주 지역에 위치한 적산법화원赤山法華院에 머물렀던 기록이 있는데, 엔닌은 당시 적산법화원에서 행해지던 의례에 대해 자세하게 기록하였다. 이를 통해 현재 신라에서 행해지던 의례에 대한 기록이 많이 없는 상태에서, 신라 의례의 단편적인 형태와 의례집의 내용들을 조금이나마 확인해 볼 수 있다. 적산법화원에서 행해진 불경의 강의·예불·참회 등의 의례가 신라의 풍속에 따라 신라어로 진행되었다는 기록에 근거한다면, 비록 당나라의 영토에 속하지만 의례는 신라의 풍속을 따르고 있었음을 알 수 있다. 그 한 예로 11월 22일 기록을 들 수 있는데, 엔닌은 당시 적산법화원에서 열린 '강경 의례'를 자세하게 묘사하면서 탄불하는 음곡이 당나라의 음이 아닌 신라의 음임을

---

10 지환 저, 김두재 역, 『천지명양수륙재의범음산보집』, 한글본 한국불교전서 조선 10, 서울: 동국대학교출판부, 2012, p.8
11 岩本裕, 『日本佛敎語辭典』, 東京: 平凡社, 1990, p.258

분명하게 밝혔다(밑줄 ①).

　오전 8시경에 강의를 알리는 종을 쳐 대중들에게 알리면, 얼마의 시간이 흐른 다음 대중이 강당으로 들어온다. 다시 대중에게 자리를 잡도록 알리는 종을 치면 강사가 법당으로 올라와 고좌에 앉고 대중은 같은 목소리로 탄불하는데, ①그 음곡은 모두가 신라의 것이지 당음이 아니다. 강사가 자리에 오르기를 마치면 탄불을 멈춘다. 이때 아랫자리에 있는 한 승려가 범패를 외는데, 이는 전적으로 당나라 풍속이다. 그가 외는 구절은 "이 불경을 어찌할 것인가?(云何於此經)" 등의 한 행이다. "바라옵건대 부처께서는 미묘함과 비밀스러움을 열어 주소서(願佛開微密)."라는 구절에 이르면 대중은 계향戒香과 해탈향解脫香 등을 합창한다. 범패 읊기를 마치면 강사가 불경의 제목을 읊으면서 그 제목을 삼문으로 나눈다. 제목의 풀이를 마치면, 유나사維那師(법회를 주관하는 자)가 앞으로 나와 고좌에서 먼저 오늘 모임의 이유를 설명하고 시주의 이름과 그가 바친 물건을 밝힌 뒤에 그 문서를 강사에게 넘겨준다. 강사는 주미(부채 모양의 불구)를 잡고 시주한 사람의 이름을 일일이 들면서 스스로 발원한다. 발원을 마치면 논의자들이 질문을 제기한다. 질문을 하는 동안 강사는 주미를 들어 질문자의 말을 듣는다. 질문을 마치면 주미를 들었다 놓으면서 질문해 준 것을 사례한 뒤 대답한다. ②질문을 하고 그것에 대답하는 방법은 일본과 같지만, 다만 교리의 난難을 지적하는 방식은 다소 다르다. 강사가 손을 옆으로 하여 세 번 오르내린 뒤 질문에 대답하기 전에 어떤 논의자가 갑자기 난을 제기하는데, 그 목소리는 마치 화가 난 사람과 같아 한껏 외치며 논박한다. 강사가 그 난을 지적받고서 그에 대하여 대답하면 다시 난을 제기하지는 않는다. 논의를 마치면 독경에 들어간다. 강의를 마치면 대중들은 한 목소리로 길게 찬불하는데 그 가운데에는 회향사가 들어 있다. 강사가 자리에서 내려가면 한 승려가 "한 세상 삶이여, 허공과 같도다(處世界如虛空)."라고 외치는데, ③그 음세는 일본과 매우 비슷하다. 강사가 예반에 올라가면 한 승려가 삼례를 외고 다시 대중과 강사가 한 목소리로 상례를 따라 외운 뒤 법당을 나서 방으로 돌아간다. (다음날) 다시 복강사 한 명이 고좌의 남쪽 아래에 앉아 그 전날 강사가 강의한 문장에 관하여 대화를 나눈다. 어떤 뜻이 있다고 여겨지는 구절에 이르면 강사는 그 대목을 문장으로 만들어 그 뜻을 풀이하고 복강사가 또한 그것을 읽는다. 그 전날 강의한 문장의 읽기를 마치면, 강사는 즉시 다음 문장을 읽는다. 매일 하는 일이 이와 같다.[12]

엔닌은 『입당구법순례행기』에서 신라와 당나라의 의례에서 나타나는 형식과 내용의 차이점을 밝히면서 더불어 일본 의례와의 공통점이나 차이점을 명시하고 있어서, 신라에서 행해지던 의례와 일본 헤이안(平安)시대에 행해지던 의례의 관계를 확인할 수 있다. 그는 적산법화원의 강경 의례 가운데 강사와 논의자 간의 문답 형식이나 게송을 외우는 음세가 일본의 의례와 유사함을 밝힌다(밑줄 ②, ③).

이 외에도 위의 강경 의례에서 암송된 "원불개미밀" 게문은 일본 헤이안시대의 천태종 저술 『계람습엽집溪嵐拾葉集』에서 범패와 관련되어 사용되었다. "처세계여허공" 게문은 현재 일본의 천태종에서 법회의 최후에 "처세계 여허공 여연화 불착수 심청정 초어피 계수례 무상존處世界

---

[12] 엔닌 저, 신복룡 역, 『입당구법순례행기』, 서울: 선인, 2007 참조.(Edwin O. Reischauer가 번역한 *Ennin's Diary: The Record of a Pilgrimage to China in Search of the Law*, New York: The Ronald Press Co., 1955를 번역)

如虛空如蓮華不着水心淸淨超於彼稽首禮無上尊"이라고 외운다고 한다. 이 게문은 일본의 『법화참법法華懺法』 등에서도 사용되는데, 엔닌의 『소실지묘심대蘇悉地妙心大』에서 첫 사용 예를 찾을 수 있다. 이와 같이 적산법화원에서 사용하던 게문이 범패와 관련되어 일본에서도 사용되는 것에 주목하면, 신라 적산법화원의 강경 의식과 엔닌이 활동하던 시대의 일본 천태종의 강경 의식은 상당히 유사하다고 추정할 수 있다.[13] 이 중 적산법화원에서 외우던 "처세계여허공" 게문과 일본의 천태종 법회에서 암송하는 "처세계 여허공 여연화 불착수 심청정 초어피 계수례 무상존" 게문은 중국의 예참문 중 『황혼례黃昏禮』에서 '회향廻向' 다음에 외우는 '일체송一切誦'에 해당하는 구문이다.[14] 이를 통해 중국에서 행해지던 의례가 신라와 일본에도 영향을 주었음을 알 수 있다.

엔닌은 강경 의례 외에 '1일 강의 의례'와 '송경 의례' 등도 자세하게 서술하여 신라시대 의례의 형태를 일부 확인할 수 있으며, 이 의례들의 절차와 내용을 담은 의례집에 따라 일정한 형식으로 의례가 실행되었을 것이라고 생각된다. 신라의 의례집이 대부분 산실되었기 때문에 엔닌의 『입당구법순례행기』는 신라의 의례를 담고 있는 의례집의 역할도 한다고 볼 수 있다.

---

13 김천학, 「신라와 일본 헤이안시대 불교 사상의 교류」, 원각불교사상연구원 편, 『佛學論叢 1 사상과 역사』, 서울: 대한불교천태종 총무원, 2011, p.228
14 汪娟, 『敦煌禮懺文研究』, Dharma Drum Publishing Corp, 1998, p.174 참조.

III. 신라~조선 전기 의례집의 수용

예경과 참회 의례집

불교의례 설행에 대한 우리나라 최초의 기록은 신라 진흥왕眞興王 (540~576)이 고구려 승려 혜량惠亮의 지도로 백고좌회百高座會와 팔관지법八關之法을 개설한 것이다.[15] 이 외에도 중국에서 행해진 다양한 불교의례들은 한반도에도 전래되었는데, 이 가운데 불佛·법法·승僧 삼보三寶에 귀의하는 의례와 자신이 저지른 악업을 참회하는 의례가 포함되어 있다. 이 두 가지 예경(禮)과 참회(懺)의 의례는 불교에서 중시한 의례로, 신라에서 고려를 거쳐 조선에 이르기까지 지속적으로 성행하였다. 그러나 언제, 어디에서, 어떤 종류의 의례가 시행되었다는 기록은 있지만 의례에 사용된 의례집은 대다수 소실되어, 의례의 구체적인 형태와 의례집의 내용이 무엇이었는지 파악하기 어렵다. 특히 현존하는 의례집의 수는 제작된 시기를 거슬러 올라갈수록 적어져, 신라시대에 만들어진 의례집은 극히 소수만이 남아 있다.

현재 확인할 수 있는 신라시대의 의례집으로는 예경 의례와 참회 의례를 서술한 의상義湘(625~702)의 『투사례投師禮』(『한국불교전서韓國佛教全書』 11, 이하 『한불전』으로 약칭)와 원효元曉(617~686)의 『대승육정참회大乘六情懺悔』(『한불전』 1; 『대정신수대장경大正新脩大藏経』 45, 이하 『대정장』으로 약칭)가 있다. 의상의 『투사례』는 불·법·승 삼보(師)에 예경(禮)을 드리는(投) 의례에 대한 것으로, 의상 자신이 저술한 『일승발원문一乘發願文』의 내용

---

15 안지원, 『고려의 국가 불교의례와 문화』, 서울: 서울대학교출판문화원, 2011, p.6

중에서 "모든 삼보께 정례하고 공양을 드립니다(頂禮供養諸三寶)."를 의례화한 것이다.[16] 이 의례집은 1529년(중종 24)에 간행된 『염불작법念佛作法』에 수록되어 있었고, 조선의 밀계密契가 송나라 공진 선사拱辰禪師의 『종문통록宗門通錄』을 촬요한 『통록촬요通錄撮要』의 부록으로 수록되어 현재까지 전해진다.

『투사례』는 총 25단락으로 한 단락은 7언 4구로 구성되어 있다. 각 단락마다 제1구와 제2구에는 예경의 대상이 각각 제시되고, 제3구에는 마지막 단락을 제외한 모든 단락에서 공통적으로 "아금지심귀명례我今至[17]心歸命禮"가 반복되며, 제4구에는 예경을 통해 이루고자 하는 것을 적고 있다. 예경의 대상은 제1에서 제8단락까지는 불보佛寶, 제9에서 제14단락까지는 법보法寶, 제15에서 제24단락까지는 승보로 나뉜다. 불보에서는 노사나盧舍那, 여래如來, 삼십오불三十五佛, 오십삼불五十三佛, 석가존釋迦尊, 약사존藥師尊, 아미타阿彌陀, 미륵존彌勒尊을 거명한다. 법보에서는 『화엄경華嚴經』, 『법화경法花經』, 『원각경圓覺經』, 『금강반야바라밀경金剛般若波羅蜜經』, 『수구준제대비주隨求準提大悲呪』,[18] 『불정존승보루각佛頂尊勝寶樓閣』, 『대승기신大乘起信(론)』, 『석(마하연)론(釋論)』을 언급한다. 승보에서는 문수文殊, 보현普賢, 담무갈曇無碣, 관자재觀自在, 지장地藏 보살들과 55명의 선지식善知識, 조사祖師, 노화상老和尙, 성문聲聞, 연각緣覺, 제석帝釋, 선신善神, 천룡팔부天龍八部를 호명한다. 마지막 제25단락

---

16 이만, 「신라의 불교의례와 발달」, 『불교학보』 55, 동국대학교 불교문화연구원, 2010, p.299

17 『韓佛全』 11, 43a5~c6에는 '志'로 적혀 있지만, '至'의 오기로 보이므로 본고에서는 '至'로 변경하였다.

18 『佛說金剛頂瑜伽最勝秘密成佛隨求卽得神變加持成就陀羅尼經』을 지시하는 것으로 보인다.

에서는 앞에서 보인 불보, 법보, 승보에 대한 예경의 목적이 죽는 순간에 모든 장애가 없어지고 아미타불을 만나 서방정토에 왕생하여 안락을 얻는 것[19]에 있음을 밝힌다.

원효의 『대승육정참회』는 대승법大乘法을 굴려서 '육정六情', 즉 눈(眼)·귀(耳)·코(鼻)·혀(舌)·몸(身)·대상을 파악하는 마음의 측면(意)의 육근六根으로 지은 업을 참회하는 내용을 담은 의례집이다. 『대정장』과 『한불전』의 『대승육정참회』는 일본 가마쿠라(鎌倉)시대에 필사된 교토(京都) 호보다이인(寶菩提院) 소장본으로, 4자 270구로 구성되어 있는데 그 중에 3자 또는 5자가 한 구인 경우도 있다. 내용은 도입부에서 수행자의 마음가짐을 제시한 후(제1구~제12구), 붓다의 성품을 보여(제13구~제37구), 참회의 이유를 밝히고(제38구~제69구), 업을 지음과 그 업의 실상(제70구~제262구)을 설명하여, '대승육정참회'가 무엇인지를 정의하면서 끝맺는다(제263구~제270구).

구체적으로 살펴보면, 제1구에서 제12구까지는 수행자의 마음가짐을 밝히는 부분으로, 『대승육정참회』의 전체적인 내용을 간략하게 서술한 것이다. 수행자는 계율을 지키고, 실상을 사려하여 업장을 없애고, 자신뿐만이 아니라 모든 중생을 위하여 붓다(佛)에게 귀의해야 한다고 설명한다. 제13구에서 제37구까지는 붓다의 성품을 설명한다. 붓다는 다르지 않지만 하나는 아니고, 일체이면서 하나이고, 머묾이 없지만 머물지 않음도 없고, 함이 없으나 하지 않음도 없고, 편재하고, 장애와 차별이

---

[19] 『韓佛全』11, 43c5~6, "願我臨欲命終時, 盡除一切諸障碍, 面見彼佛阿彌陀, 卽得往生安樂刹." 하지만 이 게송은 795년에서 798년에 唐의 般若가 번역한 『대방광불화엄경』의 구절(『大正藏』10, 848a9~10)과 일치하므로, 의상이 쓴 것이 아닌 후대에 삽입된 구로 추정되고 있다.

없고, 끊임없이 중생을 교화하는데, 이것은 바로 붓다만이 지닌 불공법에 상응하기 때문임을 밝힌다. 제38구에서 제69구까지는 노사나불의 연화장세계에 머물면서도 무명으로 인해 분별을 일으키고 집착하여 업을 짓는 중생의 처지를 보이며 참회해야 하는 이유를 제시한다. 제70구에서 제85구까지는 중생이 지은 죄에 대해 말하며 그 죄를 참회하고 다시는 죄를 짓지 않을 것을 다짐한다. 제86구에서 제135구까지는 죄는 인연이 화합한 것으로 머무름이 없어서 생함도 없다는 죄의 성품을 설명한다. 제136구에서 제148구까지는 앞에서 설명한 죄의 성품을 『대반열반경大般涅槃經』을 인용하여, 중생이 지은 업은 선과 악, 안과 밖, 성품의 있음과 없음, 옳고 그름이 정해져 있지 않고, 모든 것은 원인이 있으며 시절이 화합하여 나타난 결과라고 부연한다. 제149구에서 제180구까지는 업業의 실상(제70구~제148구에 해당)을 사려하여 참회해야 함을 밝힌다. 제181구에서 제206구까지는 업의 실상을 알지 못하고 육정을 제멋대로 하여 업을 지음을 말하고, 이것에 대해 제207구부터 제262구까지 꿈의 비유를 들어 자세하게 나타낸다. 제263구에서 제270구까지는 지금까지 설명한 업의 실상을 사려하는 것이 바로 '대승육정참회'임을 정의한다. 이와 같은 『대승육정참회』는 신라시대의 참회 의례 방식을 보여줌과 동시에 원효가 참회를 행함에 있어서 죄업의 실상을 깨닫는 것을 매우 중시했음도 알 수 있다.

    신라시대에 저술된 예경과 참회 의례집인 『투사례』와 『대승육정참회』는 예참禮懺을 중시하던 신라 불교의례의 한 흐름을 보여 준다. 특히 신라를 대표하는 승려인 의상과 원효가 예경과 참회에 관련된 이 두 종류의 의례문을 저술했다는 사실은 신라 불교계에서 예참의 중요성이 컸음을 짐작케 해 준다. 한편, 일반적으로 의례집은 의례가 먼저 정형화되고 그 의례의 절차와 내용을 담기 위해 제작되는 데 비해, 『투사례』와 『대승육정참회』는 예참 의례를 권고하기 위해 사람들이 행해야 하는 예경과 참회에 대한 내용을 담아 만들어진 의례집이라고 할 수 있다.

예경과 참회를 중요시하는 신라의 경향은 고려시대에도 이어졌는데, 혜영惠永(1228~1294)의 『백의해白衣解』와 조구祖丘(?~1395)의 『자비도량참법집해慈悲道場懺法集解』의 찬술을 통해 확인할 수 있다. 『백의해』(『한불전』 6)는 백의白衣관음에게 예참禮懺하는 의례에 대한 의문儀文으로, 백의관세음보살을 예찬禮讚 – 진언을 암송(誦呪) – 업을 참회하고 발원(懺悔發源)의 순서로 제시한다. 저자인 혜영[20]은 예참문의 문장을 제시한 후 "서술하면(述曰)……"이라는 형식으로 자신의 설명을 이어 나가면서, 『화엄경華嚴經』·『천수경千手經』·『금강정경金剛頂經』·『열반경涅槃經』·『니건자경尼乾子經』·『관무량수경(觀經)』·『금광명경(金經)』·『유마경維摩經』·『관정경灌頂經』·『아미타경阿彌陀經』 등을 인용한다. 현재 남아 있는 『백의해』 문헌은 1950년대에 필사된 것으로 동국대학교에 소장되어 있다. 앞부분이 소실되었지만,[21] 글에서 "큰 단의 두 번째 예참을 총괄함(大段第二摠禮懺)"[22]이라고 하므로 전체 구성이 두 단으로 되어 있음을 알 수 있다. 첫 번째 큰 단의 명칭은 알 수는 없지만 "三禮……", "四禮……", "五禮……", "六禮……"로 내용을 분류하고 있어, 첫 번째 큰 단에서 예경

---

20 『韓佛全』 6, 411에서는 『백의해』의 저자는 미상이지만 「普慈國尊贈諡弘眞碑銘」의 "至元四年移住俗離寺, 己巳加僧統, 卒中贊柳公璥, 請釋白衣禮懺, 師旁引經文, 撰解一卷, 傳爲龜鑑."에 의거하여 『백의해』의 찬술자로 '혜영'을 삽입한 것이라고 밝힌다.

21 첫 번째 큰 단의 둘째 부분의 설명 중 "歲時疫病災起……"부터 남아 있고 예참문의 문장은 셋째 부분의 '관음보살에게 예경(三禮觀音)'에 해당하는 "至心歸命禮 海岸孤絶處 補陀洛迦山"부터 확인할 수 있다.

22 『白衣解』(『韓佛全』 6, 416c3)

의 대상을 제시하면서 구체적으로 설명한 후 두 번째 단에서 앞의 내용을 종합하고 있음을 유추할 수 있다.

첫 번째 큰 단은 여섯 부분으로 나뉘어 예경의 대상을 밝히는데, 첫째와 둘째의 앞부분은 소실되어 알 수 없고, 셋째는 관음보살, 넷째는 관음보살의 위력, 다섯째는 모든 보살, 여섯째는 연각緣覺과 성문聲聞이다. 이 가운데 셋째 부분은 열한 단의 많은 분량을 할애하여 총總(제1단)과 별別(제2단~제11단)로 나뉜다. 별에서는 살해殺害, 투도偸盜, 사행邪行, 망어妄語, 기어綺語, 악구惡口, 양설兩舌, 탐애貪愛, 진에瞋恚, 치암癡暗의 열 가지 악(十惡)을 신업身業(제2단~제4단)·구업口業(제5단~제8단)·의업意業(제9단~제11단)으로 분류하여 그 악에 대한 참회를 말한다. 그리고 삼업의 소멸을 관음보살의 능력인 천안통天眼通, 천이통天耳通, 타심통他心通에 대응시켜 설명한다. 이 부분은 다른 부분과 동일하게 '예찬—송주—참회발원'의 순서로 서술되지만, 예찬을 창례唱禮와 찬송讚頌으로 구분한다는 점에서 차이가 있다. 총에서는 창례를 다시 주처住處·명호名號·상호相好·익물益物·신상장엄身相莊嚴·부응赴應·결창結唱의 일곱 가지로 세분화하고, 이것을 별에서는 "至心歸命禮 海岸孤絶處 補陀洛迦山 素服華冠 圓容麗質 大悲大願大聖大慈聖白衣觀自在菩薩摩訶薩"로 요약하는데 이는 모든 단에 공통된다. 그리고 모든 단의 '송주'에서는 동일하게 관세음보살멸업장진언觀世音菩薩滅業障眞言인 "옴唵 아로늑계阿盧勒繼 사바하娑婆訶"를 암송한다. 참회발원에서는 모두 "願滅我多生○○業 我今稽首禮 廻願往生無量壽國"으로 같지만, '○○'에는 각 단에 해당하는 악업이 각각 다르게 언급된다.

두 번째 큰 단은 예참을 총체적(總禮懺)으로 설명하면서 네 부분으로 나눈다. 첫째는 전체를 간단히 나타냄(總標)으로, 부모(父母恩)·중생(衆

生恩)·국왕(國王恩)·삼보(三寶恩)의 네 가지 은혜와 번뇌장煩惱障·업장業障·보장報障의 세 가지 장애를 밝힌다. 둘째는 예참을 자세하게 서술함(廣懺)으로, 예찬청가禮讚請加·발로죄건發露罪愆·경우참제慶遇懺除로 나누어 설명한다. 이 가운데 발로죄건에서는 신·구·의 삼업으로 짓는 탐貪, 진嗔, 치癡[세 가지 독(三毒)]와 만慢, 과만過慢, 만과만慢過慢, 아만我慢, 증상만增上慢, 비만卑慢, 사만邪慢[일곱 가지 만(七慢)]의 열 가지 불선(十不善)을 밝힌다. 셋째는 발원發願이고, 넷째는 염오를 제거함(滌染)이다.

이와 같이 『백의해』는 백의관음보살을 향한 예경과 함께 자신이 지은 업을 참회하는 의례를 설명하는데, 예경과 참회의 최종 목표가 무량수국, 즉 서방정토로의 왕생에 있음을 '참회발언'에서 명확하게 드러낸다. 이것은 의상의 『투사례』와 지향점이 동일하므로 신라시대에 행해진 예참 의례가 고려까지 이어졌음을 짐작할 수 있다. 하지만 『백의해』에서는 "옴 아로늑계 사바하"라는 진언이 모든 단에서 반복되고 있어, 고려로 오면서 밀교적 수행법이 예참 의례에 영향을 주어 의례의 형태에 변화가 나타났음을 볼 수 있다.

고려시대에는 자비도량참법 의례도 행해졌는데, 1106년(예종 1) 10월 초하루에 문덕전文德殿에서 설행된 기록[23]이 발견된다. 특히 13세기에는 백련사白蓮寺를 중심으로 참법懺法이 성행하였고, 이러한 경향은 조구의 『자비도량참법집해』 의례집 발간으로 이어졌다. 이 참법 의례는 조선에서도 시행됨에 따라 『자비도량참법慈悲道場懺法』(보물 제1143호, 보물 제1170호)과 『상교정본자비도량참법詳校正本慈悲道場懺法』(보물 제875호) 등이 조

---

[23] 안지원, 「고려 후기 금석문을 통해 본 불교의례의 새로운 동향」, 『역사와 현실』 80, 한국역사연구회, 2011, p.10

선 초까지 여러 차례 간행되었다.

『자비도량참법집해』는 『상교정본자비도량참법』의 주석서로 고려 말에서 조선 초까지 활동한 승려 조구가 저술하였다(『한불전』 12). '서序'에서는 "참법이 세상에 성행하고 있다."라고 하여 당시 자비도량참법 의례를 포함한 예참 의례가 선호되었음을 보여 준다. 조구는 '참법(慈悲道場懺法)'을 근기가 아둔한 사람들도 쉽게 배우고 이해할 수 있도록 하는 것에 초점을 맞추고 있다. 이를 위해 변진辨眞의 주석, 광균廣鈞의 『사초私鈔』, 각명覺明의 주석, 국일미수國一彌授의 『술해述解』, 동림東林의 『약해略解』 등의 주석서와 『능엄경』·『화엄경』·『성유식론』과 같은 여러 경론들을 참고하여 이 중에서 광범위하고 어려운 해설은 없애고 요점만 정리하여 쉽게 설명하였다(集解).[24]

『자비도량참법집해』는 총 10권으로 편찬되었는데, 대상을 상근기·중근기·하근기로 나누어 설명하는 방식이며, 그 난이도를 구분한다. 제1권과 제2권은 상근기를 대상으로, 삼보에게 귀의·의심을 끊음·참회·보리심을 일으킴·원을 세움·회향하는 마음을 일으킴을 간략하게 서술한다. 제3권에서 제6권까지는 중근기를 대상으로, 과보를 드러냄·지옥을 벗어남·원한을 없앰·발원에 대해 조금 더 자세하게 설명한다. 제7권에서 제10권까지는 하근기를 대상으로, 자경自慶·육도六道를 위한 예불·회향·발원·촉루를 매우 상세하게 다룬다. 특히 천상天上, 인간人間, 아수라阿修羅, 축생畜生, 아귀餓鬼, 지옥地獄의 육도를 위한 예불에서

---

24 『자비도량참법집해』가 해설하는 대상인 『상교정본자비도량참법』은 『자비도량참법』을 송나라 광균이 상세히 교정(詳校)한 것으로, 조구는 『자비도량참법』의 유래에 대해 경릉왕의 상서로운 꿈속 감응에 기인한 것이지, 양 무제가 황후 치씨가 죽어서 구렁이의 몸으로 떨어져 추악한 몸을 벗어나길 바라면서 참법을 찬집한 것은 아님을 밝히며 동림, 변진, 광균 등의 견해를 함께 제시하였다.

인간도를 국왕·부모·스승·비구·비구니로 나누고, 지옥세계도 아비阿
比·회하灰河·음동飮銅·도병刀兵·화성火城 등으로 분류하며, 발원에서
도 안眼·이耳·비鼻·설舌·신身·의意 육근六根의 원을 일으키는 것을 구
체적으로 기술하고, 각 권의 맨 마지막에는 '음의音義'를 덧붙여 각 단어
의 발음과 뜻을 정의한다. 제10권의 마지막에는 시주자의 이름을 적은
시주질施主秩과 발문跋文이 있다.

『자비도량참법집해』는 현재 남아 있는 『상교정본자비도량참법』 주석
서 가운데 가장 오래되었고, 더욱이 산실된 다른 주석서들을 인용하고
있어서 각각의 주석서들이 어떤 관점에서 『상교정본자비도량참법』을 이
해하고 있는지를 확인할 수 있게 해 준다는 점에서 매우 가치가 높다.
또한 현재 청주고인쇄박물관에 소장된 『자비도량참법집해』의 판본(2010
년에 보물 제1653호로 지정)은 『직지直指』와 동일한 금속활자인 흥덕사자興
德寺字로 찍은 초판을 저본으로 번각한 것이라고 추정되므로,[25] 한국 금
속활자 인쇄의 계통을 보여 준다는 점에서도 매우 귀중한 문헌이다.

밀교 의례집

『대일경大日經』과 『금강정경金剛頂經』을 소의경전으로 하는 밀교는 진
언의 암송을 강조한다. 비록 의례가 행해지는 과정에서 진언을 암송하
며 밀교적 색채를 드러내는 경우가 많지만, 밀교 의례는 두 경전을 중심
으로 하거나 의례에서 진언이 큰 비중을 차지하는 등 일반 의례와는 차
이가 있다. 현존하는 가장 오래된 밀교 의례집은 신라 영묘사 승려 불

---

25 조구 저, 성재헌 역, 『자비도량참법집해』 한글본 한국불교전서 고려 3, 서울: 동국
대학교출판부, 2011, p.19 참조.

가사의 不可思議가 저술한 『대비로자나경공양차제법소大毘盧遮那經供養次第法疏』(『한불전』 3; 『대정장』 39)로 수행자가 대비로자나(本尊)에게 공양하는 순서를 해설한 것이다. 이 의례집은 불가사의의 스승인 선무외善無畏(637~735)가 번역한 『대비로자나성불신변가지경大毘盧遮那成佛神變加持經』, 즉 『대일경大日經』 제7권에 대한 주석서이다. 그 앞부분인 제1권에서 제6권까지의 내용에 대한 해설은 선무외의 또 다른 제자 일행一行(683~727)이 『대비로자나성불경소大毘盧遮那成佛經疏』로 편찬하였다.

『대비로자나경공양차제법소』가 해석하는 『대일경』 제7권은 다섯 품으로 구성되어 있다. 제1품은 「진언행학처품眞言行學處品」으로 진언행을 하는 수행자가 갖추어야 할 태도와 수행법을 설명한다. 제2품은 「증익수호청정행품增益守護淸淨行品」으로 수행자가 불佛의 세계에 들어가 불보살로부터 가피를 입고 증익을 성취한 뒤, 다른 이를 위해 증익을 베푸는 과정을 15개의 진언문으로 나누어 설명한다. 제3품은 「공양의식품供養儀式品」으로 의례를 행할 단을 만들고 본존을 초청하여 공양하는 것을 설명한다. 제4품은 「지송법칙품持誦法則品」으로 본존을 관상하여 본존과 수행자가 일체화되는 법에 대해 설명한다. 제5품은 「진언사업품眞言事業品」으로 본존이 다시 본래의 위치로 돌아가는 회향의식을 설명한다.[26]

이 다섯 품을 『대비로자나경공양차제법소』는 '서序(제1품)', '정설定說(제2품, 제3품, 제4품)', '유통流通(제5품)'으로 분류한다. 각각의 품은 대의를 서술(大意), 각 품이 설해진 이유를 설명(來由), 제목을 해석(題目), 경전 문구에 따라 그 의미를 해석(隨文解釋)의 네 부분으로 구성되어 있다. 불가사의는 진언 수행에 중점을 두고 제2품의 15개 진언문을 포함한 『대

---

26 옥나영, 「新羅時代 密敎經典의 流通과 그 影響」, 숙명여자대학교 박사학위논문, 2017, pp.71~73 참조.

비로자나경공양차제법소』전체에 걸쳐 등장하는 57개의 진언을 상세하게 풀이한다. 특히 진언이나 게송을 원어인 산스크리트어로 암송해야 한다는『대일경』의 문구에 대해, 당시 중국에서 사용된 언어(당문唐文, 한문漢文)를 사용하여 뜻을 이해하고 암송해도 된다고 밝힌 점을 통해 그의 진언수행에 대한 입장을 확인할 수 있다.[27]『대비로자나경공양차제법소』는 신라 당시 행해진 밀교의 공양차제 의례를 보여 준다는 점에서 매우 귀중한 문헌으로 평가할 수 있다.

고려시대의 불교의례에서 밀교 의례가 차지하는 비중은 신라시대보다 확대된 것으로 추정된다. 고려 승려 수기守其가 찬술한『대장목록大藏目錄』에는 밀교 관계 경전이 191종 356권이 실려 있고,『대일경략섭염송수행법大日經略攝念誦隨行法』,『금강정유가호마의궤金剛頂瑜伽護摩儀軌』,『불정존승다라니염송의궤佛頂尊勝陀羅尼念誦儀軌』를 비롯한 밀교의 궤작법에 관한 것이 20종 21권 입장되어 있다고 기록하기 때문이다.[28] 고려시대의 밀교 의례와 관련된 문헌 가운데『○○○다라니경』처럼 단독의 경전 외에 여러 다라니를 모은『범서총지집梵書摠持集』의 간행이 주목된다.『범서총지집』은 수행 방편으로서 다라니를 제시하고, 다라니를 사용하는 밀교 의례의 설행을 강조한다. 특히 12~13세기에 5차례나 간행되었고[1150년(의종 4), 1156년(의종 10), 1166년(의종 20), 1218년(고종 5), 1228년(고종 15)],[29] 안동 보광사, 해인사, 화성 봉림사鳳林寺에서 발견된 것과

---

27 옥나영,「부가사의의『대비로자나경공양차제법소』찬술 배경과 의의」,『한국사상사학』40, 한국사상사학회, 2012, p.299 참조.
28 홍윤식,「한국불교의례의 밀교 신앙적 구도」,『불교학보』12, 동국대학교 불교문화연구원, 1975, p.123
29 임기영,「고려시대 밀교 문헌의 간행 및 특징」,『서지학연구』58, 한국서지학회, 2014, pp.415~417, 427 참조.

같이 불상의 복장 유물로 입장된 경우가 많이 나타난다. 이를 통해 고려 후기에 밀교 의례가 성행하였음을 알 수 있고, 불상 조성과 관련된 의례에서 『범서총지집』이 매우 중요한 위치를 차지하고 있음을 추론해 볼 수 있다.

IV. 조선 후기~근대 의례집의 변형

민간 의례집의 성행

현존하는 의례집의 다수는 조선 후기에 간행되었다. 현재를 기준으로 할 때 시간적 거리가 가장 가깝고, 기술적으로도 발전이 이루어졌기 때문이지만, 무엇보다도 조선 후기에 의례집의 수요가 갑자기 늘면서 의례집의 제작이 폭발적으로 증가한 것이 가장 큰 이유라고 해석할 수 있다. 그 원인으로는 의례 주최의 변화와 자연환경의 변화를 들 수 있다.

우선, 조선 전기까지는 대부분의 의례가 국가의 주도하에 실행되었고, 의례집 간행에도 왕실이 중심 역할을 하였다. 『법계성범수륙승회수재의궤法界聖凡水陸勝會修齋儀軌』와 『수륙무차평등재의찰요水陸無遮平等齋儀撮要』가 1470년(성종 1)에 왕실의 발원으로 최초로 간행된 사실은 이를 입증해 준다. 그리고 불교의례는 왕실이 정한 규정에 따라 일정하게 행해졌는데, 국가적 차원에서 이루어졌기 때문에 시행되는 기간이 길고, 절차가 복잡하며, 사용되는 의례 도구 등의 규모가 상당했다. 그러나 조선 후기에 이르면 조선의 조정에서는 더 이상 불교의례를 관장하지 않게 되었고, 그에 따라 의례를 실행하는 주체가 국가에서 사찰이나 개인으로 이동하게 되었다. 의례집을 간행하는 주체도 국가 기관에서 의례를 시행하는 각 사찰로 저절로 변경되었다. 의례의 실행 주최자가 국가로부터 사찰이나 개인으로 넘어오면서, 동일한 의례라도 지역이나, 사찰이나, 개인의 경제적 능력 등에 따라 각각 다른 형태로 시행되었다. 의례 절차에 변화가 발생함에 따라 의례의 방법과 규칙을 기록하는 의례집에도 당연히 차이가 나타나게 되었다.

다음으로, 조선 후기로 접어드는 시점에 여러 차례 전란이 발생하면서 수많은 사람이 목숨을 잃었다. 더욱이 16~17세기에는 '소빙기'라고 불리는 기온 하강 현상이 나타나면서 곡물의 재배가 원활하지 않아 기근이 들어 백성들은 극심한 생활의 어려움을 겪게 되어 배고픔에 굶주리거나 죽는 사람이 증가했다. 많은 사람이 죽으면서, 그들의 가족이나 지인은 죽은 자를 위한 천도재를 필요로 했지만, 불교의례를 금한 조선 조정은 더 이상 망자를 천도하는 수륙재나 시식 의례 등을 개최하지 않았다. 이러한 시대적 상황과 민중들의 요청에 부응하여 각 사찰에서는 망자 천도와 재난 극복 등을 위한 의례를 열었고, 개인이 사찰에 의뢰하여 행해지는 의례도 증가하였다.

국가에서 일률적으로 의례를 행할 때에는 의례를 담당하는 사람에게만 의례집이 필요했던 반면에, 조선 전역의 여러 사찰에서 의례가 설행되다 보니 각 사찰마다 의례집이 필요하게 되어 민간에서 의례집이 간행되는 빈도가 증가하였다. 또한 사찰이나 개인이 행하는 불교의례는 비용적인 측면에서 국가 의례와 같은 규모를 감당할 수 없었기 때문에 일부 절차가 생략되었다. 그리고 의례의 중심이 국가에서 민중으로 이동하면서 민중의 성향이 반영되어 의례의 대상이나 몇몇의 절차가 생략되거나 추가되었다. 자연적으로 의례의 절차를 수록한 의례집도 다양화되었다. 이와 같은 조선 후기 의례집의 성격 변화를 보여 주는 것이 바로 수륙재 의례집이다. 조선 후기에 간행된 수륙재 의례집 가운데 『천지명양수륙재의찬요天地冥陽水陸齋儀纂要』, 『수륙무차평등재의촬요』, 『자기문절차조열仔夔文節次條列』, 『천지명양수륙재의범음산보집天地冥陽水陸齋儀梵音刪補集』이 대표적이다.

『천지명양수륙재의찬요』는 '중례문中禮文'으로도 불리는데, 조선 후기에 매우 유행하였다. 이 의례집은 고려시대인 1342년(충혜왕 3)에 죽암竹菴(1083~1146)이, 금나라 자기가 송대 양악楊諤의 『천지명양수륙의문』을 산삭한 『천지명양수륙의문』(1150)을 새로 편찬(纂要)한 것이다. 수륙재가 설행되는 인연, 즉 그 역사와 목적을 설명하는 제1편 「설회인유設會因由」를 시작으로 하여, 재를 마치고 회향하는 제54편 「보회향진언普回向眞言」까지 총 54편으로 구성되어 있다. 『천지명양수륙재의찬요』는 기존의 의례집을 '찬요'한 것인데, 또다시 이 의례집을 편집한 『천지명양수륙재의天地冥陽水陸齋儀』도 있다.

『수륙무차평등재의촬요』는 무차대회, 즉 수륙재 의례 절차에서 요점만을 추려서(撮要) 정리한 의례집으로, '결수문結手文'으로도 불린다. 가장 많이 유통된 수륙재 의례집(20회 정도 간행)으로, 편차 구성은 37편과 35편의 두 종류가 있고, 판본의 계통은 아홉 가지로 나뉜다.[30] 『수륙무차평등재의촬요』는 편수나 진언의 수 등 구성에서 『천지명양수륙의문』과 다르지만, 무엇보다도 수인에 중점을 두고 있다는 점에서 두드러진 차이를 드러낸다. 그리고 이 의례집에는 63종의 진언이 등장하는데, 각 진

---

30 우진웅, 「『수륙무차평등재의촬요』의 판본에 대한 연구」, 『서지학연구』 50, 한국서지학회, 2011, pp.360~364 참조.

언마다 그에 상응하는 수인, 즉 불보살이 손가락을 결합하여 만들어 내는 손의 모양(結手)을 진언의 위쪽에서는 그림(手印圖)으로 보여 주고, 아래쪽에서는 수인법(印法)을 상세히 설명한다.

『자기문절차조열』은 계파 성능桂坡聖能(생몰년 미상)이, 청나라 하서河西가 금나라 자기의『천지명양수륙의문天地冥陽水陸儀文』을 편집한『자기산보문』에서, 실제로 의례를 수행할 때 필요한 부분만을 모아서 정리하였다. 한편, 하서의『자기산보문』은 조선시대에 유입되었는데, 국내에서는 원본 외에『자기산보문』에 수정을 더한 또 다른 본도 유통되었음이 확인되었다. '신라제왕청성의문新羅諸王請聖儀文', '고려제왕청좌의문高麗諸王請座儀文', '백제제왕청좌의문百濟諸王請座儀文', '가락제왕청좌의문駕洛濟諸王請座儀文'과 같이 신라·고려·백제·가야 등 전前 왕조의 왕들을 청도하는 내용이 첨가되었기 때문이다.[31]『자기문절차조열』의 내용을 살펴보면, 공양을 올리지 않고(無供) 설치만 해 놓은 단을 설명하는 '17무공단', 의례를 집행하는 설주·유나·찰중 등 의례의 이익 및 역할에 따른 임무(소임)와 절차를 설명하는 '법시 도량', 대영산단·예수단·대미타단 등의 단을 배치하는 방법을 설명하는 '분단배치규(칙)分壇排置規', 수륙재를 행할 때 초청하는 분들의 지위를 밝히는 '자기문위목규(칙)仔夔文位目規' 등을 서술한다.[32] 위목규칙에는 풍백우사風伯雨師, 당산천왕當山天王, 성황, 제선諸仙 등 민간신앙의 신들이 언급되는데, 불교의례 속에 민간신앙을 수용한 조선 후기 불교의 한 측면을 엿볼 수 있다. 그러나 실제 본문의 내용을 보면『자기산보문』의 설행 절차에 관한 제목만을

---

31 남희숙,「조선 후기 불서간행 연구」, 서울대학교 박사학위논문, 2004, p.63 참조.
32 벽암 각성 외 저, 김두재 역,『석문상의초 외』한글본 한국불교전서 조선 48, 서울: 동국대학교출판부, 2019, pp.280~281 참조.

열거해 놓은 것에 불과하다는 사실을 알 수 있다. 의례가 수행될 때 사용되는 의문의 내용은 없고 어느 편을 읽어야 한다는 식으로만 되어 있어, 실제로 의례를 설행하기 위해서는 이 책 이외에 반드시 구체적인 의문을 제시한 『자기산보문』이 있어야만 가능하도록 구성되어 있기 때문이다. 이 책은 일종의 『자기산보문』 사용 지침서의 역할을 한다고 할 수 있다.[33]

『천지명양수륙재의범음산보집』(『한불전』 11)은 조선 후기 승려인 지환智還이 편찬한 것으로, '지환집', '범음집', '어산집'으로도 불린다. 이 의례집의 제명에서, '천지'란 우주를 통틀어 말하고, '명양'이란 저승세계인 명계와 이승세계인 양계를 지시하며, '수륙재의'란 육지와 물에서 죽어간 고혼들을 달래는 불교의례를 뜻한다. '범음'은 원래 대범천왕이나 부처님께서 내는 청정한 소리를 말하는 것이었으나 후대로 내려오면서 독경 또는 염불 소리도 포함하게 되었다.[34] '산보집'은 산삭하고 보충하여 모은 책을 의미하는데, 지환은 수륙재에 사용되는 범음의 본래 형태가 변형되는 것을 염려하여 소례문小禮文·대례문大禮文·예수문預修文·지반문志磐文·자기문仔虁文 등의 의례집을 모아 '소리'에 중점을 두고 편찬하였다.

상권은 혼령을 부르는 의식(對靈儀), 작법 절차(분수焚修, 대분수大焚修, 신분수晨焚修), 옮기는(移運) 의식(불사리佛舍利, 고승사리高僧舍利, 가사袈裟, 전패殿牌, 금은전金銀錢, 시주施主, 경함經函, 괘불挂佛, 설주說主), 재를 시설할 때의 의식(設齋儀), 널리 청하는 의식(普請儀), 종을 치며 품례하는 의식

---

[33] 남희숙, 「16~18세기 불교의식의 간행과 불교대중화」, 『한국문화』 34, 서울대학교 규장각 한국학연구원, 2004, p.106
[34] 지환 저, 김두재 역, 앞의 책, 2012, p.13

(擊鐘禀禮式), 영산작법절차靈山作法節次, 결수작법結手作法, 운수단작법運水壇作法, 시왕에 대례를 올리고 공양하는 의식(大禮王供養文) 등의 33개 편목을 수록하고 있다. 「영산작법절차」의 내용을 살펴보면, 현행 영산재의 모습이 조선 후기의 것과 거의 일치하고, 현재 행하지 않는 절차까지도 모두 기록되어 있어 영산재의 전승 과정에서 나타난 변화를 명확하게 알 수 있다. 중권은 지반 3주야 작법, 예수재작법, 선문의 조사에 대한 예참, 성도재작법, 불상을 점안하는 작법, 설선작법, 새해 아침에 세배하는 작법, 낮에 가마를 모시는 작법, 별식당작법, 총림의 4명일에 혼령을 맞아 시식하는 절차, 명일에 특별히 대령하여 시식하는 법규, 상당축원, 육색장축원 등 각종 의식문 등 13개 편목을 수록하고 있다. 하권은 풍백우사단, 가람단, 당산천왕단, 당산용왕단, 예적단, 범왕단, 제석단, 사천왕단, 성황단, 예수, 자기 척권, 가등, 따로 만든 삼보단, 다음 4일째 중권 비로단, 수중단, 천선단, 지기단, 다음 5일째 하권 시왕단, 시왕단, 종실단, 3대 가친단, 주인 없는 고혼단, 시식단 법규, 3권 자기문 10권 자기문과 7주야간 작법 규범, 10권 자기문 3주야 작법 규범, 3권 자기문 3주야 작법 규범 등 작법 절차와 규례의 35개 편목을 수록하고 있다.[35] 이 의례집은 불보살뿐 아니라 풍백, 우사, 제선, 용왕, 성황신 등 민간신앙의 대상을 포함하고 있어 불교의례와 민간신앙의 융합 양상을 알 수 있다. 또한 중국 역대 왕실의 성왕聖王, 삼조선三朝鮮의 시조를 위시한 신라, 백제 등 역대 왕실의 성왕, 조선 왕실의 왕과 후비 등에 대한 향사享祀의식도 포함하고 있는 점이 특이하다.[36]

---

35 지환 저, 김두재 역, 앞의 책, pp.13~16 참조.
36 동국대학교 불교학술원 불교기록문화유산아카이브사업 편, 『한국불교전서편람』, 서울: 동국대학교출판부, 2015, p.363

이와 같은 수륙재 의례집들을 비교해 보면, 제명에 포함된 '찬요'·'촬요'·'잡문' 등의 단어로 의례의 형식을 구분하는 것을 통해, 동일한 수륙재가 다양한 형태로 설행되었음을 확인할 수 있다. 『수륙무차평등재의촬요』는 『천지명양수륙재의찬요』보다 진언에 중점을 두고 수인도와 인법을 더 상세하게 묘사하고 있다. 그리고 『천지명양수륙재의찬요』는 『수륙무차평등재의촬요』의 「가지변공加持變供」 등의 일부 편을 생략하고 「봉영부욕奉迎赴浴」 등을 추가하였다. 하지만 절차들이 삽입되고 삭제되면서 편차가 이동되고 순서가 서로 다른 정도일 뿐, 내용상의 차이는 거의 없고 유사하다.

다양화와 집성

조선시대에 간행된 의례집을 살펴보면, 『감로법건』, 『관세음보살영험약초』, 『관세음보살예문』, 『권공제반문』, 『구병시식의문』, 『다비문』, 『다비작법』, 『대찰사명일영귀시식의문』, 『동음집』, 『미타예찬』, 『밀교개간집』, 『범서총지집』, 『범음족파』, 『범음집』, 『법계성범수륙승회수재의궤』, 『비밀교집』, 『상교정본자비도량참법』, 『석문가례초』, 『석문상의초』, 『석문의범』, 『선문조사예참작법』, 『설선의』, 『수륙무차평등재의촬요』, 『수륙승건수재의궤』, 『수륙재의소방문첩절요』, 『수보살계법』, 『승가상례의문』, 『승가예의문』, 『승가일용집』, 『승가일용식시묵언작법』, 『시다림작법』, 『시식의문』, 『신간산보범음집』, 『아미참절요』, 『어산집』, 『염불작법』, 『영상대회작법절차』, 『예념미타도량참법』, 『예념왕생문』, 『예수시왕생칠재의찬요』, 『예수천왕통의』, 『예참의식』, 『오대진언집』, 『운수단가사』, 『운수단의문』, 『운수단작법』, 『일판집』, 『의례경전통해보』, 『자기문절차조열』, 『자기산보문』, 『자비도량관음참법』, 『자비도량참법집해』, 『자비수참법』, 『자비지장참법』, 『작법귀감』, 『작법절차』, 『작법척요유합』, 『점안작법』, 『정통의범』, 『제반문』, 『제불보살복장단의식』, 『제진언집』, 『조사예참의문』, 『조석지송』, 『중봉화상삼시계념법문』, 『지장보살본원참의』, 『진언권공』, 『진언요초』, 『진언집』, 『천지명양수륙잡문』, 『천지명양수륙재의』, 『천지명양수륙재의범음산보집』, 『천지명양수륙재의소방문절요』, 『천지명양수륙재의찬요』, 『칠성청문』, 『칠중수계의궤』 등이 있다.[37]

위의 의례집 가운데 『구병시식의문』, 『권공제반문』, 『상교정본자비도량참법』, 『시다림작법』, 『진언권공』, 『천지명양수륙재의소방문절요』는 조선 전기에만 간행된 것으로 보인다. 이 외에는 조선 전기와 후기에 모두 유통되었거나, 『석문상의초』, 『석문의범』, 『설선의』, 『승가일용집』, 『예념왕생문』, 『운수단의문』, 『작법귀감』과 같이 조선 후기에만 발행되었다. 조선 후기로 넘어오면서 의례집의 종류가 다양해진 것을 확인할 수 있는데, 두 가지 특징이 주목된다. '설선의說禪儀'나 '운수단雲水壇'처럼 의례 절차 가운데 하나의 항목이 독립하여 단독 의례로 설행된 것과 승려들의 일상 의례 및 상례와 관련된 의례집이 있다는 것이다.

첫째, 의례의 일부분이 단독 의례로 설행되면서 그에 해당하는 의례집이 형성된 경우이다. 청허 휴정淸虛休靜(1520~1604)이 찬술한 『설선의』(『한불전』 7)는 의례 가운데 붓다에게 법을 청하고 붓다가 법어를 설하는 부분만을 분리하여 단독으로 행한 의례에 대한 것이다. 이 의례집은 법

---

37 남희숙, 앞의 논문, 2004; 박세민 편, 『한국불교의례자료총서』, 서울: 삼성암, 1993; 이종수, 「조선시대 불서 누가 간행했나?: 간행의 주체와 경제적 후원자 추이」, presented at the Dongguk-UBC Conference on Choson Buddhism, UBC in Canada, 2019; Henrik Sørensen, "A bibliographical survey of buddhist ritual texts from Korea," Cahiers d'Extrême-Asie, vol 6, École française d'Extrême-Orient, 1991 참조.

어가 설행되는 과정, 특히 붓다를 사자좌에 모시는 절차와 붓다와 대중 간의 문답 방법에 대해 구체적으로 설명한다.

『설선의』의 순서는 크게 붓다를 법회로 초청하는 부분과 붓다와 대중의 문답으로 나눌 수 있다. 상세하게 살펴보면, 설산의 보리수 아래에 앉아 정각을 성취한 붓다의 모습을 묘사하면서 시작한다. 이어서 지신地神과 공신空神은 붓다의 법어를 청하도록 제천을 부르고, 문수는 세 차례 북을 친다. 세 범천왕梵天王이 붓다를 찬탄하고, 당사堂詞가 방장실에 다녀오면 문수가 다시 세 차례 북을 친다. 세 광천왕光天王이 붓다에게 법을 청하는 게송을 읊으면, 문수와 교진여憍陳如는 일곱 번 종을 치고, 여덟 번 북을 친다. 이어서 대중은 합송으로 붓다를 청하는 예를 세 번 올리고, 다섯 번 내림북을 친다. 붓다가 방장실의 자리에서 일어나 양구良久하면, 이어서 다섯 번 북을 친다. 붓다가 문을 나서서 열 걸음 걷고 멈추면, 대중은 산화공덕의 예를 올린다. 붓다가 사자좌 옆에 서면 대중은 사자좌에 오르도록 게송을 암송하고, 붓다가 사자좌에 오르면 대중은 개경게開經偈를 읊는다. 문수가 퇴槌를 치고 법어를 청취할 것을 말한 후, 다시 추를 세 번 치면서 시작된다. 대중이 질문을 하면, 붓다는 첫 번째 질문에서 양구를 하고, 두 번째 질문에서 불자를 치켜들며, 세 번째 질문에서 게송을 설한다. 이 이후부터 대중과 붓다의 문답이 진행되고, 문답이 끝나면 문수가 퇴를 치고 찬탄을 한다. 다시 퇴를 세 번 치면 붓다는 사자좌에서 내려와 방장실로 돌아간다.[38]

『설선의』는 붓다와 대중의 문답이라는 형식을 통해, 선의 관점에서 '해탈이 무엇인지', '법신·보신·화신이 무엇인지', '어떻게 제불이 현전

---

38 동국대학교 불교학술원 불교기록문화유산아카이브사업 편, 앞의 책, 2015, pp.213~214 참조.

하는지', '삼계와 법계가 무엇인지', '십이인연과 육도만행이 무엇인지', '방편과 경전이 어떤 연관성을 가지는지' 등을 밝히고 있다. 하지만 이 의례집의 분량이 길지 않고 전체적으로 간략하게 서술하기 때문에 위의 질문에 대해서도 상세하게 설명하지 않고 답만 간단히 제시한다. 반면에 붓다에게 법어를 청하는 순서나 상황 묘사 및 사용되는 게송들은 구체적으로 기술한다. 또한 지신이나 공신과 같은 법회 참석자의 배치도를 명시하고, 북을 치고 종을 치는 횟수나 강약을 기호를 사용하여 표시하는 등 의례의 형식에 많은 비중을 두고 있다고 할 수 있다.

'운수단'에 관련된 의례집은 『운수단가사雲水壇謌詞』, 『운수단의문雲水壇儀文』, 『운수단작법雲水壇作法』이 있다. 『운수단가사』는 조선 전기와 후기에 모두 간행되었지만, 『운수단가사』를 산삭한 『운수단의문』과 『운수단작법』은 조선 후기에만 간행되었다. 『운수단가사』(『한불전』 7)는 '운수雲水', 곧 불문佛門에서 불보살·천신·귀신 등에 대한 헌공獻供과 천도재 의례에 활용된 내용을 청허 휴정이 선禪의 시각으로 새롭게 개편한 것이다. 전체의 순서는 헌공의식에 맞춰져 있는데, 우선 의례가 설행되는 도량을 청정하게 한다(향찬香讚·향게香偈·등게燈偈·총게總偈·삼귀의三歸依·개계開啓·천수경千手經 독송·정삼업진언淨三業眞言·정법계진언淨法界眞言·개단진언開壇眞言·건단진언建壇眞言). 다음으로 상위의 제불보살을 청하고(소청상위召請上位·보소청진언普召請眞言·헌좌안위獻座安位), 중위의 삼부제대성중을 청하고(소청중위召請中位·보소청진언·보례삼보普禮三寶·헌좌안위·상위진공上位進供·배헌해탈향拜獻解脫香·배헌반야등拜獻般若燈·배헌만행화拜獻萬行花·배헌일승과拜獻一乘果·배헌감로차拜獻甘露茶·배헌선열미拜獻禪悅味·보공양진언普供養眞言), 하위의 귀신을 청한다(소청하위召請下位·천수경 독송·보소청진언·해원결진언解冤結眞言·귀의삼보歸依三寶·지장보살멸정업

진언地藏菩薩滅定業眞言·관세음보살멸업장진언觀世音菩薩滅業障眞言·개인후진언開咽喉眞言·삼매야계진언三昧耶戒眞言·변식진언變食眞言·감로수진언甘露水眞言·일자수륜관진언一字水輪觀眞言·유해진언乳海眞言·시무차법식진언施無遮法食眞言·보공양진언·참회懺悔·사홍서원四弘誓願·법어法語·반야심경독송般若心經讀誦·왕생정토염불진언往生淨土念佛眞言·송혼送魂·착어著語). 이와 같은 헌공의식은 그 형식과 내용에 있어서 오늘날에도 거의 변함없이 시행되고 있다.[39] 배헌해탈향·배헌반야등·배헌만행화·배헌일승과·배헌감로차·배헌선열미 등은 기존의 헌공 의례집에는 없고 새로 추가된 부분인데, 여기에서 선적인 요소가 많이 발견되므로 선가의 성향이 두드러진다.[40]

『운수단의문』과 『운수단작법』은 『운수단가사』와 내용은 유사하지만 일부 절차를 첨가하거나 삭제하였다. 『운수단작법』은 『운수단가사』에 『법계성범수륙승회수재의궤』의 일부분을 추가한다. 그리고 『운수단작법』은 비록 『운수단가사』처럼 도량청정, 소청상위, 소청중위, 상위진공, 회향, 풍경, 주원, 중위진공, 소청하위, 시식, 참회발원, 청법례, 봉송례를 담고 있지만, "가지여상 운운 회향, 풍경, 주원"이란 상위진공의 예를 재차 반복하여 '상위진공'에서 '중위진공' 의식이 독립해 가는 양상을 보인다.[41]

둘째, 승려들의 일상 의례 및 상례와 관련된 의례집이 『석문상의초釋門喪儀抄』, 『석문가례초釋門家禮抄』, 『승가예의문僧家禮儀文』 등과 같이 여러 종류로 간행된 경우이다. 승가 의례집의 다양화는 승가 의례의 개정

---

39 동국대학교 불교학술원 불교기록문화유산아카이브사업 편, 앞의 책, 2015, p.215
40 남희숙, 앞의 논문, 2004, p.73 참조.
41 문상련(정각), 앞의 논문, 2015, p.462

에 따른 것이라고 할 수 있다. 한반도에서 승가 의례는 인도의 율장과 중국의 청규에 따라 행해져 왔다. 하지만 조선 후기로 갈수록 불교 승단은 국가적 후원을 얻지 못하면서 그 규모가 축소되었고, 승가의 의례도 엄격하게 지켜지지 않았던 것으로 보인다. 벽암 각성碧巖覺性(1575~1660)이 『석문상의초』의 서문에서 "상례가 매우 중요함에도 불구하고, 불가에는 상의에 대한 근본이 없고 시행되고 있는 것은 규범에 맞지 않다."[42]라고 밝힌 것은 이를 입증해 준다. 이러한 당시 불교계의 상황은 전란 이후, 전쟁에 참여한 승려들의 지위 상승과 법통 또는 법맥을 형성하려는 움직임에 의해 새로운 변화를 맞게 된다. 즉 지위가 상승함에 따라 승가 의례를 정비할 여력이 생기게 되면서, 약해진 승가의 결속력을 다져서 흐트러진 정통성을 바로 세우기 위해 승가 의례를 당시 실정에 맞도록 정비하게 된 것이다.

17세기에는 부계와 모계가 동등했던 조선 전기의 친족 관계가 부계 우위의 관계로 변하였는데 그 중심에는 오복제五服制의 수용이 있다. 오복제란 상을 당했을 때 관계에 따라 상복을 입는 기간을 참최斬衰(3년), 자최齊衰(1년), 대공大功(9개월), 소공小功(5개월), 시마緦麻(3개월)와 같이 다르게 규정하는 제도이다. 오복제는 승가의 상제례에도 영향을 주었다. 『석문상의초』에는 유교의 영향을 받은 승가의 오복제를 밝혀 상복을 입는 기간을 설명한 〈승오복도僧五服圖〉가 처음에 나온다. 『석문가례초』에는 복상 기간을 조사祖師・어산사魚山師・승속의 백숙伯叔・친법손親法孫・속가의 형제자매에 대하여는 대공大功, 양육사養育師・수업사受業師・수계사受戒師・부모는 3년, 조부모・증계사證戒師・친제자는 주년周年

---

42 『釋門喪儀抄』(『韓佛全』 8, 237a4~17)

(1년) 등으로 정한 〈승속오복도僧俗五服圖〉에 이어서, 세속 친족의 오복제 적용 기준표인 〈본종오복지도本宗五服之圖〉 및 친족 간의 거리를 계량화한 한국만의 독특한 촌수 전통을 오복제에 반영한 〈본종오복촌수도本宗五服寸數圖〉가 수록되었다. 『승가예의문』에도 오복 중 시마를 제외한 사복으로 상복의 기준을 정한 〈승상복도僧喪服圖〉가 실렸다. 이들 불교상례집의 오복도, 상복도 등의 내용에서 특이한 점은 세속 족친과 문파 내의 사제를 모두 대상으로 했다는 점이다.[43]

『석문상의초』(『한불전』 8)는 벽암 각성이 편찬하고 백곡 처능白谷處能이 1657년에 간행한 승가의 상례喪禮 의례집이다. 상하 두 권으로 구성되어 있는데, 상권에는 〈승오복도〉, 〈감구효당도龕柩孝堂圖〉, 「곡哭」, 「제전祭奠」, 「행조行吊」, 「수조受吊」, 「분상奔喪」, 「장법葬法」, 「사유闍維」를 설명한다. 〈감구효당도〉에서는 관棺을 들어내는 날의 의례 절차, 다비茶毘 · 상례소喪禮疏 · 장지葬地에 이르기까지 망자에의 의식을 밝힌다. 「곡」에서는 『열반경涅槃經』의 비유를 들어, 비구는 스승이 죽어도 크게 소리 내어 곡을 해서는 안되며, 단지 작은 소리로 흐느껴 울어야 한다고 가르친다. 「제전」에서는 승려들이 제사를 지낼 때 세속과는 다르게 음식, 향, 꽃 등을 공양해야 함을 말한다. 「행조」에서는 『오산집五山集』의 비유를 들어, 상주에게 조문을 실행하는 방법을 설명한다. 「수조」에서는 조문을 받는 사람의 태도를 보이고, 「분상」에서는 스승이 입적하신 소식을 들으면 먼 외지에 있더라도 급히 사찰로 돌아가야 함을 설한다. 「장법」에서는 인도의 네 가지 장례법인 수장水葬 · 화장火葬 · 토장土葬 · 임장林葬을 소개하고, 「사유」에서는 분소, 즉 태우는 방법을 설명한다.

---

43 김용태, 「유교사회의 불교의례」, 『한국문화』 76, 서울대학교 규장각 한국학연구원, p.185

하권은「사리舍利」,「입탑立塔」,「명銘」,「칭고稱孤」,「소자疏子」,「조서법弔書法」,「창의唱衣」,「기일忌日」,「제문양식祭文式樣」으로 구성되어 있다.「입탑」은 망승의 시신을 탑 안에 그대로 안치하는 것을 설명하고,「명」에서는 선승의 덕과 가르침을 잘 새겨 기록해야 함을 밝힌다.「칭고」에서는 승려들을 보고 고제자孤弟子라 함은 옳지 못하고, 소사小師라고 함이 합당함을 가르친다.「소자」에서는 부처님께 아뢰는 편지(疏)를 가지고 재를 지내는 이의 마음을 소통한다고 말하고,「조서법」에서는 상주의 지위에 따라 애도하는 문구의 차이를 보인다.「창의」는 상규에 따라 죽은 스님의 의발과 기타 도구들을 경매에 붙여 금전으로 바꾸는 것을 설명하고,「기일」에서는 모든 대중이 법회를 열고 공양한 날이 바로 기일임을 규정한다.「제문양식」에서는 입관할 때, 감구에 들일 때, 산소에 이르러 다비할 때, 약식으로 제물을 놓고 고인을 추모할 때, 화상이 소사의 제사를 지낼 때, 부모님 상에 제물을 올릴 때 등의 서식을 소개한다.[44]

『석문가례초』(『한불전』8)는 각성의 문도인 나암 진일懶庵眞一(17세기 중엽)이 편찬한 의례집으로 각성의『석문상의초』를 산보하였다. 상권은 〈승속오복도〉,「전물절차奠物節次」,〈본종오복도〉,〈본종오복촌수도〉,〈감구효당도〉,「명정서규名旌書規」,「다비작법절차茶毘作法節次」로 구성되어 있다.「명정서규」에서는 대종사大宗師, 염불인念佛人, 좌선인坐禪人, 판사인判事人, 학도인學道人, 평상인平常人 등에 따라 각각 다르게 쓰는 명정의 서식을 제시한다.「다비작법절차」에서는 신체를 발인할 때 나열해 서는 규칙(身體發引時行立規), 12불佛의 명호를 외움(魚山引聲昌十二佛號), 오방번을 쓰는 규칙(五方幡書規), 무상계계無常戒偈, 노제路祭, 영혼

---

[44] 벽암 각성 외 저, 김두재 역, 앞의 책, 2019, pp.13~17 참조.

을 맞이함(返魂着語), 거화擧火, 하화下火, 다비법사창봉송茶毗法師唱奉送, 표백表白, 쇄골법碎骨法, 거물계擧物誡, 장례 시 금단하는 예규(送葬時禁斷規), 제물의 이름을 해석(祭奠釋名)을 설명한다. '오방번을 쓰는 규칙'에서는 오방번의 색-방향-해당 세계-기원의 대상이 되는 불佛-영가가 인도될 세계를 설명한다. 청색-동방-만월세계-약사존불-청유리계, 적색-남방-환희세계-보승여래불-적유리계, 백색-서방-극락세계-아미타불-백유리계, 흑색-북방-무우세계-부동존불-흑유리계, 황색-중앙-화장세계-비로자나불-황유리계이다. '장례 시 금단하는 예규'에서는 '상을 당한 집의 음식과 술을 먹지 말고 개인이 준비한 음식을 먹어라'나, '차·과일·호병·장례 용품·『금강경金剛經』을 가지고 가서 영전에서 예를 올려라'와 같이 제사를 올리는 예를 적고 있다. 하권은 「장杖」, 「곡」, 「행조」, 「수조」, 「분상」, 「장법」, 「사유」, 「송장送葬」, 「사리」, 「입탑」, 「명」, 「칭고」, 「기일」, 「소자」, 「조서법」, 「위서법慰書法」, 「제문양식」의 순서로 서술한다.

『승가예의문』(『한불전』 8)은 허백 명조虛白明照(1593~1661)가 다비 의례를 중심으로 편찬한 의례집으로, 「명정서규」·「상례전제절차喪禮奠祭節次」를 밝힌다. '상례전제절차'는 신체를 발인할 때 나열해 서는 규칙, 노제, 봉송, 표백, 오방불을 초청하는 규칙(五方佛請書規), 무상계게, 쇄골법, 거물계, 법사가 서는 법(法師立方法), 승상복도, 송장시금단규로 나뉘어 있다.

지금까지 살펴본 『석문상의초』, 『석문가례초』, 『승가예의문』과 같은 승가상례집은 내용은 거의 유사하다. 하지만 『석문가례초』에는 『석문상의초』에 없는 「전물절차」, 〈본종오복도〉, 〈본종오복촌수도〉, 「명정서규」가 추가되었고, 「다비작법절차」를 더 세분화하여 신체를 발인할 때 나열해 서는 규칙, 오방번을 쓰는 규칙, 무상계게, 영혼을 맞이함, 다비법 사창봉송, 쇄골법을 더하였다. 또한 『석문가례초』는 새롭게 서술된 내용이 주로 상권에 배치되면서 각 편의 배열 순서가 변경되어, 『석문상의초』의 상권에 있었던 「곡」·「행조」·「수조」·「분상」 등이 『석문가례초』의 하권으로 옮겨지는 등 구성에서도 차이가 나타난다. 『승가예의문』은 『석문가례초』의 「다비작법절차」를 중점적으로 다루고 있다. 그리고 "거화편을 창한다.", "하화편을 창한다.", "무상게를 설한다."라고 하면서, '거화편'·'하화편'·'무상게' 등과 같이 편의 제목만을 언급하는 부분이 보이므로 세 가지 가운데 가장 간소한 형태의 의례집이라고 할 수 있다.

종합 의례집의 탄생

18세기에 접어들면서 의례집 간행의 유행은 하락세를 보이더니, 19세기에는 간행 빈도가 16세기~17세기의 1/10 미만 수준으로 감소하였다. 또한 하나의 동일한 의례에 대해서도 절차의 가감이나 순서의 변경으로 인해 서로 다른 명칭으로 불리거나 의례의 절차 중 하나의 항목이 독립된 의례로 형성됨에 따라 불교의례에 혼란이 가중되면서 의례와 의례집을 통일할 필요성이 대두되었다. 이와 같은 문제의식을 가지고 당시에 유통되던 다양한 의례집을 모으고 편집하여 하나의 의례 규정집 형태로 제작된 것이 19세기에 등장하는 종합 의례집으로, 『작법귀감作法龜鑑』과 『석문의범釋門儀範』이 대표적이다.

『작법귀감』은 백파 긍선白坡亘璇(1767~1852)이 1826년(순조 26)에 편찬한 의례집이다. '작법'은 행위의 '규범', '규칙', '의례'를 의미한다. 그래서 '술을 마시지 않는다' 등의 출가 수행자가 지켜야 하는 일상의 규율인 '계戒'와 수계나 갈마와 같은 의례를 포함한다. '귀감'은 '본보기'·'모범'·'전형'·'기준'으로, 선대先代의 큰 스님들의 가르침이나 후대後代에게 경고를 주거나 예로 제시하는 과거의 사건을 뜻한다. 거북이의 등껍질을 사용하여 점을 친 것과 모든 사물을 그대로 비추는 거울의 특성을 반영한 단어이다. '작법'과 '귀감'의 정의에 근거한다면, 『작법귀감』은 조선 후기까지 전해지는 의례(作法)들을 모아서 하나의 본보기(龜鑑) 의례를 규정한 의례집이라고 할 수 있다. 이 제명만으로도 『작법귀감』의 「서」에서 "작법 절차에 대한 책들이 비록 많지만, 서로 빠뜨린 부분이 있어서 전체의 모양을 볼 수 없으며, 또한 경위(청음, 탁음)와 높고 낮음을 모두 구분하여 말할 수 없다. …… 여러 가지 문헌을 탐구하여 수록하고 그중에 잘못된 것들을 바로잡고, 요점을 간추리고 빠진 부분을 보충하여 일관되게 하려고 노력하였다."[45]라고 밝힌 이 의례집의 저술 의도가 명확하게 드러난다. 긍선은 의례의 절차를 하나로 통일하려고 함과 동시에 의례에 사용되는 소리에도 일관된 기준을 정하려고 하였다. 그래서 「서」와 「범례」에서 밝힌 것과 같이, 음의 높낮이를 바르게 하기 위해 글자의 네 모서리에 평성, 상성, 거성, 입성의 네 가지 고저의 음을 표시하였다. 그리고 절구마다 구두점으로 마디를 끊어서 바르게 읽을 수 있도록 하였다.

　『작법귀감』의 구성은 상권에 삼보를 함께 초청함(三寶通請), 관세음보살을 청함(觀音請), 지장보살을 청함(地藏請), 신중에게 올리는 간략한 예식(神衆略禮), 산신을 청함(山神請), 혼령을 부르는 바른 의식(對靈正儀), 일상적으로 사용하는 시식에 대한 의식(常用施食儀), 일상적으로 사용하

---

45 『作法龜鑑』(『韓佛全』 10, 552b4~10)

는 혼령에 음식을 올리는 의식(常用靈飯), 통용하는 진전 의식(通用進奠式), 종사 영가에 음식을 올리는 의식(宗師靈飯), 신중에게 올리는 큰 예식(神衆大禮), 신중단에 아침저녁으로 하는 작법(神衆朝暮作法), 신중의 위목(神衆位目), 아미타불을 청하는 의식(彌陀請), 독성을 청하는 의식(獨聖請), 성왕을 청하는 의식(聖王請), 조왕을 청하는 의식(竈王請), 비구에게 열 가지 계율을 주는 의식(比丘十戒), 사미에게 열 가지 계율을 주는 의식(沙彌十戒), 거사에게 다섯 가지 계율을 주는 의식(居士五戒), 비구니에게 여덟 가지 경계를 주는 의식(尼八敬戒)을 담았다. 하권에서는 향을 피우고 수행하는 작법(焚修作法), 축상작법祝上作法, 가사를 운반하는 의식(袈裟移運), 가사를 점안하는 의식(袈裟點眼), 가사통문불袈裟通門佛, 불상을 봉안할 때 부처님을 부르는 의식(佛像時唱佛), 십대왕에게 공양을 올리는 간략한 예문(略禮王供文), 하단의 신들을 관욕하는 법(下壇灌浴規), 설주이운說主移運, 시왕의 번을 쓰는 의식(十王幡式), 삼단을 통합해서 전송하는 법(三壇合送規), 나한에게 올리는 큰 예법(羅漢大禮), 나한에게 올리는 간략한 예법(羅漢略禮), 칠성을 청하는 의식(七星請), 다비작법茶毗作法, 병든 이를 구원하는 시식 의례(救病施食儀), 파손된 불상 및 경전과 가사를 태워 보내는 법(破佛及經袈裟燒送法), 순당식巡堂式, 시왕을 따로따로 초청하는 의식(十王各請)을 다룬다.[46]

이와 같이 의례 정비에 심혈을 기울여『작법귀감』과 같은 통일된 의례집이 완성되자, 이 의례집에 의거하여 불교 대중화가 시도되었고, 그 노력의 결과 중 하나로『석문의범』이 탄생하였다. 안진호는 자신이 편찬한『불자필람佛子必覽』(1931)을 증보하여 1935년에『석문의범』을 출판하

---

[46]『作法龜鑑』(『韓佛全』10, 553b2)

였다. 『석문의범』의 구성은 「시 황엽보도문黃葉普渡門」을 시작으로, 제1 「예경편禮敬篇」, 제2 「축원편祝願篇」, 제3 「송주편誦呪篇」, 제4 「재공편齋供篇」, 제5 「각소편各疏篇」, 제6 「각청편各請篇」, 제7 「시식편施食篇」, 제8 「배송편拜送篇」, 제9 「점안편點眼篇」, 제10 「이운편移運篇」, 제11 「수계편受戒篇」, 제12 「다비편茶毘篇」, 제13 「제반편諸般篇」, 제14 「방생편放生篇」, 제15 「지송편持誦篇」, 제16 「간례편簡禮篇」, 제17 「가곡편歌曲篇」, 제18 「신비편神秘篇」을 거쳐 「종 격외염롱문」에서 마치고 있다. 이 가운데 「예경편」을 보면 예경의식이 행해지는 전각의 종류에 따라 다시 대웅전의식, 극락전의식, 팔성전의식, 약사전의식 등 15종으로 분류하였다. 「점안편」은 점안 대상이 되는 상의 종류에 따라 불상점안, 나한점안, 시왕점안, 천왕점안, 조탑점안, 가사점안의 6종으로 분류하였다.[47] 『석문의범』은 무엇보다도 많은 사람들이 더 쉽게 읽을 수 있도록 한문과 한글을 병기하여 대중화를 시도하였다.

---

[47] 남희숙, 앞의 논문, 2004, p.52

의례집, 의례의 역사를 담다

　의례집은 의례 지침서로, 의례집에 명시된 순서에 따라 의례가 진행된다. 의례가 재앙의 퇴치, 죽은 영혼 위로, 삶의 풍요 기원 등, 그 목적에 따라 다양한 형태로 설행되면서, 의례를 담고 있는 의례집도 각 의례의 구성과 내용에 맞춰 다양한 종류로 제작되었다.

　'의례'를 정의하는 여러 가지 의미 중에 "엄격한 절차에 따라 반복적으로 행해지는 상징적 혹은 준상징적 행위"의 측면에서 본다면, 최초로 실행된 불교의례는 갈마라고 할 수 있다. 갈마의 형식과 절차는 율장에서 자세하게 규정하고 있으므로 최초의 불교 의례집은 율장으로 볼 수 있다. 불교가 중국으로 전래되면서 승단은 환경적인 측면에서 많은 변화를 겪게 되어, '청규'라는 규범의 제정을 통해 사원생활의 규칙과 의례법 등을 추가하였다. 즉, 중국 불교에서는 율장과 함께 『승니궤범』 등의 청규를 따르게 되었다.

　중국에서 행해진 의례의 명칭에 포함된 '재'는 본래 '깨끗함'을 의미한다. 이 청정함을 유지하기 위해 가장 기본적으로 계율을 지켜야 하는데, 그중에는 정해진 시간 이후 단식하는 재식이 포함되어 있다. 이러한 '재'는 '부정을 멀리한다'는 의미가 부각되면서 부정을 피하고 복을 빌기 위한 불공의식을 내포하게 되었다. 그래서 불, 보살, 승려에게 올리는 공양인 판승 및 죽은 자에 대한 시식까지도 포함하게 되었다. 그 대표적인 예가 물이나 땅에 있는 고혼과 아귀를 구제하기 위해 음식을 공양하는 '수륙재'로 『천지명양수륙의문』, 『천지명양수륙잡문』, 『불설염구경천지명양수륙의문』, 『자기산보문』, 『수륙법상찬』, 『법계성범수륙승회수재의궤』

등과 같은 수륙재 의례집이 간행되었다.

　중국에서 행해진 다양한 불교의례들은 한반도에 전래되었고, 불교의례가 설행되었다는 최초의 기록은 신라 진흥왕 시대에 보인다. 그러나 삼국시대의 불교의례집은 대부분 산실되어 당시의 불교의례 형태를 찾아보기 힘들다. 다만, 일본 승려 엔닌의 『입당구법순례행기』에 당시 적산법화원에서 행해지던 불경의 강의·예불·참회 등의 의례가 자세하게 기록되어 있어 신라에서 행해지던 불교의례의 단편적인 모습과 의례집의 내용들을 조금이나마 엿볼 수 있다. 또한 엔닌은 신라와 당나라의 의례에서 나타나는 형식과 내용의 차이점을 밝히면서 동시에 일본의 의례(강식)와의 공통점이나 차이점을 명시하고 있어서, 신라와 일본 헤이안 시대에서 행해지던 의례의 관계를 확인할 수 있다.

　신라시대부터 조선시대 전기까지의 의례집은 현재 매우 소수만이 남아 있는데, 예참 의례집과 밀교 의례집으로 분류할 수 있다. 우선, 예경 의례와 참회 의례를 서술한 의례집으로는 의상의 『투사례』, 원효의 『대승육정참회』, 혜영의 『백의해』, 조구의 『자비도량참법집해』가 있다. 다음으로 밀교 의례집에는 『대일경』 제7권을 주석한 신라 불가사의의 『대비로자나경공양차제법소』와 고려시대에 행해진 여러 다라니를 모은 『범서총지집』이 있다. 고려 수기가 찬술한 『대장목록』에 밀교 관계 경전이 191종 356권이 있는 것을 통해, 고려시대로 오면서 불교의례에서 밀교 의례가 차지하는 비중이 신라시대보다 확대된 것으로 보인다.

　조선 후기로 접어들면 의례집의 수요가 갑자기 늘면서 의례집의 제작이 폭발적으로 증가하였다. 의례집의 간행이 빈번해진 이유로는 대부분의 의례집이 왕실을 중심으로 간행된 조선 전기와는 달리, 후기에는 의례집을 사찰이나 개인이 주체가 되어 간행하게 된 것을 들 수 있다.

또한 자연환경의 변화와 여러 차례 발생한 전란으로 인해 수많은 사람들이 목숨을 잃음에 따라 사찰에서 망자 천도와 재난 극복 등을 위한 의례가 많이 행해진 것을 들 수 있다.

이와 같이 의례를 행하는 주체인 민중의 성향이 의례에 반영되면서 의례의 대상이나 몇몇의 절차가 생략되거나 추가됨에 따라 의례집도 다양화되었다. 조선 후기에 간행된 수륙재 의례집인 『천지명양수륙재의찬요』, 『수륙무차평등재의촬요』, 『자기문절차조열』, 『천지명양수륙재의범음산보집』을 통해 확인할 수 있다. 또한 의례의 일부분이 단독 의례로 설행되면서 그에 해당하는 의례집이 형성되어 청허 휴정의 『설선의』와 '운수단'에 관련된 『운수단가사』, 『운수단의문』, 『운수단작법』이 찬술되었다. 그리고 승려들의 일상 의례 및 상례와 관련된 『석문상의초』, 『석문가례초』, 『승가예의문』 등의 의례집이 만들어졌다.

그러나 다양화된 의례는 시간이 지날수록 불교의례에 혼란을 가져오게 되었고, 의례와 의례집을 통일할 필요성이 대두되었다. 따라서 19세기에 이르러, 당시에 유통되던 다양한 의례집을 모으고 편집하여 하나의 의례 규정집 형태로 제작된 『작법귀감』이나 『석문의범』과 같은 종합 의례집이 등장한다. 의례 정비에 심혈을 기울여 『작법귀감』이 완성되자 이 의례집에 의거하여 불교 대중화를 시도하였고, 그 노력의 결과 중 하나로 『석문의범』이 탄생하였다. 『석문의범』은 한문과 한글 표기를 모두 사용하여 누구나 쉽게 읽을 수 있도록 만들어서 대중화를 이끌어 냈다.

지금까지 살펴본 바와 같이 의례집은 의례와 관련된 모든 것을 기록의 형태로 보존하고 있기 때문에 의례를 연구하는 데 있어 매우 중요한 자료가 된다. 의례는 시대별·지역별로 설행되는 형태가 변하기도 하고 소실되는 경우도 있어서, 현재는 본래 의례와는 다르게 행해지고 있거나 그 모습을 찾아 볼 수 없는 의례도 있다. 그러나 의례집에는 당시 시행되던 의례의 모습이 그대로 보존되어 있기 때문에, 현재 의례들의 원형을 파악할 수 있다. 그리고 시간이 흐르면서 어떤 방식으로 변화했는지를 확인할 수 있으며, 장소에 따라 그 지역적 특성의 영향을 어떻게 받았고 어떻게 변형되었는지도 살펴볼 수 있다. 특히 현재는 사라져 버린 의례들의 모습을 볼 수 있다는 점에서 의례집의 중요성이 더욱 드러난다. 의례집은 단순히 의례의 절차나 내용만을 기록하고 있는 책이 아니다. 그 안에는 의례와 관련된 불교의 사상과 당시의 시대적인 환경을 모두 담고 있어서 역사적이고 사상적인 측면에서도 매우 귀중한 존재이다. 의례집

| 참고문헌 |

김천학, 「신라와 일본 헤이안시대 불교 사상의 교류」, 『佛學論叢 1 사상과 역사』, 서울: 대한불교천태종 총무원: 원각불교사상연구원, 2011.
동국대학교 불교문화연구원 HK연구단 편, 『테마 한국불교 5』, 서울: 동국대학교 출판부, 2017.
동국대학교 불교학술원 불교기록문화유산아카이브사업 편, 『한국불교전서편람』, 서울: 동국대학교출판부, 2015.
박세민 편, 『한국불교의례자료총서』, 서울: 삼성암, 1993.
벽암 각성 외 저, 김두재 역, 『석문상의초 외』, 한글본 한국불교전서 조선 48, 서울: 동국대학교출판부, 2019.
이성운, 『한국불교 의례체계 연구』, 서울: 운주사, 2014.
정 각, 『한국의 불교의례』, 서울: 운주사, 2001.

김용태, 「유교사회의 불교의례」, 『한국문화』 76, 서울대학교 규장각 한국학연구원, 2016.
남희숙, 「조선 후기 불서간행 연구」, 서울대학교 박사학위논문, 2004.
옥나영, 「新羅時代 密敎經典의 流通과 그 影響」, 숙명여자대학교 박사학위논문, 2017.

Henrik Sørensen, "A bibliographical survey of buddhist ritual texts from Korea," *Cahiers d'Extrême-Asie*, vol 6, École française d'Extrême-Orient, 1991.

찾아보기

ㄱ

가람伽藍 307
가르침 105, 110, 120
가재迦才 235
가쿠반(覺鑁) 235
가흥장嘉興藏 188, 206
간경看經 243
『간화결의론看話決疑論』 246
간화경절문看話徑截門 245
간화선看話禪 231, 238, 240
갈마 366
감로사甘露社 243
감실 312
감은사 326
강경講經 243
강당 302
강식 373
강중講衆 234
강희판康熙版 177
개권현실開權顯實 128, 139, 153
『개목초開目抄』 147
개보장 180, 181, 183, 192, 194, 205, 212

개삼현일開三顯一 129, 139
개시오입開示悟入 143
개원사開元寺 182
개원사판開元寺版 181
『개원석교록』 174, 180, 195, 209
거돈사 343
거란대장경 183, 194, 195
거사불교 188
건륭대장경乾隆大藏經 189
겐닌지 206, 207
겐신(源信) 235
겐초지 335
결본보궐부缺本補闕部 207
결사結社 238, 271
결정성문決定聲聞 140, 141
결중結衆 234
경계 105, 111, 120, 121
경대鏡臺 307
경장 317
경흥憬興 46
계율 78
계차별관界差別觀 226
계환戒環 155
『계환해』 155, 159~161
『고려국신조대장교정별록高麗国新雕大藏校

412

正別錄』194
고선사지高仙寺址 324
고원庫園 332
고지림 278, 279
고후쿠지 329
공안선公案禪 240
공양供養 228
공해空海 144
『관무량수경고적기觀無量壽經古迹記』47
관법觀法 223, 231
관상觀相 223
관상염불觀像念佛 235
관세음보살멸업장진언觀世音菩薩滅業障眞言 238
『관세음지험기觀世音持驗記』251
『관소연연론고적기觀所緣緣論古迹記』48
관음당觀音堂 234
관정灌頂 138
『관중창립계단도경』315, 331
관판官版 181
『광백론고적기廣百論古迹記』48
『광석본모송廣釋本母頌』47, 56, 65
광주 대량 99, 100, 102
광택사光宅寺 134
교감校勘 194
『교정별록』208, 213
교제 107, 108, 111, 120
교체敎體 55
구마라집 78~80, 89
구산선문九山禪門 239
구역시대舊譯時代 172, 173
구원실성久遠實成 128, 147
구유식 69~71
구자무불성狗子無佛性 246

구차제정九次第定 224
구칭염불口稱念佛 223
구카이(空海) 233
군수리사지 321
권단權旦 241
〈권왕가〉 249
권청勸請 228
규기窺基 140, 149
그레고리 쇼펜 124
근본법륜 137
『금강경』241
『금강경지험기金剛經持驗記』251
『금강반야경고적기金剛般若經古迹記』47
금강사 320
『금광명경고적기金光明經古迹記』47
『금광명경료간金光明經料簡』47
『금광명경술기金光明經述記』47
금당 302
금자원金字院 239
기관機關 236
기성 쾌선箕城快善 249
『기신론고적기起信論古迹記』48
『기신론내의략탐기』48
기원사 323
기원정사祇園精舍(Jetavana-vihāra) 305, 307
길기트 126, 127
길장吉藏 87, 89, 103, 112, 119, 132, 136, 137
김시습金時習 157
깐귤 177

ㄴ

나옹 혜근懶翁惠勤 241
난행문難行門 255
남선사 대전 317
남악 회양南嶽懷讓 230
남장南藏 187
노화상老和上 52, 53
녹야원 304
누각 354
누진통漏盡通 225
능묘수호사찰 347
능산리사지 321
『능엄경』 241
니치렌(日蓮) 234
닌초 207, 208

ㄷ

다라니陀羅尼 235
다메크Dhamek 스투파 308
다불전 340
다원 335, 340
단복 89, 90, 94~97, 115, 119
단식斷食 223
담선법회 241
대감 국사大鑑國師 탄연坦然 241
대방大房건축 352, 356
『대법론고적기對法論古迹記』 48
대비大悲 225
『대비로자나경공양차제법소』 386
〈대송명람도〉 331
대승경전 84, 85, 87, 118

『대승기신론고적기』 57
『대승기신론내의략탐기大乘起信論內義略探記』 44, 46, 50, 57
『대승기신론동이략집大乘起信論同異略集』 45
『대승법원의림장大乘法苑義林章』 141
『대승사론현의기』 113, 114
『대승심로장大乘心路章』 47, 56
『대승육정참회』 377
『대승일미장大乘一味章』 47, 56
『대승현론』 100~102
『대장목록』 195, 197, 206
대의 도신大醫道信 230
대일본교정축쇄대장경 207
대일본속장경大日本續藏經 210
대장경大藏經 170, 171, 173, 239
대장경 디지털화 210
대장도감 193
대정신수대장경 208
대중 165
대중방 356
대중화 164, 166
대통사 320
대현大賢 42
「대현법사의기서大賢法師義記序」 43, 44, 65
대혜 종고大慧宗杲 246
덕일德一 145
데츠겐(鉄眼) 206
『덴까르마목록』 176
도겐(道元) 234
도량 101
도봉道峯 43, 44, 65, 66
도생 133, 134, 137

도선 315
도안道安 170, 173
도증道證 51~53, 55, 69~71
도후쿠지 335
독경讀經 223, 243
동백련사東白蓮社 243
동산법문東山法門 230
동선사판東禪寺版 181
『동역전등목록東域傳燈目錄』 151
둔황 314
디지털화 211
뗀귤 177

ㅁ

막고굴 314
만덕사萬德寺 155
만력판대장경 187, 188
만선동귀 136
만선동귀교萬善同歸敎 135
만일계萬日契 243
「만일미타도량萬日彌陀道場」 243, 244
만일염불결사 272
말법 사상末法思想 235
매향埋香 243
명관明觀 190
명승대찰 348
명연明衍 248
목조사원 314
목탑 313
몽골대장경 178
몽산 덕이蒙山德異 241
몽윤蒙潤 154

묘련사妙蓮社 243
『묘법법화경현찬妙法法華經玄贊』 140
『묘법연화경妙法蓮華經』 124, 128, 158
『무량수경고적기無量壽經古迹記』 47
무속신앙 161
무아無我 225
무이중도 115
무자화두無字話頭 246
묵조선默照禪 231
묵 화상默和尙 191
문자선文字禪 240
문화재보호법 262
물심이원론物心二元論 222
물심일원론物心一元論 225
미륵사 320
『미륵상생경고적기彌勒上生經古迹記』 47
『미륵성불경고적기彌勒成佛經古迹記』 47
『미륵하생경고적기彌勒下生經古迹記』 47

ㅂ

바자Bhaja석굴 309
반룡사盤龍社 243
『반야심경고적기般若心經古迹記』 47
『반야심경주般若心經注』 47
『반야이취분경주般若理趣分經注』 47
발원發願 228
발정發正 148
발징 화상發徵和尙 244
방산석경 179, 183
방산房山 운거사雲居寺의 석경 178
방장 332
백고좌百高座 237

백련결사白蓮結社 155, 156, 229, 238, 272
백마사 313
백만편염불百萬遍念佛 235
『백법론고적기百法論古迹記』 48
백암 성총栢巖性聰 248
『백암정토찬栢庵淨土讚』 248
백운 경한白雲景閑 241
『백의해』 381
백장 회해 331
백파 긍선白坡亘璇 244
『범망경고적기梵網經古迹記』 44~47, 52, 59, 60~64, 66, 67
『범망경보살계본종요梵網經菩薩戒本宗要』 47
범망계梵網戒 59, 60, 62, 65
『범서총지집』 387
법거량法擧量 231
법경法經 174
『법계성범수륙승회수재의궤』 372
법당 302, 331, 332, 354
법량 112
법사法社 229
『법사건공덕읍기法社建功德邑記』 229
『법사경法社經』 229
『법사절도서法社節度序』 229
법상종法相宗 49~52, 71, 72, 234
법성종法性宗 49
법안종法眼宗 230
법연원法然院 207
법운法雲 134, 137, 148
『법원의림석명장法苑義林釋名章』 48
법장法藏 57, 58, 61, 63, 67
법천사 342

『법화경』 239
『법화경고적기法華經古迹記』 47
『법화경과주法華經科註』 159
『법화경론』 131, 132, 140, 147
『법화경론술기』 150, 151
『법화경』 사본 126
『법화경소』 133, 134
『법화경』 신앙 149
『법화경요해法華經要解』 155
『법화경지험기法華經持驗記』 251
『법화경집험기』 152
법화사法華社 243
법화 신앙 348
『법화영험전法華靈驗傳』 156
『법화의기法華義記』 135, 144
『법화의소法華義疏』 143
『법화종요』 149
법화행자 146
벽송 지엄 162
『변중변론고적기辨中邊論古迹記』 48
『보권염불문普勸念佛門』 248
『보권좌선의普勸坐禪儀』 236
보녕사판대장경 185, 186, 213
보림사 334
보살계 64
보살계본菩薩戒本 61, 64
『보살계본종요菩薩戒本宗要』 43, 44, 46, 63~67
『보살장아비달마고적기菩薩藏阿毘達磨古迹記』 47
보요普曜 190
『보유목록』 196
보유판 197
보조 지눌普照知訥 238

보통원 277
『본모송本母頌』 56, 66
본문本門 138, 146
봉담鳳潭 135
봉정사 351
부인사 192, 193
부휴선수浮休善修 162
북경판北京版 178
북장北藏 188
분사도감 193
분황사 323
불광사 대전 317
불교재산관리법 262
불국사 326
불법적적대의佛法的的大意 255
『불설구발염구아귀다라니경』 370
『불설염구경천지명양수륙의문』 371
『불성초佛性抄』 145
불이법문 163
불일사佛日寺 336
불전 302, 307
『불지론고적기佛地論古迹記』 48
붓다가야 304
비로장 182
비유비무 86
비하라 307
빈가장頻伽藏 208

ㅅ

사거 137
사경寫經 178, 223, 239, 243, 279
『사경지험기四經持驗記』 251

사계판대장경 182
『사교의비석四敎儀備釋』 154
『사교의집주四敎儀集註』 154
사념처四念處 225
사마타 221
사무량심四無量心 226
사불寫佛 223, 239
사선四禪 225
사선정四禪定 225
사성제四聖諦 225
사이초(最澄) 233, 278
사일四一 157
사자상승師資相承 250
사정근四正勤 225
사종법륜 133
사종삼매四種三昧 235
사종성문 140
사중이제 97
사찰寺刹 265, 307
사찰문화 265
사찰음식 264, 292
사천왕사 325
사추일묘 153
사판私版 대장경 181
산문 332
산수 유람 276
산치Sañchi 308
산치大塔 308
삼거 137
『삼국유사』 242
삼단三壇 형식 347
삼등지三等持 226
『삼론조사전집三論祖師傳集』 77
삼론종三論宗 76, 234

삼문三門 332, 355
『삼문직지三門直指』 246, 250
삼삼매三三昧 226
삼승진실 141
삼시게 87, 92
삼십삼소관음순례三十三所觀音巡禮 236
삼장재월 269
삼제원융 138
『삼종론三宗論』 80, 86, 87
삼종중도 87
삼주설법三周說法 157, 158
삼중삼매三重三昧 226
삼중이제 97
삼천사 343
삼평등 131
『상궁성덕법왕제설上宮聖德法王帝說』 233
상종相宗 42, 49~52, 55, 57, 59, 63, 68, 69, 71, 73
샌프란시스코 젠 센터 281
서명학파 52, 53, 55, 69~71
서사書寫 228
〈서왕가〉 249
서울 진관사 347
서참회徐懺悔 156
「서하사비명棲霞寺碑銘」 78, 81
석가당釋迦堂 234
석경 178
석굴사원 307, 309, 314
석굴암石窟庵 326, 328
『석문가례초』 398
『석문상의초』 398
『석문의범』 403
『석보상절釋譜詳節』 160
석사판대장경 183, 187

선경禪經 231
『선교총판문禪敎摠判門』 162
『선문강요집禪門綱要集』 240
『선문보장록禪門寶藏錄』 240
선승양당禪僧兩堂 346, 349, 354
선원 302, 331
선종사찰 331
선종오가禪宗五家 230
선지식 218
『선택본원염불집選擇本願念佛集』 235
설법전 302
『설선의』 395
설악산 오세암五歲庵 200
『섭대승론무성석론고적기攝大乘論無性釋論古迹記』 48
『섭대승론세친석론고적기攝大乘論世親釋論古迹記』 48
성덕태자聖德太子 143, 147, 148
성도문聖道門 255
성문계 62, 64, 65
성문사 319
성범成梵 244
『성실론』 81, 82, 112
『성업론고적기成業論古迹記』 48
『성유식론결택成唯識論決擇』 47, 66
『성유식론고적기成唯識論古迹記』 47, 53
『성유식론학기成唯識論學記』 44, 46, 47, 52~55
성적등지문惺寂等持門 245
성종性宗 49~52, 55, 57, 59, 63, 68, 69, 71, 73
성주사지 341
소밀 89, 90, 92, 114, 119
소식小食 224

418

『소화법보목록昭和法寶目錄』 210
수기守其 194
수도修道 218
수련修鍊 218
수련회 273
수론 91, 92, 114
수륙무차평등재 370
『수륙무차평등재의촬요』 390
수륙재水陸齋 161, 347
수선修禪 243
『수선결사문修禪結社文』 244
수선사修禪社 343
수식관數息觀 223
수신修身 218
수심修心 218
수양修養 218
수정사水精社 242
『수행요초修行要鈔』 235
『수호국가론守護國家論』 146
수희隨喜 228
숙방 277
순례巡禮 223, 235
술이부작述而不作 48
숭녕장崇寧藏 181
슈겐샤(修驗者) 236
슈존(宗存) 205
슈존판대장경 206
슈쿠보 277, 278
스구로 신조 125
스즈키 순류 281
스투파stūpa(탑) 306~308
스피릿 락 282
습관존신習觀存神 239
『승가예의문』 398

승계단 316
승당 302, 331
승랑僧朗 76, 117
승량 100~105, 108, 111, 112
승우僧祐 229
승원 302, 307
승전 90, 110, 112
승조 86
승탑원 340
시텐노지 329
식염관食厭觀 226
신란(親鸞) 234
신불습합神佛習合 234
신신이탈神身離脫 235
신심이원관身心二元觀 222
신앙 165, 166
신역시대新譯時代 172, 173
신유식 69~72
『신편보권문新編普勸文』 249
신행神行 239
실 법사 113
실상법문 163
실상사 334
십변처十遍處 226
십부정관十不淨觀 226
십수념十隨念 226
십이경사十二經師 250
십이연기十二緣起 225
십이종사十二宗師 250
십이처十二處 226
십종병十種病 246
쌍척 89, 90, 94, 95, 115, 119
쌍탑雙塔 325
쌍탑가람 326

ㅇ

아뇩다라삼먁삼보리 224
『아미타경고적기阿彌陀經古迹記』 47
아미타당阿彌陀堂 234
아스카데라 329
아잔타Ajanta석굴 309, 311
악인성불 147
안거 304, 305
안락安樂 218
안심安心 218
안심입명安心立命 252
알라라칼라마 224
암자 355
암자건축 352
야쿠시지 329
약경이제설 99, 105, 119
약교이제설 98~100, 104, 105, 119
약리이제설 99, 105, 119
『약사본원경고적기藥師本願經古迹記』 44, 46, 47
양기파楊岐派 246
양 무제 81, 82, 117
어제 107, 108, 111, 112, 120
업식業識 58
에이사이(榮西) 234
에코 투어리즘 291
엔닌(圓仁) 235
엔랴쿠지 278, 279
엔친(圓珍) 132
여래장성 165
여인성불 147
『역조화엄경지험기歷朝華嚴經持驗記』 251
『연경별찬蓮經別讚』 157~159

연담 유일蓮潭有一 163
연지만일회蓮池萬日會 244
『열반경고적기涅槃經古迹記』 47
『열장지진閱藏知津』 208, 209
염불念佛 228, 242
『염불보권문念佛普勸文』 248
염불선念佛禪 248
『염불환향곡念佛還鄉曲』 249
영남사嶺南寺 340
영녕사 314
영락남장永樂南藏 187
영락판永樂版 177
영예 113
예경禮敬 228
예배禮拜 243
예참禮懺 223
오교판五敎判 58, 59
오근五根 225
오대산 적멸보궁寂滅寶宮 200
오력五力 225
오산십찰 331
〈오산십찰도〉 331
오성각별설五性各別說 49, 52, 68, 140
오시五時 판교 84
오온五蘊 226
『오온론고적기五蘊論古迹記』 48
오정심관五停心觀 226
오조 법연五祖法演 246
오체투지五體投地 223
오탁악세五濁惡世 234
오회염불五會念佛 235
『왕생요집往生要集』 235
왕흥사 320
요가瑜伽 220

『요가수트라』 220
요사寮舍 332
요세 155, 156
요원了圓 156
용삼위일 150
용암사 198
용장龍藏 189
용화향도龍華香徒 243
『우파니샤드』 221
운강석굴
운문종雲門宗 230
『운수단가사』 397
『운수단의문』 397
『운수단작법』 397
웃다카라마풋다 224
원각장圓覺藏 182
원관사찰 336
원당願堂 336, 347, 348
원돈신해문圓頓信解門 245
원림園林(ārāma) 305
원묘 요세圓妙了世 238
원수元粹 154
원오 극근圓悟克勤 246
원측圓測 51~53, 55, 69~73
원홍圓弘 132, 149
원효元曉 46, 50, 51, 57~59, 61, 63, 73, 115, 116, 121, 149
『원흥사연기병류기자료장元興寺緣起幷流記資料帳』 233
위빠사나 221
위실시권爲實施權 139
위앙종潙仰宗 230
유가계瑜伽戒 59, 60, 62, 65
『유가계본종요瑜伽戒本宗要』 47

『유가론고적기瑜伽論古迹記』 48
『유가론찬요瑜伽論撰要』 48
『유가사지론찬요』 65
『유식결택唯識決擇』 65
유식관唯識觀 235
『유식이십론고적기唯識二十論古迹記』 48
유진 뷔르노프 125
유행遊行 234
육자주六字呪 238
육재일 268
『육조단경六祖壇經』 142
율장 366
율종律宗 234
은자원銀字院 239
응화성문應化聲聞 140
의례집 364
의일義一 151
의적義寂 132, 149, 150
의천義天 154
이불란사 319
이승작불 147
이승휴李承休 241
이십오삼매회 273
이원적 범주 88~90, 112, 114, 116, 118, 119
이자현李資玄 241
이제 97
이제교문 97, 98, 105, 106, 108, 110, 119, 120
이제시교 98, 112
이지理知 236
이치 105, 109, 110, 120, 121
이행문易行門 255
인경본 203

찾아보기……421

『인명입정리론고적기因明入正理論古迹記』 48
『인명입정리론기因明入正理論記』 48
『인명입정리론학기因明入正理論學記』 48
『인명정리문론고적기因明正理文論古迹記』 48
인 법사 113
『인왕반야경고적기仁王般若經古迹記』 47
인출 199~201, 203
일념삼천 138
일대사인연一大事因緣 142
일대승기一大乘機 144
일련日蓮 146
일련종日蓮宗 146, 234
『일본서기日本書紀』 233
일본 황벽판대장경 189
일불승一佛乘 129, 137, 139, 152, 157, 163
일승방편 141
일승 사상 166
일승삼승 논쟁 145
일승중심주의 145
일승진실 141, 150
일실삼권一實三權 137
일실이권一實二權 137
일실제一實諦 139
일여一如 159
일연 240
일체개성설 68
일체경一切經 171, 173
일체불이一體不二 222
일탑삼금당식 319
일탑일금당식 321
일행삼매一行三昧 240

임제종臨濟宗 230, 234
임종염불臨終念佛 249
『입당구법순례행기』 373

ㅈ

『자기문절차조열』 390
자복사資福寺 339, 348
『자비도량참법집해』 381
자은 기慈恩基 52, 53, 55, 69, 71, 72
자은학파 52, 55, 69, 70
자장慈藏 190
『작법귀감』 403
작환 법사 135
『잡집론고적기雜集論古迹記』 48
장삼치일 150
장의사 323
장좌불와長坐不臥 224
『장진론고적기掌珍論古迹記』 48
재齋 369
재조대장경 183, 193, 195, 196, 198, 203~210, 212, 213
재회齋會 243
잭 콘필드 282
적문迹門 138
전단원栴檀園 241
전독 200
전등사서傳燈史書 231
전변설轉變說 225
전식轉識 58
점찰법회占察法會 237
정교결합 81
정릉사定陵寺 319

정림사 320
정문 354
『정법안장正法眼藏』 231, 236
『정법화경正法華經』 128
정사精舍(vihāra) 305
『정원석교록』 195
『정원신석교록』 175
정정正定 225
『정토론淨土論』 235
정토문淨土門 255
『정토보서淨土寶書』 248
정토종淨土宗 234
정토진종淨土眞宗 234
『정토총료간淨土總料簡』 47
정혜결사定慧結社 238
정혜일체定慧一體 230
제감制感 221
제관諦觀 152
「제바달다품提婆達多品」 126, 147
제창提唱 243
젠주 66, 67
조계 혜능曹溪慧能 230
『조권실경照權實鏡』 145
조동종曹洞宗 230, 234
조묘지(常明寺) 205
조사당祖師堂 332
조사서래의祖師西來意 255
조사선祖師禪 239
조사선풍祖師禪風 232
조성금장 184
조성장 184, 185
조성현趙城縣의 광승사廣勝寺 184
조식調息 221
조주 종심趙州從諗 246

조케이(貞慶) 235
종교입선從敎入禪 246
종대鐘臺 307
종루 317
『종리중경목록』 173
종의 153
좌법坐法 221
좌선坐禪 223, 228
주옹周顒 80, 86
「주해대품서注解大品序」 83
죽림정사竹林精舍(Veṇuvana-vihāra) 305
죽장사竹藏寺 340
준범遵範 239
중가 87, 88
중가의 86, 112, 118
『중경목록衆經目錄』 174
중국판 대장경 204, 205
중도中道 225
『중변론고적기中邊論古迹記』 48
중정형 353
중창 353
『중천축사위국기원사도경』 315, 331
『중편조동오위重編曹洞五位』 240
중화전자불전협회 210
즉신성불卽身成佛 251
즉심시불卽心是佛 232
증상만성문增上慢聲聞 140, 141
『지관론止觀論』 235
지관타좌只管打坐 236
지림 80
지승智昇 174
지식관止息觀 223
지욱智旭 208
지의 138

지장 84
지혜 105, 111, 120, 121
직도直道 235
진각 혜심眞覺慧諶 241
진식眞識 58
진실법륜 134
진허 팔관振虛捌關 246

ㅊ

차이티야caitya(예배당) 306~308
찬탄讚歎 228
참법懺法 228
『참선염불문參禪念佛文』 249
참회懺悔 228
채홍철蔡洪哲 241
『천지명양수륙의문』 371
『천지명양수륙잡문』 371
『천지명양수륙재의범음산보집』 390
『천지명양수륙재의찬요』 390
천책 240
『천태사교의』 152, 157
『천태사교의집해天台四敎儀集解』 153
철산 소경鐵山紹瓊 241
『첨품묘법연화경添品妙法蓮華經』 128
청구사문靑邱沙門 43
청규 369
청암리사지 319
청원 행사靑原行思 230
『청택법보은문請擇法報恩文』 249
청허 휴정淸虛休靜 162, 245
초조장 192, 193, 195, 204, 205
촉판蜀版 180

최상승 163
최상승법 143
최징最澄 144, 145
축법호竺法護 229
축쇄장 208
『출삼장기집出三藏記集』 173
칙판勅版 180, 181
칠각지七覺支 226
칠비七譬 129
칠유七喩 129
칠종예법 367
칭명염불稱名念佛 235
칭명예념선후절차稱名禮念先後節次 249
『칭찬정토경고적기稱讚淨土經古迹記』 47

ㅋ

카와라데라 329
케른Kern 125

ㅌ

탑 302, 307
태고 보우太古普愚 241
〈태평곡〉 249
태현太賢 42~46, 51
템플스테이 260, 263, 267, 278, 285, 287, 290
토라나(塔門) 309
통도사 323
통별通別 115
퇴보리심성문退菩提心聲聞 140

『투사례』 377
티베트대장경 177, 178
틱낫한 282, 283

ㅍ

파삼립일 150
파순波旬 226
파야波若 148
파이명일 151
판경版經 178
판교 86
팔계八戒 229
팔관재 269, 270
팔관회八關會 237, 270
팔승처八勝處 226
팔십팔소편로八十八所遍路 236
팔재계 268, 269
팔정도八正道 225, 226
팔지칙八枝則 222
팔해탈八解脫 226
편력遍歷 223
편양 언기鞭羊彦機 248
평생염불平生念佛 249
폐권입실廢權立實 139, 153
포살 268, 269
플럼 빌리지 283, 284

ㅎ

한국불교문화사업단 262
해룡왕사 190

해명 장웅海冥壯雄 196, 200
해봉 유기海峰有璣 249
해인사 213
해탈 218
향도香徒 243
향상向上 236
현광玄光 148
현식現識 58
『현양론고적기顯揚論古迹記』 48
현장玄奘 49~52, 54, 55, 60, 68, 70~72, 172
형계 담연 153
혜균慧均 89, 92, 113~116, 119, 121
혜능 142
혜원慧遠 229
혜은慧恩 239
혜음원 338
혜자慧慈 143, 147, 148
혜조 국사慧照國師 191, 241
혜지 113
혜총 143, 148
혜현惠顯 148
호넨(法然) 234
호류지 329
호명護命 145
홍려시 313
홍무남장洪武南藏 187
홍법장弘法藏 185, 186
화엄결사 242
『화엄경고적기華嚴經古迹記』 47
화엄종華嚴宗 234
황룡사 323
황벽장 207, 213
황벽판대장경 206

회삼귀일會三歸一 129, 135~137, 139, 150, 153
〈회심가〉 249
회암사 344, 349

횡론 91, 92
횡수 89~91, 114, 119
흥륜사 323

저자 소개

김용태

동국대 HK교수, 한국불교사 전공, 서울대 국사학과 박사. 『韓國佛敎史』(일본 春秋社, 2017), *Glocal History of Korean Buddhism*(Dongguk University Press, 2014), 『조선후기 불교사 연구 — 임제법통과 교학전통』(신구문화사, 2010), 「조선 불교, 고려 불교의 단절인가 연속인가?」, 「조선후기 불교문헌의 가치와 선과 교의 이중주」, 「역사학에서 본 한국불교사 연구 100년」, "Changes in Seventeenth-Century Korean Buddhism and the Establishment of the Buddhist Tradition in the Late Chosŏn Dynasty"

이수미

서울대 인문학연구원 학술연구교수, 동아시아 유식불교 전공, 미국 UCLA 박사, 동국대 HK연구교수 역임. "The Meaning of 'Mind-made Body'(S. manomaya-kāya, C. yisheng shen 意生身) in Buddhist Cosmological and Soteriological systems," 「공유논쟁空有論爭을 통해 본 원효元曉의 기신론관起信論觀 재고」, "Redefining the 'Dharma Characteristics School' and East Asian Yogācāra Buddhism," 「여래장사상과 유식사상의 전통적 이분법에 관한 제문제」, "On the *Ālayavijñāna* in the Awakening of Faith: Comparing and Contrasting Wŏnhyo and Fazang's Views on *Tathāgatagarbha* and *Ālayavijñāna*"

조윤경

안동대 동양철학과 조교수, 삼론학 전공, 중국 北京大學 철학과 박사, 동국대 HK연구교수 역임. 「'이제상즉二諦相卽'에 대한 길장의 다층적 해석」, 「삼론종에서의 깨달음, 궁극적 경지인가 점진적 과정인가?」, 「中國佛敎における相卽の形成と変容」, 「『大乘玄論』길장 찬술설에 대한 재고찰—「二諦義」를 중심으로」, 『깨달음 논쟁』(공저, 운주사, 2018)

김천학

동국대 불교문화연구원 HK교수 및 한문불전번역학과 교수, 한국학중앙연구원 한국학대학원에서 균여 연구로 박사학위 취득. 일본 東京대학대학원 인도철학·불교학과에서 일본화엄사상연구로 박사학위를 취득하였다. 화엄학을 주로 연구하면서, 한국불교의 확장성을 탐구하고 있다. 주요 역서로『화엄사상의 연구』(2020), 역주서로 견등의『화엄일승성불묘의』(2016), 저서로『平安期華嚴思想の研究 ― 東アジア華嚴思想の視座より ―』(2015), 『균여화엄사상연구』(2006)가 있고, 교감텍스트로 Kegonshurikyōgi(East Asian Buddhhist Litreature vol.1, 2020)를 발표하였고, 그 외「『보살계본종요초』의 문헌적 의의와 신라 태현에 대한 인식」(2020), 「화엄경문답에 법장의 영향은 보이는가?」(『보조사상』, 2019), 「順高の『起信論本疏聽集記』における元曉引用の意義」(2018) 등이 있다.

바바 히사유키(馬場久幸)

일본 佛敎大學 강사, 불교문화 전공, 원광대 불교학과 박사. 『日韓交流と高麗版大藏經』(法藏館, 2016), 『고려 재조대장경과 동아시아의 대장경』(공저, 한국학중앙연구원출판사, 2015), 「日本 大谷大学 소장 高麗大藏經의 傳來와 特徵」, 「일본 근세의 대장경간행과 슈존(宗存)」, 「고려시대 후기 고려대장경의 印成」

김호귀

동국대 HK교수, 선학 전공, 동국대 선학과 박사, 동국대 불교문화연구원 전임연구원 역임. 『묵조선 연구』(민족사, 2001), 『선문답의 세계』(석란, 2005), 『선과 수행』(석란, 2008), 『선리연구』(하얀 연꽃, 2015), 『역주 유마힐소설경』(중도, 2020), 「『寶鏡三昧本義』에 나타난 截流行策의 오위관 고찰」, 「용성진종의 「總論禪病章」에 나타난 십종병 고찰」, 「석전 박한영의 禪理 및 禪語에 대한 고찰」

이자랑

동국대 HK교수, 초기불교교단사 및 계율 전공, 일본 東京대학대학원 인도철학·불교학과 박사, 일본 東京대학 외국인특별연구원 역임. 『나를 일깨우는 계율 이야기』(불교시대사, 2009), 『붓다와 39인의 제자』(한걸음 더, 2015), 『도표로 읽는 불교입문』(공저, 민족사, 2016), 『율장의 이념과 한국불교의 정향』(동국대출판부, 2017), 「신라사원노비의 발생과 사신」, 「초기불교승가의 소유와 분배」, 「의상의 계율관」

도윤수

동국대 문화재연구소 연구초빙교수, 한국건축사 전공, 한양대 건축학과 박사, 인하대·한양대 건축학과 겸임교수. 『동아시아 건축도면의 역사와 특징』(공저, 수원화성박물관, 2014), 「세키노 타다시의 한국건축조사보고 도판 오류에 관한 연구」, 「17~19세기 김룡사의 佛事 관련 기록물 현황과 營建 활동」, 「김룡사金龍寺 산내암자山內庵子에 관한 연구」, 「조선후기 김룡사의 사역형성과 배치특성에 관한 연구』(한양대학교, 2015), 「〈안심사사적비〉를 통해 본 18세기 완주 안심사 건축 검토」, 『경기문화재대관』(공저, 경기도문화재 재단, 2017), 「18~19세기 흥천사의 영건활동과 건축적 의미」, 「평창 오대산 중대 적멸보궁의 건축양식과 문화재적 가치」, 『논산의 불교문화』(공저, 논산문화원, 2018)

김지연

동국대 HK연구교수, 동아시아불교 전공, 동국대 불교학과 박사, 금강대 학술연구교수 역임. 「북미불교의 원효 인식과 이해」, 「그들은 동일한 텍스트를 보았는가? ―『석마하연론』 텍스트 교감과 계통―」, 「『釈摩訶衍論』における摩訶衍と大乘 ― 何故『釈摩訶衍論』なのか ―」, "The Understanding of the Discriminating Consciousness and the True Consciousness in the Silla Commentaries on the *Dashengqixinlun*"

인문한국불교총서 8

테마Thema 한국불교 8

2020년 8월 20일 초판 1쇄 인쇄
2020년 8월 30일 초판 1쇄 발행

엮은이 동국대학교 불교문화연구원 HK연구단
펴낸이 윤성이
펴낸곳 동국대학교출판부

출판등록 제2-163(1973. 6. 28)
주 소 04620 서울시 중구 필동로 1길 30
전 화 02) 2260-3483~4
팩 스 02) 2268-7851
Homepage http://dgpress.dongguk.edu
E-mail book@dongguk.edu
편집디자인 나라연
인쇄처 네오프린텍(주)

ISBN 978-89-7801-986-6   94220

값 20,000원

이 책의 무단 전재나 복제 행위는 저작권법 제98조에 따라 처벌받게 됩니다.